国家安全学

学科建设工程系列丛书

军事安全概论

唐永胜　赵景芳 · 主　编

张　弛　沈志雄 · 副主编

时 事 出 版 社

北 京

图书在版编目（CIP）数据

军事安全概论/唐永胜，赵景芳主编．—北京：时事出版社，2024.9

（国家安全学学科建设工程系列丛书）

ISBN 978-7-5195-0591-2

Ⅰ．①军…　Ⅱ．①唐…②赵…　Ⅲ．①军事—关系—国家安全—研究　Ⅳ．①E0

中国国家版本馆 CIP 数据核字（2024）第 103390 号

出版发行：时事出版社
地　　址：北京市海淀区彰化路 138 号西荣阁 B 座 G2 层
邮　　编：100097
发行热线：（010）88869831　88869832
传　　真：（010）88869875
电子邮箱：shishichubanshe@sina.com
印　　刷：北京良义印刷科技有限公司

开本：787×1092　1/16　印张：25.75　字数：420 千字
2024 年 9 月第 1 版　　2024 年 9 月第 1 次印刷
定价：158.00 元

目　录

绪论　维护军事安全为国家长治久安提供坚强支撑

军事安全关系国家主权和领土完整不受侵犯，关系国家生死存亡和长治久安，从古至今，世界各国无不将其视为维护国家根本利益的重要保障。军事安全既是国家安全体系的重要领域，也是维护这一体系健康运行的关键支撑，国防和军队建设构成了维护国家安全的坚强后盾。在内涵上，“军事安全是指国家不受外部军事入侵和战争威胁的状态，以及保障这一持续安全状态的能力”①。在传统国家安全观中，军事安全是整个国家安全的核心内容，处于首要地位、支柱地位。自冷战结束以来，大国博弈由军事实力竞争转向综合国力竞争，国家安全内涵和外延也随之不断拓展，涉及范围扩大、领域增多，军事安全在国家安全体系中的作用也有所变化，但仍然处于极其重要、不可替代的地位，军事手段始终是维护国家安全的保底手段。② 强国必须强军，军强才能国安。拥有巩固的国防和强大的军队，才能为国家长治久安提供坚强支撑。

一、服从国家安全大局，履行好军事安全使命和任务

战争是政治的继续，这是马克思主义军事理论的一个基本观点。维护军事安全，就必须充分认识军事安全的政治属性，从政治高度统筹好军事

---

① 《总体国家安全观干部读本》编委会编著：《总体国家安全观干部读本》，人民出版社 2016 年版，第 97 页。

② 围绕总体国家安全观中“军事安全”的职能定位，军事安全的主体是国家，而不是军队。维护军事安全的核心要义是高度重视军队在国家安全和发展战略全局中的重要地位和作用，不断加强国防和军队建设，有效化解风险，应对各类安全威胁，为国家安全提供坚实保障。

力量建设和运用，坚持军事服从政治、战略服从政略。随着世界局势不断变化和新军事革命快速发展，军事和政治的联系更加紧密，政治因素对军事的影响和制约日益突出，在战略层面上的关联性明显增强。筹划军事安全必须服从政治的需要，服从国家安全大局的需要。维护军事安全必须具备更加宽广的视野，站在国家安全和发展全局的高度，加强军事安全筹划，搞好前瞻设计，增强战略能力。

处理好政治和军事的关系，事关国家前途命运。从近代以来世界范围大国兴衰的历史看，如果军事不能适应国家大目标要求，就难以支撑国家崛起，甚至会跌落到被动挨打的地步。相反，如果军事偏离国家发展目标，甚至依赖物理侵略扩张，也会给国家乃至人类社会带来灾难。不论现代战争形态如何变化，都是政治的继续，军事服从政治仍然是维护国家安全的内在要求。维护军事安全，必须坚决反对单纯军事观点，在战争年代如此，在新的历史条件下也必须做到这一点。政治建军是人民军队的立军之本。毛泽东曾讲得非常清楚："因为我们的战略战术是建立在人民战争这个基础上的，任何反人民的军队都不能利用我们的战略战术。在人民战争的基础上，在军队和人民团结一致、指挥员和战斗员团结一致以及瓦解敌军等项原则的基础上，人民解放军建立了自己的强有力的革命的政治工作，这是我们战胜敌人的重大因素。"①

在新时代新征程中，我们党的中心任务就是把中国建成社会主义现代化强国，以中国式现代化全面推进中华民族伟大复兴。从政治高度处理好军事问题，就是要求把军事安全放在实现中华民族伟大复兴这个大目标下来认识和筹划。人民军队必须服从和服务于党的历史使命，把握新时代国家战略需求，为巩固中国共产党领导和我国社会主义制度提供战略支撑，为捍卫国家主权、统一、领土完整提供战略支撑，为维护我国海外利益提供战略支撑，为促进世界和平与发展提供战略支撑，担当起党和人民赋予的新时代使命任务。

为此就要以国家安全需求为导向，深入认识和把握军事领域战略性全局性问题，不断完善和创新维护军事安全的战略指导。安全形势越是复杂严峻，越是要保持战略清醒，增强战略定力，把军事和战争问题放在国家安全大局下来认识来筹划，避免出现严重的战略性失误。要始终把国家主

---

① 《毛泽东选集》合订本，人民出版社 1966 年版，第 1192 页。

权和安全放在第一位，坚持军事斗争准备的龙头地位不动摇，坚决维护国家主权、安全、发展利益。要有效应对传统安全威胁与非传统安全威胁，不断提高核心军事能力；全面提高应对多元安全威胁、完成多样化军事任务的能力。要加强军事行动与政治外交等多领域行动的协调配合，综合施策综合运用，把握好斗争的时机、途径、步调和方式，更有效更充分地发挥军事力量在营造态势、预防危机、遏制和打赢战争方面的战略保障作用。

要坚持需求牵引、国家主导。引导国家经济社会资源更好地为国防和军队建设服务，自觉将国防和军队建设融入经济社会发展体系，切实解决体制机制、技术标准、人才培养等方面存在的矛盾问题，推动富国与强军的统一。新时代国家安全面临新的形势，军事斗争需要巩固提高一体化国家战略体系和能力，不断丰富和完善积极防御战略思想的内涵，积极调整战略布局，积极发挥战略威慑作用，努力增加军事战略的积极性、主动性和外向性，开创国防和军队现代化新局面。主要体现在以下三个方面。

一是注重深远经略：着眼国家战略利益拓展和打赢信息化智能化战争的要求，转变守疆卫土、境内歼敌的传统观念，拓展战略行动和作战行动的领域空间，有效维护国家安全。二是塑造有利态势：更加注重综合运用军事力量和各种手段策略，主动谋势造势，为国家安全构筑牢固依托。三是遏制和打赢战争：尽最大可能遏制战争爆发，在不得已使用武力时，要服从政治需要，努力控制战局，同时要高度重视战略防御，使攻防有机结合起来。

二、能战方能止战，提高人民军队打赢能力

当今时代，求和平、谋发展、促合作的时代潮流不可逆转，但是霸权主义、零和博弈、地缘争夺等强权行径危害深重，和平赤字、安全赤字持续加重，国际安全面临重大挑战。“没有一支强大的军队，就不可能有强大的祖国。坚持和发展中国特色社会主义，必须统筹发展和安全、富国和强军。”① 贯彻总体国家安全观和新时代党的强军思想，坚决维护国家军事安全，必须建设一支听党指挥、能打胜仗、作风优良的人民军队。“无恃其不来，恃吾有以待也；无恃其不攻，恃吾有所不可攻也。”② 能战方能止

① 《习近平著作选读》第二卷，人民出版社 2023 年版，第 361 页。

② 《孙子兵法・九变篇》。

战，军队的一切工作必须坚持战斗力标准，用打仗的标准搞建设抓准备，努力缩小与世界先进国家军队的差距，提高打赢现代化局部战争的能力，确保部队召之即来、来之能战、战之必胜。

世界范围内新军事革命正在深化发展，随着在太空、网络、人工智能等诸多领域新兴科技持续取得突破，军事安全空间正在不断向这些新型领域延展，军事斗争领域也由三维空间向多维空间、由有形领域向无形领域拓展，制信息权、制太空权、制数据权以及智能领域的主导地位将成为赢得战争新的关键要素，而与此相关联，军事力量体系也在发生革命性变化。新型领域成为新质战斗力的主要载体，是军事力量实现跨越发展新的增长空间，也构成传统军事力量发挥作用的倍增器，在当前及未来战争中将发挥十分关键的牵引作用。有一些趋势已经显现出来，如是否具备必要的网络攻防能力已经发展成为军事体系对抗的基础性决定性条件；无人作战系统极大提升了军事行动的智能化水平；高超声速武器将作为实施战略打击的重要力量。随着新型领域重要性上升和新型力量的快速发展，新的军兵种将不断涌现，并融入军事力量体系之中。例如，网军、天军甚至将发展成为比传统军种更为关键和重要的军种，成为主体作战力量，而无人机部队、机器人部队、智能化作战部队等力量形式也会应运而生，经过危机和冲突检验必将得到快速发展。

要深刻认识战争形态的发展变化，从新的作战领域、新型作战力量和新式装备运用入手，研究探索未来战争基本样式、主导因素、制胜关键、必备能力及其引发的作战、指挥、保障方式变革等，努力形成规律性认识，创新发展人民战争战略战术思想，丰富完善我军作战理论体系。要研究未来作战构想，依据新时期军事战略方针，探索各战略方向军事斗争准备、战区战略筹划设计、各军兵种战略发展及运用等问题。超前分析未来联合作战需求，开发针对性操作性实用性强的作战概念，明确战役战术和指挥标准及原则，紧密结合典型和特殊作战任务，设计具体的作战力量、作战空间、作战形式、作战流程等。要推动战法创新设计，针对不同作战对手、不同类型部队、不同作战环境、不同作战样式，运用系统模拟、数据分析、作战实验等方法，持续开展战法攻关论证，拿出信息主导的手段、精打要害的招数、联合制胜的方法，结合部队实战化训练实践反复检验，推出管用实用的战法创新成果。

当前军事科技装备和军事实践不断发展，军事活动的空间显著扩大，各国军事力量结构也随之发生变化。军种的产生和划分取决于社会生产力的提高、武器装备的发展以及军事战略、军队规模、历史传承多种因素。美军现有陆军、海军、空军、海军陆战队、海岸警卫队五个军种。俄罗斯现有陆军、海军、空天军三个军种，以及战略火箭军、空降兵两个独立兵种。在新一轮军改制后，中国人民解放军现有陆军、海军、空军、火箭军、战略支援部队、联勤保障部队六个军种，各军种具有相对独立性，又可联合运用，共同担负维护军事安全的神圣使命。其中陆军是陆地作战行动的主体力量，陆军以地面火力为主，具有很强的突击能力和高度机动能力。对陆军的战略要求是机动作战、立体攻防。加快侦察情报、陆航、特种作战、防空反导、电子对抗等新型作战力量建设，着力构建数字化、小型化、模块化、多能化的战备力量体系，实现由区域防卫型向全域作战型转变。

中国人民解放军海军是海上作战行动的主体力量。对海军的战略要求是近海防御、远海防卫。构建合成、多能、高效的海上作战力量体系，重点加强战略威慑和反击能力、近海综合作战能力、远海兵力投送能力、远洋机动作战能力，在重要海域保持军事存在，实现常态化战备巡逻，为应对海上危机和突发事件、维护海外利益提供可靠保证。

中国人民解放军空军是空中作战行动的主体力量，空军以航空兵部队为主体，包括高炮、地空导弹、空降兵等作战部队，以及雷达、通信等保障兵种。对空军的战略要求是空天一体、攻防兼备。加快推进制空作战、远程远海进攻、战略侦察预警、区域防空反导、战略运输与投送、信息攻防、无人作战、空间对抗、强电磁环境下作战以及空基核常威慑等能力建设，保持灵敏高效的战备状态。

中国人民解放军火箭军是战略威慑的核心力量，是大国地位的战略支撑，是维护国家安全的重要保障。火箭军主要由核导弹部队、常规导弹部队、作战保障部队组成。对火箭军的要求是核常兼备、全域慑战。着力提升核威慑和核反击能力，加强中远程精确打击力量建设，增强战略制衡能力，构建平战结合、功能完备、高效反应、随时能战的战备体系。

中国人民解放军战略支援部队是维护国家安全的新型作战力量。对战略支援部队的战略要求是坚持体系融合、军民融合，努力在关键领域实现跨越发展。高标准推进新型作战力量加速发展、一体发展，成为新质作战能力的重要增长点。要高度关注太空、网络等新型安全领域，研究战场空间新变化和军事竞争新方式，抓好相关力量、手段和配套设施建设，大幅提升新型领域军事斗争能力水平，努力掌握战略竞争主动权，争得战略博弈的制高点。

中国人民解放军联勤保障部队是实施联勤保障和战略战役支援保障的主体力量，是中国特色现代化军事力量体系的重要组成部分。对联勤保障部队的战略要求是，要聚焦能打胜仗，牢固树立战斗队思想，深化军事斗争后勤准备，加强融入联合作战体系，积极开展实战化训练，提高一体化联合保障能力，确保随时拉得出、上得去、保得好。要优化制度机制，提高管理科学化水平，培养高素质新型人才，推动军民深度融合发展，不断为强军兴军作出新的更大贡献。

三、坚定不移走中国特色强军之路

"中华民族走出苦难、中国人民实现解放，有赖于一支英雄的人民军队；中华民族实现伟大复兴，中国人民实现更加美好生活，必须加快把人民军队建设成为世界一流军队。"① 走中国特色强军之路，必须坚持政治建军、改革强军、科技强军、人才强军、依法治军，全面推进军事理论、军队组织形态、军事人员、武器装备现代化，更加注重创新驱动、更加注重体系建设、更加注重集约高效，实现国防和军队建设更高质量、更高效益、更可持续发展。要强化战略筹划的预见性，有效防范和化解风险，实现国家的长治久安，并以此为基础，筑牢国际安全依托，拓展国际影响力，在全球安全治理中发挥更大作用。

未来是历史的延续。恩格斯指出："逻辑的发展完全不必限于纯抽象的领域。相反，它需要历史的例证，需要不断接触现实。"② 在历史的绝大部分时间内，中国一直处于东亚的中心，是名副其实的大国。但进入近代后，中国在激烈的国际竞争中一步步落于下风，国际地位直线下降，不仅丧失了大国地位，而且沦为半殖民地半封建国家。对比前后的巨大反差，就不难理解，为什么实现中华民族的伟大复兴能够成为一代又一代中国人的不懈追求。新中国的成立，标志着完成了恢复国际地位的第一步，也由此开启了重新赢得大国地位新的征程。在对外关系中，优化自身安全与发

---

① 《习近平著作选读》第一卷，人民出版社 2023 年版，第 625 页。

② 《马克思恩格斯选集》第 2 卷，人民出版社 1995 年版，第 28 页。

展环境，维护国家安全，提升国家实力和国际影响力，始终是中国与外部世界互动的底色和一条主线。就方式与影响而言，中国维护国家安全，既包括面对外部的压力与威胁，以斗争方式争得战略主动，营造有利的战略态势，也包括以建设性方式为世界和平与发展贡献力量，推动国际秩序和制度更加合理和持续优化。两种方式在绝大多数时期内是同时存在、相互交织的，统一于国家战略目标的实现。

当今世界正经历百年未有之大变局。美国战略调整强调大国竞争再次回归，① 对中美关系赋予了更多的“崛起国与霸权国冲突”的历史与战略内涵，并由此在国际上引发一系列连锁反应，中国如何应对以及如何调整与外部世界的关系已经成为越来越多的政治家和战略家重点关注的关键问题。与此同时，中国特色社会主义进入新时代，当代中国正处在从大国走向强国的关键时期。② 如何在世界变局和一个更具竞争性的国际环境中，妥善应对、积极参与国际竞争，尤其是赢得对美博弈的战略主动，实现中华民族伟大复兴，已成为当前及未来较长时期所面临的重大历史性课题。

国际安全局势中充斥着紧张、暴力和不安全感，进一步印证了世界大变局的深刻性和复杂性，也显示出军事变革正在进入深度发展时期。在变化和动荡中不能迷失发展方向。“中国坚持在和平共处五项原则基础上同各国发展友好合作，推动构建新型国际关系，深化拓展平等、开放、合作的全球伙伴关系，致力于扩大同各国利益的交汇点。”③ 大国总是要有大国的责任和担当，为此须创造条件推进中国与外部世界更为积极的战略互动，推动新型国际关系发展；同时还要注重创新国家发展模式、提升国家治理能力，为实现国家长治久安筑牢基础，“我们要打赢防范化解重大风

---

① 美国拜登政府在 2022 年发布的《国家安全战略》中，继续强化大国竞争，将中国定性为“唯一既具有战略意图，又拥有不断增长能力以重塑国际秩序的竞争对手”，而在 2023 年发布的《国防战略》中，美国将中国定位为“最重要的战略竞争对手”。美国 2023 财年国防预算达到 8579 亿美元，2024 年将增加到 8860 亿美元。https://www.defense.gov/News/Releases/Article/3326875/department-of-defense-releases-the-presidents-fiscal=year-2024-defense-budeget/。

② 《习近平新时代中国特色社会主义思想学习纲要》，学习出版社、人民出版社 2019 年版，第 14 页。

③ 习近平：《高举中国特色社会主义伟大旗帜 为全面建设社会主义现代化国家而团结奋斗——在中国共产党第二十次全国代表大会上的报告》，人民出版社 2022 年版，第 55 页。

险攻坚战，必须坚持和完善中国特色社会主义制度、推进国家治理体系和治理能力现代化，运用制度威力应对风险挑战的冲击”①。由此才能由内及外，为减少全球治理赤字提供更多新动力，更有效推进国际合作。还必须注重运用利益增量建设性地发展与周边国家的关系，并以此对冲和化解来自美国对华强加竞争带来的紧张和压力，牵引大国关系尤其是中美关系的发展方向。

总体国家安全观要求牢固树立开放条件下的安全思维。为此要更积极参与国际和周边区域安全机制建设，力所能及地提供更多公共安全产品，推动构建开放、透明、平等的国际和区域安全架构，担当其与大国地位相应的国际责任，军队要为维护世界和平作出更大的贡献。必须与时俱进加强对外军事合作的整体设计，全方位发展对外军事关系，多层次推进务实性军事交流。特别是要有计划有步骤地推动军事力量走出去，在维护和拓展自身利益的同时，为国际社会提供更多的公共安全产品。要深化与更多国家军队的交流合作，逐步构建持续有效的协商机制，创造机会更多地参与双边或多边防务领域对话、定期开展多种条件下的联合军演，不断学习、取长补短，提高海外军事交往与国际事务干预能力。

中华民族的伟大复兴既是世界变局中的重要推力，也是其不可或缺的组成部分和重要结果。中国式现代化进程处于新的历史方位，国家治理面临更艰巨的任务，也对军事安全工作提出了更高要求。只有准确把握国家安全形势发展变化的新特点新趋势，未雨绸缪，发扬斗争精神，增强斗争本领，着力推进国家安全体系和能力现代化，才能有效防范化解重大安全风险，为全面建设社会主义现代化国家，全面推进中华民族伟大复兴提供坚强安全保障。党的二十大报告进一步明确了未来发展方向：“中国式现代化是走和平发展道路的现代化。我国不走一些国家通过战争、殖民、掠夺等方式实现现代化的老路，那种损人利己、充满血腥罪恶的老路给广大发展中国家人民带来深重苦难。我们坚定站在历史正确的一边，站在人类文明进步的一边，高举和平、发展、合作、共赢旗帜，在坚定维护世界和

① 习近平：《关于〈中共中央关于坚持和完善中国特色社会主义制度、推进国家治理体系和治理能力现代化若干重大问题的决定〉的说明》，《〈中共中央关于坚持和完善中国特色社会主义制度、推进国家治理体系和治理能力现代化若干重大问题的决定〉辅导读本》，人民出版社 2019 年版，第 53 页。

平与发展中谋求自身发展，又以自身发展更好维护世界和平与发展。”①

中国选择和平发展道路本身就是一种战略自觉，也就是把世界的发展当成自己进步的机遇，同时要把自身发展转变为促进世界进步的动力。中国坚持走和平发展道路，不是权宜之计，更不是外交辞令，而是从历史、现实、未来的客观判断中得出的结论，是思想自信和实践自觉的有机统一。和平发展道路是顺应世界发展大势的自主选择，并最终体现在国家发展模式和治理机制的创新上。中国不仅要在实践方面妥善处理好面临的各种安全挑战，而且要在理论观念方面为世界作出具有引领性的贡献。国际关系是一个共同进化的过程，越是在全球化进程遭遇阻碍和困难的时候，越是要把目光放得更远一些，把暂时的困难当作战略调整的契机，推动中国与世界更为积极的战略互动，中国是维护国际安全和促进世界繁荣的和平进步力量。立足新的历史起点，进一步丰富和发展军事安全理论和实践，是国际安全形势和军事革命发展变化的必然要求，是新时代新征程维护国家安全的使命担当。实现中华民族伟大复兴的中国梦需要军事安全提供坚实保障。

① 习近平：《高举中国特色社会主义伟大旗帜 为全面建设社会主义现代化国家而团结奋斗——在中国共产党第二十次全国代表大会上的报告》，人民出版社 2022 年版，第 21 页。

第一章　军事安全思想的历史演变

军事安全思想是在军事安全实践中形成和发展的，是一个国家和社会在特定历史阶段对军事安全问题的基本认识，也是指导军事安全实践的理念和原则。军事安全思想既包括对军事安全实践的经验总结、理论升华和前瞻指导，也包括对军事安全理论、准则和相关知识体系的系统性研究与梳理。综观古今中外，军事安全思想受不同地域、文明、历史阶段等因素影响呈现出不尽相同的特点。梳理和分析各类军事安全思想，有助于我们更好地了解军事安全的丰富内涵，把握军事安全思想与理论的发展脉络和特点规律，对于更好地维护中国军事安全具有重要的现实意义。

第一节　西方军事安全思想

西方军事安全思想起源于古希腊和古罗马，表现出某种程度的一致性和继承性，有着相对完整的思想和理论体系。西方军事安全思想服从和服务于西方国家的政治思想和政治制度，体现出西方社会在不同时期的主流意识形态。

一、古希腊和古罗马时期的军事安全思想

西方军事安全思想伴随“国家”概念而产生、发展和演变。古希腊时期，“国家”即“城邦”，包括城市及其周围的领土、城市的公民。古希腊政治一个突出特征就是城邦政治的发展。古希腊曾有上百个城邦，共存于集中地域，又相互保持独立。在此期间，希腊城邦面临的安全威胁主要来自其内部。随着波斯帝国崛起，自希波战争后，希腊城邦的军事安全思想

开始转向关注外部威胁和相互之间的竞争。

希波战争后，古希腊的军事安全思想主要包括以下三个方面：第一，军事安全的主体。古希腊军事安全思想关注的是城邦完整，即城市与其周边领土不受侵犯，城市公民权利有所保障。古希腊“城邦公民”并不是城邦的所有居民，而是特指有资格参加政治活动的群体，这在城邦居民中占有很少的数量。① 保障公民权利，就是保护公民资格和拥有公民资格的人能够参与政治活动或参加公共事务。第二，军事安全面临的主要威胁。古希腊军事安全思想强调实力强大和制度差异是威胁的主要方面。古希腊历经三次大的战争，分别是希波战争、伯罗奔尼撒战争和亚历山大东征。其中，希波战争时期，希腊为城邦制，波斯为君主制。希腊将波斯视作主要威胁，不仅因为波斯实力强大，更因为两者制度上的巨大差异。希腊认为波斯的东方专制对城邦制度构成严重威胁。“希腊人是自由人，为保卫自由，反对专制独裁者以及由奴隶组成的军队而战。”② 因此，希波战争也可以看作两种制度间的较量。第三，维护军事安全的主要途径。包括三个方面：其一，维护城邦稳定。古希腊军事安全思想关注的重点是城邦内部问题。亚里士多德认为，一个优良的政体，要通过依赖内在均势求其稳定，光有多数人拥护这种制度是不够的，“只有全邦没有任何一个部分存在着改变现制的意愿，这才算稳定”③。其二，维护世界秩序。古希腊军事安全思想重视外部或“世界”秩序问题。在当时的希腊诸城邦中，最强大的要属雅典和斯巴达，前者是民主制城邦，后者则是奴隶制城邦。维护希腊世界体系安全，就是要保持雅典和斯巴达之间的力量平衡。只有两者平衡，各个城邦的安全才能有所保障。古希腊人认为，只有阻止一方占据霸主地位，才能保证另一方不被征服，从而保障相应的制度安全。其三，建立军事联盟。古希腊军事安全思想强调军事联盟。希腊诸城邦自身力量相对弱小，难以单独应对强大的外敌入侵，众多城邦必须联合起来共同作战才有

---

① 古希腊城邦居民分为三类：奴隶、商人和公民。人数最多的是奴隶，公民数量极为有限。[美] 乔治·萨拜因等著，邓正来译：《政治学说史》（上卷），上海人民出版社 2008 年版，第 31—32 页。

② [美] 伊迪丝·汉密尔顿著，徐齐平译：《希腊方式——通向西方文明的源流》，浙江人民出版社 1988 年版，第 131 页。

③ [希腊] 亚里士多德著，吴寿彭译：《政治学》，商务印书馆 1981 年版，第 202 页。

胜算。希波战争时期，希腊各个城邦摒弃前嫌，结成军事联盟，最终打败了波斯；伯罗奔尼撒战争期间，雅典的提洛同盟与斯巴达的伯罗奔尼撒同盟对抗，互相争霸，希腊世界出现两大阵营；亚历山大东征期间，希腊部分城邦又结盟，企图进行抵抗，因实力悬殊最终失败。除了通过结盟来维护安全外，希腊城邦还经常使用外交手段维护自身安全稳定。如伯罗奔尼撒战争期间，雅典与斯巴达谈判签署了《三十年和平条约》，保证了双方地位平等，特别是规定用仲裁方式来处理分歧。①

古罗马历史可划分为共和国和帝国两个时期。共和国时期，军事安全涉及对内和对外两方面。首先，重视内部稳定。当时统治阶级内部之间、罗马公民与非罗马人之间的矛盾严重影响社会稳定，罗马解决这些矛盾的主要方法就是加强制度和法律建设。围绕国家制度建设，统治阶级内部逐渐分化为帝制派和共和派，以恺撒、屋大维为代表的帝制派主张加强元首权力，打破罗马执政官、元老院与护民官之间的权力平衡，认为将权力集中于个人，才能维持罗马稳定。恺撒多次当选执政官，总揽国家的全部权力。屋大维确立了绝对专制的元首制，被授予“奥古斯都”，兼任元首、元帅、执政官、护民官等职，被尊为“祖国之父”。以元老院贵族为代表的共和派，主要代表人物是古罗马著名思想家西塞罗，他说：“国家是人民的事务。人民不是偶然汇集一处的人群，而是为数众多的人们依据公认的法律和共同的利益聚合起来的共同体。”② 他认为，在共和国里，执政官、检察官、法官和护民官都应有年龄限制，不得终身任职。这与帝制派观点明显对立，因此，罗马统治阶级之间先后爆发了两次“三巨头”内战。罗马公民与非罗马人之间的矛盾是影响内部稳定的另一个重要因素。罗马在扩张过程中，征服了许多国家和地区，如何统治并确保他们服从是首要问题。罗马当政者制定了万民法和公民法，万民法是罗马境内所有国家和民众适应的法律，具有普遍性；公民法是调节罗马公民与非罗马公民之间关系的法律，具有等级性。罗马通过万民法和公民法维系了境内罗马人与非罗马人之间的关系。

---

① ［美］威廉森·默里等著，时殷弘等译：《缔造战略：统治者、国家与战争》，世界知识出版社 2004 年版，第 32 页。

② ［古罗马］西塞罗著，王焕生译：《论共和国　论法律》，中国政法大学出版社 1997 年版，第 39 页。

其次，强调对外扩张。国内局势稳定后，罗马共和国崛起并开始向外扩张，遇到了当时地中海霸主迦太基。罗马认识到，要想获得安全，就必须消灭迦太基，因为任何强国的目的都是要建立一个绝对安全的疆界。[①]两国围绕争夺地中海霸权，在长达一百年的较量中，先后爆发了三次战争，最后以罗马胜利、迦太基灭亡告终。罗马获胜的原因主要有三个方面：一是其战略重心和战略目标始终如一，即打败迦太基。二是战略竞争核心明晰，即夺取制海权。罗马认识到，控制地中海是其掌握世界霸权的关键。而罗马是陆上强国，要想从海上打败迦太基，必须发展强大海军。第一次布匿战争时，罗马指挥官大西庇阿说过，舰队与罗马军团一样重要。三是力量运用上采取了迂回前进样式。罗马刚崛起时力量还比较弱，并不想过早与迦太基较量，为防止崛起进程被打断，甚至签订过完全有利于迦太基的条约，划分了各自势力范围，减少了冲突的可能。[②] 最终，罗马经历长期艰苦作战赢得了战争，原因在于"罗马民众和领导人物拥有首要的战略要素——坚韧性"[③]。这种坚韧性也是罗马人开展持久作战得以迂回前进的基础。

罗马进入帝国时代后停止了扩张，其军事安全思想转而注重内部安全，即维护"罗马治下的和平"，主要包括三个方面：一是军事安全的主体。罗马在帝国时代的安全重心是维护帝国疆域稳定。在此期间，罗马建立行省制度，其境内民众权利保障主要依托万民法和公民法。到了后期，罗马人认为，稳住疆界就能维护罗马的安全，因此停止了对外扩张，安全重心转到巩固疆域上。如在莱茵河和多瑙河一线，部署了近一半的罗马军团，其用意是，一旦觉察受到威胁，就能够立即对敌发动猛烈攻击毁灭其主力，不让对手有犯边的机会。[④] 二是军事安全面临的主要威胁。罗马认为除了实力因素外，还要考虑文明等因素。罗马人认为自己是当时世界上最强大的国家，不仅因为其雄厚的经济和军事实力，罗马的文明也是世界

---

① ［英］富勒著，钮先钟译：《西洋世界军事史》（卷一），广西师范大学出版社 2004 年版，第 112 页。

② ［美］威廉森·默里等著，时殷弘等译：《缔造战略：统治者、国家与战争》，世界知识出版社 2004 年版，第 71 页。

③ ［美］威廉森·默里等著，时殷弘等译：《缔造战略：统治者、国家与战争》，世界知识出版社 2004 年版，第 88 页。

④ 钮先钟：《西方战略思想史》，广西师范大学出版社 2003 年版，第 55 页。

上最先进的。随着罗马不断强盛，其文明也随之传播扩散，当时的意大利北部、高卢、西班牙、日耳曼地区都罗马化了，“所有这些地区都已证明它们自身正如罗马一样，也能够享有高度的文化”①。三是维护军事安全的主要途径。罗马采用的是融合军事、经济和文化的综合途径。其中，强大的罗马军团不仅是罗马帝国的支柱，更成为罗马制度和文明的象征；整个帝国时期，地中海周边成为罗马经济最发达地区，对整个西方世界产生着巨大吸引力；罗马文明也被认为是古代西方文明的顶峰，如罗马人对周边国家推广公民权，吸引被征服的蛮族加入罗马军团等，都有力地加强了文化认同。

至于维护军事安全的主要力量，古希腊和古罗马主要依靠陆上作战力量维护其军事安全。如色诺芬的《远征记》《希腊史》记述了希波战争等陆军战略理论与作战问题；恺撒的《高卢战记》《内战记》，弗龙蒂努斯的《谋略》，韦格蒂乌斯的《论军事》等，都提到了建立由常备军和雇佣兵组成的职业陆军部队，运用政治、经济等手段配合陆军攻防作战。由此可以认为，古希腊和古罗马维护军事安全的主要力量是各国、各城邦或者国与国、国与城邦之间的单一性或联盟性的陆上作战力量。

二、欧洲中世纪的军事安全思想

欧洲中世纪一般指公元476年西罗马帝国灭亡到英国资产阶级革命以及《威斯特伐利亚和约》签订这段时期。罗马帝国崩溃，标志着西欧奴隶社会的消亡和封建社会的开始。随着封建制度的建立和发展，各国的军事安全问题比如军事安全的主体、军事安全面临的主要威胁、维护军事安全的主要力量以及维护军事安全的主要途径等，都发生了较大的变化。

（一）军事安全的主体

中世纪欧洲的国家由公国、侯国、伯国组成联合体，国王通过分封给公爵、侯爵、伯爵等贵族领地，贵族再转分封给子爵、男爵、骑士等更小贵族领地，形成等级制。受西欧封建割据的庄园经济、分散控制的军事组织和宗教思想禁锢，在此期间，“国家”作为军事安全的主体，分为帝国、王国、公国等类型。当时，国王只是级别最高的贵族，无权过问其他贵族

---

① ［英］罗素著，何兆武等译：《西方哲学史》（上），商务印书馆1991年版，第356页。

领地内事务，各级贵族是自己领地的主人。每个分封领地都是一个“国家”。权力按阶级划分为包括皇帝、国王、公爵、侯爵、伯爵等的君权，统称世俗君主权力，以及由自治城市组成的世俗市民权力。维护军事安全，主要就是维护君权合法性和城市自治权力不受侵犯。

（二）军事安全面临的主要威胁

中世纪欧洲国家面临的军事安全威胁主要包括内外战争以及教权与王权之争等。由于中世纪的社会形态是封建生产方式和生产关系占主导，在此期间的军事安全冲突包括封建国家兴起阶段打破原奴隶制帝国统治、封建割据与统一、王朝更迭、封建国家之间的争霸、封建国家对外扩张等，如爆发的拜占庭帝国与日耳曼部族国家间战争、与萨珊波斯帝国的争霸，以及十字军东征、拜占庭—土耳其战争、胡斯战争、玫瑰战争等。封建割据下的庄园经济分散，导致军队多为封建领主所有，国家没有统一的武装力量。而中世纪欧洲的领主们主要关注的是自己领地的完整以及领地权利不受侵犯，因此，该时期军事安全面临的主要威胁是属地权益矛盾。例如，爱德华三世既是英国国王，也臣属于法国国王，在法国也拥有相应领地。然而，当法国国王腓力六世提出要收回英国国王在法国的领地时，英国国王为了维护自己的领地权利，开始了与法国的“百年战争”。此外，军事安全威胁还包括教权与王权之争。欧洲中世纪“教权和王权”的争斗也是爆发战争的重要因素之一。中世纪教皇既拥有教会的最高权力，也是教皇国的最高统治者。公元960年，意大利国王贝伦加尔二世入侵教宗国，教皇约翰十二世向东法兰克国王奥托一世求援，解围后封其为“罗马人的皇帝”，东法兰克王国也演变为神圣罗马帝国。此后，国王需要教皇加冕才能称为皇帝。但皇帝权力过大甚至多次干预教皇废立，引起教皇不满，彼此冲突不断，皇权一度高于教权。直到《沃尔姆斯宗教协定》签署，标志着延续千年的教权与皇权斗争告一段落。

（三）维护军事安全的主要力量

中世纪欧洲国家维护军事安全的主要力量是不尽相同、各有千秋的武装力量。拜占庭、阿拉伯、奥斯曼等帝国在崛起和扩张中，普遍建立起以骑兵为主的庞大军队。拜占庭统治者强调为传播基督教而战，以骑兵特别是重甲骑兵和海军舰队为重点，兵役制度上采用“宅姆制”，即拥有大量常备军；武器装备上，大力发展以“希腊火”为代表的纵火设备，在拜占庭军队的作战中起到了重要作用。作战样式主要是攻防结合，进攻时注重夺占敌首都或战略要地，分割歼敌；防御时，利用要塞及烽火报警系统组成的防御体系，长期分区防御。阿拉伯帝国奉行宗教与军事一体，利用沙漠地形，以骑兵和步兵对敌实施突然进攻。奥斯曼帝国实行的是庞大兵员数量与先进的军事技术并重、贵族骑兵与平民步兵并重的建军原则。欧洲军队多为封建领主私有，以采邑制经济为基础的骑士成为军队的中坚力量，也是该时期维护军事安全的主要力量。11 世纪开始，雇佣兵制逐渐盛行，到 15 世纪时成为欧洲国家主要军事力量。15 世纪末至 17 世纪中期，欧洲国家普遍建立起封建专制统治，也是冷兵器向火器过渡的关键时期，各国装备有火器的新型步兵开始取代骑兵成为陆上战场的主宰；海战中，风帆战舰取代桨舰、弦炮取代弓箭成为海上主要攻击武器，海上作战力量逐步成为各国维护军事安全以及拓展海外利益的主体。如英国最早的国家军事机关是海军部；英王亨利八世于 1546 年成立了海军委员会；17 世纪，爆发资产阶级革命，以马基雅维利为首的领导者主张征募民军组成常备国民军，取代外国雇佣军，建立起炮兵与步兵相结合的国家军队。

（四）维护军事安全的主要途径

中世纪欧洲国家维护军事安全的一个主要途径就是建立军事联盟。当时，建立军事联盟的方式主要有两种——政治联姻和宗教结盟。首先，中世纪欧洲贵族之间普遍采取政治联姻来扩大自己的领地和壮大自己的军力。神圣罗马帝国哈布斯堡家族就是通过政治联姻，从最初法国的阿尔萨斯公爵及其属地，逐步扩张到控制了西班牙、奥地利、匈牙利以及意大利部分地区，堪称欧洲历史上统治地域最广的王室。贵族之间还缔结联盟，以共同应对敌人。其次，欧洲中世纪另一种结盟方式为建立宗教联盟。宗教结盟通常以应对异教徒威胁、发动宗教战争为纽带。例如，十字军东征集合了当时欧洲众多贵族和骑士，以拯救圣地、消灭伊斯兰教徒为口号，对中东地区进行了长达两百年的战争。

二、近代西方军事安全思想

世界历史的近代时期一般指从《威斯特伐利亚和约》签订到二战。在此期间，西方历经了欧洲文艺复兴、宗教改革、启蒙运动、三十年战争、拿破仑战争、资产阶级革命和工业革命，欧洲民族国家纷纷建立，军事安全思想也随之不断发展。

（一）军事安全的主体

近代西方军事安全的主体是拥有主权的民族国家。恩格斯指出，日益明显、日益自觉地建立民族国家的趋向，是中世纪进步的最重要杠杆之一。[①] 随着近代军事安全思想不断发展，1648 年签订的《威斯特伐利亚和约》承认德意志众多诸侯国和瑞士、荷兰的主权，首次以和约形式确立了国家主权概念。由此，主权成为国家属性，并具有统一性、不可分割性和独立性，这也标志着罗马教皇神权至上论被彻底否认和打破。至此，拥有主权的民族国家开始成为该时期军事安全的主体。在主权范围内，所谓的国家拥有固定的国土、民众，以及政府、军队等，是一个独立的实体，而教权和君权都依附于国家，需要以"国家""国家利益"等为名义采取行动。"1660 年以后，列强舞台上最重要的特征是欧洲列国之间名副其实的多极体制形成，各国不再为跨国利益、宗教信仰而战了，他们对战争或和平的决断，越来越多地受'国家利益'所左右。"[②] 到了法国大革命时期，"民族利益至上""主权在民""不干涉原则"等思想陆续涌现，彻底否定"王朝利益至上""朕即国家""宗教利益至上"思想，标志着自此开始以"民族国家"为本位来考虑国家军事安全的时代全面到来。

（二）军事安全面临的主要威胁

近代西方国家军事安全面临的主要威胁是内外战争。到了 17 世纪，随着欧洲封建社会逐渐衰落，开始出现封建制度解体、资本主义兴起、近代民族主权国家建立等社会政治变革。由此爆发的意大利战争、德意志农民战争、立窝尼亚战争、法国胡诺格战争等，对欧洲的旧秩序造成了巨大冲击，加速了欧洲封建社会向资本主义社会转变的进程。17 世纪中期至 20 世纪中期，资本主义制度逐渐取代封建制度，工业革命迭代发展不断促进社会生产力巨大提升，创造出了前所未有的物质文明和精神文明，形成了建立在广泛联系基础上的世界格局新体系。资本主义势力取代封建势力，在欧洲形成新兴强国，这些新兴资本主义国家实力不断增强，开始频繁发动战争，为争夺霸权进行殖民、扩张和掠夺，以及宗教改革。随着自由资

---

① ［德］恩格斯：《论封建制度的瓦解和民族国家的产生》，《马克思恩格斯全集》第 21 卷，人民出版社 1965 年版，第 452 页。

② ［美］保罗·肯尼迪著，王保存等译：《大国的兴衰》，求实出版社 1988 年版，第 87 页。

本主义向垄断资本主义过渡，帝国主义开始勃兴；人类生产和生活空间的拓展、工业化大生产的实现、经济社会的繁荣、科学技术的飞跃，以及国家体制和军事体制的日益完备，也导致战争规模和烈度空前提升，战场向全球范围扩展，各个国家面临的军事安全威胁也由此前单一化的君权、教权、领土权益向政治、经济、军事、科技等多方面扩展。

（三）维护军事安全的主要力量

近代西方国家维护军事安全的主要力量是多种类型的军队。这一时期，除英国、美国等少数国家确立了资本主义制度，绝大多数国家和地区仍处于封建专制政权统治之下，维护各国军事安全的主体力量也不尽相同。如美国早期武装力量是各殖民地的民兵。独立战争期间，在民兵制基础上组建陆军、海军和陆战队；战后，组建了常备军，设立陆军部和海军部。美英战争后，成立陆军参谋部，组建联邦常备军。美西战争后设立陆军参谋长，组建了大西洋舰队和太平洋舰队。一战期间，开始实行普遍义务兵役制；战后正式组建了由陆、海、空、海军陆战队以及国民警卫队和后备队的美国军队力量，后又增加了航空兵和化学兵等兵种。① 英国在该时期实施的主要是募兵制与征兵制，其维护军事安全的主体力量是正规军和后期发展建立的预备役。18 世纪末至 19 世纪下半叶，法国大革命和拿破仑战争揭开了世界军事史的新篇章，法国维护军事安全的主体力量是具备步、骑、炮一体协同能力，并以师、军为固定编制单位的强大陆军力量。一战前，法国还建立了 1 个航空营、27 个飞行中队；一战后，法国海军发展了潜艇部队，以及航母和战列舰等大型水面舰艇。普鲁士的弗里德里希二世奉行先发制人战略，强调作战要出其不意，由此打造了骑炮兵；1806 年普法战争失利后，组建战争部，开始推行普遍义务兵役制，军队分为常备军、后备军和国民军；统一战争时期组建了海军，在维护其政权和军事安全中发挥了重要作用。

（四）维护军事安全的主要途径

近代西方国家维护军事安全的主要途径包括四个方面：一是维持均势。事实上，倡导均势的军事安全思想由来已久。休谟曾指出，“均势”一词虽然源于欧洲的国家体系，但维持力量均衡实在是基于常识和明显的

---

① 军事科学院外国军事研究部：《美国军事基本情况》，军事科学出版社 2013 年版，第 25—27 页。

道理，所以要说古人完全无所知悟，那是根本不可能的。[①] 休谟、黎塞留、根茨、梅特涅等众多思想家和政治家都非常重视均势对维护军事安全的作用，认为保持均势能够有效制衡其他国家的侵略行为，以维护国际关系体系内的稳定和相互安全。《威斯特伐利亚和约》就体现了均势思想，即通过保持德意志境内诸邦国主权独立，维持神圣罗马帝国内部的均势，防止出现过于强大的国家，危及法国、意大利和北欧各国安全。拿破仑战争后建立的维也纳体系也是为了保持均势，塑造了欧洲“百年和平”，“造成此种独特的国际秩序的部分原因是，其均势建构得极佳，要集结足以推翻它的庞大势力极为困难”[②]。

二是建立军事联盟。尽管自古以来就有通过建立军事联盟确保自身安全的思想，但真正重视并将其广泛应用于维护军事安全实践当中，则是从近代开始。例如，天主教联盟与新教联盟之间进行的欧洲三十年战争；法国大革命期间，欧洲国家组建七次反法联盟进行武装干涉；1871 年后，俾斯麦为防止法国复仇并维护德国安全，建立了针对法国的军事联盟体系，堪称近代军事联盟的巅峰与典范。到一战前，欧洲彻底形成协约国、同盟国两大军事集团。

三是控制重要地域。法国启蒙运动思想家孟德斯鸠指出，地理因素是构成国家力量的基础，对国家政治生活以及全球和地区组织格局形成与发展具有重要影响。英国地缘政治学家麦金德认为，全部世界历史是陆权和海权较量的历史，他把亚欧大陆看成“世界岛”，把亚欧大陆中部称为“心脏地带”，提出控制东欧、进而控制心脏地带、最终控制世界的主张。美国军事理论家马汉提出，由海军、海上贸易和殖民地构成的海权，对国家安全具有重要意义。德国地理学家拉采尔提出了“生存空间论”和“边界可变论”。美国历史学家特纳则宣称，美国社会发展和繁荣是建立在边疆不断扩展的基础上，西部能够缓和美国社会存在的矛盾，为美国应对经济危机和社会问题提供“安全阀”。近代以来，欧洲国家对地缘因素空前重视，特别是注重以控制重要区域来维护军事安全的思想，进一步助长了

---

① ［美］詹姆斯·多尔蒂等著，阎学通等译：《争论中的国际关系理论》，世界知识出版社 2003 年版，第 44 页。

② ［美］亨利·基辛格著，顾淑馨等译：《大外交》，海南出版社 1998 年版，第 60 页。

欧洲国家殖民扩张和争夺，开启了近代殖民与反殖民的军事斗争史。

四是出台法规制度。到了近代，开始出现签订国际条约的势头，在此期间诞生了主权准则、非战争原则等诸多重要国际关系准则，法规制度作用得到空前重视。荷兰政治学家格劳秀斯在《战争与和平法》中首次系统提出以国际法制约战争、通过国家间签订条约来保障国际和平的思想；英国政治学家洛克主张使用法律、分权来限制国内政府权力以维护民众生命、自由和财产；德国哲学家康德倡议建立一个由法治的自由国家组成的联邦，主张放弃战争和军备竞赛。

四、现代西方军事安全思想

二战结束后，随着国际形势调整演变，西方的军事安全实践不断丰富，军事安全的内涵和外延也不断拓展，涌现出不少军事安全理论流派、研究方法以及许多军事安全思想家，西方军事安全思想得到显著发展，一度成为影响世界战争与和平的主要思想，也对当今世界战略格局等产生了巨大影响。

（一）军事安全的主体

二战结束到 20 世纪 90 年代初，是美苏两极格局形成并发展成为两大阵营全面对抗的时期。这一时期，西方军事安全的主体日趋多元化。随着国家间联系日益密切，非国家行为体迅速发展：一是非国家行为体种类增多，不仅出现了国际组织，还产生了跨国公司、政党甚至国际恐怖主义势力；二是非国家行为体活动范围广泛，不仅涉及传统的政治、军事领域，还包括经济、文化等其他领域。随着非国家行为体的发展，以往传统军事安全思想所关注的国家之间的军事安全关系，逐渐拓展为国家之间、国家与非国家行为体之间、非国家行为体之间的军事安全关系。

（二）军事安全面临的主要威胁

这一时期，西方国家军事安全面临的主要威胁包括传统军事安全威胁和非传统军事安全威胁。首先，传统军事安全威胁继续存在。西方国家之间因领土、民族、宗教矛盾以及殖民统治产生的传统军事安全威胁进一步深化，拓展至不同阶级、不同政治集团、不同民族、不同宗教信仰之间的国家内部武装冲突和战争，即局部武装冲突和战争。冷战时期，一直相对稳定的欧洲变为世界上最不稳定的地区，例如，波黑战争就爆发在素有“欧洲火药桶”之称的巴尔干地区，其在 20 世纪 90 年代再度成为世界上爆发战争最频繁的地区。其次，非传统军事安全威胁呈现上升趋势。随着现代科技不断发展进步，军事安全疆域范围不断扩展，从传统意义上的海陆空延伸至太空、电磁、网络等空间。因此，维护军事安全的制权也相应不断延展，从传统意义上制陆权、制海权，逐步发展到制空权、制天权、制信息权等领域开展的激烈竞争。由此，西方学界衍生出诸如太空安全、信息安全、网络安全、人工智能安全等新型领域安全，军事安全思想得到了空前的丰富和发展。

（三）维护军事安全的主体力量

随着安全形势的变化发展，这一时期西方国家维护军事安全的主体力量特别是军队也在不断发展演化。如美国在二战期间大幅度扩军，增强实力，战争结束时，美陆军兵力达 829 万，海军达 385 万，陆战队达 50 万人。[①] 美国于 1949 年通过《国家安全法修正案》，改组国防部，设立参谋长联席会议主席；1986 年通过《国防改组法》，基本确立了美国现行的武装力量体制，即现役、预备役和文职人员，其中，现役部队由美国陆军、美国海军、美国海军陆战队、美国空军、美国太空军、美国海岸警卫队、美国国民警卫队构成，是其维护军事安全的主体力量。英国在 1946 年至 1971 年先后重组了海军部、陆军部、空军部、航空部和国防部五大机构，主要实行正规军与预备役部队相结合的武装力量体制，其中，正规军分为海军、陆军和空军；此外，还编有尼泊尔廓尔喀雇佣兵营等。法国在二战结束后，继承 18 世纪确定的“文官控制”原则，其武装力量主体由现役部队、文职人员和预备役人员组成，按功能又划分为战略核力量与常规军事力量。其中，现役部队分为陆军、海军、空军和宪兵。二战结束后，德国分裂为德意志联邦共和国与德意志民主共和国，1990 年重新统一后，其武装力量重新改组，包括联邦国防军、预备役和准军事组织。

（四）维护军事安全的主要途径

二战结束后，西方军事安全思想产生了诸多流派，相应也诞生了关于维护军事安全主要途径的各种主张。现实主义认为，实力是维护军事安全的关键，均势或霸权是维护军事安全的主要方式，建立军事联盟是实现均势或霸权的重要途径。如美国际关系理论家肯尼思·华尔兹提出，均势是

---

① 军事科学院外国军事研究部：《美国军事基本情况》，军事科学出版社 2013 年版，第 26 页。

维护国家安全和军事安全的主要途径；约翰·米尔斯海默强调维护国家安全和军事安全的主要途径是成为地区霸权。[①] 理想主义者提出，应通过建立国际组织来对国家行为进行限制，以维护各国军事安全以及世界和平，国际联盟和联合国正是在这种思想指导下成立的。受理想主义影响，二战后的国际组织不断涌现，各区域性和领域性组织在维护军事安全中发挥了重要作用。自由主义强调发挥制度和机制的作用，认为国际条约、协定、国际法和国际协调等可以约束国家实力的运用。例如，二战后美苏之间的限制进攻性战略武器谈判，国际社会出现的军控裁军谈判等都有力地维护和确保了国际和平。与自由主义派相似，国际社会学派也重视发挥国际机制维护国家和军事安全的作用，但后者更加强调伦理和道德至高无上，认为国际机制有可能违背世界正义，国家不仅要关注秩序，也要关注正义，在维护秩序的同时要考虑实现正义，只有这样国际社会才是安全可靠的。[②]

大体上，西方国家普遍强调运用综合手段来维护军事安全。西方传统军事安全思想历来主张依靠经济和军事力量维护军事安全。二战后，由于国家间相互依赖日益增强，"综合国力"等概念被相继提出，军事安全内涵与外延不再局限于政治军事领域，而是逐步演变为多个领域的综合性安全问题，维护军事安全的方法手段日趋多样化、系统化，不再仅仅依靠单一力量，而是统筹综合运用包括政治、军事、经济、外交、文化等多种手段，形成综合力量。在运用经济力量方面，西方国家注重加强经济贸易联系，实施区域一体化战略，并通过深化经济相互依赖来维护国家安全和军事安全，促进国际和平；同时，针对具体情况采取封锁、禁运等手段制裁有关国家。在运用军事力量方面，西方国家强调发挥威慑的作用。美国著名战略理论家柯林斯提出："威慑不是为了进行战争，而是为了争取和平。其目的在于使敌人或潜在敌人确信，侵略是最不可取的选择方案。"[③] 冷战时期，美苏大力发展核武器，掀起军备竞赛，正是以"相互确保摧毁"来

---

① ［美］肯尼斯·华尔兹著，信强译：《国际政治理论》，上海人民出版社 2003 年版；［美］约翰·米尔斯海默著，王义桅等译：《大国政治的悲剧》，上海人民出版社 2008 年版。

② 陈志瑞等主编：《开放的国际社会：国际关系研究中的英国学派》，北京大学出版社 2006 年版，第 145 页。

③ ［美］约翰·柯林斯著，中国人民解放军军事科学院译：《大战略》，战士出版社 1978 年版，第 264 页。

实施威慑战略。此外，西方国家注重发挥“软实力”的作用。美国学者约瑟夫·奈将软实力定义为包括文化吸引力、意识形态或政治价值观念，以及塑造国际规则和决定政治议题的能力等，认为软实力具有同化作用，可以消除威胁的根源。

第二节　中国古代军事安全思想

中国古代军事安全思想是中华民族优秀传统文化的重要组成部分。中华文明作为世界上唯一延续至今而未间断的辉煌文明，其古代军事安全思想植根于中华民族传统文化的沃土之中，并随着中国历代军事以及政治、经济、文化、科技等方面的发展进步不断演变，积淀丰厚、认识深刻、载体多样、影响广泛。

一、春秋战国时期的军事安全思想

中国古代夏、商、周时期，军事安全思想的萌芽就已出现，主要表现为“国之大事，在祀与戎”① “天子守在四夷”② “封建亲戚，以藩屏周”③，主张“五服”④ 理论，以及“协和万邦”⑤ “外事文而和、内事武而义”⑥ 等。

（一）军事安全的主体

春秋战国时期，军事安全的主体表现为封建王朝特别是诸侯国，维护的是“王权至上”。该时期，由于“蛮夷”“戎狄”不断袭扰中原地区国家，一度出现“南夷与北狄交，中国不绝若线”⑦ 以及“却匈奴七百

---

① 《左传·成公十三年》。

② 《左传·昭公二十三年》。

③ 《左传·僖公二十四年》。

④ 所谓五服，在不同时期有不同说法，总体上是一个以王畿为中心构建的由内向外扩展的同心圆式等级结构，其中靠近王畿的部分属于“华夏”，其余则多属于“蛮夷”“戎狄”范围。

⑤ 《尚书·尧典》。

⑥ 《逸周书·武纪》。

⑦ 《公羊传·僖公四年》。

余里”[①] 的斗争局面。到了公元前 707 年，周桓王率联军伐郑，在繻葛（地名，今河南省长葛市北）之战中负伤，从此天下“礼崩乐坏”。之后，以秦、晋、齐、楚、越等为首的诸侯国相互兼并称霸，最后形成齐、楚、燕、韩、赵、魏、秦七雄并立局面。公元前 334 年起，秦、齐等国相继称王，到公元前 249 年，秦庄襄王派吕不韦率军东进，灭亡了东周，可谓“春秋之中，弑君三十六，亡国五十二，诸侯奔走不得保其社稷者，不可胜数”[②]。公元前 230 年至前 221 年，秦王嬴政灭六国，建立了中国历史上首个君主中央集权封建王朝。基于这一动荡不已的安全环境，春秋战国时期，各诸侯国的君主和思想家们认识到，君主必须居安思危，“夫安国家之道，先戒为宝”[③] “人无远虑，必有近忧”[④]。由此可见，政权安全是首要关键，军事安全主体首先是君主安全[⑤]，即所谓“安国在乎尊君”[⑥]，君主不存，则国家和军队将不保。

（二）军事安全面临的主要威胁

在春秋战国时期，各国军事安全面临的主要威胁既来自内部也来自外部。在内部，各国军事安全时刻面临着包括“五害”[⑦] “七患”[⑧] 等各种威胁。如 300 年的春秋历史，大约有 36 位君主被卿大夫所杀，其突出代表就是公元前 453 年赵、魏、韩三家分晋。在外部，各国军事安全面临着外敌入侵的威胁。如公元前 714 年，北戎南下袭郑国，郑庄公随后一举消灭兼并了许、管、蔡等国。相比之下，来自内部的安全威胁，其破坏力和毁灭性往往大于来自外部的侵略威胁，如“内宠并后，外宠二政，嬖子配嫡，大都耦国，乱之本也”[⑨]。再就是过度追求和平，同样会产生严重后果，甚至成为国家最大的军事安全威胁。例如，受秦“远交近攻”战略影响，齐王既不与各国合纵抗秦，也不加强本国战备，直到秦军将亡楚国时，才开

---

① 《过秦论》。

② 《史纪·太史公自序》。

③ 《吴子·料敌第二》。

④ 《论语·卫灵公》。

⑤ 尽管孟子已提出“民贵君轻”政治思想，但远未成为主流。

⑥ 《管子·重令》。

⑦ 《管子·度地》。具体指水、旱、风雾雹霜、疫、虫，其中“水最为大”。

⑧ 《墨子·卷一》。具体指城池不可守、四邻莫救、民力尽于无用、君修法讨臣、君主不知戒、所信不忠和所忠不信、食物不足和大臣不足以事之。

⑨ 《左传·闵公二年》。

始与秦断绝往来，在西部边境设防，收编各国流亡军队，结果在秦军避实击虚的突然打击之下，70 余城皆不战而降，最终亡国。

（三）维护军事安全的主要力量

春秋战国时期，各国维护军事安全的主要力量大多为自己掌握的军队。这一时期，武装力量大体沿袭西周体制，由周天子掌握的军队作为维护军事安全的主要力量，从王畿中征集贵族和自由民补充，参加对外征战，而实际真正活跃的是诸侯国武装，包括公室军、地方军、私属军和禁卫军。公室军由国君直接控制，多于西周诸侯受封立国时组建，春秋时期成为国家军队主力，担负对外作战任务；到了春秋后期，随着军权下移，逐渐被卿大夫瓜分。地方军即“邑甲”“都车”“县兵”，是公室军队的辅助力量，随着争霸战争扩大，在各国普遍建立起来。私属军即诸侯、卿大夫的族军和邑兵，前者是以贵族的宗族成员为骨干，后者是卿大夫受封的私兵。禁卫军亦称御士，平时宿卫王室，战时扈从王、侯作战，属于作战精锐力量。到了战国时期，因各诸侯国中央集权、将相分职，贵族私属武装被废除，建立了统一武装力量，军权掌握在国君手中。其中，主要作战力量由步兵担负，在七大国中，齐、赵、韩、魏、燕均有“带甲（步兵）数十万”，秦、楚各有带甲百万；在这一时期，骑兵作为独立兵种出现，北方民族早用骑兵作战，中原地区使用骑兵始于赵国，赵武灵王实行“胡服骑射”，并“破原阳以为骑邑”①，率先建立骑兵部队。自此，骑兵成为各诸侯国维护其军事安全的新兴精锐兵种。

（四）维护军事安全的主要途径

春秋战国时期，各国维护军事安全的主要途径包括三个方面：一是以内驭外、奉儒恃强。“备者，国之重也；食者，国之宝也；兵者，国之爪也；城者，所以自守也。”② 该时期维护国家军事安全，强调树立未雨绸缪的忧患意识，最好有可应对的谋略准备，倡导文、武两手兼具并用，即“有文事者必有武备，有武事者必有文备”③。“备”的最终标准是要争取“强”，具备强大的国家综合实力，“主之所以为功者，富强也。故国富兵

---

① 《战国策 · 赵策二》。

② 《墨子 · 七患》。

③ 《孔子家语 · 相鲁》。

强，则诸侯服其政，邻敌畏其威，虽不用宝币事诸侯，诸侯不敢犯也”①。“强”不仅包括“必待兵之胜也而国乃重”②，还应该包括“必先富民”③。在长期维护军事安全的实践中，人们深刻认识到，单纯依赖物质“力”维护军事安全尽管是最简单、直接的手段，但过犹不及甚至会导致“好战必亡”④，要想确保军事安全还必须重视发挥传统文化的精神“力”，特别是政治领导力。孔子认为，政治实力要优先于经济实力和军事实力⑤，要求君主躬行“仁政”。对外关系方面，倡导无论远近都要“德政安边”“远人不服，则修文德以来之”⑥，促进睦邻友好关系，切实营造良好外部环境。为了增强争霸合法性，春秋时期的主要大国还高举“尊王攘夷”旗号，运用战争手段打击对手，以联盟关系维持霸业。如齐桓公在管仲辅佐下，一方面坚持“通贷积财，富国强兵”，一方面“尊王攘夷，争取与国”；一方面出兵救助燕、邢、卫，抗击山戎和狄军，最终实现了“九合诸侯”霸业，周天子甚至还派人参加了盟会。到了战国时期，争霸战争日趋激烈，“以力假仁者霸”力压“以德行仁者王”⑦，“重法爱民而霸”⑧“弃礼义而用诈谲”⑨“远交近攻”等成为主要国家的现实选择。秦施行连横和远交近攻，最终破除苏秦倡导下的合纵联盟。究其根本，还是各国主张“治强不可责于外，内政之有也”⑩，奉行“以内驭外”的军事安全思想，认为“本理则国固，本乱则国危”⑪，坚持“民为邦本”“以人为本”，“尚贤”要与“敬百姓”并重，主张“修道而保法”⑫，认为这才能有效维护国家军事安全。对内，则强调以“四维”⑬理论为基础，敦行教化，促

---

① 《管子·形势解》。
② 《管子·重令》。
③ 《管子·治国第四十八》。
④ 《司马法》。
⑤ 《论语·颜渊第十二》。
⑥ 《论语·季氏第十六》。
⑦ 《孟子·公孙丑上》。
⑧ 《荀子·天论》。
⑨ 《战国策序》。
⑩ 《韩非子·五蠹》。
⑪ 《管子·霸言》。
⑫ 《孙子兵法·形篇》。
⑬ 《管子》中提出的礼、义、廉、耻，视为“国之四维”。

进家国和谐，确保军事安全。例如，孔子曾在鲁国行“礼制”三个月，提出“鲁一变，至于道”[①]，使得国家政治社会秩序井然，军事安全空前稳定，齐国人惊呼“孔子为政必霸，霸则吾地近焉，我之为先矣”[②]。

二是建立维护统治阶级利益的军事安全机制。该时期各诸侯国君主专制一方相继称王[③]，“夫擅国之谓王，能利害之谓王，制杀生之谓王”[④]。这一时期的军事安全思想主要服务中央集权君主专制，强调“善为国者，内固其威，外重其权”[⑤]，君主为维护其最高权力不被分割，构建了以“两手”“四位”“六柄”“六徵”“七术”为核心，以“嫡长制”“军功爵制”“宦官制”“兵符制”等为支撑的“君临之术”。例如，战国时期，必须根据兵符行事，只有君主下令或授意才可调动军队。因此，才有信陵君伪造文书、窃取虎符救赵的历史事件。“君设其本，臣操其末；君治其要，臣行其详；君操其柄，臣常其事”[⑥]，为了在君主专制下实现分权有序治理、共同维护整体军事安全，就产生了“官吏选拔制”“官僚等级制”“文武分职制”，建立了地方郡县制，并在所辖区域推行征兵制度。三家分晋后，为吸取教训，国家开始设立“相”职，且“贵为列侯者，不令在相位；自将军以上，不为近大夫”，到秦昭王时期，建立起以“三公九卿”为主体的官僚体系。

三是实施合纵连横与反联盟策略。春秋战国时期诸侯纷争，安全威胁主体之间时而对立，时而结盟，甚至还有通过经营经略使事态形势发生转圜甚至根本转变的情况。如战国时期齐、秦两国争霸，齐国率各国联合攻秦，迫使秦国取消帝号；后来为了灭宋，齐国又开始联秦，还与秦结成长期盟友。但对和平的过度追求也会带来严重后果，甚至成为威胁军事安全的最大隐患。如秦大力宣扬“远交近攻”战略思想，受其影响，齐国不再与各国合纵抗秦，也不再注重加强本国战备。可见，“国之所以存者，仁义是也”[⑦]，想确保军事相对安全，国之君主必须力行仁政而摒弃暴政，以

---

① 《论语·雍也第六》。

② 《史记·孔子世家》。

③ 此前按周天子分封秩序，各诸侯国君主分别称作公、侯、伯、子、男。

④ 《资治通鉴·周赧王四十九年》。

⑤ 《战国策·秦策三》。

⑥ 《申子·大体篇》。

⑦ 《淮南子·主术训》。

防“天子不仁，不保四海”①。在此基础上，还必须“明君务力”②，充分发展和有效运用相关实力，特别是重视“国之所以安危者，莫要于兵”③，确保能够“安无倾”，进而能够“不战而屈人之兵”“天下莫能与之争”，乃至实现“得天下之众者王”④。

二、秦至鸦片战争前的军事安全思想

秦统一六国后，尽管仍有动乱和战争发生，但以汉文化为中心的统一多民族封建国家逐步形成，社会形态保持了长期相对稳定，军事安全思想从发展开始走向完善。

（一）军事安全的主体

这一时期，军事安全的主体是封建王朝的统治者及其统治机构所组成的利益集团。军事安全的核心是维护皇权，即“天下乃皇天之天下也”⑤，“天下之事无大小皆决于上”⑥。皇帝拥有无上权力，但其权威也面临“谋反、谋大逆、谋叛”等威胁，特别是当皇帝传承出现昏庸残暴、皇权无力或旁落等情况，其王朝国家都将陷于严重不安全境地，面临随之而来的内部或外部军事安全威胁。例如，唐朝武则天利用高宗专宠，谋取到“天后”位置，与高宗并称“二圣”，导致国家军政大权旁落，最终女主临朝称帝，改弦更张，开创中国封建政治制度史先例。为确保皇权稳固主要采取了四种做法：第一，封建王朝要建立健全储君制度。这一历史阶段封建王朝普遍建立并实施储君制度，采取预立太子⑦、别建东宫等行为，削弱非嫡非长等可能威胁或影响皇权传承的势力。如宋太宗为了让太子熟悉政务又不致侵犯帝权，还制定了太子即位前先兼任首都地方长官的制度。第二，封建王朝在行政制度上淡化宗藩制而改为郡县制。一面实施编户齐民政策，一面打压宗室外戚、宦官权臣等势力集团。汉朝建立之初，汉高祖主要依靠分封诸侯王国治理国家，这些诸侯国具有相对独立性，一时出现

---

① 《孟子·离娄章句上》。
② 《韩非子·显学》。
③ 《管子·参患》。
④ 《管子·霸言第二十三》。
⑤ 《汉书·鲍宣传》。
⑥ 《史记·秦始皇本纪》。
⑦ 清雍正时期改嫡长制为密建皇储制。

郡国两制，对中央皇权构成严重威胁；经过数十年“削藩”努力，平定“七王之乱”后，基本剥夺了诸侯王实际权力，巩固和强化了中央集权。再如，唐玄宗即位后迅即采取“禁约诸王，不使与群臣交结”[1]，解除诸王军政实权，并将他们集中至京城居住。第三，封建王朝建立运行严密的制度机构。皇帝主要通过奏事、朝议、刺察等形式掌握和处理讯息并逐步以削夺和分化相权、运用八玺诏敕文书等形式控制出令权，如宋朝实行二府三司的宰相体制，保留翰林学士承旨草写“内命”职权；明朝宣布“事权归于朝廷”[2]，废除丞相制度；到了清朝，皇帝为强化和集中军政事务处置决断权力，设置军机处。第四，封建王朝实施“羁縻”制度。唐太宗平定突厥后，设置羁縻州府，任命当地部族首领为都督或刺史，行政上保持半独立状态，唐朝相关羁縻州府最多时达 856 个；后又设置都护府，代表中央行使对羁縻州府的管理权，负责管理边防、行政和民族事务。明、清两朝，先在边疆少数民族地区推行土官制度，任命其上层人士担任官职，后又大力实行“改土归流”政策，以府州县制度取代，统一全国政制，因此又引发多次较大规模战乱。

（二）军事安全的主要威胁

与春秋战国时期的安全观一脉相承，这一时期封建王朝军事安全面临的主要威胁包括内部威胁和外部威胁两个方面。相比之下，封建王朝主要应对和处理的是内部军事安全威胁，同时要应对来自各个方向的外部军事安全威胁。

内部军事安全威胁主要来自统治阶级内部矛盾与阶级之间的矛盾，表现为因权力分配等引发的政治斗争、因统一分据引发的军事战争以及因自然灾害、人为祸乱等引发的农民起义等。例如，两晋时期的“八王之乱”，最终导致了“五胡十六国”的割据和南北朝的对峙。由于封建王朝中央政权建立的压倒性优势远大于国家外部民族矛盾，因此，源于内部的威胁通常比外部威胁要严重得多，使得封建王朝统治者将应对安全威胁的重点自然放在“安内”而非“攘外”方面。从汉代到清代历经 11 朝，王朝的更迭大多始于农民起义。因此，封建王朝在维护军事安全时，多秉持“先内后外”思想，把维护军事安全的重心放在处理来自内部的威胁，尤其放在

---

① 《资治通鉴·唐玄宗开元八年》。

② 《明史纪事本末》。

应对农民起义、分封诸侯与地方割据势力的威胁上，并在此基础上应对和处理外部安全威胁。如宋太宗曾明确表示“外忧不过边事，皆可预防，惟奸邪无状，若为内患，深可惧也。帝王用心，常须谨此”①。公元1120年，北宋与金国结成“海上之盟”，约定同时出兵合攻辽军。但恰逢方腊领导农民起义势不可挡，仅3个月就占领六州五十二县，起义军队伍不断壮大，北宋政府急调15万精锐部队南下镇压，直到1122年春末，才开始执行进攻燕京计划。

外部军事安全威胁主要来自民族矛盾，如匈奴、突厥、蒙古等少数民族时有的入侵杀掠行为。历史上的南宋、明朝更是被来自外部的少数民族入侵亡了政权。明朝后期，还有来自海上方向的倭寇、荷兰等经常性侵掠中国周边沿海地区。这一时期的特点就是“夷夏一体、叛服无常”。“夷夏一体”，是指来自外部游牧民族的威胁本属不同文化间的威胁，但“蛮夷”“戎狄”理论上也属华夏文明提倡的“天下”范畴，也是接受天子的权威和影响的，所以该时期的安全同属一个文化体系的内部矛盾，且通过“夷狄进至于爵”，可以实现“天下大小远近若一”。据此，汉元帝与匈奴呼韩邪单于签订盟誓，宣布“自今以来，汉与匈奴合为一家，世世勿得相诈相攻”②；契丹建立政权后，不仅“以汉制待汉人”③，而且努力构建其中华正统形象，同样为后来崛起的女真族承袭。“叛服无常”，是指尽管中国古人坚信对夷狄之族可以施行“慕化”，但他们也认识到夷狄之人深怀“犬羊之性”，难免“顽梗不化”，如晋文帝时期归附的胡人高达八百七十万④，并因随后汉族大量向南迁徙，导致整个北方汉族人口不占多数，发生所谓的“五胡乱华”。因而，现实中，中原王朝需要时刻紧盯来自四夷的入侵和破坏风险，以维护国家军事安全。

（三）维护军事安全的主体力量

这一时期，封建王朝维护军事安全的主体力量是高度集中统一管理的军队。秦朝是中国历史上第一个统一的中央集权和多民族封建王朝。为加

---

① 《续资治通鉴长编》。
② 《汉书·匈奴传》。
③ 《辽史·百官志序》。
④ 《晋书·帝纪第二·太祖文帝》。

强对军队的统一管理，确保“兵权不可令久擅”①，这一时期的封建王朝主要实施兵权三分等措施，设立中央直属军队，由皇帝直接指挥，通过羽檄、符节下达用兵命令。如秦朝军队主要由京师兵、郡县兵、边防兵组成，京师兵分为郎中令管辖的侍卫官、卫尉管辖的皇宫警卫兵以及中尉管辖的京都戍卫兵；郡县兵由当地服役一年的正卒组成，归属郡尉、县尉统辖；边防兵则包括边郡骑士、材官、边郡屯兵、边塞戍卒。唐玄宗时期开始还实施“权过节度”② 的宦官监军制度，在边关重要交通要道和军事重地设镇戍兵，“缘边皆置镇都大将，统兵备御”③。宋朝为避免藩镇产生隐患，设枢密院作为指挥调动军队的最高军事机关，又设立“三衙”指挥军队，前者有发兵之权而无握兵之重，后者握有重兵而无发兵之权，以此达到相互制衡。

（四）维护军事安全的主要途径

这一时期，封建王朝维护军事安全的主要途径包括五个方面：一是主张“协和万邦”。与其他国家和民族保持友好相处，达成“化干戈为玉帛”乃至“洽四国”“万国咸宁”“天下太平”的效果，通过“守在四夷”，借助筑城、闭关、军事抗击等手段，实现“务实边”才能“盖以安中国也”④，并在此基础上追求实现“天下一家”。二是坚持“以道御器”。强调目标的至上性，让“器”服从服务于“道”。实践中为了达成眼前的目的，忽视手段和路径的现实性，导致目标与手段不相匹配，使得决策出现严重问题。过于强调“道”，忽略了道寓于器、依赖于器的一面，而且往往把“道”解释为“大道理”和道德原则。⑤ 例如，北宋政权为了达成收复燕云十六州这一战略目标，于公元 1120 年与金达成共同灭辽的“海上之盟”；但因自身实力太弱，北上讨伐失败后，暴露虚弱不堪等问题，反让金人窥探到机会，南下袭之，造成“靖康之耻”。三是主张“治安中国，而四夷自服”⑥。要求把内部安全置于最重要位置，必要时甚至可以通过牺牲外部安全来换取内部安全。受内部颠覆和动乱等威胁，封建王权治理向

---

① 《清圣祖实录》。

② 《旧唐书·宦官传序》。

③ 《魏书·官氏志》。

④ 《潜夫论·实边》。

⑤ 王桂芳主编：《国家安全战略学》，军事科学出版社 2018 年版，第 40 页。

⑥ 《资治通鉴·安边》。

来惯有的思想就是重内轻外，坚持“祸起萧墙”，认为国内安定比发展更为重要。例如，汉朝饱受匈奴侵扰威胁，在实力无法与之抗衡时，采取了“奉宗室女公主为单于阏氏，岁奉匈奴絮缯酒米食物各有数，约为昆弟以和亲”的绥靖策略，换取了约70年和平发展良机。公元1140年，岳飞取得颍昌大捷后，建议乘势夺回开封，收复中原，但南宋朝廷个别权臣为防止出现武将功劳过大、军权过度集中于主帅而危及宋高宗赵构本人的执政权，坚持与金议和，强调巩固内政为先，于是下令强行召回岳飞及其部队，导致刚刚收复的属地得而复失，岳飞也蒙冤遇害。四是采取恩威并施。尽管封建王朝统治阶级也看到暴力手段的存在有其必要性甚至正当性，但仍坚持并推崇“和合”文化，这也深刻影响并反映在对于军事安全的维护中。对内坚持“道之以德”“齐之以礼”，对外奉行“宏仁恕之道”以“修道怀远”，总体上就是主张“和为贵”，在政策层面上表现为“行王道”。因此，该时期的王权均主张“慎战”，追求“止戈为武”。中国古人对内既注重推崇儒学，倡导尊王忠君、选贤用能、休养生息，也注重通过分化事权来达成内外相制，通过统一财政和以文制武来强干弱权、居重驭轻，甚至强调要坚持“当宽则宽，当严则严”[①]，对违背“尊天子、一制度”的行为绝不姑息；对外则既坚持因俗而治，力推怀柔羁縻，又倡导屯田实边，不断因险置塞，甚至反复运用“以夷治夷”“分而治之”，乃至“伐至不仁”策略，借此实现内外两面的可靠安全。与突厥的对抗中，唐太宗也曾被迫赂以求和，“与颉利同盟于便桥之上”[②]，史称“渭水之耻”。之后，唐先采用离间之策，随即发兵，一举平定东突厥，并在原地设立都督府，保证了唐北部数十年的太平。五是运用逆取顺守。在治乱循环过程中，当时的人们认识到从建立帝国到开创盛世，必须经历一个战略重心的转移过程，为此需要区别“取天下”与“守天下”的策略，实施“逆取而顺守”[③] 的方针，及时把战略重心转到内部政治和经济建设上来，恢复社会秩序，发展生产力，确保政权稳固。如汉初、唐初、清初均实行了一系列休养生息政策，“论议务在宽厚”[④]，“务从静简”[⑤]，“自兹以外，不得

---

① 《清世宗实录》。

② 《旧唐书 · 突厥传》。

③ 《汉书 · 食货志》。

④ 《汉书 · 刑法志》。

⑤ 《全唐文 · 劝农诏》。

横有敛”[①]，为“文景之治”“贞观之治”和“康乾盛世”的形成铺平了道路。

第三节　中国近代军事安全思想

到了近代，随着帝国主义列强对华侵略，中国沦为半殖民地半封建社会，中国军事安全环境发生了重大变化。以1840年鸦片战争为开端，随着西方列强对华侵略的逐步扩大和加深，延续数千年的中国古代军事安全思想受到西方资产阶级军事安全思想的巨大冲击和挑战，并由此发生了此消彼长或相互融合的历史性演变。最早意识到中国古代军事安全思想面临困境的，是晚清的林则徐、魏源等有识之士。他们看到了西方列强“船坚炮利”的现实，提出了“师夷长技以制夷”的口号，拉开了变革中国传统军事安全思想的序幕。

一、晚清时期军事安全思想

随着外寇入侵和“西风东渐”，晚清对军事安全面临威胁的认知越发明确，即世界并非“天下”，各国并非“郡国”，中国的“天朝”难以君临万国，且中国的军事安全正在面临前所未有的严重威胁。尽管此时的威胁既来自于内部也来自于外部，但多数威胁来自于外部，同时包括政治、经济、军事、文化等多个维度，其冲击是全方位的，且危害巨大。此时的华夏大地仅80年间，就遭遇来自东、西海陆方向的10余个列强之入侵，对中国的疆域领土、资源财富以及百姓生灵造成极大伤害。

（一）军事安全的主体

这一时期，军事安全的主体是颓废的晚清中央政权。因咸丰、同治均早逝，晚清时期形成了由叶赫那拉氏亲自决策，册立三个皇帝和一个候补皇帝、历经四朝、实际执掌政权达40余年的局面。1898年，康有为等推行维新运动，得到光绪皇帝支持，欲对国家统治阶层和领导机构大加改革，改行君主立宪政体，制定宪法，成立新行政机关局，发展资本主义经济。清朝末期，清政府曾宣布改行君主立宪政体，改组内阁，调整、增设

---

① 《唐会要·租税》。

外务部等，在中央和各省设立资政院与咨议局。尽管对核心机制进行了改组和重建，但因清王朝统治太过腐败且已病入膏肓，相关制度没有发挥应有作用。1860 年，清政府设置了独立于军机处之外的总理各国事务衙门，负责办理对外事务，后又设南、北洋大臣负责管理对外交涉、通商、海防、军备、关税等事务，成为地方处理外交问题的牵头。军制方面，八旗、绿营战斗力严重不足，无法对抗太平天国崛起势力，镇压不力，导致清政府不得不倚重汉臣，依托地方武装力量，开始组建“湘军”“淮军”等，以“团练”名义，“以书生领山农”，“扫除陈迹，特开生面，赤地新立”[①]。1870 年始，清政府受“海防”思想影响，大力建设发展海军力量，1888 年组建北洋水师。甲午战争失败，清政府与日本签订《辛丑条约》，鉴于“湘淮将领，多不服西法，虽亦购其枪炮，习其操阵，仅学皮毛，不求精奥”[②]，袁世凯在天津至大沽中间的小站开始操练新军，他模仿德国军制，制定了近代新型陆军制度，包括组织编制、军官任用培养、教育和训练等制度，开启中国近代陆军初创先河。

（二）军事安全面临的主要威胁

晚清军事安全面临的主要威胁同时来自内部和外部。该时期，中国遭遇“数千年未有之强敌”，一度“积弱至此”，区别于既有“外夷”的“洋寇”不但技术“至备至精”，而且“兵贾相资”“政治纷繁、自从其度”，所以更显示出“外国利器强兵，百倍中国”，导致国家正在遭受“数千年未有之变局”[③]。尽管如此，在当时的统治阶级看来，内部威胁的重要性远高于外部威胁，军事安全之重仍然是维护皇权稳固，恭亲王奕䜣等人认为，英法侵略军“其意必欲中国以邻邦相待，不愿以属国自居，内则志在通商，外则力争体面，如果待以优礼，似觉渐形驯顺”[④]，并得出结论“夷人不足虑”，坚持认为“发、捻交乘，心腹之害也”[⑤]，“目前之患在内寇，长久之患在西人”[⑥]，因而仍将处理内部安全问题作为首要任务，把镇压农民起义列为头等大事。他们在对外政策上力主“惟和是议”“守定和

---

① 《曾国藩全集・书信・与李鸿章》。

② 《清光绪朝中日交涉史料》。

③ 《李文忠公全书》。

④ 雷颐：《李鸿章与晚清四十年》，山西人民出版社 2008 年版，第 73 页。

⑤ 雷颐：《李鸿章与晚清四十年》，山西人民出版社 2008 年版，第 74 页。

⑥ 《李文忠公全书》。

议”，把遵守不平等条约作为苟安之策。尽管李鸿章1864年就提出“夫今之日本，即明之倭寇也。距西国远，而距中国近。我有以自立，则将附丽于我，窥西人之短长。我无以自强，则将效尤于彼人，分西人之利薮”①，将其视作潜在威胁。但到了1870年日本使臣提出“宜先通好以冀民心协力”，李鸿章仍幻想联日以抗欧美，认为日本“安心向化”，直到1874年日本侵占台湾，迫使清廷签署《中日北京专约》，他才认识到日本“诚为中国永久大患”②。而与清政府对立的革命派则认为“汉族之仇满洲”，“革命者志在扑满而兴汉”，故清政府是国家安全最大的威胁，因而“故欲免瓜分，必先倒满洲政府，则无挽救之法也”③。在向西洋“借师助剿”的同时，清朝廷日益认识到西强中弱、外为大患的基本现实，军事安全战略目标再也无法放眼“天下大同”，开始务实回到如何维护自身基础安全的范畴，并将基本安全目标聚焦于“自卫”，即“自主权之所以保全，则莫不恃自卫权为之后盾”，且“必内有坚强之武力，然后能行用自卫之实权”④，从而避免“为列强鱼肉”。在此基础上，维护安全的长远目标是“自强”，即通过革新来改变孱弱局面，达成“富国强兵”效果，不但能使“彼族不敢妄生觊觎”⑤，更能争取与列强并踞世界、安全无碍。如康有为组织成立的“强国会”，口号就是“保国、保种、保教”。鉴于近代中国远远落后于世界，冯桂芬等人还认为，“自强之道，诚不可须臾缓矣”⑥。相关主张迅速成为国家的安全政策。第二次鸦片战争后，主持政务的奕䜣公开提出“探源之策，在于自强”⑦。从1862年在北京开办京师同文馆开始，以地方督抚为主力，官办居要、军工基建为主的“洋务运动”逐步兴起，中国走上“近代化运动”之路。

（三）维护军事安全的主要力量

晚清维护军事安全的主要力量复杂多样。清朝作为中国历史上最后一

① 《李文忠公全书》。

② 《李文忠公全书》。

③ 江荣海主编：《中国政治思想史九讲》，北京大学出版社2012年版，第386、388页。

④ 《梁启超全集·新民说》。

⑤ 《李文忠公全书》。

⑥ 冯桂芬：《校邠庐抗议·善驭夷议》，中州古籍出版社1998年版，第207页。

⑦ 《筹办夷务始末（咸丰朝）》。

个封建王朝，其维护军事安全的主要力量前期承袭传统旧制，后期则受西方影响，表现出背景复杂、内容多样、形式多变的时代特点。清朝最高军权由皇帝掌握，军队在前期为八旗兵、绿营兵，后期以湘军和淮军为主的勇营，以及海军和新军。八旗兵由清太祖努尔哈赤创立，由骑兵与少数步兵组成。至清太宗时，增设蒙古八旗和汉军八旗。清军入关后，分为京营八旗（主要负责京畿警卫）和驻防八旗（分驻全国各战略要地，主要是震慑地方）两个系统，由中央直接统领。绿营兵是仿明卫所制和边防镇戍制编组的各省驻屯军，以营为基本建制单位。勇营包括咸丰初年为镇压太平天国运动招募乡勇组建的湘军、淮军以及随后的防军、练军等，是清朝后期维护军事安全的主要力量。19 世纪 60 年代，清政府设立海军衙门，开办船政和水师学堂，大兴海军发展。中日甲午战争后，全军溃败。战后，清政府开始裁旧军、仿西法练新军，在各省成立巡防队和巡警为地方武装力量，加速新军编练。

（四）维护军事安全的主要途径

晚清维护军事安全的主要途径是在固守中学的基础上借鉴西学。受国内外安全形势交织冲击的影响，晚清军事安全环境变化剧烈，清政府维护军事安全的手段有了进一步调整变化，确立了“先内后外、防御第一”为指导，更加注重按照军事安全威胁的等级确立应对威胁的优先顺序。该时期，清政府面临的主要“内患”是太平天国，将其视作“心腹之害”。恭亲王奕䜣认为，“俄国壤地相接，有蚕食上国之志，肘腋之忧也；英国志在通商，暴虐无人理，不为限制则无以自立，肢体之患也”①。在全力镇压太平天国起义同时，清政府应对外部威胁的目标在不同时期也有所变化。如第一次鸦片战争时期的战略目标主要以“仇夷”为主，致力于抵抗；到了第二次鸦片战争后，咸丰皇帝推行“敦信睦”为主的对外关系，战略目标开始逐步转变为“联夷制乱”“隐示羁縻”。改革派则意欲通过民族主义完成民族革命，通过民权主义完成政治革命，通过民生主义完成社会革命，倡导“由平民革命以建国民政府”。总的看来，现实主义、改良主义理念占据上风，强调通过“变法”加速发展工商业和军事实力；同时坚持“中学为体、西学为用”的理念，不愿触及深层次问题。具体表现在以下几个方面：一是开始强调陆海并重。中国古代所面临的传统军事安全威胁

---

① 雷颐：《李鸿章与晚清四十年》，山西人民出版社 2008 年版，第 74 页。

主要来自陆上，对海上安全并未重视。到明清后，还一度实施“寸板不许下海”等“禁海”政策。随着近代外国列强开始从海上入侵中国，迫使中国不得不开始重视和关注海上军事安全问题。1840 年，魏源在《海国图志》中提出“可以战洋夷于海中”，标志着中国的海上军事安全思想发生重大变化。从“守外洋不如守海口，守海口不如守内河”到“以海国精神谋求中国未来之发展”,[①] 从 1874 年朝堂上“塞防”和“海防”之争，最终确定“东则海防，西则塞防，二者并重”[②]，到清末学者发文倡导树立国人海权观念，中国陆海兼备、两防并重的意识经历了一个漫长、复杂而曲折的发展过程。但是由于受到诸如中央政府重视程度、经费投入程度、技术自足程度等各种条件制约，近代中国关于海权的认识不仅非常有限，且远未形成体系。清政府水师在中法战争、甲午战争中连遭败绩，被保守派斥为“靡费太重”。“塞防”方面，虽然在左宗棠等人“设行省，改郡县”主张下，收复了新疆失地，设置了新疆省，但因晚清政府实在太过腐败和无能，各方向陆地边界的领土和权益均有丧失。二是强调“师夷长技”。晚清时期，基于国家军事安全形势复杂严峻的情况，该时期的军事安全思想发生重大变化，开始对传统的“礼”“义”“道”产生怀疑。一些中国人认识到“现在之时代，乃一国际竞争日趋尖锐化之大时代也；现在之世界，乃优胜劣败弱肉强食之修罗场也；惟适者乃能生存，否则终归灭亡”[③]。基于此，国家别无他法，必须“重力尚争”，“惟当先自求为强者而已”[④]。他们坚信中国社会奉行的道德礼法并不比西方差，因此，近现代一直强调“师夷长技以制夷”[⑤]，“尽收外国之羽翼，尽转外国之长技为中国之长技，富国强兵”[⑥]，到后来“长技”逐渐由狭隘军事工业扩大到全部工业、科技、商业、基础设施建设等。事实上，清朝末期，曾国藩、左宗

① 侯昂好：《海风吹来：中国近代海洋观念研究》，军事科学出版社 2014 年版，第 123 页。

② 《左文襄公全集奏稿·复陈海防塞防及关外剿抚粮运情形折》。

③ 吴保生：《国防论》，陆军经理杂志社 1942 年版，第 3 页。

④ 梁启超：《自由书·论强权》，《饮冰室合集六·冰室专集之二》，中华书局 1989 年版，第 31 页。

⑤ 魏源：《海国图志·序》，转引自军事科学院战略研究部：《安邦大略——中国历代国家安全战略思想论析》，军事科学出版社 2007 年版，第 494 页。

⑥ 魏源：《道光洋艘往抚记》，《魏源集》（上册），中华书局 1976 年版，第 186 页。

棠、李鸿章等就推动开展了规模可观的“练兵”和“洋务运动”，鼓吹“欲自强，必先裕饷；欲浚饷源，莫如振兴商务”①；郑观应等还提出了“习兵战不如习商战”② 的口号。然而，受“中体西用”思维束缚，这些安全思想具有较大的片面性，难以改变中国积贫积弱的根本面貌。三是强调持久御敌。在近代中国无力与列强相抗衡的情况下，为保证国家基本安全，从鸦片战争开始，持久御敌思想就已萌生。鉴于八旗、绿营连战皆败北，林则徐、魏源等人开始设想发动民众，通过“坚壁清野”来与外敌相持。李鸿章在建设北洋水师的过程中，也提出了追求南北合势，持之以久，不责以旦夕之功，不堕日本速战求胜之计的主张。中法战争中，刘永福等进一步将持久战与依托山区的游击战联系在一起。1894 年甲午战争爆发后，一些爱国人士针对辽东、山东半岛被日侵占提出持久战思想，要求动员民众、遍地皆兵。③ 到清末，持久战已被视作抗击强敌入侵的重要法宝，如蔡锷主张，“数年之内，若于他邦以兵戎相见，与其为孤注一掷之举，不如采取波亚战术，据险以守，节节设防，以全军而老敌师为主。俟其深入无继，乃一举除之”④。这些思想虽然有了创新，但较为零散，不成体系，远不成熟。

二、民国时期军事安全思想

1911 年，辛亥革命推翻了封建君主专制统治，建立了资产阶级民主共和国。为期 38 年的民国历史产生了一些颇具代表性的军事安全思想。

（一）军事安全的主体

这一时期，中国军事安全的主体由封建皇权向革命政权转变。孙中山致力于在民国“非常时代”，应“建立共和政府，效法美国，除此之外，无论何项政体皆不宜于中国”⑤，从而建立了总统负责制南京临时政府。该体制下，总统为国家行政首脑，兼有设立司法机关的权力，且原则上并不需要对临时参议院负责。但在实践中，各界围绕是否赋予国家元首极大权

---

① 《李文忠公全书・奏稿》。

② 《郑观应集・盛世危言》。

③ 王桂芳：《国家安全战略学》，军事科学出版社 2018 年版，第 47—48 页。

④ 《曾胡治兵语录》蔡锷按语。

⑤ 《孙中山全集》第 1 卷，中华书局 1981 年版，第 563 页。

限产生较大分歧，导致相关维护军事安全核心机制几经修正。蒋介石方面认为，“领袖是建军建国，实现主义的中心，如果没有领袖，亦就没有国家的象征”；钱穆等学者一方面提出要“尊奉元首”，认为“遇政府有大争端，社会有大事变，元首之左右向背，可以决国家之命运”[①]；另一方面认为元首必须由德高望重之人担任，且“不使负行政实责”，元首颁布的命令必须经过各院各部长官部署才能生效。孙中山辞职后，民国政权被《临时约法》修改为三权分立的责任内阁制，重点是约束总统权力。《临时约法》规定，“参议院对于临时大总统，认为有谋叛行为时，得以总员五分之四以上之出席，出席员四分之三以上之可决弹劾之”[②]。1916 年，袁世凯死后，黎元洪以总统名义再度建立责任内阁制。1925 年 9 月，段祺瑞上台，宣布临时执政府以临时执政总揽军民政务，统率海陆军，但不到 3 个月，又恢复责任内阁。1927 年 6 月，张作霖在北京就任北洋军政府陆海军大元帅，但随即被蒋介石收编。1928 年 10 月起，国民政府采取五院制组织形式，政府主席兼任陆海空军总司令，整个国家事务采取合议制，由国务会议处理，法律与命令的颁布需要主席会同行政、立法、司法、考试、监察五院院长共同署名。该组织形式被多次修改后最终确立为主席负实际责任。同时，中国共产党方面认为，“一切革命的根本问题，就是国家政权问题”[③]，极力推崇发动人民群众力量打破旧国家机器，建立无产阶级政权。党的六大指出，“推翻帝国主义及土地革命是当前二大任务”，建设“工农兵代表会议（苏维埃）的政权”[④]。1931 年 11 月，中华工农兵苏维埃第一次全国代表大会在江西瑞金召开，宣告中华苏维埃共和国成立，并在中央执行委员会人民委员会下设立外交、军事、内务等委员部、人民革命军事委员会和国家政治保卫局，明确了“对外推翻帝国主义，求得彻底的民族解放；对内肃清买办阶级在城市的势力，完成土地革命，消灭乡村的封建关系，推翻军阀政府”[⑤] 等目标任务。抗日战争时期，各解放区又建立了抗日民主政权，军制方面采取“三三制”形式，团结一切可以团结

---

① 钱穆：《论元首制度》，《政学私言》，九州出版社 2011 年版，第 41—42 页。

② 韦庆远：《中国政治制度史》，中国人民大学出版社 1989 年版，第 458 页。

③ 《列宁文选》第 2 卷，人民出版社 1954 年版，第 23 页。

④ 胡华：《中国新民主主义革命史参考资料》，商务印书馆 1951 年版，第 227—228 页。

⑤ 《毛泽东选集》第 1 卷，人民出版社 1991 年版，第 77 页。

的力量，以便打败日本帝国主义。解放战争时期，中国人民解放军不断解放全国大中城市后，设立了军事管制委员会，在解放军总部、军区及前线司令部领导下，对管区内的军政事务实施统一领导，成为在城市最初实行人民民主专政的组织形式。

（二）军事安全面临的主要威胁

这一时期，中国军事安全面临的威胁空前严峻。由于此前中国积贫积弱，国内外均面临严重安全威胁，尤其是来自日本的外部安全挑战，直接威胁到中华民族生死存亡，上至政府，下至百姓，都产生了强烈的忧患意识。1912 年公布的《临时约法》规定，“中华民国领土为二十二行省，内外蒙古、西藏、青海”，向全世界宣告了中国是一个领土完整、主权独立的统一的多民族国家，并强调，“中华民国人民，一律平等，无种族、阶级、宗教之区别”[①]。孙中山在 1924 年出台的《国民政府建国大纲》中再次提出，国内要实现民族平等、国际上要反对强权和争取国家独立的主张。“九一八”事变后，蒋介石在日记中写道：“倭寇警报日急，望自奋勉，毋负所生也。”[②] 在这期间，国家主权和国民平等观念成为时代主流。但是，对于内部威胁的认识上，各方分歧较大。国民党方面对中国共产党及其领导的武装普遍持“肘腋之患”的态度，屡番将肃清共产党作为其“首要之急务”，即便是在日本入侵致使东北沦陷的国难关头，蒋介石仍坚持“攘外必先安内，统一方能御侮”，将其定为一时之“国策”[③]。而以毛泽东为代表的中国共产党人认为，“一切勾结帝国主义的军阀、官僚、买办阶级、大地主阶级以及附属于他们的一部分反动知识界，是我们的敌人”，甚至“那动摇不定的中产阶段，其右翼可能是我们的敌人”[④]。民国时期，各方应对军事安全威胁的路径方法也大相径庭。例如，孙中山在片面效仿西方受挫后，开始提出“武力与民众相结合”的军事安全思想，倡导“以俄为师”，联合共产党人，同时将目光进一步投向边疆建设和发展海权等领域；蒋介石则是对内奉行唯武力主义，对外“消极抗日”，最终

---

① 韦庆远：《中国政治制度史》，中国人民大学出版社 1989 年版，第 457 页。

② 《蒋介石日记（原稿本）》，1933 年 1 月 1 日，中国第二历史档案馆藏。

③ 杨奎松：《内战与危机（1927—1937）》，江苏人民出版社 2013 年版，第 244—245 页。

④ 《毛泽东选集》第 1 卷，人民出版社 1991 年版，第 9 页。

导致中华民族处于生死存亡境地；中国共产党方面认识到，要挽救民族危亡，必须推翻帝国主义、封建主义和官僚资本主义“三座大山”，坚信只有建立人民共和国、走社会主义道路才能救中国。

（三）维护军事安全的主要力量

这一时期，军阀混战、列强入侵，人民革命此起彼伏，维护军事安全的主要力量既有中国传统军事力量的特色，又深受西方军事制度等影响。民国初期，沿行北洋政府时期的募兵制，1933 年国民政府颁布《兵役法》实行义务兵役制，1946 年重新修订，规定年满 18—45 岁男子皆有服兵役的义务。兵役分为军官佐役、军士役、兵卒役三类，以及常备兵役、补充兵役、国民兵役三种。该时期随着武器装备迅猛发展，军队有了陆军、海军、空军军种和其他兵种的明确划分。其中，陆军主要由步兵组成，还包括骑兵、炮兵、工兵、辎重兵、通信兵、铁道兵、装甲兵、宪兵等。海军规模较小，国民政府设立了统一的海军领导指挥机构，将各部海军编为第一至第四舰队以及练习舰队，分驻江海要地。空军的建立可追溯至辛亥革命中广东军政府飞机队、湖北军政府航空队、华侨革命飞机团和上海军政府航空队。抗日战争前夕，国民政府正式组建全国统一的空军，平时直辖于航空委员会，战时受陆军指挥官指挥。1944 年后，国民政府一度组建伞兵团和伞兵司令部。

其中，中国共产党领导下的武装力量也经历了动荡起伏的艰难发展历程。1927 年，国民党反动派蒋介石集团和汪精卫集团分别发动反革命政变，血腥屠杀共产党人和革命群众。中国共产党从大革命失败的教训中深刻认识到独立领导武装斗争的重要性，并逐步创建了多支革命武装力量。1927 年 10 月，毛泽东在湘赣边界井冈山根据地创建了秋收起义的革命队伍。1928 年，朱德、陈毅率领南昌起义军余部和湘南农军到达井冈山与毛泽东部会师，部队编为中国工农革命军第四军，后称中国工农红军第四军；7 月，彭德怀、滕代远率领平江起义部队组建红军第五军。1930 年 5 月，全国红军代表会议召开，决定集中整编红军；8 月，组建红军第一方面军。1931 年 11 月，中华苏维埃共和国中央革命军事委员会成立；红四方面军组建。1931 年“九一八”事变后，在中国共产党领导下，东北抗日武装不断发展，于 1936 年改编为东北抗日联军。1937 年 7 月 7 日，日本侵略军制造“卢沟桥事变”，发动全面侵华战争。以国共两党合作为基础的全国抗日民族统一战线正式形成，中国工农红军主力于 8 月改编为国民革命军第八路军，9 月改称第十八集团军；10 月，南方 8 省的红军和游击队（琼崖地区除外）改编为国民革命军陆军新编第四军。1945 年 9 月，中共中央制定了“向北发展、向南防御”的战略方针，对各大战略区部队进行整编。1948 年至 1949 年春，人民解放军进行整编，西北野战军编为第一野战军，中原野战军编为第二野战军，华东野战军编为第三野战军，东北野战军编为第四野战军。

（四）维护军事安全的主要途径

这一时期，中国维护军事安全的手段不断丰富。首先，制度层面的“师夷长技”思想有了深层次发展。民国时期，孙中山效法苏俄于 1924 年创办了黄埔军校，筹建了新式国民党军。蒋介石随后建立了军事委员会等，并推行直接税改革和法币政策，一定程度上提升了国力和军力。但基于此的军事力量和制度根本上都是为官僚资本利益服务，一旦面对强敌入侵，只能节节失败，国民政府海军面对日本海军“竟无一战之力”。其次，维护军事安全的手段在斗争实践中进一步丰富。抗日战争爆发后，陈诚、白崇禧等提出“积小胜为大胜、以空间换时间”；毛泽东系统论述了积极、主动的“持久战”战略，强调要通过充分发动民众、促进军民融合来促成局势转变。由此，以弱抗强持久御敌的理念开始成为中国军事安全思想倡导的主要方略。相对蒋介石“战略必取攻势，要以动制静”① 的观点，毛泽东形成了以人民战争为代表的一系列战略思想，包括战略上藐视敌人和战术上重视敌人；承认积极防御，反对消极防御，以战略守势对战略攻势，在被动中争取主动；内线的持久防御战和外线的速决进攻战，内外线相互配合；执行有利决战，避免不利决战；把游击战提高到战略地位；适时进行战略转变等思想，极大丰富了中国军事安全思想的内涵。

第四节　新中国军事安全思想

新中国成立后，面对国内外安全形势的巨大变化，各个时期党和国家领导人均高度关注军事安全问题，带领全党、全军、全国各族人民坚决斗

---

① 姚有志、陈宇主编：《毛泽东大战略》，解放军出版社 2003 年版，第 184 页。

争、不懈努力，有效应对了国内外各种军事安全威胁和风险挑战，有力维护了新中国的军事安全，开创了一条中国特色军事安全道路，形成了特点鲜明的军事安全思想。

一、社会主义革命时期军事安全思想

新中国成立后面临复杂严峻的内外安全环境，新中国的军事安全思想以毛泽东军事思想为核心，在维护军事安全的斗争中不断丰富和发展。

（一）军事安全的主体

这一时期，中国军事安全的主体是新中国政权，重点是维护新中国的主权独立。毛泽东特别强调维护新中国的领土完整和主权独立。这一思想首先表现为对中国固有领土的坚决捍卫。如早在 1949 年 4 月 30 日，他就庄严宣布，“中国的领土主权，中国人民必须保卫，绝对不允许外国政府来侵犯”①。在印度干涉解放军进军西藏时，他明确表态，“西藏是中国领土，西藏问题是中国内政问题，人民解放军必须进入西藏”②。1958 年 10 月，他又在告台湾同胞书中指出，台、澎、金、马是中国领土，不是美国人的领土；是中国的一部分，不是另一个国家。其次表现为反对任何外国势力干涉中国内政。早在 1949 年 1 月，毛泽东就强调，“不允许任何外国及联合国干涉中国内政。因为中国是独立国家，中国境内之事，应由中国人民及人民的政府自己解决。如有外国人提到外国政府调解中国内战等事，应完全拒绝之”③。为有效维护新中国主权，毛泽东还依据独立自主原则，决定采取措施有步骤地彻底摧毁帝国主义在中国的控制权，要求“外国政府如果愿意考虑同我们建立外交关系，它就必须断绝同国民党残余力量的关系，并且把它在中国的武装力量撤回去”④。新中国成立后，毛泽东更是反复强调“中国必须独立，中国必须解放，中国的事情必须由中国人民自己作主张，自己来处理，不容许任何国家再有一丝一毫的干涉”⑤。这一方针同样适用于社会主义阵营内部。如 1958 年苏联提出在中国建立特种

---

① 《毛泽东外交文选》，中央文献出版社 1994 年版，第 85 页。

② 《毛泽东军事文集》第 6 卷，军事科学出版社、中央文献出版社 1993 年版，第 116 页。

③ 《毛泽东外交文选》，中央文献出版社 1994 年版，第 78 页。

④ 《毛泽东外交文选》，中央文献出版社 1994 年版，第 85 页。

⑤ 《毛泽东选集》第 4 卷，人民出版社 1991 年版，第 1465 页。

长波无线电台后，毛泽东指示电台如果要建，也一定由中国出钱，不能由苏方出钱。在苏方随后提出共建潜艇舰队建议后，他再次明确不能混在一起搞。他还曾经总结："不许有哪一个大国在我们头上拉屎拉尿，不管资本主义大国也好，社会主义也好，谁要控制我们，反对我们，我们是不允许的。"①

（二）军事安全面临的主要威胁

新中国军事安全面临的主要威胁是内部挑战尚存、外部动荡不安。毛泽东认为，新中国成立后新中国面临的国际安全环境十分复杂危险，国家间的斗争与冲突对新中国的生存构成了根本性威胁，因此"我们务必不要松懈自己的警惕性"②。针对美国介入朝鲜战局、入侵台湾海峡，对中国军事安全构成严重威胁，毛泽东在中央政治局扩大会议上指出，"如果让整个朝鲜被美国人占去了，朝鲜革命力量受到根本的失败，则美国侵略者将更为猖獗，于整个东方都是不利的"③。1965 年，美国悍然发动侵越战争，同期中苏关系开始急剧恶化，毛泽东认为存在新的世界战争的严重危险，中共中央发出指示，号召全党、全军和全国人民在思想上和工作上要准备应付最严重的局面。1970 年 5 月，他提出新的世界大战的危险依然存在，但世界的主要倾向是革命。同年 9 月，他进一步指出，"看样子大战打不起来"，几个大国都不想打，彼此都怕对方。显然，建国后，毛泽东不仅始终拥有强烈的战争忧患意识，而且在安全环境认知上经历了一个倒"V"形的判断过程。

（三）维护军事安全的主要力量

新中国维护军事安全的主要力量是中国共产党领导下的工农革命武装，特别是中国人民解放军。1949 年 10 月，中华人民共和国中央人民政府人民革命军事委员会成立，全国统一划分为东北、华北、华东、中南、西北、西南六大军区，野战军和兵团番号陆续撤销，人民解放军相继成立空军、海军和各兵种领导机关；1950 年 9 月，毛泽东提出"为建设强大的国防军而奋斗"的口号；1954 年，确定把建设一支优良的现代化革命军队

---

① 《毛泽东选集》第 5 卷，人民出版社 1977 年版，第 322 页。

② 毛泽东：《中国人民站起来了》，1949 年 9 月 21 日。

③ 《毛泽东军事文集》第 6 卷，军事科学出版社、中央文献出版社 1993 年版，第 106 页。

作为军事建设的总方针和总任务；1955 年 2 月，全国六大军区改划为沈阳、北京、济南、南京、广州、武汉、成都、昆明、兰州、新疆、内蒙古和西藏十二大军区，1956 年增设福州军区；1955 年 9 月，人民解放军实行军衔制度。到 20 世纪 50 年代末，经过连续的精简整编，人民解放军员额裁减至 280 余万人，武器装备改善，合同作战能力增强；1965 年取消了军衔制；1966 年组建了第二炮兵和基本建设工程兵。逐步发展壮大的中国人民解放军成为新中国维护军事安全的主要力量。

（四）维护军事安全的主要途径

新中国维护军事安全的主要途径有三个方面：一是加强国防建设塑造有利安全环境。毛泽东清醒地认识到，新中国面临的外部安全威胁集中作用于军事领域，为此他高度重视军事手段在维护国家安全中的支撑地位，认为必须通过建设强大国防、开展必要军事斗争，来积极塑造一个相对有利的安全环境。为此，他强调，“在英勇的经过了考验的人民解放军的基础上，我们的人民武装力量必须保存和发展起来。我们将不但有一个强大的陆军，而且有一个强大的空军和一个强大的海军”①，国防建设“不但要有更多的飞机和大炮，而且还要有原子弹”②。在他的大力推动下，新中国极大地增强了国防实力，确保了独立大国地位。不过，毛泽东并非单纯强调军事手段，而是充分认识国防建设与经济建设的互动关系，强调要在搞好经济建设的基础上发展国防，同时抓好“两件大事”。1952 年 2 月，他进一步提出经济是“加强国防建设的物质基础”③，而国防建设是维护经济建设安全的重要保障。1956 年，他更加明确地指出“只有经济建设发展得更快了，国防建设才能有更大的进步”④。他还将这一认识进一步扩展于整个国家安全领域，强调“如果中国的经济建设搞不上去，社会主义的优越

---

① 《毛泽东军事文集》第 6 卷，军事科学出版社、中央文献出版社 1993 年版，第 4 页。在中国人民政治协商会议第一届全体会议上的开幕词，《人民日报》1949 年 9 月 22 日。

② 《毛泽东军事文集》第 6 卷，军事科学出版社、中央文献出版社 1993 年版，第 365 页。

③ 《毛泽东军事文集》第 6 卷，军事科学出版社、中央文献出版社 1993 年版，第 365 页。

④ 《毛泽东军事文集》第 6 卷，军事科学出版社、中央文献出版社 1993 年版，第 366 页。

性就不能发挥，社会主义制度就无法巩固，中国共产党人就有被‘开除球籍’的危险”①。

二是坚定维护社会主义制度。为应对外部安全威胁以及塑造有利的内部安全环境，毛泽东高度重视内外部安全的互动，认为关键性的、基础性的工作是保障国内安全，强调必须坚定维护社会主义制度。1957 年 2 月，毛泽东指出中国社会存在两类矛盾，分别是敌我之间的矛盾和人民内部矛盾，这是性质完全不同的两类矛盾，对前者必须主要通过专政来解决，坚持打得稳、打得准、打得狠的方针，务必纠正一切草率从事的偏向，并注意区分对待，以争取、分化、转化其大多数，严惩极少数。为了永固人民江山，毛泽东旗帜鲜明地坚持马克思主义，要求各级组织和单位不断加强马克思主义理论教育，强化党章党纪，严格入党队伍，加强理论研究和宣传。他还将这一认识扩展至文化领域，主张“中国应当建立自己的民族的、科学的、人民大众的新文化和新教育”②，要求文学艺术“首先是为工农兵的”③，同时强调不能搞自我封闭，而应“一切民族、一切国家的长处都要学”④。

三是灵活运筹外交关系反对霸权主义。在坚定维护国家领土主权的同时，毛泽东强调中国不能自外于世界，但这种交往必须是有原则的，同时必须是高度灵活的。在 1953 年周恩来总理首次提出和平共处五项原则后，毛泽东很快就向外宾提出这一原则应当适用于各国之间的关系。随后，他进一步指出，应当采取步骤使和平共处五项原则具体实现，并强调它是一个长期方针，不是为了临时应付的。基于这一指导，新中国外交关系迅速发展，得到第三世界国家的广泛赞同，国际地位有了较大提高。在此过程中，毛泽东还在坚持反对霸权主义的基础上，注重灵活运筹外交关系。如新中国成立前夕，为反对美国的侵略政策，毛泽东果断选择“一边倒”，加入以苏联为首的社会主义阵营，在国际上拥有了一个可靠而强大的战略联盟。进入“反帝反修”时期之后，毛泽东指出，中国和日本、英国等中间地带国家都受到霸权主义的压迫和欺侮，中国在这方面有工作可做。

---

① 《毛泽东文集》第 7 卷，人民出版社 1999 年版，第 89 页。

② 《毛泽东选集》第 3 卷，人民出版社 1991 年版，第 1083 页。

③ 《毛泽东选集》第 3 卷，人民出版社 1991 年版，第 863 页。

④ 《毛泽东文集》第 7 卷，人民出版社 1999 年版，第 41 页。

1969 年，美国总统尼克松开始试探与中国接触之后，毛泽东敏锐观察到美苏对立的局势，果断打开对美交往大门，并提出了“一条线、一大片”战略，联合美、日共同遏制苏联扩张。20 世纪 70 年代后，毛泽东将中间地带理论进一步发展为“三个世界”理论，强调第三世界拥有自身独特的力量和资源，从而在美苏对立中建构了大三角关系，为新中国维护军事安全提供了重要的战略回旋空间。

二、改革开放时期军事安全思想

自 20 世纪 70 年代末起，世界政治开始呈现多极化趋势，随着生产、贸易、金融、信息等要素的广泛国际流动，新兴科技革命推动经济全球化进一步发展，给世界各国特别是发展中国家提供了难得的发展机遇。

（一）军事安全的主体

这一时期，中国军事安全的主体是中国政府，重点是维护国家领土主权等核心利益。邓小平全盘继承了毛泽东坚定维护国家领土主权的军事安全思想，认为没有主权，就无法维护国家利益，强调“国家的主权要始终放在第一位”[①]，“中华人民共和国决不会容许任何国家干涉自己的内政”，“决不允许别的国家将自己的社会制度和意识形态强加于中国”；在与英国就香港回归进行谈判时，坚持香港的主权“没有回旋余地”[②]；关于台湾问题，表示两岸“制度可以不同，但在国际上代表中国的，只能是中华人民共和国”[③]。邓小平明确提出社会主义国家也要把自己的“国家利益”作为“最高准则”，公开宣示“我们都是以自己的国家利益为最高准则来谈问题和处理问题的”[④]。

（二）军事安全面临的主要威胁

这一阶段，中国军事安全面临的主要威胁是国际格局多极化趋势引发的动荡。邓小平于 1983 年 6 月鲜明提出，“大战打不起来”[⑤]，1985 年 6 月又明确表示，“在较长时间内不发生大规模的世界战争是有可能的，维护

① 《邓小平文选》第 3 卷，人民出版社 1993 年版，第 84 页。
② 《邓小平文选》第 3 卷，人民出版社 1993 年版，第 359 页。
③ 《邓小平文选》第 3 卷，人民出版社 1993 年版，第 30 页。
④ 《邓小平文选》第 3 卷，人民出版社 1993 年版，第 330 页。
⑤ 《邓小平文选》第 3 卷，人民出版社 1993 年版，第 25 页。

世界和平是有希望的”[①]，强调和平与发展已成为国际关系全局的突出问题，党的第十三次全国代表大会将此确定为“当代世界的主题”。至此，我国中心工作向经济建设转移，全面实施改革开放政策，国家实力发展进入了快车道。邓小平曾深刻指出，“不搞现代化，科学技术水平不提高，社会生产力不发达，国家实力得不到加强，人民的物质文化生活得不到改善……我们国家的安全就没有可靠的保障”[②]。“从政治角度来说，中国的发展对世界、对亚太地区的和平和稳定都是有利的”，“那时中国对于世界和平和国际局势的稳定肯定会起比较显著的作用”[③]，将使中国成为“关系到国际局势的稳定与安全”[④] 的重要因素。以此为指导，经济建设成为国家工作大局，“一切都要服从这个大局”[⑤]。即使面对美西方国家对中国实施的制裁，邓小平提出“冷静观察，稳住阵脚，沉着应付，韬光养晦，绝不当头，有所作为”二十四字方针，始终坚持“一个中心、两个基本点”战略布势不动摇，集中力量把自己的事情办好，确保了中国继续稳定发展。20 世纪 90 年代至 21 世纪初，苏联解体，冷战结束，两极格局走向终结，我国军事安全面临的外部环境发生根本性变化。政治多极化、经济全球化、科技信息化迅猛发展，国家间的相互依赖增强，综合国力竞争日趋激烈；霸权主义和强权政治有了新的表现形式，过去掩盖在两极格局之下的一些民族矛盾、宗教纷争和领土争端日益凸显。与此同时，中国改革开放进入新的阶段，我国综合国力、国际地位均有提升，与世界的联系也日益紧密，由此带来的安全问题更加复杂。“世界政治走向多极化、经济日趋全球化”[⑥]，“传统安全威胁和非传统安全威胁的因素相互交织，恐怖主义危害上升”[⑦]，特别是世界多极化格局趋势“已成为不可阻挡的历史潮流”[⑧]。

---

① 《邓小平文选》第 3 卷，人民出版社 1993 年版，第 127 页。

② 《邓小平文选》第 2 卷，人民出版社 1993 年版，第 86 页。

③ 《邓小平文选》第 3 卷，人民出版社 1993 年版，第 105 页。

④ 《邓小平文选》第 3 卷，人民出版社 1993 年版，第 350 页。

⑤ 《邓小平文选》第 3 卷，人民出版社 1993 年版，第 128 页。

⑥ 江泽民：《论科学技术》，中央文献出版社 2001 年版，第 220 页。

⑦ 江泽民：《全面建设小康社会，开创中国特色社会主义事业新局面——在中国共产党第十六次全国代表大会上的报告》，人民出版社 2002 年版，第 47 页。

⑧ 江泽民：《为建立公正合理的国际新秩序而共同努力》，《人民日报》1997 年 4 月 24 日，第 1 版。

（三）维护军事安全的主要力量

这一时期，中国维护军事安全的主要力量是能够遂行多样化任务的中国人民解放军。1978 年 12 月，中国人民解放军进入建设现代化正规化革命军队新的历史时期，按照邓小平提出“为把我军建设成为一支强大的现代化正规化革命军队而奋斗”的军队建设总目标，连续进行几次大的精简整编。1982 年，将铁道兵并入铁道部，撤销基建工程兵，部分边防部队移交公安部门。1983 年，建立了预备役制度。1985 年 5 月，中央军委扩大会议确定军队建设指导思想实行战略性转变，裁减员额 100 万人。陆军整编为集团军，原先的十一大军区调整合并为沈阳、北京、兰州、济南、南京、广州和成都七大军区。1995 年，江泽民同志提出实行“两个根本性转变”，即军事斗争准备由应付一般条件下的局部战争向打赢现代化条件特别是高技术条件下的局部战争转变。1998 年 4 月，组建中国人民解放军总装备部和各大军区，各军种、兵种装备部。2004 年 9 月，胡锦涛同志明确了在新世纪新阶段人民解放军肩负的历史使命，提出“忠诚于党、热爱人民、报效国家、献身使命、崇尚荣誉”的军人核心价值观。至此，我军开始正式朝向遂行多样化作战、完成机械化和信息化建设历史任务、实现跨越式发展的目标转变。

（四）维护军事安全的主要途径

这一阶段，中国遵循互信、互利、平等、协作的新安全观，从多个方面、采取多种手段维护军事安全：一是坚持韬光养晦保持战略定力。结合这一时期我国综合国力存在诸多薄弱之处等实际情况，强调不当头、不扛旗、不称霸，倡导“结束霸权主义，实行和平共处五项原则”①；主张开展南北对话和加强第三世界国家之间的合作，求同存异，努力寻求双方都能接受的方式来化解矛盾，尽可能“不用战争手段而用和平方式来解决问题”②。这一系列务实的马克思主义国家利益观和军事安全观，为维护这一时期我国家安全和军事安全提供了指南。遵循邓小平“必须把我军建设成为一支强大的现代化、正规化的革命军队”③ 等军事安全思想指导，我军逐步开始压缩规模、走精兵之路，于 1980 年、1982 年

---

① 《邓小平思想年谱》，中央文献出版社 1998 年版，第 412 页。

② 《邓小平文选》第 3 卷，人民出版社 1993 年版，第 49 页。

③ 《邓小平文选》第 3 卷，人民出版社 1993 年版，第 395 页。

和 1985 年先后三次精简整编，员额减至 300 万，结合优化体制编制、加快装备建设、提高教育训练等措施，军队在质量建军道路上迈出重大步伐。

二是坚持以经济建设为中心。江泽民提出“摒弃冷战思维，树立新型安全观”，强调“国际社会应树立以互信、互利、平等、协作为核心的新安全观，努力营造长期稳定、安全可靠的国际和平环境”①，对推动国际关系民主化、维护地区合作安全、建立国际政治经济新秩序具有重大积极意义。基于新安全观，中国政府主张建立各种建设性信任措施，如 1996 年起每两年发布一份《中国的国防》白皮书；1997 年，与俄、哈、吉、塔等国共同签署边境地区裁减军事力量和增加相互信任措施协定等。江泽民坚持用综合安全来指导国家安全和军事安全筹划，既坚持“社会主义现代化建设是我们当前最大的政治”②，强调要“坚定不移地实行对外开放政策，适应经济全球化趋势，积极参与国际经济合作和竞争，充分利用经济全球化带来的各种有利条件和机遇”③，甚至具体提到金融是现代经济的核心，必须全面认识和正确处理防范金融风险和支持经济发展的关系，也强调发展经济离不开坚强有力的安全保障，国防现代化是整个国家现代化建设的重要组成部分，力主经济建设和国防建设要协调发展，“走出一条投入较少、效益较高的军队现代化建设的路子来”④；在人民安全和国家安全的关系上，既强调“国家主权是一国人民充分享受人权的前提和保障”，“维护本国的主权和安全，是每个国家政府和人民的神圣权利”⑤，也强调应当逐步实现以国家为本位的安全理念向以人为本位的安全理念的转移，“把社会主义民主落实到国家经济、政治、文化及各项社会事业的决策和管理中去，落实到各项制度和各项实际工作中去，落实到广大人民行使民主权利的实践中去”⑥。他还强调，“要高度重视网上斗争的问题”⑦，以及高度重视信息网络的安全问题，积极支持设立“全民国防教育日”，指示要“加

---

① 《江泽民文选》第 3 卷，人民出版社 2006 年版，第 298 页。
② 《江泽民文选》第 3 卷，人民出版社 2006 年版，第 214 页。
③ 《江泽民文选》第 2 卷，人民出版社 2006 年版，第 201 页。
④ 《江泽民文选》第 2 卷，人民出版社 2006 年版，第 266 页。
⑤ 《江泽民文选》第 3 卷，人民出版社 2006 年版，第 114 页。
⑥ 《江泽民文选》第 3 卷，人民出版社 2006 年版，第 221 页。
⑦ 《江泽民文选》第 3 卷，人民出版社 2006 年版，第 300 页。

强国防教育，增强全民国防观念”①。

三是坚持科学发展实现共同安全。进入21世纪后，国际局势发生深刻变化，科技进步日新月异，综合国力竞争日益激烈，恐怖主义、信息安全、生态安全等成为影响国家和国际安全的重要因素。与此同时，我国社会主义市场经济体制初步建立，民主政治建设取得一系列新的成就，但腐败问题严重败坏了党风、影响了党的形象，社会稳定方面突发事件频发，各方面安全风险的发生和叠加给中国的治国理政提出了新的考验。面对这一机遇与挑战并存的复杂态势，胡锦涛以科学发展观统领国家安全，不断借鉴和创新国家安全理论，积极主动地维护国家安全利益，强调“要始终把国家主权和安全放在第一位”②，“高度警惕和严密防范西方敌对势力渗透破坏活动，妥善处理涉及国家安全的敏感问题，确保国家安全统一”③；倡导“用和平方式而不是战争手段解决国际争端”④，提出中国要坚持走和平发展道路，奉行防御性的国防政策，与各国一道“坚持多边主义，实现共同安全”，强调国防建设必须与国家综合实力、国际地位相称，与国家安全和发展利益相适应。基于此，胡锦涛要求加强思想建军，“始终把思想政治建设摆在军队各项建设的首位”⑤，确保人民军队本色；还要求“实施科技强军战略，按照建设信息化军队、打赢信息化战争的要求，坚持以机械化为基础、以信息化为主导，走机械化信息化融合复合发展的道路”，“把军队的战斗力生成模式进一步转到依靠科技进步特别是信息技术为主要标志的高新技术进步上来”⑥。为促成这一战略落地，胡锦涛要求“必须发扬光大依靠人民建设军队、建设国防的优良传统，进一步巩固同呼吸、共命运、心连心的军政军民关系”⑦，推进全民国防教育，加大军民融合力度，使之成为实现军事安全的根本保证。

---

① 江泽民：《全面建设小康社会，开创中国特色社会主义事业新局面——在中国共产党第十六次全国代表大会上的报告》，人民出版社2002年版，第44页。

② 《十六大以来重要文献选编》（中），中央文献出版社2006年版，第160页。

③ 《胡锦涛文选》第3卷，人民出版社2016年版，第29页。

④ 《十七大以来重要文献选编》（上），中央文献出版社2009年版，第36页。

⑤ 《十六大以来重要文献选编》（下），中央文献出版社2008年版，第1107页。

⑥ 《十六大以来重要文献选编》（下），中央文献出版社2008年版，第1108页。

⑦ 《十六大以来重要文献选编》（下），中央文献出版社2008年版，第1109页。

三、新时代军事安全思想

党的十八大以来，以习近平同志为核心的党中央牢牢把握军事安全形势发展变化的新特点新趋势，科学总结了维护军事安全的历史经验，全面推进军事安全工作创新发展。其中，总体国家安全观的提出，极大深化了中国对国家安全及军事安全理论与实践的认识。党的十九大报告将总体国家安全观作为建设中国特色社会主义的基本方略写入党章；党的二十大报告强调国家安全体系和能力现代化，极大丰富了新时代军事安全的思想内涵。

（一）军事安全的主体

中国新时代军事安全的主体是中国政府，重点是维护人民安全和国家利益。一是以人民安全为根本宗旨。军事安全工作一切为了人民、一切依靠人民，这一思想充分反映了人民安全在整体国家安全体系中的核心地位和主体地位。习近平指出，“人民是历史的创造者，群众是真正的英雄。人民群众是我们的力量源泉”①，他还强调：“人民对美好生活的向往，就是我们的奋斗目标。”② 以人民安全为宗旨，是唯物史观的具体体现。以人民安全为宗旨，就在于保障人民群众的生命和财产安全，保障人民生存发展的基本需求，其实质就是要维护中华民族的生存权和发展权。只有这样，才能奠定军事安全的群众基础，才能让全体人民分享国家发展的成果，也才能使人民的基本权利得到保护。人民安全高于一切，这也是总体国家安全观的精髓所在。“中国梦归根到底是人民的梦。人民是中国梦的主体，是中国梦的创造者和享有者。中国梦必须依靠人民来实现，不断为人民造福。”③

二是以维护国家利益为准则。维护国家利益是贯穿总体国家安全观的鲜明主线。国家利益是军事安全行为的逻辑起点，是军事安全行为的根本动力。中央强调，在新形势下维护国家安全，必须坚持以总体国家安全观

---

① 《习近平总书记在十八届中共中央政治局常委同中外记者见面会上的讲话》，2012 年 11 月 15 日。

② 《习近平总书记在十八届中共中央政治局常委同中外记者见面会上的讲话》，2012 年 11 月 15 日。

③ 中共中央宣传部：《习近平总书记系列重要讲话读本》，学习出版社、人民出版社 2014 年版，第 28—29 页。

为指导，坚决维护国家核心利益和重大利益。[①] 理论上，国家利益一般分为核心利益、重大利益、一般利益。其中，核心利益是涉及国家生存与发展的基本条件，主要包括国家主权独立和领土完整、政治经济秩序运转正常及社会稳定安宁。对于核心利益必须坚决维护，不可能作出让步。重大利益是指对国家安全和发展具有重要利害关系但不具有决定意义的利益，一旦受损，将严重损害国家安全，干扰国家正常发展，需要通过综合博弈来维护。而一般利益对国家的生存和发展虽无全局性影响，但对核心和重大利益的维护与实现具有重要支撑作用，需要灵活应对和有效处置。[②] 邓小平在围绕香港问题与英国时任首相撒切尔谈判时讲道："如果中国在1997年，也就是中华人民共和国成立48周年后还不把香港收回，任何一个中国领导人和政府都不能向中国人民交代。如果不收回，就意味着中国政府是晚清政府，中国领导人是李鸿章，人民没有理由相信我们，任何中国政府都应该下野，自动退出政治舞台，没有别的选择。"[③] 收回香港与其说是实现了一个伟大的目标，不如说是一个基本目标。台湾问题也是如此，"反独促统"实现两岸统一是我军事安全的基本目标，如果台湾分裂，中国共产党的执政基础将不复存在。

（二）军事安全面临的主要威胁

中国新时代军事安全面临的主要威胁更趋复杂严峻。党的二十大报告指出，当前我们正处于"中华民族伟大复兴战略全局和世界百年未有之大变局"，要"有效应对严峻复杂的国际形势和接踵而至的巨大风险挑战"[④]。世界局势深度变迁，中国面临的安全形势总体有利，因为变化就是机遇，变化带来权力政治的进一步松动，减少体系的惯性制约，中国发展因此面临更为广阔的空间，且随着国家实力的不断提升，维护国家安全能力也将持续增强。然而，随着我国经济社会持续发展和深刻变革，各种矛盾和问题相互作用，"我国面临对外维护国家主权、安全、发展利益，对内维护

---

① 《中共中央政治局召开会议 审议通过〈国家安全战略纲要〉》，2015年1月23日。

② 杨毅主编：《国家安全战略研究》，国防大学出版社2007年版，第18页。

③ 《邓小平文选》第3卷，人民出版社1993年版，第12页。

④ 习近平：《高举中国特色社会主义伟大旗帜 为全面建设社会主义现代化国家而团结奋斗——在中国共产党第二十次全国代表大会上的报告》，人民出版社2022年版，第2页。

政治安全和社会稳定的双重压力，各种可以预见和难以预见的风险因素明显增多”①。这种安全态势也充分体现了我国正处于社会变革的攻坚阶段以及我国与外部世界关系深度调整时期的突出特点。当前和今后一个时期，中国国家安全形势趋于复杂严峻，安全风险来自国际体系演变、大国战略博弈、周边现实及潜在热点等多个方面带来的挑战，也来自国内社会发展进程中各种矛盾的积累和叠加。外部风险通过内部风险发生作用，内外风险相互交织、相互转化就可能使危害成倍放大，最终威胁中国的军事安全。其中，中美关系结构性矛盾构成中国安全风险的一个外部主导性因素。我们在应对风险时既需要针锋相对，又需要努力保持大国关系乃至整个对外关系的总体稳定。随着美国对华战略调整，其对华战略竞争已进入新的阶段，在更深层面上和更广范围内展开，并将持续较长时期。对新一轮博弈的艰巨性和长期性，中国应有充分的认识。尽管美国在过去的十几年中遭遇战略困难，迫不得已进行战略调整和收缩，但在未来较长时期里，其在国际体系中的主导地位并不会动摇。美国对印太的重视程度只会增强不会下降，力量部署与投入只会增加不会缩减。能否成功破解“修昔底德陷阱”，考验着中国的战略筹划和战略能力。

（三）维护军事安全的主要力量

中国新时代维护军事安全的主要力量是边斗争、边备战、边建设的中国武装力量。2012 年 11 月，党的十八大将科学发展观确立为党的指导思想，也是我军建设的指导思想，将建设与中国国际地位相称、与国家安全和发展利益相适应的巩固国防和强大军队作为中国现代化建设的战略任务，提出“努力建设一支听党指挥、能打胜仗、作风优良的人民军队”的强军目标。2022 年，习近平总书记在党的二十大报告中指出，如期实现建军一百年奋斗目标，加快把人民军队建成世界一流军队，是全面建设社会主义现代化国家的战略要求。必须贯彻新时代党的强军思想，贯彻新时代军事战略方针，坚持党对人民军队的绝对领导，坚持政治建军、改革强军、科技强军、人才强军、依法治军，坚持边斗争、边备战、边建设，坚持机械化信息化智能化融合发展，加快军事理论现代化、军队组织形态现

① 习近平：《关于〈中共中央关于全面深化改革若干重大问题的决定〉的说明》，《〈中共中央关于全面深化改革若干重大问题的决定〉辅导读本》，人民出版社 2013 年版，第 82 页。

代化、军事人员现代化、武器装备现代化，提高捍卫国家主权、安全、发展利益战略能力，有效履行新时代人民军队使命任务。全面加强练兵备战，提高人民军队打赢能力。研究掌握信息化智能化战争特点规律，创新军事战略指导，发展人民战争战略战术。打造强大战略威慑力量体系，增加新域新质作战力量比重，加快无人智能作战力量发展，统筹网络信息体系建设运用。深入推进实战化军事训练，深化联合训练、对抗训练、科技练兵。加强军事力量常态化多样化运用，坚定灵活开展军事斗争，塑造安全态势，遏控危机冲突，打赢局部战争。不断加快推进军事变革的新时代的中国人民军队，已形成由陆军、海军、空军、火箭军、战略支援部队和联勤保障部队等军兵种为主，与中国人民武装警察部队、中华人民共和国民兵一同构建起新时代维护中国军事安全的主体力量，为维护国家主权、统一和领土完整，实现中华民族伟大复兴提供战略支撑，为世界和平与发展作出更大贡献。①

（四）维护军事安全的主要途径

中国新时代维护军事安全的主要途径包括三个方面：一是努力保持稳定发展，实现发展与安全相统一。“国家安全的真正威胁在国内，而不在国外，在体制内部而不在社会表象。”② 同样，军事安全的核心亦在内不在外，安全战略必须以内为主，主要依靠自身的实力与能力，把中国建设成为一个富强、民主、文明的社会主义现代化国家，实现中华民族的伟大复兴，是全国各族人民的共同目标和愿望，也是最大的安全。巩固我党的执政地位，发展社会主义民主政治，保持经济可持续发展，奠定军事安全的基础。始终坚持以经济建设为中心，用发展的办法解决前进中的问题，在经济发展的基础上促进社会全面进步，在发展的过程中维护军事安全。

二是巧妙塑造中国与大国关系，维持战略大局稳定。驾驭好与美国的可控关系，是中国的一个重要战略选择，直接关系中国国家安全的大局。靠实力与策略运筹对美战略博弈，准确把握与美国关系的发展走向，秉持不冲突不对抗、相互尊重、合作共赢的原则，拓展两国在双边、地区、全

---

① 习近平：《高举中国特色社会主义伟大旗帜 为全面建设社会主义现代化国家而团结奋斗——在中国共产党第二十次全国代表大会上的报告》，人民出版社 2022 年版，第 55—57 页。

② 金钿：《国家安全论》，中国友谊出版公司 2002 年版，第 398 页。

球层面各领域合作，通过斗争、合作、周旋，破解美国对我国战略遏制。随时而动、顺势而为、稳中求进，以建设性方式管控分歧，维持并扩大与美国共同利益以增强战略回旋空间，拓展民族复兴战略空间。运用多边舞台并运筹欧盟、俄罗斯、日本等大国关系建立适当的战略平衡，建立有效的机制缓和并应对可能出现的各种危机甚至冲突，塑造稳定的国际安全环境。

三是积极经略周边地区，打造可靠战略依托。周边是我国必争必保必稳之地，周边地区动荡、危机和冲突，将可能直接冲击和影响中国军事安全，并使中国被迫卷入危机与冲突之中。努力推动和发展与周边国家的友好关系，塑造良好的地缘安全环境。坚持与邻为善、以邻为伴，坚持睦邻、安邻、富邻政策，坚持亲、诚、惠、容的理念，增强国家间和区域政治互信，参与和加强多边国际合作机制；妥善处理周边安全中的美国因素，加强与周边国家政治上相互理解，以我为主、坚定维权、积极维稳，妥善处理与周边国家存在的领土和海洋权益问题。在多边合作基础上，以建设性姿态积极介入地区热点问题，把维护中国国家利益和军事安全作为优先考量。

小　结

本章对军事安全思想的历史演变进行了梳理和分析。古今中外的军事安全思想因不同地域、文明、历史阶段等因素影响各有特点。大体上，西方军事安全思想经历了古希腊和古罗马、欧洲中世纪、近代、现代等时期，服从和服务于西方的政治思想和政治制度，体现了西方社会的主流意识形态。中国古代军事安全思想植根于中华民族传统文化的沃土之中，随着中国政治、经济、军事、文化、科技等方面的发展而不断演变。近代，随着西方列强侵华，中国军事安全思想发生了历史性变化。直到新中国成立，中国共产党领导全国人民艰苦奋斗、不懈探索，有效应对了国内外各种军事安全威胁和风险挑战，有力维护了中国的军事安全，形成了具有一系列鲜明特点的军事安全思想。

思考题

1. 古希腊的军事安全思想发展经历了哪几个阶段？

2. 欧洲中世纪的军事安全思想主要包括哪些内容？

3. 春秋战国时期的军事安全思想有哪些主要特点？

4. 全力保障新中国的主权完整和主权独立是哪个时期鲜明的军事安全思想？

5. 中国新时代军事安全思想的内涵主要包括哪些方面？

第二章 军事安全环境分析

军事安全环境是一定时期内国家所面临的影响军事安全的各种客观因素的总和。分析军事安全环境是筹划和维护军事安全的前提和基础。准确分析军事安全环境，关键是坚持辩证唯物主义和历史唯物主义的方法论，做好历史性与发展性相结合、两点论与重点论相统一，确保分析结论全面、系统、重点突出，且具有前瞻性。新的历史条件下，“我国发展进入战略机遇和风险挑战并存、不确定难预料因素增多的时期”①，所面对的军事安全环境的复杂性、多样性、不确定性显著增大，必须坚持以总体国家安全观为指导，准确把握好军事安全环境的全局情况、总体趋势和主要矛盾，才能有效维护国家军事安全。

第一节 军事安全形势

军事安全形势是国家行为体在一定时期、一定范围内形成的安全互动关系的总体形势。军事安全形势既构成每个国家运筹军事安全的基本外部环境，也是每个国家试图通过运筹军事安全加以改造的客观对象。党的二十大报告指出：“当前，世界之变、时代之变、历史之变正以前所未有的方式展开。一方面，和平、发展、合作、共赢的历史潮流不可阻挡，人心所向、大势所趋决定了人类前途终归光明。另一方面，恃强凌弱、巧取豪夺、零和博弈等霸权霸道霸凌行径危害深重，和平赤字、发展赤字、安全

---

① 习近平：《高举中国特色社会主义伟大旗帜 为全面建设社会主义现代化国家而团结奋斗——在中国共产党第二十次全国代表大会上的报告》，人民出版社2022年版，第26页。

赤字加重，人类社会面临前所未有的挑战。世界又一次站在历史的十字路口，何去何从取决于各国人民的抉择。”① 准确判断军事安全形势，必须牢牢把握当今正处于“历史的十字路口”这一时代特征，突出总体国家安全观的“总体”视角，从国际战略格局、地区安全局势、军事安全问题三个层面，从宏观到中观，再到具体矛盾，把握大势、抽丝剥茧，层层厘清国家军事安全态势、发展走向和主要矛盾所在，区分敌友，判明威胁，评估风险，为筹划和维护国家军事安全提供科学依据。

一、国际战略格局

国际战略格局是世界主要国家或国家集团在一定历史时期内相互联系、相互作用所形成的较为稳定的权力对比结构和互动态势。作为一种体系层面的结构性制约因素，国际战略格局攸关国家层面的军事安全。分析国际战略格局，重在科学辨析其对国家的军事安全环境、军事安全决策、军事安全走势的总体影响。

首先，厘清国际战略格局影响军事安全的作用机理。关于国际战略格局如何影响军事安全，学界存在不同观点。单极和平论者认为，单极格局下霸权国家存在压倒性国际权力优势，其他国家不会主动挑战霸权国家，加之霸权国家所提供的国际公共安全产品有利于整个国际社会，也可遏制其他国家试图改变现状，所以最不容易爆发战争。两极和平论者则认为，战争主要源于由战略不确定性条件下的误判误算而导致战略均势被破坏，两极格局下对手明确，可以时刻紧盯对手动向，采取相应措施维持战略均势，因而最不容易爆发战争。多极和平论者认为，势均力敌的大国数量越多越容易灵活自如地形成各种同盟，便于防止矛盾和对立关系固化，有助于维护战略均势，同时由于相互牵制，也可防止由于对特定国家的威胁反应过度而陷入军备竞赛，因此最不容易爆发战争。两极多极混合格局和平论者认为，两极格局下，相关国家之间的安全利益严重对立，战争规模更大，多极格局下相关国家之间容易产生误判，战争频率更高，因此由两个超级大国和多个大国构成的两极多极混合格局最有利于和平。我们需要坚

① 习近平：《高举中国特色社会主义伟大旗帜 为全面建设社会主义现代化国家而团结奋斗——在中国共产党第二十次全国代表大会上的报告》，人民出版社 2022 年版，第 60 页。

持马克思主义的基本立场，科学扬弃上述不同观点，推动树立共同、综合、合作、可持续的全球安全观。

其次，分析国际战略格局如何塑造军事安全环境。根据一项针对 1495 年到 1989 年的 198 次战争爆发情况的实证研究，陆上战争爆发频率按照单极、多极、两极格局的顺序升高，规模按照两极、多极、单极格局的顺序增大；海上战争爆发频率按照多极、单极、两极格局的顺序升高，规模按照两极、单极、多极格局的顺序增大。不管陆上还是海上战争，两极格局下战争频率最高，但战争规模最小，与两极多极混合格局和平论相悖。单就战争频率而言，单极和平论更适用陆上战争，多极和平论更适用海上战争。与此同时，无论哪种国际格局，都无法做到既能够将战争频率，又能将战争规模控制到最小。[①] 而且，有的时候，世界局势总体稳定，但某一国家却可能动荡不安。有的时候，世界局势动荡不安，但某一个国家却能维持相对安全。可见，国际战略格局与军事安全环境并非静态的决定与被决定的关系。我们需要紧扣时代主题和中国所处的历史方位，立足运筹中国军事安全的需求，全方位权衡利弊得失，分阶段、分领域、分对象、分场合地辩证分析国际战略格局对军事安全环境的塑造作用，避免静态、孤立地看待问题。

再次，掌握国际战略格局如何规定军事安全决策的可能范围和限度。现实主义学派认为，战争无法根绝，深层原因在于国际关系的无政府性。立足于无政府状态下自助，一个国家根据自身战略禀赋和取向，主要采用两种模式运筹、维护自身的军事安全利益。一种是均势战略，即谋求大国间权力平衡，以防止任何国家单独占据压倒性优势地位，建立霸权。实现均势战略的基本途径是强化自身力量的同时，削弱对手的力量，主要手段有：

一是军备竞赛。面对他国试图通过扩充军备来谋求优势地位，本国也努力扩充军备，以确保安全，最终导致你追我赶的军备竞赛的出现。军备竞赛一旦形成，将使相关国家陷入越试图强化安全却越不安全的“安全困境”当中。当“安全困境”严峻到一定程度时，为了防止出现双输或者多输，相关国家将被迫尝试通过裁军、军控等对军备竞赛加以限制。

---

① ［日］原田至郎：《世界体系层面的战争相关因子》，山本吉宣、田中明彦主编：《战争与国际体系》，东京大学出版社 1992 年版，第 237—260 页。

二是对外结盟。一个国家无法通过强化自身的综合实力来单独制衡另一个国家时，将选择与自身利害关系相同或者相近的国家结成军事同盟，以谋求与对手的战略均势。同盟的主要作用包括遏止侵略、强化防卫能力、防止盟国加入对手阵营等。为了占据“法理”“道义”基础，现代的军事同盟多以《联合国宪章》第五十一条所规定的“集体自卫权”为依据。

三是分化瓦解。一个国家往往试图通过分化瓦解另一个国家，使其保持分裂状态，来削弱对方实力，以防止对方成为强大的战略对手。法国近代长期执着于阻止德国统一，目的就是防止强大而统一的德国威胁自身安全。

四是补偿政策。为防止一个国家获得明显优势而破坏战略均势，大国间往往会以牺牲小国利益为代价达成妥协，以补偿另一个国家受损的潜在利益、维持均势。俄普奥 18 世纪三次瓜分波兰，就是为了维持三国之间均势。二战后，东西德国长期被分治也基于同一逻辑。

另一种维护自身军事安全利益的模式是霸权战略，即谋求自身权力最大化，进而成为体系中霸主。依照称霸范围大小，霸权战略分为地区霸权战略和全球霸权战略。比如，印度独立以来，优先追求的是南亚地区的霸权战略，进而谋求成为世界范围内的“有声有色的大国”。二战尤其冷战结束以来，美国追求的是一种全球性的霸权战略。

最后，研判国际战略格局的发展走向。国家间尤其是大国之间均势战略和霸权战略相互竞争、循环往复，构成国际战略格局变迁的动力来源。权力转移理论认为，由于发展阶段不相同，霸权国家和新兴国家的发展速度往往并不均衡，由此引发大国权力对比、互动模式始终处于动态调整当中。虽然国际战略格局具有相对稳定性，但是当大国权力对比、互动模式的调整变化经过长时间累积，超过量变到质变的阈值时，国际格局将出现根本变化。一般而言，各国发展越不平衡、实力对比调整时间越短、国家互动模式变化越激烈，国际格局变化所可能导致的冲突就越严重，引发战争的概率就越大。长周期理论主张，霸权更替周期约为 100 年，将经历四个发展阶段：其一，在围绕国际秩序的世界战争中脱颖而出；其二，以领导国身份确立新国际秩序；其三，随着解决世界性问题能力的下降丧失领导权合法性；其四，权力分散引起挑战国出现，催生（非挑战国之外的）

新领导国出现。①

进入 21 世纪以来，由于包括中国在内的新兴市场国家群体性崛起，国际战略格局开始加速向多极化方向演进。伴随这一进程，全球范围内围绕国际战略格局的多极化和单极化之争、反霸权与霸权之争日趋激烈，带动世界进入新的动荡变革期，进而显著增大了军事安全形势的不稳定性、不确定性。置身“历史的十字路口”，我们更需要精准研判国际战略格局走向，找准自身战略定位，辨别影响本国运筹军事安全的深层次、重大制约条件，并以自身行动推动国际战略格局朝着更加公正合理的方向发展。

二、地区安全局势

地区安全局势是一定区域内的有关国家在一定历史时期内由于相互联系、相互作用而形成的较为稳定的权力对比结构和安全互动态势。如果一组国家地理毗邻，且安全互动密度远高于和其他地区内国家之间的安全互动，以至于无法割裂分析各自安全环境，一般应该作为一个次体系，从地区局势层面整体把握它们的军事安全关系。地区安全局势虽然受到国际战略格局的制约，但并非国际战略格局在地区层面的简单投射，相关问题也并不能全部还原为体系层面或者单元层面的问题，往往具有本地区特有的形成背景、运行逻辑和发展方向。地区安全局势作为一个独立分析层面的价值，就在于它将体系层面的全球军事安全和单元层面的国家军事安全有机联系在一起，能够从更为注重细节差异的视角描述、分析和预测不同地区内的军事安全态势，进而更加准确地把握与地区中小国家之间的军事安全互动关系。

首先，厘清国际战略格局对地区安全局势的制约。国际战略格局对地区安全局势的制约主要体现为全球层次的超级大国和大国对地区事务的主导或者渗透。如果地区内包含一个超级大国或者大国，区内其他国家都不足以与之抗衡，如美国之于欧洲、俄罗斯之于前苏联地区，超级大国或者大国将主导该地区的安全事务，地区安全形势将高度受制于国际战略格局。与此同时，超级大国或者大国的影响力并不局限在所在地区内。超级

---

① George Modelski, “The Long Cycle of Global Politics and the Nation－State”, Comparative Studies in Society and History, Vol. 20, No. 2, April 1978.

大国由于安全利益遍布全球，将在全球范围内渗透自身的军事影响力。大国也往往因为安全利益超越所在地区，试图向邻近地区渗透军事影响力。超级大国或者大国的这种军事渗透往往通过与地区内国家建立联盟等安全合作关系的方式加以实现。地区内主要国家之间的安全矛盾和军事对抗关系，如冷战时期南亚的印度与巴基斯坦、中东的伊拉克与伊朗的安全对抗关系，则为美国、苏联（俄罗斯）等超级大国对该地区实施渗透提供了必要的抓手。

其次，分析地区安全局势对国际战略格局可能产生的反向影响。如果一个地区存在两个以上全球层次的大国，就像二战前的欧洲和现在的东亚那样，由于无论哪个大国行为逻辑均将受到国际格局巨大制约，且都无法独立主导本地区安全事务，地区安全局势将对毗邻地区产生广泛外溢效应，且地区安全局势的变迁将有可能对国际战略格局变迁产生重大影响。如果一个地区并没有全球层次的超级大国或者大国，就像中东地区和非洲南部地区那样，地区安全局势具有较强的自律性，根据地区大国数量，可以呈现地区层面的单极性、两极性或者多极性特征。在这种情况下，一方面由于地区大国并不具备体系层次的巨大影响力，地区安全局势对国际战略格局的影响有限；另一方面由于超级大国或者大国处于地区之外，地区安全局势虽然受到它们不同程度的渗透，但可以维持相对于国际战略格局的较强独立性。

最后，也是最重要的是，准确把握周边安全局势。以中国的周边安全环境为例，从地区主义视角看，中国的周边并不是由单一次体系构成的地区，而是由东北亚、东南亚、南亚、中亚及俄罗斯远东地区等多个次体系构成的地区复合体。上述各地区的地缘环境、历史传统、战略格局、安全态势各不相同，导致中国周边安全环境错综复杂。

作为全球层次的大国，中日安全关系对东北亚安全局势具有决定性影响，且影响外溢到东南亚、南亚等毗邻地区。随着中日实力逆转、中美实力接近，日本对华军事政策正在激进调整，美国作为唯一超级大国，不断利用半岛问题、台海问题等，强化对东北亚地区军事渗透、巩固美日韩盟友关系、加大对中国的围堵打压，对东北亚地区安全造成冲击，显著增大东北亚安全局势走向的不确定性。东北亚地区日益成为国际安全矛盾的聚集区。

东盟经过扩容，几乎将东南亚所有国家包括在内①，并以不干涉内政和协商一致为原则，克服内部纠纷，建立起一套比较有效的东南亚安全合作机制。然而，由于地缘战略位置的重要性，美日印澳欧等外部大国和国际组织正利用东南亚国家的内部差异、历史矛盾、南海问题强化对东南亚地区的军事渗透，从而削弱了东盟中心地位。东盟则力图利用东盟地区论坛等平台，积极平衡大国之间的军事影响。

印度与巴基斯坦是南亚地区两个主要大国，两国根深蒂固的矛盾和对抗关系决定南亚安全局势的基本走向。双方都试图利用美国、俄罗斯等外部力量甚至中东、东南亚等力量制衡对手，导致安全局势更加复杂化。近年来，随着印度实力迅速上升，南亚内部战略平衡被打破，印度加快谋求成为全球层次的“有声有色的大国”。美日澳欧等国对其拉拢、怂恿，也助长了这一趋势。这加剧了南亚走向单极化地区安全局势的可能性，同时增大了印度与中国等南亚外大国军事安全关系恶化的战略风险。

苏联解体后，俄罗斯对中亚地区的控制面临来自美欧的持续挑战，在对抗北约东扩的压力之下，其远东地区也进一步被边缘化。中俄全面战略协作伙伴关系、以中俄为双核的上海合作组织，对于俄罗斯巩固在中亚地区的安全优势地位、确保远东地区安全的意义变得越来越重大。近年来，在西方日益严厉的遏制制裁下，俄罗斯实力收缩，对中亚的控制总体上趋于下降，相关国家战略自主性增强，外部力量也加大对本地区的渗透，由此导致“颜色革命”、“三股势力”、跨境犯罪等安全风险趋于加大，且有可能向邻近地区外溢。

总之，中国周边大国多、地区差异大、外部势力渗透严重，由此导致安全局势错综复杂。分析中国的周边安全环境既不能笼而统之，忽视地区间差异，也不能仅着眼于具体国家，忽视地区内的共性。以地区局势为抓手把握周边安全环境，关键要判明周边不同方向相关国家及外部渗透力量之间安全互动关系的性质、态势、发展走向，找出对中国有可能造成不利影响的战略风险点所在，辨别影响本国运筹军事安全的各种结构性制约条件。

---

① 2022 年 11 月 11 日，第 40 届和第 41 届东盟峰会上，东盟各国领导人发表声明，原则上同意接纳东帝汶为成员国。

三、军事安全问题

军事安全问题是有可能给本国主权、安全和发展利益带来重大威胁，且在必要时需要以军事手段加以消除的安全问题。军事安全问题是军事安全形势分析的最终落脚点。只有在把握国际战略格局、地区安全局势的基础上，找准本国面临的各种具体军事安全问题，才能有的放矢地筹划和维护国家的军事安全。

首先，科学判断军事安全问题。判断什么是军事安全问题，必须主客观相互印证、相互统一。一般而言，一个问题客观上导致本国主权、安全、发展等重大利益受到威胁、处于危险之中，且决策者和公众主观上又认识到了这种威胁或危险的存在，以及以军事手段消除这种威胁或危险的必要性，该问题就是军事安全问题。如果一个问题虽然客观上导致本国重大利益受到威胁、处于危险之中，但决策者和公众并未认识到这种威胁或危险的存在，或者以军事手段消除这种威胁或危险的必要性，该问题仅仅是潜在的军事安全问题，需要呼吁说服决策者和公众，才能成为现实的军事安全问题。二战前，英法对希特勒一度实施绥靖政策，就因为未能将德国的扩张当作现实的军事安全问题。如果一个问题客观上并未导致本国重大利益受到威胁、处于危险当中，但决策者和公众却错误或过高地认为存在威胁或危险，并试图以军事手段消除这种威胁或危险，该问题就是虚假的军事安全问题，需要经过广泛争论，才能拨乱反正，否则甚至可能造成无法挽回的严重后果。2003 年，美国将伊拉克发展大规模杀伤性武器作为军事安全问题发动战争，事后证明毫无根据。因此，在判断什么是军事安全问题时，必须采取审慎原则。根据哥本哈根学派的观点，将一般性问题转变为攸关国家生存的安全问题尤其是军事安全问题的过程是“安全化”。一个问题安全化后，将得到不成比例的关注与资源，意味着很难通过谈判等和平方式解决矛盾。将军事安全问题转变为一般性安全问题或者一般性问题的过程是“去安全化”。一个问题去安全化后，则有助于寻求和平方式解决矛盾。

其次，动态把握军事安全问题。传统的安全问题主要是主权、领土、人民的生命财产受到外部军事威胁的问题。领土是国家富强繁荣的基础。广大亚非拉国家历史上就曾因为丧失主权，陷入殖民地、半殖民地而饱受欺凌。广袤领土意味着人口优势和资源优势，进而成为财富和实力的来源。许多国家历史上为了扩张版图、掠夺财富，动辄诉诸战争，给别国带来深重灾难。为了免受奴役、免遭军事侵略，一个国家必须适度强化自身军事力量，随时准备以军事手段筹划、维护自身安全。因此，传统的安全问题主要是军事安全问题。冷战结束后，随着经济科技的发展进步、全球化的推进，国家的繁荣富强越来越多地依赖国内经济发展和对外经济合作交流。加之，核武器等对大规模战争的明显遏制作用，经济、科技、能源、社会、文化等军事威胁以外的非传统安全的重要性逐渐凸显起来。安全问题的主体不仅包括国家，还包括国际组织、非政府组织等。维护安全的手段也从军事为主变为综合运用军事、外交、经济、科技等多种手段。当前，世界百年大变局加速演进，大国战略博弈日趋激烈，乌克兰危机、巴以冲突等长期胶着，传统安全问题尤其是军事安全问题的重要性正在快速回升。

最后，坚持从“保底手段”的高度把握和应对军事安全问题。“强国必须强军，军强才能国安”。“我们捍卫和平、维护安全、慑止战争的手段和选择有多种多样，但军事手段始终是保底手段。”① 军事安全的根本意义就在于其为确保总体国家安全提供不可或缺的战略支撑作用。对一国重大利益造成威胁，必要时需要以军事手段加以防范、消除的军事安全问题主要包括以下四类：

一是涉及主权等政治安全的问题。进入 21 世纪以来，伊拉克、阿富汗、利比亚等国政权纷纷因为来自外部的军事打击而遭到颠覆，叙利亚等国也一度面临类似威胁，导致这些国家承受巨大的政治混乱、人员伤亡、财产损失，社会进步因此严重受挫。白俄罗斯、吉尔吉斯斯坦等国则相继遭受“颜色革命”的严重威胁。对于广大中小国家而言，国家安全的首要任务就是确保政治安全。即便是大国也均面临因为国际上霸权、霸道、霸凌行径而导致主权受到严重挤压的问题，从而将政治安全置于国家安全的生命线的重要位置。马克思主义认为，军事是实现政治目的的工具和手段。当一个国家无法通过外交、法律等其他手段维护其政治安全时，政治安全问题就会转化为军事安全问题。

二是涉及领土、领海、领空等国土安全的问题。这类问题突出表现为

---

① 中共中央宣传部、中央国家安全委员会办公室：《总体国家安全观学习纲要》，学习出版社、人民出版社 2022 年版，第 106—107 页。

相关国家利益诉求互不相容、针锋相对，其成因往往与殖民统治、侵略战争、冷战、内战等历史问题密不可分。例如，印巴领土问题源于英国结束对印殖民统治时的分治政策。日韩领土问题因为日本对朝鲜半岛侵略历史而错综复杂。日俄领土问题迟迟得不到解决，与东亚的冷战格局关系重大。阿卜耶伊问题则是南北苏丹内战的结果。由于国土完整与否攸关一个国家主权，国土安全问题属于典型的零和博弈问题，如果相关方不承认存在争议，不愿意以外交手段解决问题，很容易发展为军事冲突。

三是涉及恐怖主义、海盗行为、跨境犯罪等非国家主体筹划、实施的非传统威胁的问题。恐怖主义是通过实施恐怖行为使人们陷入恐怖与不安当中，以实现自身的政治诉求。由于因特网等通信手段的快速发展和全球化背景下人员的跨境活动日益便捷，冷战结束后，恐怖主义活动处于高发态势，与核生化大规模杀伤性武器扩散、民族分裂活动、宗教极端活动等相互交织，成为重大安全问题。海盗行为是为了私利而对船舶实施的有组织非法劫掠行为，往往发生在地形复杂、交通繁忙的海上通道，且相关沿岸国家往往政治不稳、经济脆弱、贪污腐败横行、海上执法力量薄弱。贩毒、走私、诱拐、国际诈骗等有组织跨境犯罪也往往超出一国治安能力之外，需要动用军事力量加以应对。这些安全问题在一定条件下可以相互转换，就像“伊斯兰国”那样，声势壮大时一度树立政权，声势衰退时则转化为跨境犯罪组织。

四是涉及太空、网络等新领域安全的问题。现代国家的经济活动、社会生活及军事行动高度依赖太空、网络等新领域基础设施的安全运行。美欧日等发达国家均组建了专门太空、网络作战部队，发展各种基于太空、网络的新型作战概念。随着技术扩散，越来越多的国家具备进出太空、利用太空的能力。网络的普及则为一些国家利用非对称、低成本手段打击对手创造了条件。太空、网络攸关国计民生，且与军事行动的指挥控制、预警侦察、防空反导、作战协同等息息相关，一旦被屏蔽、干扰甚至破坏，将对一国军事安全造成重大威胁，从而转化为军事安全问题。

上述军事安全问题在中国的安全环境中或多或少有所体现。外部大国对地区事务乃至别国内政的干涉主要影响我国主权等政治安全。域内国家的领土领海专属经济区等分歧则影响我国的国土安全。太空、网络成为各主要大国激烈竞争的高边疆、新边疆。除此之外，核不扩散问题、海上安全问题、生物安全、数据安全等有可能与军事安全存在交集的各种传统非传统威胁问题也不时显现。

第二节 国家利益

国家利益是一个主权国家赖以生存和发展的各种物质与精神需求的总和①，是一国筹划军事安全的根本出发点。检验一国军事安全战略及施策成败得失的首要标准就是看其是否有利于维护、拓展国家利益。国家利益具有主客双重含义，一方面，主权、安全和发展利益对于任何国家而言都必不可少，具有很强的相通性，受到国际战略格局、地区安全形势等客观因素的严格限制；另一方面，关于国家利益的具体认定、分类和排序，不同国家又体现出明显的差异性，与其战略传统、战略实力甚至是战略意图等主观因素密切相关。各国往往遵循自身文化传统，立足自身战略实力，依照不同价值观念，形成不同战略需求，进而界定各有差异的国家利益和国家利益排序。立足这种主客双重含义，我们就可以从客观军事安全形势出发，通过分析本国和对象国的国家利益的融合交叉关系，科学研判推断对象国的军事安全意图和战略走向，在此基础上精准筹划本国军事安全。具体来说，尤其需要聚焦具体军事安全问题，科学把握相关国家的长远利益、当前利益和潜在利益，精准区分共同利益、冲突利益和交叉利益。唯有如此，才能精准厘清妨碍本国实现国家利益的外部军事安全风险的症结所在，并为我们以有利方式消除相关风险提供科学依据。

一、国家利益属性

军事安全服务于国家利益的观念古来有之。孙子兵法曰：“合于利而动，不合于利而止。”马基雅维利强调：“为祖国的安全尽心尽力的人不应该考虑正当或不正当、慈悲或残忍、值得赞扬或该受屈辱，而是应该把所有的顾虑摆一边。”作为前提条件，精准筹划和实施军事安全，要求我们必须科学把握国家利益的属性。

首先，历史发展性。在民族主权国家形成之前，国家利益主要体现为

---

① 阎学通、何颖：《国际关系分析》，北京大学出版社 2017 年版，第 87 页；肖天亮主编：《战略学》，国防大学出版社 2015 年版，第 23 页。

以君主为代表的狭隘的王朝利益，普通民众由于社会身份限制，政治参与度很低，对国家利益认同感十分稀薄，维护军事安全也主要被视作为王公贵族、将军骑士等精英群体的职责。现代意义上的国家利益概念是伴随着民族主权国家的产生而逐步形成的。伴随社会身份限制被打破，普通民众政治参与度逐渐提高，形成比较稳固的民族共同体意识，国家利益从狭隘的王朝利益，让位给人民集合体的全民族利益，维护军事安全也成为每个国民的应尽义务，进而大幅拓宽一个国家用来维护军事安全的资源、手段和途径。拿破仑领导下的法国军队横扫欧洲，重要原因在于法国经历过大革命洗礼，率先形成了现代意义上的民族主权国家，从而有条件形成一支高度认同法国利益的强大国民部队。中国共产党领导的中国人民志愿军在抗美援朝战争中打败美国等多国军队，重要原因在于党团结领导全国人民，建立了人民当家作主的新中国，缔造了一支一切来自人民，一切依靠人民，一切服务于人民的人民军队，国家利益、人民利益、军队利益高度统一。

其次，普遍适用性。自民族主权国家成为国际体系的主要行为体以来，“利益至上”历来是指导国家间关系的一条颠扑不破的普遍信条。英国政治家索尔斯伯里提出，国家间唯一的永久的联结纽带就是不存在任何利益的冲突。国际关系学现实主义学派的代表人物——汉斯·摩根索强调，只要世界还是由国家构成的，那么国际政治最后的语言只能是国家利益。马克思也强调：“追求利益是人类一切社会活动的动因，利益对政治权力具有决定作用。”作为人类集合体的一种主要形式，国家自然也有其特有的利益追求，这就是国家利益。①

最后，多样变化性。尽管维护、拓展国家利益是筹划、实施军事安全战略的根本出发点，但如何把握国家利益，不同学派却各有侧重。现实主义学者基于权力斗争视角认为，国际关系无政府性决定国家利益主要体现为利己性竞争利益或冲突利益。自由制度主义学者认为，由于全球相互依存性的加深，除竞争利益、冲突利益外，利他性的合作利益、共同利益也是国家利益的重要实现方式。建构主义学者认为，国家利益是国家主导性价值观念的外在呈现，价值观念的可变性决定了国家利益的可塑性。为了准确把握国家利益，我们必须基于马克思主义立场，科学辨析扬弃各种学

---

① 高金钿：《国际战略学概论》，国防大学出版社 2002 年版，第 68—69 页。

派的不同观点，做好以下四对“统一”：

一是阶级性和民族性相统一。就利益出发点而言，国家的阶级性决定了国家利益仍然具有一定的阶级性。资本主义国家的国家利益主要服务于资产阶级，以最大限度扩充权力、榨取剩余价值。作为社会主义国家，中国的国家利益则代表最广大人民的根本利益，旨在保障人民当家作主、满足人民的各种物质和文化需求。就利益实现方式而言，现代国家的民族性决定国家利益的民族性，国家利益往往以全民族利益的形式得到呈现。在资本主义国家，资产阶级为了达到自己的目的而不得不把自己的利益包装成社会全体成员的共同利益。在中国，我们党没有自己的特殊利益，国家利益与全民族利益本质上就是高度一致、和谐统一。

二是多样性和层次性相统一。国家生存和发展依赖诸多因素，决定国家利益的多样性。国家战略利益从形态看，包括物质和精神利益；从领域看，包括政治、军事、经济、科技、文化等利益；从时间看，包括长远、当前和潜在利益；从空间看，包括陆地、海洋、空中、太空、网络等利益；从范围看，包括国内、双边、多边、地区和世界利益；从关系看，包括冲突、竞争、合作和共同利益。国家生存和发展对各种因素依赖程度的不相同，又决定国家利益的层次性。领土、人民、主权作为国家三要素，是每个国家最为重要的利益，必须运用包括军事手段在内的一切手段加以维护。有些时候，为了维护这些利益，需要牺牲一定的经济利益或其他方面的潜在利益。一般来说，利益越重要，越难以做出妥协，就会呈现出较强的竞争性甚至冲突性，越容易转化为军事安全风险。经济、科技利益等，则更多地呈现为合作利益，转化为军事安全风险的概率比较低。

三是整体性与局部性相统一。作为一个自洽行为体，一国的国家利益并不能简单地还原为各个社会成员的利益，需要从国家的历史方位、地缘环境、战略传统、民族心理以及意识形态等角度综合把握，反映的是国家的整体性需求，对各个社会成员的利益起到规范作用。政治家在建构、指引一个国家的国家利益的过程中发挥主导作用。与此同时，国家利益总要能够影响或者转化为各个社会成员的具体、实际的利益，并依赖社会成员共同予以实现。不同社会阶层、不同利益集团力图让国家利益更多地反映自己的局部性利益。国家利益又是各种局部利益相互博弈的结果。政治家需要让国家利益与各种局部利益诉求尽量相互协调起来，否则就会给外部以可乘之机，甚至可能转化为军事安全风险。[1]

四是连续性与发展性相统一。一方面，国家不是凭空产生的，往往传承有序，由此决定了国家利益的连续性。尤其是主权、领土等利益通常具有复杂的历史经纬，呈现出很强的连续性。譬如，我国的南海历史性权利，就是历代中国政府和中国人民在南海2000多年的活动的自然结果，不容侵犯。另一方面，国家又是一定时空条件下的客观存在。国家利益的内容、范畴、范围不可避免地受到时代背景、国际体系、国家实力、价值观念等因素的制约或影响。譬如，虽然欧洲国家的领土边界历史上变迁频繁，但1975年签署的《赫尔辛基协定》，确认尊重欧洲的领土现状，一定程度上消除了欧洲许多国家之间围绕领土的潜在利益冲突。然而，冷战结束后，随着欧洲安全格局的重大变化，围绕领土的利益冲突再次凸显。关于领海、毗邻区、专属经济区等海洋权益的划分原则，也因为时代变迁而经历了多次变化。

筹划和实施军事安全，既要善于以阶级性为抓手把握国家利益的内在动力机制，又要以民族性为抓手分析国家利益的外在矛盾所在；既要兼顾获取多样性利益，又要从中准确找出重点利益；既要把握国家利益的整体性特征，也要把握各种局部利益的协调、斗争关系；既要在历史脉络中抓住利益矛盾的症结所在，也要放眼未来，敏锐捕捉解决各种利益冲突的可能机遇。

二、国家利益排序

军事手段是维护国家利益的保底手段。国家利益排序的重要意义在于分清轻重缓急，明确战略重点，从而为何时何种程度运用军事手段维护国家利益提供一个可资操作的清晰判断标准。科学分析相关国家的国家利益排序，有助于精准把握、提前防范本国可能面临的相关军事安全风险。

首先，科学辨析国家利益排序的军事含义。例如，美国国家安全利益委员会2000年发布的《美国的国家利益》报告，依据重要程度和迫切性，将国家战略利益排序为生死攸关利益、极端重要利益、重要利益、次要利益，并以此为据确定应不应该、在何种程度采取军事行动的原则。对于生死攸关利益，即使没有盟友参与，美国也将单边采取军事行动。对于极端

---

① 高金钿：《国际战略学概论》，国防大学出版社2002年版，第58—60页。

重要利益，美国在生死攸关利益受到威胁的盟国共同参与的情况下动用武装力量。对于重要利益，美国将视情而动，并且只有代价较低、其他国家愿意分担最大费用，才参与军事行动。①

其次，精准把握国家利益的内涵外延。不同重要度和迫切性的国家利益的具体内涵和外延是什么，或者说某一具体国家利益应该赋予何种重要度和迫切性呢？不同国家的具体界定方式各不相同。美国 2022 年 10 月发布的《国家安全战略》报告将国家利益依次界定为：保护美国人民安全，扩大经济繁荣机会，实现并捍卫处于美国生活方式核心的“民主”价值；并在 2022 年版《国防战略》报告中明确军事安全上的优先事项是保卫国土、威慑对美国及其盟友伙伴的战略攻击、在印太与欧洲的地区冲突中制胜。②

日本 2022 年 12 月发布的《国家安全保障战略》将其国家利益界定为：维护主权独立、领土完整、国民安全、文化传统、民族尊严，促进经济繁荣和开放稳定的国际经济秩序，维护自由民主等“普遍价值”及国际秩序；并在《国家防卫战略》中明确军事安全上的优先事项是彻底强化军事能力、紧密团结盟国和志同道合国家，防止对手在任何时候尝试单方面武力改变现状。③

虽然美日的国家利益都大致按照安全利益、经济利益、非物质性利益的顺序排列，但是美国作为霸权国家，准备动用军事力量加以捍卫的国家利益的外延较之日本明显更为宽泛。分析相关国家的国家利益排序，关键是确定哪些利益是对方不顾一切也要维护的生死攸关利益，哪些利益是对方有可能放弃的利益。涉及生死攸关利益，需要谨慎对待，否则将演变成

---

① The Commissio on America’s National Interests，“America’s National Interest”，July 2000，http：//www. nixoncenter. org/publications/monographs/national interests. pdf.

② The White House，“National Security Strategy”，October 2022，https：//www. whitehouse. gov/wp – content/uploads/2022/11/8 – November – Combined – PDF – for – Upload. pdf. The Defense Department，“National Defense strategy”，October 2022，https：//media. defense. gov/2022/Oct/27. 2003103845/ – 1/ – 1/1/2022 – NATIONAL – DEFENSE – STRATEGY – NPR – MDR. PDF.

③ 首相官邸、国家安全保障戦について、2022 – 12 – 16、https：//www. kantei. go. jp/jp. content/000119644. pdf；首相官邸、国家安全保障戦略について、2022 – 12 – 16、https：//www. kantei. go. jp/jp. content/000119644. pdf。

冲突甚至战争。[1] 涉及有可能放弃的利益，则更容易寻求和平解决。

最后，深刻领会中国国家利益排序的科学体系。依据重要性，中国通常将国家利益大致划分为核心利益、重要利益和一般利益三类。2011 年 9 月，中国国务院新闻办公室发布的《中国的和平发展》白皮书明确界定了六大国家核心利益，即“国家主权，国家安全，领土完整，国家统一，中国宪法确立的国家政治制度和社会大局稳定，经济社会可持续发展的基本保障”。2015 年 7 月颁布的《中华人民共和国国家安全法》将国家安全界定为“国家政权、主权、统一和领土完整、人民福祉、经济社会可持续发展和国家其他重大利益相对处于没有危险和不受内外威胁的状态，以及保障持续安全状态的能力”[2]。可见，核心利益是维系国家生存发展的根基命脉的基本要素与基本条件。分析本国的国家利益时，判断具体国家战略利益是否属于核心利益，关键看其是否满足以下三个标准。

一是不可或缺性。核心利益是国家生存、延续的必要条件。例如，领土、人民、主权作为国家的三要素，一旦丧失，往往意味着国家无法存续，即便受到损害，也会动摇国家根基，造成剧烈的政治、社会动荡。

二是不可变更性。核心利益是国家生存发展的第一需求，一般不会因为国际战略格局、国家实力、身份认同的变化而变化。例如，一个国家的国体、政体等基本政治制度、国家统一、领土完整、核心意识形态等，无论什么时候都不会轻易变更。这意味着涉及相关核心利益的重大安全矛盾，往往需要经年累月甚至几代人接续努力，才能获得最终解决。

三是不可妥协性。核心利益是国家生存发展的战略底线，既不可能妥协退让，也不能用来和其他国家交易。如果自身的核心利益受损甚至有可能丧失，一个国家将采取一切手段、不惜一切代价予以维护和反击。这意味着冲突甚至战争风险的急剧升高。

重要利益对国家安全与发展具有重大利害关系，但是并不足以直接威胁到国家生存发展，如周边稳定、网络安全、关键战略通道畅通等。与核心利益相比，虽然受到威胁时危害重大，但并非不可弥补；虽然外延保持

---

① 李少军：《国际战略学》，中国社会科学出版社 2009 年版，第 31 页。

② 中华人民共和国国务院新闻办公室：《中国的和平发展》，中国政府网，https：//www.gov.cn/jrzg/2011－09/06/content_1941204.htm；《中华人民共和国国家安全法》，中国政府网，https：//www.gov.cn/zhengce/2015－07/01/content_289302.htm。

基本稳定，但仍存在一定调整变化的余地；虽然需要全力争取，但也需要权衡代价与风险、成本与收益。

一般利益对国家安全与发展具有一定利害关系，但是并不足以对国家安全与发展造成重大威胁，如国际声誉、海外商业利益、生态环境保护、知识产权保护、打击跨国犯罪。这类利益种类多、范围广、发展变化快，各国之间存在较大的相互让步、错位交换的余地，但是如果不能努力加以争取，长期累积的负面影响也不容小觑。

总之，分析国家利益最重要的就是准确把握别国和本国的生死攸关的核心利益，因为一个国家往往会为了维护这类国家利益而爆发冲突甚至采取军事行动。其他国家利益的维护，即便采取军事行动，烈度和规模也比较低，或者采取非战争行动的方式。对一国领土、人民、主权等生死攸关的核心利益的各种威胁，通常在各国都属于典型的军事安全议题。对其他国家利益的各种威胁，是否属于军事安全议题，不同国家根据自己的国际地位、军事实力、战略传统则各有差异。筹划和实施军事安全战略，关键要以军事手段为保障，妥善处理与其他国家之间的生死攸关的核心利益矛盾。生死攸关的核心利益矛盾解决好了，其他利益问题也就容易解决。生死攸关的核心利益矛盾无法直接解决时，要善于通过解决其他利益矛盾来创造条件。

三、国家利益评估

军事服从政治，筹划军事安全必须以国家利益为最高准则。对本国及对象国实施国家利益评估，是科学筹划和实施军事安全的前提条件。否则，所筹划的军事安全施策就会变成“盲人摸象”，甚至是“南辕北辙”。一般来说，实施国家利益评估需要考虑诸多因素，其中最为重要的包括地缘环境、综合国力、价值观念三类因素。只有做好国家利益评估，才能准确把握对象国的军事安全目标，科学确定本国的军事安全目标。

首先，评估地缘环境。地缘环境主要包括地理环境、资源禀赋、人口结构等。地理环境塑造了不同国家各有特点的生存发展需求，对国家利益的影响最为持久而稳定。例如，美国周边无强邻，本土面临的军事安全威胁很少，但却高度依赖英法德、日韩菲泰等盟友确保对亚欧大陆事务的介入，所以一向将盟友伙伴的生死攸关利益视作自身的极端重要利益。相反，俄罗斯四周无险可据，与许多周边国家存在领土争端，所以强烈反对北约向苏联国家扩张，视周边安全稳定为国家优先利益。基于资源禀赋、人口结构变化趋势等形成的优势、劣势，对各国生存发展需求也产生深远影响。对于沙特、阿联酋等石油出口国而言，石油价格坚挺符合长期国家利益。对于人多地狭的日本、韩国等国而言，海外商业利益则至关重要。

其次，评估综合实力。综合实力包括政府治理效能、战备水平、经济规模、工业能力、科技水平等。对于一个国家而言，综合实力发展水平和发展态势既是基于各自特殊经验历史形成的产物，具有自身逻辑，又是横向之间相互交流、借鉴、融合的产物，具有相互关联、相互依存性。国家千差万别，决定国家间综合实力总是呈现发展不平衡特点，从而导致国家间综合实力总是在不断变化当中。这就构成国际战略格局变迁的深层推动力。一般而言，综合实力越强，国家战略利益诉求的范围就越大，内涵也越丰富，要求也越高。例如，美国的综合实力最强，其国家利益就遍及全球，甚至涵盖盟友伙伴的相关利益。相反，一些国家由于维护国家核心利益能力严重不足，有时候会主动依附大国提供保护。综合实力上升得越快，国家在维护、拓展国家利益上的姿态也会更为积极进取。例如，20 世纪 70 年代日本国力跃居资本主义世界第二位后，就谋求成为“国际三极”之一，积极在东南亚等地扩充自己的国家利益。相反，一些国家由于综合实力陷入持续衰退，其国家利益呈现内敛封闭态势，大部分资源都被投入到维护国家生存问题上，而无暇顾及国家的发展利益、海外利益等，从而走向恶性循环。

再次，评估价值观念。价值观念包括民族性格、文化传统、意识形态、政治思潮等。就发展而言，价值观念总是与一个国家的地缘环境、历史经验、综合实力等密不可分，是国家战略利益的重要组成部分。就演进而言，价值观念一旦形成，将具有相对自洽的传承、发展、变化逻辑，又对国家战略利益观起到引领、规范作用。中华民族的大一统观念，决定了中国视国家统一为核心利益。对中国特色社会主义的道路自信、理论自信、制度自信、文化自信，决定了中国人民无比珍视党领导下的各项国家政治制度。相反，美国视“民主”价值为本国生活方式的核心，则试图通过政治渗透、扶持代理人、策划“颜色革命”等方式，向全世界扩散所谓的“民主政体”。国家主流价值观念一旦由于某种原因而急剧变化，将造成国家利益观的严重混乱，进而根本损害国家利益。

例如，戈尔巴乔夫的“新思维”及叶利钦的“大西洋主义”思想就导致国家利益观的“四分五裂”，导致苏联及之后的俄罗斯综合国力和国际影响力的严重衰退。

最后，评估军事安全目标。对于筹划军事安全而言，国家利益评估做得越精准，就越能准确把握对象国的军事安全目标，越能科学制定本国的军事安全目标。作为理性行为体，民族主权国家的军事安全目标实际上就是为最大限度维护、拓展国家利益而做出的军事战略选择。正确评估哪些国家利益面临军事安全威胁，哪些国家利益攸关军事安全能力，哪些国家利益必须以军事手段来维护拓展，是准确把握对手军事安全目标、科学制定自身军事安全目标的前提条件和逻辑前提。具体而言，要善于从以下三个层面去伪存真、去粗存精，准确把握对象国军事安全目标，科学制定本国的军事安全目标。

一是从国家整体利益和局部利益的关系中把握军事安全目标。例如，日本将主权独立、领土完整等视作国家生死攸关利益。但是，就南千岛群岛（日本又称“北方四岛”）而言，由于该群岛处在俄罗斯（及其前身苏联）实际控制下，且俄军（及其前身苏军）实力远强于日本自卫队，以军事手段收复该群岛并不在日本当前的现实军事安全目标内，因为这不符合日本的总体国家安全战略利益。相反，冷战期间，在美苏严重对峙的背景下，防止苏军以南千岛群岛为跳板进攻北海道，很长时间内是日本一项重要军事安全目标。

二是从国家利益不断发展变化的角度把握军事安全目标。例如，主权、安全和发展利益是中国的三大国家利益，三者是互为依托、相互支撑、相互制约的统一体。与此同时，根据时代条件、国际环境、国家实力的发展变化，偏重点各有不同。总体而言，新中国成立初期，在主权面临严峻威胁的国际环境下，军事安全目标突出维护主权和安全利益；改革开放后，由于主权、安全威胁大幅缓和，军事安全目标突出维护发展利益，为改革开放保驾护航；进入新时代，世界百年未有之大变局加速演进，军事安全目标突出对主权、安全、发展利益的全面保障。

三是从国家间战略利益交织联动的角度把握军事安全目标。一方面，全球相互依存加深，有助于国家间利益融合态势，从而有利于缓和对抗性军事安全目标。例如，日俄虽然安全利益相互冲突，但是双方的能源资源合作利益深厚，一定程度上缓和了军事对抗性。再例如，虽然俄美欧围绕北约东扩等问题针锋相对，但是在防止核战争方面仍存在较多共识，这就降低了核冲突风险。另一方面，全球相互依存加深，也导致国家间利益潜在冲突增多，从而拓宽军事安全目标内容。例如，一些国家经济相互依存，针对特定国家限制高科技部件出口。对于许多国家而言，军事装备供应链安全，也是军事安全目标的一项重要内容。

第三节 世界战争形态演变

纵观人类历史，军事安全并不是静态不变的，而是随着人类社会的发展动态演变的。影响军事安全的因素很多，其中一个非常重要的因素就是世界军事革命及随之而来的战争形态的演变，它们共同推动着军事安全内涵不断扩大，给军事安全带来新的机遇与挑战，为实现军事安全提供新的途径与方式。研判国家军事安全形势，需要高度重视和关注世界军事革命与战争形态的发展演进。

一、新军事革命与世界战争形态的发展演变

自人类社会产生以来，战争始终是社会发展演变的伴生物，而战争方式与战争形态，也随着人类社会的发展不断发生着变化。而推动战争形态变化的直接动力来自于军事革命。

（一）军事革命的概念与内涵

"革命"一般指事物质的飞跃与变化，古时主要指改朝换代。近代以来，社会的进步赋予"革命"两种新的含义，一是指与改造自然有关的重大变革，如科技革命、工业革命；二是指社会领域的重大变革，如民族革命、资产阶级革命、社会主义革命等。虽然所指不同，但两者都包含巨大变革的含义，指的是剧烈的、整体性、根本性的变化。而将"军事"与"革命"组合成一个固定术语，始见于西方学界。1955 年，英国历史学家迈克尔·罗伯茨在贝尔法斯特女王大学作了题为《1560 年至 1660 年的军事革命》的演讲，首次使用"军事革命"这个概念。罗伯茨在演讲中提出，16—17 世纪的火药化军事革命，"对欧洲未来的历史进程产生了深远影响，它像一座分水岭把近代社会与中世纪社会分隔开来"，堪称一场军

事革命。[1] 自此开始，"军事革命"这个术语很快传播开来，得到越来越普遍的采用。

20 世纪 70 年代，《苏联军事百科全书》收纳"军事上的革命"一词并将之定义为，"第二次世界大战后被人们广泛使用的关于因科学技术进步和生产力发展而使武器、军队、军队训练、进行战争和实施战斗行动的方法发生根本变化的一种概念"[2]。20 世纪 80 年代，苏联军界进一步提出了"军事技术革命"的概念。以苏联总参谋长尼古拉·奥加尔科夫为代表的一批军事家注意到，美国"空地一体战"概念所包含的电子信息系统、全球通信、远程精确打击兵器、隐形作战飞机等"一整套技术能力"，绝不是一般意义上的军事技术发展，而是继核武器之后又一次影响深远的"军事技术革命"[3]。这个概念的提出，反映了苏联对于当时正在酝酿的信息化军事革命的高度敏感，但这个提法并没有全面反映信息化军事革命的内容和本质。尽管如此，苏联提出的"军事技术革命"概念还是引起了其冷战对手美国的高度关注，引发了美国军界和学术界关于军事革命的大讨论。基于海湾战争的实践经验，美国军事理论界认为，苏联提出的"军事技术革命"概念揭示了新一轮军事革命的一个重要方面，但是，这个概念还过于狭窄，没有涵盖军事理论、作战概念和军事组织方式等领域已经发生或即将发生的重大变化。为此，1993 年美国提出"军事革命"（Revolution in Military Affairs）概念，强调正在发生的军事革命，绝不是单纯的技术变革，只有那些在"技术、理论和组织体制"等所有军事领域都"发生重大变化"，并最终导致"战争形态发生质变"的变革，才能称之为"军事革命"。

对于军事革命，有广义和狭义两种定义。社会学家、历史学家主要从广义上定义军事革命，他们大都从社会发展演变的层面去认识和分析军事革命。在他们看来，军事革命离不开社会的发展与变化，军事革命的发生必须以科技发展和社会进步为前提，反过来，军事革命也必将引发社会领域的深刻变革。非常具有代表性的就是美国未来学家阿尔文·托夫勒，他

---

① Michael Robert, "The Military Revolution, 1560 – 1660", in Clifford J. Rogers ed., "The Military Revolution Debate", Westview Press, Boulder, 1995, p. 13.

② 《苏联军事百科全书》第 1 卷，战士出版社 1982 年版，第 314 页。

③ Alex Roland, "Technology and War", American Diplomacy, Vol. II, No. 2, 1997.

从社会大系统的高度去认识军事革命，强调，“只有当一场新的文明崛起，向旧的文明挑战时，只有当整个社会全面改造自己，迫使其军队同时在各个层次（从科技和文化到组织、战略、战术、训练、理论和后勤）进行变革时，一场全面的、真正的军事革命才会发生。只有军事革命出现了，军事与经济和社会之间的关系才会转变，全球军事力量的平衡才会被捣毁”①。

从狭义上定义军事革命的主要是军事理论家，他们主要从军事视角来看待军事革命。比如，美国参谋长联席会议原副主席比尔·欧文斯认为，“军事革命不仅意味着引进新武器、新技术，它还要求毫不留情地重新审视决定当今美军特点的若干基本前提：包括部队兵力规模、四个作战军种的使命任务、制造武器的指导理论等”②。在美国军事革命大讨论中发挥突出作用的美国国防部净评估办公室也认为，“在军事体系当中使用新技术，采用创新的作战概念并调适军事组织，并且从根本上改变军事行动的方式与性质”就可以称为军事革命。因此，军事革命的特点是“技术变革、军事体系演进、战役创新以及军事组织调适”③。

综合广义与狭义的定义，可将“军事革命”定义为：“科学技术和社会生产力的发展，以及社会经济和政治结构变革引起军事领域的各个方面发生根本性、系统性的变化，它从个别国家扩展到多个国家，最终在整体上改变人类军事和战争面貌，并推动整个社会的发展。”“历史上因社会技术形态、政治形态的重大变化而导致整个军事形态的划时代质变称为‘军事革命’。”④ 因此，军事革命一般具有以下几个属性：第一，军事革命的原因是社会生产力尤其是科学技术出现突破性进展，或者社会经济基础和上层建筑发生重大变革，从而在军事领域引发相应的革命性变化；第二，军事革命的性质是现行军事体系的整体质变，内容一般涵盖武器装备、作

---

① ［美］阿尔文·托夫勒、海蒂·托夫勒著，阿笛、马秀芳译：《未来的战争》，新华出版社1996年版，第30页。

② ［美］比尔·欧文斯著，王宵等译：《拨开战争的迷雾》，解放军出版社2009年版，第68页。

③ Andrew F. Krepinevich, “The Military - Technical Revolution, A Preliminary Assessment”, Prepared for the Office of Net Assessment, July 1992, p. 3.

④ 军事科学院世界军事研究部编：《世界军事革命史》（上卷），军事科学出版社2012年版，第9页。

战方式、军队结构、军事制度、军队教育训练以及军事理论等各军事领域；第三，军事革命的发生，既可以在一个相对较长的历史阶段实现，也可以通过猛烈的剧变方式、在较短的历史时期内完成；第四，军事革命是一个从量变到质变、由局部到全面的过程；第五，军事革命的最终结果，必须是从根本上改变战争形态，甚至对社会发展产生了重大影响。

（二）世界军事革命的历史演变

回顾人类历史，世界军事革命经历了不同的历史时期和发展阶段，但由于研究问题的视角和标准的差异，中外学者对于人类历史到底发生过几次军事革命存在着比较大的争议。例如，美国未来学家托夫勒认为，从人类社会历史发展阶段来看，世界上大致发生了三次军事革命，即农业时代革命、工业时代革命和信息时代革命。[①] 国内学者一般认为，一共发生了四次主要的军事革命，即金属化军事革命、火药化军事革命、机械化军事革命和信息化军事革命。我国军事科学院最新研究成果提出，“只有那些造就新的军事体系和战争形态，具有划时代意义的军事革命，才能构成军事革命历史分期和阶段划分的依据。具备这种分量的革命在历史上共出现过七次，即金属化军事革命、火药化军事革命、拿破仑军事革命、军事工业化革命、机械化军事革命、核军事革命、信息化军事革命”。[②] 这样的划分方法，综合了历史学、社会学视角和军事技术视角的划分方法，能够将各个历史时期重大军事变革事件系统地整合起来，体现了历次军事革命的连续性和传承性，也突出了每次军事革命的完整性，创建了一个较为科学的世界军事革命历史研究体系。[③]

1. 金属化军事革命（公元前 35 世纪至公元 14 世纪）

随着金属冶炼技术的发明与推广，青铜兵器、铁制兵器逐渐取代木制、石制兵器成为战场主要兵器，人类迎来了第一次军事革命。金属化军事革命，实现了军事形态从无到有的突破性进展，将军事活动从生产活动中分离出来，出现了真正意义的战争，军事作为一个专门领域开始存在于

---

① ［美］阿尔文·托夫勒、海蒂·托夫勒著，阿笛、马秀芳译：《未来的战争》，新华出版社 1996 年版。

② 军事科学院世界军事研究部编：《世界军事革命史》（上卷），军事科学出版社 2012 年版，第 17 页。

③ 关于世界军事革命历史的详细论述，参见军事科学院世界军事研究部编：《世界军事革命史》（上中下卷），军事科学出版社 2012 年版。

社会之中，军事体系的基本构架初步形成。虽然此次军事革命并不像此后历次军事革命那样对于战争形态产生根本性影响，但它是人类历史上第一次军事领域的重大变革，对人类社会发展也产生了深远的影响。

2. 火药化军事革命（公元 14 世纪至 18 世纪前期）

火药武器广泛运用于战场，将人类带入了第二次军事革命——火药化军事革命。火药的广泛使用，使得武器的杀伤力大幅提升，杀伤手段从金属时代的物理方式变为化学方式，推动产生了以火器作战为主的战术系统，形成了以常备军为代表的军事制度。同时，此次军事革命反过来对当时政治、经济和社会发展也产生了深远的影响，推动欧洲纷纷建立了近代国家，进而为欧洲国家对外殖民提供了基础和条件。

3. 拿破仑军事革命（18 世纪下半叶至 19 世纪初）

这是“历史上唯一由政治大变革引发的军事革命”①。这轮军事革命的一个突出特点是，战争目的由之前维护封建君主王朝转变为维护国家和民族利益，以政治动员发动了全民参加的民族战争，开启了民族战争新篇章，并推动战争历史运动从有限战争向无限化总体战争方向迅猛发展。

4. 工业化军事革命（19 世纪下半叶至 20 世纪初）

这次军事革命是工业革命深入演进在军事领域的反映。蒸汽机、铁路运输、钢铁冶炼、有线通信等科技不断发展，推动军事生产领域的工业化，实现了国家工业力量与军事力量的真正融合，创造出空前强大的军事能力，使战争呈现出明显的工业化特征，电报、电话、铁路等民用技术广泛应用于战场，铁甲战舰等武器装备纷纷进入战场，战场空间急剧扩大、战场机动能力大幅增强、指挥控制效率明显提高。

5. 机械化军事革命（20 世纪上半叶）

电力、内燃机等科学技术的不断成熟，催生了军舰、坦克等机械化的武器装备，引发了军事领域的深刻革命。随着汽车、坦克等武器装备的大量生产和武装部队，陆军的自动化和机械化水平大幅提高，飞机逐渐进入战场并发挥越来越重要的作用，航空母舰实现了飞机和军舰的完美结合；飞机、坦克、航空母舰等主战兵器的出现，引发了战争形态的重大革命，人类社会迈入了作战工具自动化、装甲化、机动化和战争立体化的机械化

---

① 军事科学院世界军事研究部编：《世界军事革命史》（上卷），军事科学出版社 2012 年版，第 25 页。

战争。

6. 核军事革命（20 世纪 40 年代至 70 年代）

原子能技术的出现并首先应用于军事目的，引发了核军事革命。“核武器的问世，是武器发展史上最大的一次革命，也是历史上唯一仅凭借军事技术就使战争形态发生巨大变化的革命。”[①] 核武器的出现，颠覆了人类有史以来的战争形态，也将大国间的军事斗争从实战向威慑拓展。此轮军事革命改变了传统的战争观，促使主要核大国主张避免全面战争，强调使用和平手段或有限战争来达成政治目的。

7. 信息化军事革命（20 世纪 70 年代初至今）

以信息技术为核心的高新技术群在军事领域的广泛运用，催生了一大批革命性的军事技术，包括精确制导、遥感和探测、卫星通信、监视预警、全球定位、隐身、激光、微光夜视、光电对抗、指挥自动化等，这些技术给武器装备的性质和效能带来了革命性变化，奠定了新一轮军事革命的物质基础。自 20 世纪 70 年代开始，信息化军事革命经历了酝酿、探索和稳步发展三个阶段，一般认为这次以信息化为核心的世界新军事革命总体上仍然处于初级阶段，因为军事形态构成的各个要素发展极不平衡，尤其是至今还没有出现信息化战争体系之间的大规模高强度对抗来检验新军事革命的成果。

二、世界军事革命的特点与规律

综合分析与对比历史上的世界军事革命，可以发现这些军事革命的共同特点与规律。

（一）生产力与生产方式是催生世界军事革命的物质基础

与政治、经济、科技等领域一样，军事领域的重大变化同样来自于社会整体的发展进步，即整体社会的生产力与生产方式。不同的社会发展时期，生产力与生产方式变革对军事革命影响的形式和方式各不相同。

在农业社会，分散的、作坊式的农业生产和以木料加工、铜铁冶炼、火药配制为主的微弱工业，缓慢地推动着社会运行与军事发展。在这个过程中战争形态与样式的演变，主要是围绕冷兵器、有限的热兵器的制造与

---

① 军事科学院世界军事研究部编：《世界军事革命史》（下卷），军事科学出版社 2012 年版，第 1221 页。

使用而展开的，且每一次革命的间隔时间都很长，影响面相对较小。在工业社会，机器化、电气化生产方式，日益增多的工业门类与迅速发展的机械制造技术，快速地推动着社会的发展，促进着军事领域一系列革命性的变化。这个时期世界军事革命的演变，则主要表现于坦克、飞机、火炮等机械化装备的研制与使用，以及相应的军队结构与作战方式的重大变革上。在信息成为社会发展的重要资源的同时，信息成了战斗力的一个新的核心要素，成为提高军事能力、夺取战争胜利的关键；未来社会的信息化、智能化也必然要求战争形态的信息化、智能化。人类社会技术与经济形态的每一次变革性发展，特别是生产工具和生产方式的每一次革命性变化，必然对人类的战争工具和战争形式产生革命性的影响，并进而导致军事领域整体性的革命。

（二）科学技术是战争形态演变的关键因素

"科学是一种在历史上起推动作用的、革命的力量。"① 科技革命在现代人类文明发展历程中占据着特殊位置。自 18 世纪第一次工业革命以来，人类创造的物质财富比之前数千年创造的物质财富总和还要多，这主要归功于科技进步和创新。人类历史上，一轮又一轮的科技革命，推动着世界现代化发展进程，塑造了人类生产生活方式和思想观念，直接影响了近代国家的兴衰，催生了一轮又一轮的军事革命，也推动着战争形态持续演进。科学技术的每一次重大突破，往往首先应用于军事领域，进而对战争产生深刻的影响。对此，恩格斯指出："一旦技术上的进步可以用于军事目的，并且已经用于军事目的，它们便立刻几乎强制地，而且往往是违反指挥官意志而引起作战方式的改变甚至变革。"②

大部分军事革命的发生都是人类科学技术进步突破性进展的结果。第一次科技革命的主要标志是近代物理学的诞生，主要技术进步包括火药技术、金属加工技术等，这些技术都具有巨大的军事应用潜力，推动产生了长枪、大炮等大量革命性的武器装备，并引发了军事领域的深刻革命。第二次科技革命的主要标志是蒸汽机、纺织机等大型机械的发明和改进，牛

---

① ［德］恩格斯：《在马克思墓前的讲话》，《马克思恩格斯选集》第 3 卷，人民出版社 1995 年版，第 777 页。

② ［德］恩格斯：《反杜林论》，《马克思恩格斯选集》第 3 卷，人民出版社 1995 年版，第 514—515 页。

顿的万有引力和力学三大定律等自然科学发现，为产业革命提供了科学基础。而自然科学与产业革命相互结合、相互促进，使得蒸汽机制造技术、机械加工技术等科学技术获得了快速发展，并快速运用于军事领域，推动火枪火炮技术、造船技术等西方近代军事技术取得了突飞猛进的发展。这些军事技术的广泛运用，在军事领域引发了一场深刻的军事革命。能量守恒和转化定律的发现以及电磁理论的建立等一些重大科学发现和进步，引发了第三次科技革命，进而推动产生了第二次工业革命，为改进枪炮及弹药性能并实现大规模制造提供了技术和物质基础，催生了军舰、坦克等机械化的武器装备，也引发了军事领域的深刻革命。进化论、相对论、量子论等现代物理学理论推动人类社会进入了第四次科技革命，确立了现代科学体系基本结构，拉开了以量子理论为指导的“核能”和“电子”时代的序幕，催生了导弹和核武器等新型武器装备，推动机械化战争形态向更加高端层次发展的同时，引发了更为深刻的核军事革命。电子计算机和信息网络技术的发展，引领人类社会进入了第五次科技革命。以信息技术为核心的高新技术群在军事领域的广泛运用，催生了一大批革命性的军事技术，这些技术给武器装备的性质和效能带来了革命性变化，奠定了新一轮军事革命的物质基础。总之，科学技术从来都是催生军事革命的关键力量，每一次科技革命都会带动军事技术的蓬勃发展，带来武器装备的升级换代和军事人员素质的提升，对军事领域产生广泛深刻影响，进而催生军事革命。

（三）理论与制度的创新是世界军事革命的重要推动力量

世界军事革命的发展演进，也离不开先进军事理论的指导。世界军事发展史上，只在那些站在时代的制高点上，率先在理论上突破的国家和军队，才能先人一步完成军事变革，而抱着过时的经验和因循守旧的思维必然导致军事变革的滞后。

一方面，军事理论创新是推动军事革命深入演进的重要力量。军事竞争是人类社会发展历程中的永恒主题，也是战争形态与战争样式演变的最直接驱动力。在各个历史时期，为夺取军事竞争优势的国家、民族和军事集团，都善于创新军事技术，改革军事体制，改变作战样式，以提升军队作战能力。而不主动参与军事竞争的国家和民族，其军事理念、军事技术、军事制度必然滞后于时代和竞争形势发展，在战争中始终处于被动挨打的境地。当前，随着世界局势进入新的动荡时代，世界军事强国竞争更加激烈，纷纷推进军事理论创新、发展颠覆性技术、改革军队体制编制、验证新的作战样式，这个过程必将为战争形态和战争样式向更高层次演变积蓄力量。

另一方面，制度和体制的创新既是世界军事革命的体现，也是完成军事革命的重要步骤。为赢得大国战略竞争，大国必须根据当时的经济社会条件推进国家经济和政治制度的创新，以更好地调动本国的资源进行大国竞争。总体上看，大国战略竞争推动着各大国持续强化政府在国内自上而下的权威，以便更好地获取人力、物力为战争服务。经济和政治制度的创新为大国赢得战略竞争奠定了坚实的基础。例如，“偏处一隅的英国之所以到19世纪发展成为世界上最繁荣的国家和日不落帝国，君主立宪制被认为不可或缺，因为它避免了国家的权力被专制君主滥用，保证国家的政策能在很大程度上体现想把生产做大做强的有产者阶层的呼声”①。同样是大国竞争的需要，推动着英国建立了公共信贷制度。而“公共信贷制度不仅为英国的对外战争输了好多血，而且让英国能在与路易十四至拿破仑的法国历代国王或皇帝的竞争中笑到最后”②。同样，为了更加充分地发挥新型兵力兵器的作用，各国都会根据兵力、兵器及战争形态的变化，不断调整创新军事组织体系。政治、经济和军事体制机制的创新，有助于提升大国的军事能力，构成了世界军事革命的重要部分，推动着战争形态持续演进和发展。

三、世界军事革命与国家军事安全

每一次军事革命，既脱胎于当时的社会经济条件，又反过来影响和推动着社会经济条件的发展变化，并给国家军事安全带来多方面的影响。同时，历史上不同国家为维护军事安全而进行的军事斗争及军事变革和创新活动，也成为军事革命与战争形态演变的重要推动力量。

（一）世界军事革命对国家军事安全的影响

世界军事革命的发展演进，源于人类社会尤其是科学技术的不断发展，反过来也对人类社会的发展产生影响，其中一个比较突出的影响就是，它直接作用于国家的军事与战争活动，影响国家的军事安全。

---

① 梅然：《战争、帝国与国际政治变迁》，山西人民出版社2017年版，第37页。
② 梅然：《战争、帝国与国际政治变迁》，山西人民出版社2017年版，第38页。

一是更新国家军事安全的内涵。国家军事安全的内涵并不是一成不变的，而是随着人类社会发展而不断更新的。纵观人类历史可以发现，每一轮世界军事革命都推动战争形态演变，也相应地会更新国家军事安全的内涵。例如，金属化军事革命实现了军事安全从无到有的突破性发展。金属化军事革命之前，军事活动渗透在社会生产活动当中，木器、石器既是生产工具也是作战工具。正是金属化军事革命将军事活动从社会生产活动中分离出来，既出现了武器这一专门用于战争的工具，也产生了军队这个专门从事战争的特殊组织，从而出现了真正意义上的战争，军事作为一个专门领域得以出现在社会当中，军事安全问题也才得以出现。火药化军事革命，改变了战争形态，也开启了军队的正规化建设历程，推动形成了等级森严、纪律严明的国民军队，军队建设日益成为军事安全的重要内容。工业化军事革命当中，随着工业生产技术广泛应用于军事领域，工业生产技术领域逐步形成专门的军事技术，进而推动着军事向职业化和专门化加速演进，军事技术的创新、应用与竞争，也成为国家军事安全的重要内容。机械化军事革命，使得战争规模进一步扩大，战争的总体战特征更加突出，战争将整个国家和全体国民卷入，整体国民经济转入战争轨道，战场也无前方与后方之分，战争成为整个国家和民族各方面力量的全面较量，平时国防建设以及军民融合成为国家军事安全必须关注的重要问题。核军事革命“将军事斗争从实战引向以威慑为主的形式”①，使得核领域安全以及核武器的竞争与控制成为国家军事安全的重要内容。信息化军事革命，以信息和网络技术为基础，实现了信息系统与武器系统的集成，信息与网络系统成为打赢战争和维护国家军事安全的基础和依托。

二是拓展国家军事安全的空间。正如人类活动空间随着科技技术的发展而不断拓展一样，战场空间以及国家军事安全的空间，也随着历次世界军事革命的演进而不断拓展。金属化军事革命发生之时，世界各个地区基本处于相互隔绝状态，战争主要在同一地区的部落或国家之间进行，大多局限于相对狭小的地域或小域，国家军事安全的空间有限。火药化军事革命，不仅极大拓宽了战场空间，也有力地推动了欧洲社会的近代化转型，引入了大航海时代，开启了欧洲国家对外殖民的历史，也使得亚非拉等许

① 军事科学院世界军事研究部编:《世界军事革命史》(上卷)，军事科学出版社2012年版，第34页。

多国家面临的军事安全威胁，不仅来自同区域内的同质国家，更来自那些已经完成近代国家转型的西方国家，国家军事安全问题的空间范围开始向全球拓展。工业化和机械化军事革命，使得战场空间进一步拓展，铁路的建设使得陆权争夺更加激烈，随着舰船、飞机的发明并投入战争，战场空间快速向海洋和天空拓展，制海权和制空权不仅是赢得战争胜利的关键，也是维护国家军事安全的重要基础条件。信息化军事革命以及在此基础上形成的智能化军事革命，把战场空间进一步向网络、太空、深海等新型领域拓展，这些新型领域的制权，成为赢得战争和维护国家军事安全的制高点。

三是为维护国家军事安全提供新的途径和手段。世界军事革命不仅丰富了军事安全的内涵、拓展了其空间，还为维护军事安全提供了新的途径和手段。金属化军事革命，人类战争工具实现了从木器、石器向金属兵器的过渡；火药化军事革命，不仅使得火器取代了冷兵器，还推动步兵、炮兵等新型兵种的出现，常备军取代封建雇佣军，军队官僚行政体系更加专业化；工业化军事革命，“造就了以机器大生产为主的军事工业体系和庞大的军队，同时也为所有军事活动提供了工业化运作方式”①，维护国家军事安全的资源、工具与手段大幅增加，军事工业化能力与水平很大程度上决定了一个国家维护军事安全的能力；机械化军事革命，促使军事活动的基本能量结构发生了颠覆性变化，油料淘汰草料，机械代替骡马，化学能、物理能、机械能取代了人类体能，军队武器装备体系实现飞跃，机械力代替人力、畜力，成为国家的核心军事能力；核军事革命，不仅催生了原子弹、氢弹等核武器，使之成为维护国家军事安全的“绝对武器”，还激发了美苏等主要大国的核军备竞赛，形成了“相互确保摧毁的核恐怖平衡”，进一步提升了核威慑手段在维护国家军事安全中的地位与作用；信息化军事革命，使得信息与网络优势成为打赢战争的关键，谁掌握了信息与网络领域的主导优势，谁就能够在战场上赢得主动，网络信息能力成为维护国家军事安全必备的战略能力。

（二）军事安全实践是推动军事革命与战争形态演进的重要动力

大国战略竞争构成世界军事革命的主要驱动力。大国竞争与博弈，是

① 军事科学院世界军事研究部编：《世界军事革命史》（上卷），军事科学出版社2012年版，第29页。

国际政治的永恒主题。大国竞争是全方位的竞争，涉及政治、经济、科技、军事、文化等各个方面。然而，从古至今，军事力量都是大国竞争的重要内容和基础。大国竞争的手段多种多样，但最终的手段是战争，而战争就是运用军事力量的行为。世界历史中不断上演的大国竞争与博弈推动着国际社会的演进和发展，也成为世界军事革命的重要驱动力量，推动着战争形态不断升级和演变。

一方面，战略竞争的需要客观上推动着军事技术的不断进步。“战争无非是政治通过另一种手段的延续”，“战争不仅是一种政治行为，而且是一种真正的政治工具”①。历史上，军事力量优势是赢得大国竞争的基本保障，战争是大国实现扩张与征服的主要工具和手段。大规模战争既是大国战略竞争的表现，又往往决定着大国的兴衰。为确保在军事竞争和霸权争夺战中战胜对手，各主要国家将军事力量建设作为国家各项工作的重心，高度重视利用科学技术的发展来推动军事革新，因为，“军事革新使一个特定社会垄断了先进的武器装备或技术，大大地减少了扩大统治区域的成本。由此而使这个社会对其邻国具有相当大的优势，并使之产生扩张和变革国际体系的动力”②。正因如此，自近代以来，“各国政府为发展军事应用科学动用的国家资源从数量上说往往比投入民用领域的资源多得多……说实在的，显而易见的是，科学领域的探索依赖于巨量的资源，若不是因为来自军方的影响，许多科研根本不会开展”，“科学的进步并非完全源自军事需求的助推，也并非完全依赖于国防委员会资助的一些实验室。然而，来自军方的需求常常是主因，而且势不可挡”③。值得指出的是，随着军事技术不断应用于民用领域，军事竞争带来的对军事技术的需求客观上也拉动着民用科技和民用产业的发展，成为近代以来科技进步的强大推力。民用科技的发展和广泛运用，反过来又推动着军事科技的创新发展。

另一方面，国家战争实践是世界军事革命与战争形态演进的重要源泉。战争形态与战争样式的演变不是一个一蹴而就的过程，而是与相应的

---

① ［德］卡尔·克劳塞维茨著，綦甲福译：《战争论》，上海文化出版社人 2022 年版，第 30 页。

② ［美］罗伯特·吉尔平著，宋新宁等译：《世界政治中的战争与变革》，上海人民出版社 2007 年版，第 65—66 页。

③ ［美］迈克尔·怀特著，卢欣渝译：《战争的果实：军事冲突如何加速科技创新》，三联书店 2016 年版，第 8—9 页。

社会形态、科学技术、经济基础等因素的发展进程相适应，在各个历史时期极其丰富多样的战争实践中萌生、发展并成熟的。战场上武器装备技术水平更高的一方往往能够拥有代差优势，能够更加容易地掌握战场主动权，但是数量更多、质量更高的武器装备并不一定能够完全确保赢得战争的胜利。高质量武器装备效能的发挥，既离不开使用这些武器装备的人，也跟战场上如何使用这些武器装备密切相关。而指导武装力量和武器装备使用的方法和条令就是作战理论和作战概念。任何先进的武器装备，必须要有相应的能够将其效能充分释放的作战理论和作战概念。战争实践证明，只有将先进的武器装备与相应的作战条令和作战概念结合起来，才能在战场上制胜。二战前期，虽然英法联军的军队也跟德国一样拥有坦克、飞机、无线电通信设备等，但是只有德国出于破解其两线作战困境的现实需要，创新并首先实践了“闪击战”，取得了重大的战场胜利。为了确保赢得战争，大国在大力提升武器装备科技水平的同时，还大力推动着作战理论和作战概念的创新。

第四节　军事安全威胁评估

军事安全威胁评估，是在运用各种手段进行广泛深入的信息情报搜集和处理的基础上，对国家军事安全相关的重要问题进行分析、预测、判定并得出结论的过程，是国家战略判断的基本组成部分，也是维护国家军事安全、进行军事战略决策的前提和依据。随着军事安全内涵的丰富，国家安全威胁分析和评估的内容也不断拓展，分析与评估的方法与工具也更趋多样。

一、军事安全威胁评估的地位与作用

军事安全威胁的分析、评估与判断，是确立国家军事安全目标与政策、制定国家军事战略，以及进行正确的军事决策和军事部署的前提和依据。

（一）军事安全威胁评估是国家整体战略判断的基本问题

“战略判断是对关系国家安全和军事斗争全局的重大问题进行分析、预测、判定并得出结论的过程……涉及政治、经济、军事、外交、科技、

文化等各个领域和国际、周边、国内各个方面，内容十分广泛。”[1] 然而，在诸多问题当中，军事威胁分析与评估是战略判断需要着重解决的基本问题，因为，“基本的威胁是军事威胁”[2]，正确判断国际战略环境、周边安全形势和国内外安全威胁，首先就需要正确分析和判断国家面临的军事安全威胁。

（二）军事安全威胁评估是制定国家安全战略和军事战略的依据

“国家安全的利益、目标和政策只有与国内外各种威胁联系起来考虑，才有意义。”[3] 确定军事安全的利益、目标和政策，以及制定国家军事战略决策，首先需要综合系统地分析与评估国家所面临的军事安全威胁。军事安全威胁分析与评估的主要目的和任务就是，全面分析军事安全环境，判明威胁的来源与方向，区分敌友，预测可能发生的战端，分析军事力量对比情况，评估军事风险，权衡利弊得失，从而为确定军事安全和军事战略的决策与指导提供可靠、客观的依据。

（三）军事安全威胁评估是进行正确的战争决策和军事部署的前提

毛泽东指出：“指挥员的正确的部署来源于正确的决心，正确的决心来源于正确的判断，正确的判断来源于周到的和必要的侦察，和对于各种侦察材料的联贯起来的思索。”[4] 无论是进行战争决策，还是进行军事部署，首先需要系统科学全面地评估军事安全威胁，既要评估战争风险，也要评估和判断军事安全威胁规模和大小，既要评估判断主要对手，还要判断其军事力量和战争企图，既要预判对手的主要作战方向和行动样式，也要判断其优势和弱点。只有全面系统科学地进行军事威胁判断，才能作出正确的战争决策，进行合理有效的军事部署。

二、军事安全威胁评估的主要内容

早在春秋战国时期，我国《孙子兵法》就对军事安全威胁评估进行了论述。其中，“知彼知己，百战不殆”，就是对军事安全威胁评估的基本要

---

① 肖大亮主编：《战略学》，国防大学出版社 2015 年版，第 39—40 页。

② John Collins，“Grand Strategy：Principles and Practices”，Naval Institute Press，Annapolis，Maryland，1973，p. 8.

③ John Collins，“Grand Strategy：Principles and Practices”，Naval Institute Press，Annapolis，Maryland，1973，p. 8.

④ 《毛泽东选集》第 1 卷，人民出版社 1991 年版，第 179 页。

求。在此基础上，《孙子兵法》提出了进行军事安全威胁评估需要关注的主要方面，即“故校之以计，而索其情，曰：主孰有道？将孰有能？天地孰得？法令孰行？兵众孰强？士卒孰练？赏罚孰明？吾以此知胜负矣”。克劳塞维茨的《战争论》也对军事安全威胁评估进行了阐述，强调“为了确定在战争中使用作战手段的规模，我们必须考虑到我方和对方的政治目的；必须考虑到敌国与我国的兵力和各种具体的关系；必须考虑敌国政府和人民的特点及能力，以及我方在这些方面的情况；必须考虑其他国家的政治结合关系以及战争对这种关系的影响。考虑这些错综复杂地互相联系在一起的千差万别的事物是很困难的。只有天才锐利的眼力才能在其中很快找出正确的答案来，仅在理论上考虑这么多事物是不可能掌握它们的，这一点是不难理解的”①。

军事安全威胁评估，虽然聚焦军事安全，但由于军事安全涉及的领域和问题繁多，军事安全威胁评估不能仅仅局限于军事领域，而应充分考虑政治、经济、外交、军事、科技等其他方面可能对军事安全带来的影响，不仅要考虑来自周边和国内的军事安全威胁，也需要从全球和国际层面思考军事安全问题。然而，不同因素对于军事安全的影响各不相同，相同因素在不同条件下对军事安全的影响也有所不同。为此，评估军事安全威胁时，需要重点关注几个方面。例如，约翰·柯林斯曾提出，“对威胁进行评估时，首先必须考虑下列三个基本方面：一是能力，即敌人能采取什么行动？二是企图，即敌人将采取什么行动？三是弱点，即敌人突出的弱点是什么？”② 这主要是强调对对手的充分认识与评估，除此之外，分析评估国家军事安全，还需要重点关注国际及周边军事安全形势、具体军事安全风险等内容。

（一）国际和周边军事安全形势

一是判断时代主题。时代主题，是指人类社会某一发展阶段中带有全球性、战略性和关乎全局的核心问题。时代主题反映这个时期内世界的基本特征，也决定着世界形势的基本走向。时代主题对于国际军事安全形

---

① ［德］卡尔·克劳塞维茨著，綦甲福译：《战争论》，上海文化出版社 2022 年版，第 559 页。

② John Collins, “Grand Strategy: Principles and Practices”, Naval Institute Press, Annapolis, Maryland, 1973, p. 9.

势，具有直接而重大的影响。如果时代主题是和平与发展，国际军事安全形势总体比较平缓，各主要国家之间相互敌对与防范较轻，将资源和精力重点投向经济建设与社会发展，国际军事竞争相对而言并不激烈，军事领域面临的安全威胁相对而言也并不突出；如果时代主题是战争与革命，则国际军事安全形势总体比较紧张，主要国家之间相互敌对与防范加深，将资源和精力重点投入于国防与军队建设，军事领域竞争力度的增加可能引发区域性甚至全球性军备竞赛，同时，主要国家更加频繁地使用军事力量来威慑与遏制对手，致使国家间军事关系日益紧张，爆发战争的风险上升。

二是判断国际和地区格局。国际格局是国际舞台上主要政治力量之间实力对比与相互关系的反映和概括，是判断国际总体形势和国际军事安全形势的重要因素。国际上，爱好与维护世界和平的力量占据优势，那么，国家军事安全的风险就相对较低；强权政治与霸权主义占据优势，那么，国家军事安全的风险就相对较高。地区范围内，奉行地区霸权主义的国家力量占据优势，地区内权力失衡，其他国家无法有效遏阻其侵略，那么地区爆发军事安全的风险就相对较高。

三是观察世界军事动态。世界军事形势，对国家军事安全具有直接影响，主要指世界范围内总体的军事动态，既包括战争特征和趋势，也包括世界各国尤其是主要大国之间的军事竞争态势，还包括军事技术、武器装备、军事理论、军队组织等领域的发展变化情况。

（二）判断对手并评估其能力和企图

一般而言，国家军事安全威胁主要来自于其他国家行为体，分析判断国家军事安全，需要重点明确对手，并在此基础上分析评估其能力和企图，这是国家军事安全分析与评估的主要内容。

一是明确对手。毛泽东指出："谁是我们的敌人？谁是我们的朋友？这个问题是革命的首要问题。"[①] 判断和明确对手，同样是分析评估国家军事安全需要首先解决的问题。由于民族、文化、宗教、政治制度等差异，以及历史积怨、领土争端等方面原因，国家之间往往会产生矛盾与对立，有时这种矛盾与对立如果需要通过军事手段来解决，就会构成国家军事安全问题。通常情况下，构成国家军事安全的对手比较明确，但是，对手并

① 《毛泽东选集》第1卷，人民出版社1991年版，第3页。

不是固定不变的，会随着国际与周边安全形势的变化而有所变化。此外，国家可能同时面对多个对手，为此，需要结合对手的能力与企图，综合评估与分析哪个是主要对手，哪个是次要对手。

二是主要对手的企图。“企图通常不如能力那样好捉摸，因为企图是一种主观的思想状态，易于隐蔽而又多变。有些企图过去从未表明过，将来也不会表明。因此，琢磨敌人企图的问题是一件非常棘手的事。”① 尽管如此，只有辨明了对手的企图，才能更好地评估和判断国家可能面临的军事威胁。美国认为，“企图是指一个国家实行某种计划的决心……企图由利益、目标、政策、原则和义务构成”②。《中国人民解放军军语》并没有专门对企图进行定义，但分别对战略企图、战役企图、作战企图和战术企图等作出了定义。其中，战略企图指“对实现战争目的的设想。包括主要打击方向和战略目标，以及实现战略目标所要采取的手段和步骤等”③。综合来看，分析判断对手企图主要包括判断对手的利益、目标、策略和手段。国家利益，是分析判断对手战略企图的基本着眼点，主要是分析对手的国家利益有哪些，进而判断对手使用或威胁使用军事力量对其国家利益的影响，即可能给对方带来战略收益或战略损失。战略目标，主要指“国家或政治集团确定的在一定时期内战略上所要达到的目的和标准”④，它体现了国家的战略企图，在一定程度上也决定了对手对我军事安全威胁的规模与强度。就军事安全威胁评估而言，分析判断目标，既要分析对手的政治目标，也要分析其军事目标。政治目标和军事目标既有区别也有联系。军事目标，主要指通过军事行动和利用各种军事实力来完成的特定使命或任务，是为了达到政治目标的一种手段，军事目标需要服从服务于政治目标，而政治目标也必须受军事目标的制约，既政治目标不能要求军事力量去完成其无法实现的目标。在此基础上，需要进一步判断对手可能采取的

---

① John Collins, “Grand Strategy: Principles and Practices”, Naval Institute Press, Annapolis, Maryland, 1973, p. 9.

② John Collins, “Grand Strategy: Principles and Practices”, Naval Institute Press, Annapolis, Maryland, 1973, p. 9.

③ 全军军事术语管理委员会、军事科学院：《中国人民解放军军语》，军事科学出版社 2011 年版，第 53 页。

④ 全军军事术语管理委员会、军事科学院：《中国人民解放军军语》，军事科学出版社 2011 年版，第 55 页。

策略。军事领域，策略主要体现为对手的军事战略方针，即对手在分析战略态势的基础上所确定的军事行动设想和方案。

三是军事力量对比。国家军事安全的维护，依靠以军事力量为基础的综合实力，而军事斗争和战争，更是敌对双方之间以军事力量为主的综合实力的较量。评估分析国家军事安全，需要以军事力量对比为核心进行国家综合实力的对比，全面比较双方军事、政治、经济、科技、外交、地理等方面的力量，判明双方的综合实力，把握双方的强弱和优劣，以为制定军事战略、筹划军事斗争、遂行军事行动提供可靠的依据。军事力量对比，不仅要分析评估双方军队规模、武器装备水平、战争动员潜力、指挥与控制体系、军事训练情况、后勤和维护能力、情报收集与处理能力、战略力量投送能力等具体情况，还要分析评估对手的战争理论、军事战略、作战思想、作战概念等抽象问题；不仅要分析评估与直接作战对象的力量对比，也要重视与主要战略对手及其联盟力量的对比，还要关注与可能趁机挑起冲突的其他对手的力量对比。除了分析军事力量对比外，还需要对政治外交状况、经济和科技实力等进行综合的对比分析。政治外交状况，主要是分析国家性质、政治制度、国内政治局势、内外政策、联盟情况及国际影响力等。经济和科技力量对比，主要是分析国家总体经济实力、科技发展水平，判断战争支撑能力、经济和科技力量转化为军事力量的能力，以及经济和科技能力对战争进程、结局和作战方式的影响等。

（三）分析评估优势与弱点

军事安全威胁评估，不仅要全面分析对手的能力与企图，还要进一步对比分析双方的优势与弱点。一个国家的军事优势与弱点往往是相对而言的，但无论是和平时期还是战争时期，都需要动态全面地分析评估国家和军队的优势与弱点，只有这样才能更加清晰地把握国家所面临的军事安全威胁。一般而言，优势与弱点是判断国家军事安全威胁大小的重要指标，如果相对主要对手优势多、弱点少，则军事安全威胁较小，如果相对主要对手优势少、弱点多，则面临的军事安全威胁较大。值得注意的是，越是弱点，越是可能被对方利用，或者直接遭受对方的军事打击。

1. 分析评估优势

在国家军事安全领域，优势主要指一方在力量等某些方面强于对方的有利状态和形势。战争胜负从根本上来说取决于力量，集中优势是战争制胜的基本原则和规律，是基本的制胜原则和基本的制胜之道。发现、制造和利用优势，是赢得战争胜利的需要把握的重点问题，也是维护国家军事安全的关键所在。优势所涵盖的领域非常宽泛，既包括部队规模、武器装备水平、指挥控制体系、国防动员等硬实力优势，也包括军事理论、指挥艺术、民心士气、国际影响力等软实力优势；既指国家整体实力的优势，也包含陆海空天电等传统领域及网络、太空、深海、极地、生物等新型领域的优势。

分析评估优势时，需要注意两个方面的问题：一方面，优势是相对而言的。面对相对较弱的对手，一方可能拥有整体优势，但不太可能在所有方面拥有全面优势，尤其是在战争中，尽管一方军事力量拥有整体优势，但较弱一方仍然能够通过谋略智慧、外交手段、指挥艺术和兵力机动等在一定区域形成局部优势，从而为赢得战场主动并最终打赢战争创造条件。一定条件下，弱点还可能转变成为优势，“装备上的劣势，不等于不具备胜利的物质基础。落后的武器，在它能充分发挥作用的时间和空间里，就可能变为优势”①。正因如此，分析评估优势时，绝不能因为自身整体力量的优势而轻视对手。

另一方面，高度关注关键优势。构成国家能力优势的因素很多，但在其中往往有些因素相对其他因素发挥着更加重要的作用，评估时需要给予更多的关注和赋予更大的权重。例如，相对于武器装备的数量与质量优势，人的因素更加重要；相对于兵力规模优势，民心士气、谋略策略、战场指挥的优势更加重要。值得注意的是，近代以来，科学技术的发展带动着地理空间的战略意义发生变化。战争实践证明，新型领域制权对于传统领域制权往往具有明显优势，谁控制了新领域、新空间，谁就能取得战场优势，赢得战略主动。为此，评估分析优势时，应注意对比分析传统领域与新型领域的优势。一般而言，新型领域的优势往往要强于传统领域的优势，并对国家军事安全和战争胜负产生关键性的影响。正因如此，自信息化军事革命以来，美国高度重视信息领域的制权，强调发挥信息领域的优势来慑止和击败对手。

2. 分析评估弱点

在国家军事安全领域，弱点有两层含义，既指战争或军事竞争双方

---

① 李际均：《军事战略思维》，长征出版社 2012 年版，第 75 页。

"各自的短处"，也指"作战部署中兵力、火力、信息较弱之处，如防御体系中防守薄弱的部位或地点"[①]。弱点"是一个国家或军队经受不起对方采取任何手段和任何行动打击的薄弱点。这一打击可能削弱这个国家或军队的战争潜力或战斗力，挫伤其斗志"[②]。因此，对于组织筹划战争及维护军事安全来说，发现和利用弱点都具有突出重要的意义。为赢得战争的胜利、更加有力维护国家军事安全，既要以优势的力量压倒对方，更要评估、发现和利用弱点：一方面，通过客观评估分析发现自身的弱点，在此基础上，针对性地加强防护，防止被对手所利用；另一方面，通过系统综合评估来发现对手的弱点，集中力量攻击这个弱点，就很可能突破对手防线，赢得战场主动，甚至最终赢得战争。

分析评估弱点，同样需要注意把握两个方面的问题：一方面，弱点也是相对而言的，是否是弱点只有通过科学、客观的对比分析才能得出结论。进行军事安全威胁评估时，既要找到自身能力的短板，也要通过与对手的对比分析找到相对弱点；分析评估对手时，同样既要发现对手的能力短板，也需要找到对手的相对弱点。另一方面，注意发现关键性、根本性的弱点。每个国家和每支军队，哪怕再强大，都有其弱点和短板。而在众多的弱点和短板当中，有一些弱点和短板对于国家军事安全具有重大影响，如果受到攻击或被对手所利用将产生致命性影响。这样的弱点和短板关系国家军事安全全局，就如一只水桶能装多少水取决于它最短的那块木板，国家军事安全程度以及国家面临的军事安全威胁的大小，在绝大多数情况下取决于这个最关键的弱点。为有效维护国家军事安全，必须通过系统全面的评估发现这样的弱点和短板，以便针对性地加强建设与防范。

（四）具体形势判断

具体形势判断指为满足处理具体国家军事安全问题的需要，围绕该问题对相关的军事安全威胁作出分析和判断。具体形势判断要求掌握更为详尽、准确的信息和数据，采取定量等多种方法进行更为科学、精细的分析，在此基础上作出更为明确、具体的判断，从而为维护国家军事安全的

---

① 全军军事术语管理委员会、军事科学院：《中国人民解放军军语》，军事科学出版社 2011 年版，第 85 页。

② John Collins，"Grand Strategy：Principles and Practices"，Naval Institute Press，Annapolis，Maryland，1973，p. 9.

决策提供坚实支撑。需要进行具体军事安全威胁分析和判断的情况很多，例如：世界主要国家对主要争端和热点问题的态度、是否介入，以及可能的介入策略和手段；国家间军事同盟关系的组成、性质、最新动向及可能造成的影响；国际政治动荡、经济危机和恐怖主义活动，对国家军事安全的威胁和影响；国家地理位置、地形地貌可能对国家军事安全带来的影响；网络、太空、深海等领域对国家军事安全的影响；等等。

三、军事安全威胁评估的方法与工具

国家军事安全威胁，既涉及国际格局和世界大势，也涉及对抗双方的军事力量对比，还涉及影响军事安全的各个不同领域，具有综合性、对抗性和变动性等特征，评估分析的难度大。为此，评估分析军事安全威胁需要讲究方法，也需要掌握和利用好评估分析的工具。随着科学技术的不断发展以及各国维护国家安全实践经验的积累，分析评估军事安全的方法与工具也在不断丰富和发展。

（一）评估方法

一般而言，分析评估方法可以大致分为定性分析与定量分析两大类。定性分析指一种用以探究事物本质特点及其变化规律为目的、不需要依靠数学测量和表达的方法。传统的分析评估方法一般属于定性分析。虽然能够对安全威胁进行总体的判断，但也存在着缺点，主要是该类评估方法门槛低，随意性、主观性难以控制，研究分析过程难以评判。为克服定性研究的主观性、随意性，增强其可信度和精确性，随着科学技术的不断发展，各国开始进行定量分析。尤其是随着计算机、大数据、人工智能等技术的不断发展，定量分析的条件进一步上升，预见性也不断增加。

值得注意的是，定性分析与定量分析两者并不矛盾，也不可能截然分开，更不会相互排斥。一方面，定性分析是定量分析的基础和出发点；另一方面，定量分析以定性分析为目的和归宿。定量分析是对传统定性分析的有益补充和强化，是精确分析研判军事安全威胁的重要支撑；定量分析的结果，往往需要定性的解释，如果没有定性的解释，定量分析结果将没有任何实际意义。[①] 早在春秋战国时期的《孙子兵法》就强调定性与定量

---

① 阎学通、孙学峰：《国际关系研究实用方法》（第 2 版），人民出版社 2007 年版，第 119 页。

分析相结合来分析国家军事安全。《孙子兵法》“始计篇”就提出“故经之以五，较之以计而索其情：一曰道，二曰天，三曰地，四曰将，五曰法”，强调要通过对敌我这五个方面的对比分析来探索战争胜负的情势，主要就是定性分析。随后，“形篇”进一步提出“法：一曰度，二曰量，三曰数，四曰称，五曰胜。地生度，度生量，量生数，数生称，称生胜。故胜兵若以镒称铢，败兵若以铢称镒”，则是强调通过量化分析来进行力量对比，以此来判断形势，塑造胜势。评估分析国家军事安全时，经常采用的分析方法包括矛盾分析法、层次分析法、历史分析法、横向对比分析法等。

1. 矛盾分析法

矛盾分析法是指观察和分析各种事物的矛盾运动，进而解决矛盾的一种方法，是人们分析问题、解决问题的一种普遍方法。毛泽东同志指出：“研究任何过程，如果是存在着两个以上矛盾的复杂过程的话，就要用全力找出它的主要矛盾。捉住了这个主要矛盾，一切问题就迎刃而解了。这是马克思研究资本主义社会告诉我们的方法。”① 矛盾分析法也是国内外研究和判断国家军事安全威胁的一种基本方法。美国政府和军队在制定和发布《国防战略》《国家军事战略》时往往会明确主要威胁、主要对手，这实际上就是以抓住主要矛盾为切入点进行军事安全威胁的判断。当然，很多时候主要矛盾并不是一目了然的，需要我们对所有的矛盾进行对比分析，看哪个矛盾的威胁更大、更为根本。值得注意的是，主要矛盾并不是一成不变的，而是随着内外环境和条件的改变而变化。如果战略决策者不能及时跟上这种变化，就必然落后于形势；如果没能对这种变化预有思想准备，就会在形势发生剧变时措手不及。因此，分析评估国家军事安全威胁时，也应适当关注次要矛盾及其可能的转化。使用矛盾分析法分析评估国家军事安全一般遵循以下步骤：首先，把国家军事安全看成是运动中多层次、多方面的矛盾统一体，分别考察影响国家军事安全的诸多矛盾；其次，从诸多矛盾中找出主要矛盾以及矛盾的主要方面，主要矛盾和矛盾的主要方面，决定着国家军事安全的方向、大小、性质；最后，分析矛盾发生变化的内部条件和外部条件，尤其注意矛盾发展从量变到质变的临界点，把握主要矛盾发展转化的条件与时机。具体而言，首先，分析国家军

---

① 毛泽东：《矛盾论》，《毛泽东选集》第 1 卷，人民出版社 1991 年版，第 322 页。

事安全需要综合分析影响国家军事安全的各个矛盾和问题以及它们之间的互动关系；其次，从影响国家军事安全的诸多矛盾和问题中找出最主要的矛盾和问题，搞清楚谁是最主要的对手、国家军事安全面临的现实主要问题是什么；最后，重点把握主要矛盾和问题的发展趋势，捕捉影响国家军事安全的主要因素由量变到质变的发展变化，把握主要矛盾爆发或转化的条件与时机。

2. 层次分析法

层次分析法是一种将定性与定量结合起来的系统化、层次化的分析方法，常用于复杂决策时的分析评估。层次分析法根据问题的性质和要达到的目标，将问题分解为不同的组成因素，将按照因素间的相互关联影响以及隶属关系按不同的层次聚集组合，形成一个多层次的分析结构模型，从而最终使问题归结为最低层相对于最高层的相对重要权重值或相对优劣次序。层次分析法大体可分为四个步骤：一是建立层次结构模型，二是构造判断（对比）矩阵，三是形成层次单排序，四是形成总排序。使用层次分析法进行军事安全分析评估时，就是将复杂的国家军事安全问题进行简化，将复杂的国家军事安全问题划分为不同的分析层次，确定它们之间的逻辑联系或因果关系，使分析评估更加清晰化、条理化，从而能够避免片面强调某单一层次而忽视其他层次，既使国家军事安全分析评估更加综合全面，也有助于找出关键变量，揭示影响国家军事安全的关键因素。为此，需要把各种要素和变量按照对国家军事安全影响的程度进行排序并分出层次，从而可以在关联复杂的、有时甚至是相互矛盾的各种因素中理出一条分析线索，进而分析判断国家军事安全威胁。在运用层次分析法时，军事安全分析一般遵循从高到低的原则，即首先着眼最为宏观的层次，努力形成全局性、趋势性的判断，然后研究相对具体的层次。在这一过程中，需要首先关注时代主题和国际军事态势。时代主题，是人类社会某一发展阶段中带有全球性、战略性和关乎全局的核心问题。20 世纪 80 年代，我国的国际战略经历了一个重大变化，其发端就是将时代主题的判断从“战争与革命”改变为“和平与发展”，从而开启了我国国家战略和军事战略新的历史阶段。其次，需要分析研究国际格局与国际秩序等全局性要素。其中，国际格局主要指主要国际力量对比，而国际秩序更加侧重于国际分工和国际制度。主要判断国际力量对比，是否支持和平的力量占据优势，国际秩序则看现有的国际规则与制度是否得到了各国的普遍接受。20

世纪60年代，面临美、苏两个世界大国的联合打压，毛泽东同志提出了“深挖洞、广积粮”的军事战略方针。20世纪80年代，判断世界上支持和平的力量大于支持战争的力量，党中央决定将国家工作重心转移到发展经济上来，相应减少了国防投入。再次，重点分析与自身有关的具体要素，如地区地缘环境、地区格局、地区内力量对比、地区内主要国家对我的立场和态度等。最后，分析陆海空天以及网络、太空、极地、深海等具体领域的军事安全形势。总之，层次分析法就是从宏观到具体，从一般到特殊的逐层分析，大框架管住小框架，确保结论的科学性。

3. 历史分析法

决定历史发展的因素，在一定时期中会继续存在，并在相同或相似的历史条件下反复起作用，从而出现一定程度的“历史重演”的现象。因此，历史往往是我们判断现在和未来的重要参照。实际上，判断国际战略形势，分析评估国家军事安全威胁，我们往往习惯性地从类似或相关的历史事件中去找寻线索和参考。历史的最伟大价值在于，“它能够通过澄清往昔和理解其部分含义来帮助我们思考当今和未来”“有一项被真正好的战略思想家和战略理论家们反复强调的一般经验或常识性道理，那就是实际上只有通过历史（战略史）的考察、研习或探究，才能构建、理解或高效地应用战略理论或战略观念”①。正是因为感受到历史尤其是军事史对于分析国家军事安全和制定军事战略的重大价值，德国军事家老毛奇将军事史研究规定为普鲁士参谋部的核心职责之一。国家军事安全不是孤立的、静态的，而是在一定的历史背景下出现的，有一个发展演进的过程。分析判断国家军事安全，需要重点分析和把握主要对手军事战略的内在特质和演进规律，为此，要将该国不同历史阶段的军事战略综合起来，比较内容，发现特点，总结规律。这样的历史分析法也称纵向比较法，在分析过程中尤其需要关注该国军事战略和对外政策在不同历史背景下的异同。通过纵向的历史比较，特别是把握其中的变与不变，可以较为客观清晰地认识该国军事战略的脉络与规律，也有助于更好地分析和判断来自主要对手的军事安全威胁。进行历史分析时，需要重视历史的“重演性”或继承性，但绝不是简单地把历史现象机械地套用于当前的新情况。例如，“修

① 时殷弘：《现当代国际关系史（从16世纪到20世纪末）》，中国人民大学出版社2006年版，第7页。

昔底德陷阱”揭示了崛起大国与守成大国之间有可能爆发战争的结构性矛盾现象，对于判断中美关系发展和分析美国对华军事安全威胁，都具有重要启示意义，但如果就此得出中美必有一战，那就得出了错误的结论。实际上，历史既有继承性，也有发展性。进行国家军事安全的分析和判断，既不能割断历史看问题，也不能把历史看作简单的重复或循环，而要把历史继承性研究与历史发展性研究结合起来，从中作出合乎客观实际的判断。其中，尤其需要找出促成历史事件发生发展的主要因素及其发挥作用的背景和条件，把这些主要因素与推动当前及未来事态发展的主要因素进行对比。

4. 横向对比分析法

对比分析是把客观事物加以比较，从而认识事物的本质和规律并做出正确的评价。对比分析法通常是把两个相互联系的指标数据进行比较，从数量对比的角度展示和说明研究对象规模大小、能力高低。横向对比分析法，主要是将反映不同国家军事能力和水平的各项指标与数据进行细化的对比分析，找出双方军事力量差距大小，分析双方军事能力的强弱对比，进而评估相关国家对自身军事安全威胁的大小。横向对比分析时，需要对比的军事能力指标与数据比较庞杂，包括兵力规模、武器装备的数量和技术水平、总体经济实力、国防动员能力、军队指挥控制、作战理论与作战概念等各种可能影响到国家军事能力的要素。为提高横向对比分析的准确性，既需要尽可能全面、准确、翔实地掌握上述信息和数据，还需要把握上述因素相互作用的机理和规律，以便在进行评估时加入干预变量。横向对比分析法，还可用于核、网络、太空等具体领域军事能力的对比分析。例如，冷战开始之后不久，美国就专门组织力量定期对比分析美苏间核力量平衡。

（二）主要评估工具和手段

为了更好地进行国家军事安全威胁评估，我们在采用上述评估分析方法的同时，往往还需要一些评估工具的支撑和帮助，最具代表性的评估工具和手段包括数据库、大数据、模型、模拟、兵棋和兵棋推演等。

1. 数据库

数据和信息是进行国家军事安全评估必不可少的基础性原材料。“数据是指描述事物的符号记录，是构成信息和知识的原始材料，如图形、声音、文字、数、字符和符号等；信息一般指数据中所包含的意义，可以使数据中所描述事件中的不确定性减少。"① 而数据库主要指，"长期存储在计算机内、有组织的、可共享的数据集合"②。数据库广泛应用于军事领域，是进行国家军事安全评估的重要基础。"为了评估敌方军事力量在特定区域或功能性领域的能力，必须首先基于基本数据。"③ 尽可能全面、详细地掌握各方面的情报信息和基本数据，是全面准确评估国家军事安全威胁的重要前提和基础。正因如此，各主要国家及世界主要智库都高度重视数据库建设。

2. 大数据

人类已经进入大数据时代，移动互联网、智能终端、新型传感器正快速地渗透到地球各个角落，数据呈现爆炸式增长。有机构统计2020年，全球数据使用量超过64ZB，2025年将达到181ZB，涵盖经济社会发展各个领域，由此产生的革命性影响将重塑生产力发展模式，重构生产关系组织结构。所谓大数据，就是大到无法通过现有手段在合理时间内达到截取、管理、处理并整理成为人类所能解读的信息。大数据既是容量大、类别多、增长速度快、价值密度低的海量数据，也是一项能够对海量数据进行收集、存储和关联性分析的新一代信息系统架构和技术。大数据技术通过数据整合分析和深度挖掘，能够发现规律、创造价值。同时，由于大数据将数学算法运用到海量的数据上来预测事情发生的可能性，"在不久的将来，世界许多现在单纯依靠人类判断力的领域都会被计算机系统所改变甚至取代"④。当前，数据已成为各国基础性的战略资源，大数据日益对人类社会的方方面面产生重要影响，在国家安全与发展中的战略地位不断提升。谁掌握了数据主动权和主导权，谁就能赢得优势、赢得未来，大数据及其技术已经成为新一轮大国竞争的战略制高点。大数据技术的快速发展，也必将给国家安全带来全面深刻的影响。评估分析国家军事安全，既要从思维上进入大数据时代，更要善于利用大数据技术和工具来提升评估分析的

---

① 梅宏主编.《大数据导论》，高等教育出版社2008年版，第1页。

② 朱辉生、陈琳、李金海主编：《大型数据库概论》，清华大学出版社2018年版，第1页。

③ Thomas G. Mahnkened, "Net Assessment and Military Strategy: Retrospective and Prospective Essays", Cambria Press, 2020, p. 197.

④ ［英］维克托迈尔－舍恩伯格、肯尼思·库克耶著，盛杨燕、周涛译：《大数据时代：生活、工作与思维的大变革》，浙江人民出版社2013年版，第16—17页。

质量。

3. 模型

“模型简单地说，就是对现实事物的抽象和描述，是以物理的、数学的或其他合理的逻辑方法对系统、实体、现象或进程的再现。”① 国家军事安全评估中，模型主要指对军事能力指标、各因素之间的相互作用，以及战争过程进行建模，其目的是直观、深入地分析军队的相对能力，提升评估分析的准确性。可以按照不同建模方法、不同标准、不同应用领域等区分模型类型。国家军事安全评估当中，常用模型包括：（1）描述性模型，即运用自然语言或借助图表对系统的构成、边界、主要功能以及系统分析与设计的目的和任务等进行表述。例如，构造一个摩步团的作战模型，就要把该团的编成、兵力、武器种类和性能、战斗环境和条件、作战规则及可能的作战行动等都描述出来。（2）数学逻辑模型，即主要使用各种形式的数学关系表达式来抽象地描述各种变量之间的数学逻辑关系。（3）结构模型，这是一种描述系统结构的定性模型，主要用于描述系统的构成、功能、主要特征等信息。结构模型与系统的适当数据相结合，就可得到定量分析的模型。（4）流程图和图解式模型，即运用表格图解的形式比较直观地描述系统的组成部分及它们之间的基本逻辑关系。（5）计算机程序，即在上述各种模型基础上，运用计算机程序设计语言或专门的模拟程序语言编写的计算机程序。模型是一种有效的评估分析的工具，构建模型的目的就是为了更加直观、科学地认识、研究和分析军事安全问题，但模型更多是一种静态的描述，难以全面反映动态中的国家军事安全问题。

4. 模拟

“虽然数据库和模型提供了关于作战行动结果的深刻洞见，但它们显然不能提供完整的答案。”② 由于决定军事安全的不同要素往往密集地相互作用、相互影响，为了提升分析评估的准确性，需要人为地设计和模仿各种模型的互动，也就是借助各种技术手段进行模拟。所谓模拟，是对各种应用模型进行试验的技术，简单而言，模拟是“模型试验”，相对于模型而言，它是动态的，表现为一个过程。“模拟的基础是数学，通常需要通

① 俞康伦：《兵棋设计》，国防工业出版社 2018 年版，第 7 页。

② Thomas G. Mahnken ed. , “Net Assessment and Military Strategy: Retrospective and Prospective Essays”, Cambria Press, 2020, p. 201.

过计算机操作才能实现，旨在显示两个或多个敌对军事力量之间互动的结果。由于它依托计算机，所以可以在很短的时间内模拟多种事件，通过改变参数来检验哪些因素会对结果产生更大的影响。”① 通过模拟，分析人员可以更加直观地认识到不同因素在特定条件下的互动状态及影响，从而为动态、深入地评估国家军事安全提供了比较有效的工具。值得注意的是，由于军事活动尤其是战争行动，是一种极为复杂的社会活动，即便是计算机模拟也不可能全面呈现这些军事活动或战争行动的结果。尽管如此，“模拟的固有缺陷可通过重复输入相同的数据（如部队、地点、攻击时间）进行多次模拟来克服，然后检查其相似性和差异性，找出战斗结果以某种特定方式出现的原因”②。

5. 兵棋和兵棋推演

国内外专家学者对于兵棋有不同的理解，一种观点认为，兵棋就是一种战争游戏。著名科学家钱学森曾指出，兵棋是普鲁士人发明的一种战争游戏；另一种观点则认为，兵棋就是进行战争推演时使用的棋子。例如，我国 1992 年版的《军事大辞典》认为，“兵棋，是按军队标号制作的图型、人员、兵器、地物等缩小的模型棋子”。还有一种观点认为，兵棋是研究战争的一种工具或方法。例如，美国兵棋专家邓尼根认为：“兵棋是一种通过对历史的深刻理解来指导未来的方法。”虽然上述理解各不相同，但国内外军事专家普遍认为，兵棋是运用各种器械和方式模拟研究战争行为的工具，是学习研究战争的一种有效手段。③ 兵棋推演则是利用兵棋研究战争和军事行动的行为。根据《中国人民解放军军语》的定义，兵棋推演是“对抗双方或多方运用兵棋，按照一定规则，在模拟的战场环境中对设想的军事行动进行交替决策和指挥对抗的演练。分为手工兵棋推演和计算机兵棋”④。我们理解，兵棋推演是对弈各方运用表示战场环境和军事力量的棋盘和棋子，依据从战争实践、演习训练和研究实验中抽象积累的规

① Thomas G. Mahnken ed.，“Net Assessment and Military Strategy：Retrospective and Prospective Essays”，Cambria Press，2020，p. 201.

② Thomas G. Mahnken ed.，“Net Assessment and Military Strategy：Retrospective and Prospective Essays”，Cambria Press，2020，p. 202.

③ 王志闻：《兵棋推演演变》，国防大学出版社 2020 年版，第 6—9 页。

④ 全军军事术语管理委员会、军事科学院：《中国人民解放军军语》，军事科学出版社 2011 年版，第 311 页。

则和数据，对作战指挥决策对抗活动进行模拟推演的工具。虽然兵棋推演关注和研究的核心问题是战争，但是，兵棋推演一个重要的内容就是，对军事安全威胁的分析和研判以及在此基础上的战争决策。因此，兵棋和兵棋推演不仅是演练战争、提升战争能力的有效工具，也是动态、全面分析评估国家军事安全威胁的重要工具。

四、军事安全威胁评估的要求

军事安全是关系国家发展与安全的保底工程，军事安全威胁评估是作出国家安全形势判断的重点内容，也是进行国家安全战略决策、确定国家大政方针的重要依据。军事安全威胁评估分析的基本要求是综合全面、系统整体、客观科学、突出重点、动态前瞻。

（一）综合全面

军事安全在国家安全过程中发挥着保底作用，既关系国家生存与发展，也关系国家战略全局的总体稳定。国家军事安全威胁判断，关系国家安全和发展全局，必须站在国家战略全局的高度进行全面而客观的分析判断，努力防止以偏概全。一是必须站在全局的高度分析判断军事安全形势。“不谋万世者，不足谋一时；不谋全局者，不足谋一域。”军事安全判断需要站在国家安全和军事斗争全局的高度，把各方面情况综合起来加以系统分析、辩证思考，来反映军事斗争的实际情况，而不能囿于一时一地、局限于某一局部层面进行分析，要客观全面地考察与全局相关的各种因素和条件，既看到困难和挑战，也看到优势和机遇；既要看到敌之长、我之短，也要看到我之长、敌之短；既要注重分析传统安全因素，也要关注分析非传统安全因素可能给军事安全带来的影响；既要关注威胁国家安全利益的因素，也要关注影响国家发展利益的因素；既要注意了解对方战略企图、军事部署、兵力兵器的数量与质量等基本的有形因素，也要了解对方的历史、哲学、文化以及统率特点等影响战争指导的无形因素。总之，要着眼全局利益，在对相关条件全面分析的基础上进行综合判断，把握战略形势的总体、全貌和发展趋向，防止囿于一点、以偏概全，克服非此即彼的片面性和绝对化、简单化倾向。二是综合采取各种研究方法和手段。军事安全威胁评估是一项非常复杂的工作，不仅需要评估分析的各种因素很多，而且各因素之间始终相互作用、相互影响，存在着巨大的不可知性和不确定性，不可能仅凭一种方法或工具准确地判断国家军事安全威胁，为此，需要综合采用各种研究方法和工具，对于关系重大且存在巨大不确定性的方面，需要采取多种工具和手段反复地评估与验证。例如，目前西方比较流行的净评估研究，就高度强调综合采取各种不同的研究方法，既使用传统的定性研究，也要采用模拟、仿真、想定、兵棋推演等研究工具，以此来尽可能地提升评估分析的准确性。三是尽可能全面地掌握军事安全相关情报信息。情报信息是进行军事安全威胁评估分析的基础，情报信息的质量直接关系到军事安全威胁分析的结果。为此，需要利用各种工具和手段，尽可能全面综合地掌握情报信息，既要全面了解敌方情况，又要充分掌握我方情况，既要掌握历史情况，更要把握最新动态发展，尤其需要防止遗漏、忽视重大情报信息。

（二）系统整体

习近平总书记在主持十九届中央政治局第二十六次集体学习时强调指出，要“把国家安全贯穿到党和国家工作各方面全过程，同经济社会发展一起谋划、一起部署，坚持系统思维，构建大安全格局”①。对国家军事安全进行评估分析时，也需要坚持系统思维，将国家军事安全威胁作为一个整体来分析评估。所谓系统判断，就是要对掌握的情报和信息进行连贯的、系统的科学分析和判断。系统判断军事安全威胁，就是要把国家军事安全作为一个由不同要素组成的整体，通过对各个要素完整、关联的分析来把握和判断军事安全的特点与趋势。完整地分析，就是要把组成国际战略形势的各个要素都进行分析，形成完整的体系，而不能缺项。例如，对某个国家战略意图判断，既要判断它是否与本国存在根本的利害冲突，也要看它是否奉行敌视本国的政策，还要看它是否具备威胁本国安全的军事实力，如果上述方面都具备，那还要进一步分析判断该国可能采取敌对行动的时机、手段和方式，乃至国际社会及其周边国家可能的反应，等等。关联地分析，就是要注意到各个要素之间并不是孤立存在的，而是相互关联、相互影响的。某个因素的变化可能引发其他因素的连锁反应，从而给国家军事安全带来系统性影响。当前国际社会信息化、全球化深入发展，各个国家之间的相互依存不断加深，各种军事安全事态之间的相互影响日益明显，系统关联地判断尤其重要。

---

① 《习近平在中央政治局第二十六次集体学习时强调坚持系统思维构建大安全格局，为建设社会主义现代化国家提供坚强保障》，新华网，2020 年 12 月 12 日。

（三）客观科学

军事安全威胁评估分析，必须运用辩证唯物主义的世界观和方法论，实事求是地分析和认识客观情况，揭示军事安全威胁的矛盾运动和内在的本质联系，防止主观臆断。同时，为了减少评估分析过程中主观因素的干扰与影响，需要积极利用科学方法、借助科学工具来进行分析评估。一方面，要始终以客观理性的态度来进行评估分析。评估分析工作，本质上是人的主观能动行为，然而，军事安全威胁具有客观性，不受人的主观思想或意识形态而独立存在，更不因人的喜怒哀乐而发生改变。进行军事安全威胁评估的一个基本前提，就是要以客观的立场和态度来辨明威胁的来源、大小和性质。进行军事安全威胁时，要以客观存在的实际情况及其趋势为分析对象，从事实、事件、事态和实际过程的本来面目出发，要坚决避免因分析研究上的主观而造成重大的战略失误，更不能脱离实际单凭主观愿望和偏好，或是先入为主地考察和分析军事安全威胁。另一方面，要积极采用最先进的科学研究方法和手段。进行军事安全威胁评估过程中，积极采取先进的科学研究方法与手段，能够较为有效地排除主观因素的干扰。正因如此，基于统计学的定量分析越来越得到各国重视，也越来越广泛地应用于安全威胁评估。除了统计之外，模型、模拟、想定、兵棋等也越来越多地应用于国家军事安全威胁评估和战略决策。

（四）突出重点

所谓重点判断，就是要对事关国家军事安全的重大问题和主要方面进行深入分析，揭示本质、发现规律。国际环境变幻莫测，军事斗争充满挑战和变数，但决定国家军事安全的往往是其中的主要矛盾和关键问题。因此，正确评估分析国家军事安全，就需要在全面掌握情况的基础上，进行去粗取精、去伪存真、由此及彼、由表及里的深入分析和思考，抓住决定事物本质的主要矛盾和矛盾的主要方面，把注意力集中到对国家军事安全起重大影响和支配作用的主要问题上。评估分析国家军事安全的过程中，尤其要重点评估和分析可能影响军事安全的关键性缺点和弱项。这些缺点和弱项，在国家军事安全中发挥着关键作用，但是，往往又很容易成为敌对国家和力量首先用以攻击的目标。例如，网络、太空等新型领域的安全，关系总体国家安全，也是影响军事斗争全局和国家军事安全的关键性因素，进行军事安全威胁评估时要重点关注这些问题和领域。

（五）动态前瞻

国家军事安全是一种动态发展的状态，我们需要以动态和发展的眼光来评估分析国家军事安全。动态地分析，就是要注意分析国家军事安全各要素之间的相互作用和相互影响。国家军事安全各要素，既包括人员、武器等有形的因素，也包括作战条令、民心士气等无形的因素，这些因素往往是结合在一起才能发挥效用，也只有将它们结合起来动态地分析评估，才能得出关于军事安全威胁的正确判断。由于军事安全各要素之间时刻处于密集的互动当中，对于军事安全的判断需要评估分析各个因素之间的互动及其可能的影响。例如，二战之前，英法等国武器装备数量和性能都要优于德军，如果仅仅依据这些因素静态地分析评估，很容易就会得出德国对英法并不构成重大军事威胁的结论，然而，战争爆发之后，英法联军很快被纳粹德国击溃的事实说明，仅仅依据武器装备数量和质量而进行的评估是不准确的，需要将作战条令等无形因素加入进来，动态地评估分析才能得出正确的结论。前瞻地判断，就是要注意分析国家军事安全的发展趋势，对国际军事形势、世界军事动态和军事技术发展等进行预见性判断。评估分析威胁，既要分析判断当前威胁，也要以发展的眼光进行前瞻性预测。要敏锐地分析研判科学技术尤其是军事技术的发展趋势，也要科学地计算自己和主要对手各项军事能力的未来发展趋势和可能。因此，进行军事安全威胁评估时，既需要对未来中短期的国家军事安全形势和国际军事动态进行判断，也要依据有关信息和数据，进行中长期的预测和判断。美国国防部推崇的净评估方法一个突出的特点就是，重视长期趋势的分析判断，分析的限度一般都是十年以上的中长期趋势。

小　结

军事安全环境是一定时期内国家所面临的影响军事安全的各种客观因素的总和。分析军事安全环境是筹划和维护军事安全的前提和基础。分析国家军事环境，需要判断军事安全形势、分析国家安全利益、关注军事革命与战争形态演进，以及研判军事安全威胁。准确分析军事安全环境，关键是坚持辩证唯物主义和历史唯物主义的方法论，做好历史性与发展性相结合、两点论与重点论相统一，坚持定性与定量相结合，综合采用各种研究方法和研究工具，确保分析结论全面、系统、客观、重点突出，且具有前瞻性。

思考题

1. 军事安全环境分析的主要内容有哪些？
2. 如何把握国家利益与国家军事安全的关系？
3. 世界军事革命与战争形态演进如何影响国家军事安全？
4. 如何研判国家军事安全威胁？
5. 军事安全威胁评估的基本要求有哪些？

第三章　维护军事安全的战略要求

军事安全是维护国家安全的基石和保障。军事安全既是国家安全体系的重要组成部分，也是维护这一体系健康运行的关键支撑。军事领域是竞争和对抗最为激烈的安全领域，也是最具创新活力、最需创新精神的领域。军事服从政治，战略服从政略，维护军事安全必须遵循来自顶层的国家安全战略的指导和规范，进而确定军事安全目标和任务，明确军事战略方针，统筹国防和军事力量发展和运用，协调好军事安全与其他领域安全之间的关系，为国家安全提供坚强后盾。维护新时代中国的军事安全，就是要以总体国家安全观为根本遵循和行动指南，全面贯彻国家安全战略，创新军事战略指导，综合统筹推进国防和军队现代化建设，全面提升国家安全保障能力，平时营造态势、预防危机，战时遏制战争、打赢战争，为国家长治久安和中华民族伟大复兴提供强有力的保障和支撑。

第一节　以国家安全需求为牵引创新战略指导

战争是政治的继续，任何军事战略从本质上讲都是政治的抉择和政治意志的体现。筹划和维护军事安全，必须依据维护国家安全的总体要求，在国家安全战略牵引下，对军事安全全局性问题进行宏观统筹与协调，有效化解重大风险，努力赢得战略主动。

一、战略指导为维护军事安全指明方向

战略指导作为统揽军事力量建设和运用的总纲，是一个国家军事政策和战略意图的集中体现，是军事力量履行任务的方针和原则。确立正确的

军事安全战略指导，事关国家的长治久安和前途命运，是维护国家安全必须高度关注的重大问题。毛泽东十分重视战略指导的重要性："说战略胜利取决于战术胜利的这种意见是错误的，因为这种意见没有看见战争的胜败的主要和首先的问题，是对于全局和各阶段的关照得好或关照得不好。"①《大战略》的作者约翰·柯林斯也指出："在这个充满斗争的世界上，一个国家的对内或对外规划，如果没有可靠的后盾，就不能长期顺利地执行。而卓有成效的国防措施又依赖于完善的战略。"②

军事安全战略指导关系战争胜负和国家安危，它直接决定军事手段运用的途径和方法，也影响军事行动的直接结果及其长远效能。二战中，日本虽然成功偷袭珍珠港，成为战争史上的经典战例，但却导致美国对日宣战，日本因多面受敌陷入战略被动，加速了日本军国主义灭亡。而苏联则施行了正确的战略指导，有效地避免了两线作战，实现了对主要敌人德国和次要敌人日本的各个击破。由此可见，战争的胜负在很大程度上取决于战略层面的较量。

冷战结束以来，国家安全的内涵和外延日益丰富，但在整个国家安全体系中，军事安全的重要性依然十分关键和不可替代，军事手段也始终是维护国家安全的保底手段。对此，必须准确认识军事安全在整个安全体系中的地位作用，及其内涵发生的重大变化，在国家安全的综合统筹中充分发挥有效作用。

中国推进现代化进程世人瞩目，与之相伴随的是中国与外部世界关系的深度调整，这一进程不可能一蹴而就，需要战略上的创新和长期艰苦卓绝的努力，其间还可能出现曲折乃至动荡。军事手段仍具有无可替代的重要乃至决定作用，中国的战略筹划及其相应的军事理论研究既要为这一进程提供有效持续的战略支持，也必将在这个进程中得到检验和评估。

伴随国家经济社会持续发展和深刻变革，各种矛盾各种问题相互作用相互叠加，内外因素相互影响相互渗透，国家安全可能遭遇诸多风险，有些可以预料，而有些则难以预料。"我国面临对外维护国家主权、安全、发展利益，对内维护政治安全和社会稳定的双重压力，各种可以预见和难

---

① 《毛泽东选集》第 1 卷，人民出版社 1991 年版，第 175 页。

② ［美］约翰·柯林斯著，中国人民解放军军事科学院译：《大战略》，战士出版社 1978 年版，第 1 页。

以预见的风险因素明显增多。"① 国家安全在较长时期所面临的这种严峻复杂态势，充分反映了我国仍处于社会主义初级阶段以及社会变革攻坚阶段的突出特征，也充分反映了中国与外部世界进入关系深度磨合期和调整期的突出特征。②

二、军事战略必须服从服务国家安全和发展全局

军事战略是对军事实践活动的筹划，必须适应和服务国家安全和发展的大局，为维护和巩固国家发展所必需的安全环境提供军事保障和支撑。在信息时代，军事因素与政治因素之间的相互联系相互作用日趋紧密，政治因素对军事安全的影响和约束变得更为重要，尤其在战略层面的关联性显著增强。军事筹划必须服从政治的需要，服从国家安全大局的需要。习近平指出："筹划和指导战争，必须深刻认识战争的政治属性，坚持军事服从政治、战略服从政略，从政治高度思考战争问题。"

能否处理好军事和政治的关系，关系一个国家的前途命运。战略指导者不能把关注点只放在战场的胜负上，而应该牢记自己的任务是确定正确的使用军事力量的方式，以便实现政治目的，也就是国家安全目标。历史上在这方面教训很多。进入 21 世纪以来，美国先后发动伊拉克战争和阿富汗战争，在军事上付出的代价并不算太大，但在政治上收效甚微，霸权信誉反而遭受严重损害，2021 年不得不从阿富汗仓促撤出军队。

维护国家军事安全，需要历史的眼光和博大的胸襟，应该认识到军事胜负是达成国家安全目标的手段，军事目标不等同于政治目的，军事胜利也不能简单地等同于政治胜利。而过去许多战略家，由于受到历史条件限制，往往把军事胜利等同于国家安全，仗打胜了，敌人消灭了，就万事大

---

① 习近平：《关于〈中共中央关于全面深化改革若干重大问题的决定〉的说明》，《〈中共中央关于全面深化改革若干重大问题的决定〉辅导读本》，人民出版社 2013 年版，第 82 页。

② 中国面临的潜在军事安全风险从外部看主要来自大国对中国的敌性判断和敌对的战略政策，如在中国周边挑动和制造摩擦，鼓励和支持一些周边国家与中国的冲突，消耗中国的战略资源，恶化中国安全环境；伺机利用各种分裂势力进行分裂活动，制造紧张局势；加快针对中国的军事布局和准备，为必要时的武力"摊牌"创造条件。秦天：《中国和平发展进程中的军事安全分析及对策思考》，《中国军事科学》2013 年第 2 期。

吉了。在以全面战争为主要战争形态的历史条件下，“没有胜利就没有生存”这种说法确实有其中的道理，因为那时的战争的政治目的和军事目标基本是重合的。温斯顿·丘吉尔在 1940 年 5 月 13 日当选为英国首相后在发表演讲时就讲道：“诸位问我们的目的是什么？我可以用一句话来回答：赢得胜利——不惜一切代价去赢得胜利；不畏艰险去赢得胜利，不管道路多么漫长和艰难还是要去赢得胜利，因为没有胜利就没有生存。”①

而随着历史演变，战略仅仅作为战争的制胜之道就越来越不能适应全球政治的发展和进步。旧有的制胜战略所带来的必然结局是：上一次取胜的硕果，往往就成为下一次冲突的祸根，追求的目标是利益和安全，付出的代价往往也是利益和安全。空前惨烈的两次世界大战，使夺取胜利的方法已经由歼灭对方军队发展到毁灭对方的一切。而以核武器为代表的战略武器的出现，教会了战略家和政治们必须在何时止步，不再可能按照自己的意志为所欲为。战争的绝对规律并不完全适用于国家安全战略。特别是在有限战争中，消灭敌人也不一定能够达成政治目的；而使对手屈服，服从自己长远的政治意志，才是最有效的方式。

实现国家的长治久安，必须以军事胜负作为后盾和手段，但不能简单地把军事胜负作为最终目的。只有超越军事胜负，才能把军事手段和政治、经济、外交、文化等其他手段有效结合起来，使军事手段的功效发挥到最大程度。维护今天的军事安全，更需要开阔的视野，只有立足国家安全和发展全局，才能进行正确的军事筹划和指导，做好科学评估和前瞻设计，努力把战略能力转化为有利的军事态势。其中尤其需要依据国家核心安全关切，深入探讨军事领域战略性全局性问题，保持战略清醒，增强战略定力，避免出现严重偏差和战略性失误。②

作为世界变局的一个不可或缺的重要变量、紧密的利益攸关方和国际地位不断上升的大国，中国有必要更深入参与到全球治理和国际安全合作之中，在促进和维护世界和平与发展的同时，也为民族复兴营造良好的外部环境。这同时意味着需要提供更多的国际公共产品、承担更多的国际责

---

① ［美］约翰·柯林斯著，中国人民解放军军事科学院译：《大战略》，战士出版社 1978 年版，第 75 页。

② 塞缪尔·亨廷顿曾系统研究了美国军政关系的复杂性及其对美国政治产生的重要影响，具有借鉴启发意义。［美］塞缪尔·亨廷顿著，李晟译：《军人与国家：军政关系的理论与政治》，中国政法大学出版社 2017 年版。

任和义务，以及更多介入国际事务，甚至包括一些地区的争端和冲突，由此面临的风险挑战也会上升。经济全球化的大势仍将为中国所用，尽管其发展面临阶段性挫折，给我国经济发展的带来严重负面影响，但同时也为加快推进产业结构转型升级、加强中国与世界的深度互动提供了契机。一方面，中国适应国内外形势发展，变压力为动力，以适应国际经济环境变化的倒逼机制推动进一步的改革开放，注重通过创新驱动实现产业结构转型升级；另一方面，在美国、英国等西方国家纷纷转向保护主义、孤立主义的背景下，中国主动顺应世界发展潮流，大力倡导、坚定支持经济全球化和自由贸易，特别是中国的一些主张得到了越来越多的理解和赞同，被认为"中国仍将坚定地支持经济全球化，尽使它不接受与西方领导的全球化相关的自由主义价值观"①。

世界局势深度演变，国际秩序和全球治理进入变革和重塑期，原有权力结构出现松动，在变化的世界中可利用的矛盾显著增多，为中国因势利导谋求发展，在国际事务中提升制度性和结构性权力提供了有利条件，但如果应对出现严重失误，也可能在变局中错失机遇。一方面，国际关系复杂化发展总体上有利于维持国际局势总体平稳的局面，也有利于牵制强权政治的发展，有助于发展新型大国关系，为中国和平发展以及提升国际影响力提供了新的条件；另一方面，在世界变局中，实力的迅速提升也容易引起惯性反制。在当前及未来较长时期里，应力避成为国际体系变革过程中矛盾聚集的焦点，以此为条件才有可能成功破解"修昔底德陷阱"，化解安全难题，有效维护国家安全，并担当起大国责任。

在大国关系层面上，在未来较长时期里中国的战略任务仍将十分艰巨，尽管中国坚持和平发展道路，在国际政治安全事务中努力追求合作和共赢，但美国对外政策中固有的权力政治逻辑难有实质改变，对中国的战略顾虑将随着我综合国力的持续提高而不断加深，将中国确定为最大"挑战者"和"现实对手"的错误认知难以简单消除，其利用周边热点问题牵制中国的做法不会轻易收手，甚至在特定情况下还可能挑起严重事端。如何有效防范和慑止美国或以美国为首的国家集团挑起直接的严重冲突，并更有效地运用国家实力和地区影响力破解周边安全困局、推动地区合作，

---

① Amitav Acharya, "Emerging Powers Can Be Saviours of the Global Liberal Order", The Financial Times, January 19, 2017.

仍将是未来较长时期里的重要工作。然而从长远看，时和势毕竟在中国一边，14 亿人的发展进步任何力量都阻挡不了。中华民族伟大复兴本身就构成世界变局的重要组成部分，日益强大且与时俱进的中国是维护国际安全和促进世界繁荣不可或缺的重要力量，而迅速变化的世界也需要中国更多的创新和贡献。

改革开放不断深化发展，中国综合实力显著增强，国际影响力也不断提升。但随之而来的，国家安全环境也变得越来越复杂，维护国家安全面临的阻力和挑战趋于增多，传统安全威胁和非传统安全威胁复杂交织。"我国国家安全的内涵和外延比历史上任何时候都要丰富，时空领域比历史上任何时候都要宽广，内外因素比历史上任何时候都要复杂"①，在这样的背景下，如果仍然采用过去习惯的方法、坚持旧有的理念，已经不可能有效维护国家安全。也正是在这样的背景下，国家安全理念得到更新和拓展，总体国家安全观成为国家安全工作的指导思想就具有了历史必然性，并作为发展中国特色社会主义的一个基本方略在党的十九大上被确立下来。所以，总体国家安全观既是国家安全思想历史积淀以及国家安全工作实践经验的产物，也被普遍视为中国国家安全理论的最新成果。②

三、积极推进军事安全思想创新

国家安全局势的新发展要求拓宽军事安全视野，创新军事战略思维。为此需要准确认识和把握安全观念的发展趋向，拓展军事战略指导的范围和领域和特点，统筹应对国家面临的多种安全威胁。其中，军事创新的重要任务之一，就是紧紧围绕在新的历史条件下应该建设一支什么样的军事力量、怎样建设这样的军事力量以及未来打什么仗、怎样才能打胜仗等具有基础性的重大战略问题上不断取得进展，创新和发展战略战术，努力构建具有中国特色的现代军事力量体系。

党的二十大报告对在新时代开创国防和军队先现代化新局面做出了全面部署，明确要求："如期实现建军一百年奋斗目标，加强把人民军队建成世界一流军队，是全面建设社会主义现代化国家的战略要求。必须贯彻

---

① 《习近平谈治国理政》，外文出版社 2014 年版，第 200 页。

② 《总体国家安全观干部读本》编委会编著：《总体国家安全观干部读本》，人民出版社 2016 年版，第 29 页。

新时代党的强军思想，贯彻新时代军事战略方针，坚持党对人民军队的绝对领导，坚持政治建军、改革强军、人才强军、依法治军，坚持边斗争、边备战、边建设，坚持机械化信息化智能化融合发展，加快军事理论现代化、军队组织形态现代化、军事人员现代化、武器装备现代化，提高捍卫国家主权、安全、发展利益战略能力，有效履行新时代人民军队使命任务。”①

推进具有时代性、引领性军事安全思想创新需要下大气力才行。在目前军事理论研究中，能够支撑我军进行现实军事斗争的理论成果还比较少，② 先进的军事理论，构成军队建设发展的必要条件。世界军事发展历史揭示，“真正创造战争奇迹的是在技术进步基础上，对军事体系或作战体系升华与重塑，而首要的在于有反映战争和作战本质及发展规律的理论指导”③。针对当前的军事斗争实际需求，战略筹划须关注的重点之一应是如何将战略指导的重心进一步前移，更加注重运用军事力量和军事手段营造有利战略态势，预防化解危机、遏制武装冲突和战争爆发。这也要求将备战和止战、威慑和实战、战争行动和非战争军事力量运用等问题作为一个完整的体系来认识和运筹，有效发挥军事力量的战略功能。其中包括如何综合运用战场建设、战略预置、部队演练、军事外交等诸多手段，在各战略方向努力塑造有利的军事态势和外交态势，及时消除潜在安全威胁，维护整体战略环境的稳定；也要进一步突出战略指导的积极性和主动性，深入研究和评估预防风险和塑造态势的可能途径和方法，做好有关行动预案，科学有效配置力量，确保形成结构性优势。

优化和完善现代军事力量体系也应是战略优化的重点。国家安全与发展需要强大的实力支撑，为此要大力推进军队组织形态现代化进程，加快形成联合、精干、多能、高效的具有中国特色的现代化军事力量体系。比如，如何调整优化作战力量结构，加强陆军、海军、空军、火箭军部队建设，加快信息作战、军事航天等新型作战力量发展，调整优化军兵种结构和部队编程，根据当代战争特点变化和现实军事斗争需要，有针对性地建

① 习近平：《高举中国特色社会主义伟大旗帜 为全面建设社会主义现代化国家而团结奋斗——在中国共产党第二十次全国代表大会上的报告》，人民出版社 2022 年版，第 49—50 页。

② 《下大气力抓理论创新》，《解放军报》2016 年 3 月 14 日。

③ 任天佑：《问道改革强军》，国防大学出版社 2015 年版，第 193 页。

设和发展相关兵种和部队，如陆军航空兵、轻型装甲部队、特种作战部队和快速反应部队等。再比如，如何健全完善有利于联合作战的体制机制，如何根据提高信息化条件下联合作战能力的需要，建立健全联合作战指挥体制、联合训练体制、联合保障体制。联合训练体制建设的重点是否应是建立完善联合训练机构，完善联合训练制度，加强联合训练保障，配套联合训练法规。而联合保障体制建设是否应着力健全联合保障机构，整合保障资源，优化保障关系，确保联合保障顺畅运行。如何推进作战要素融合集成也需要受到高度重视。作战要素是构成和支撑作战体系的构成基础，主要包括信息情报、指挥管理、打击火力、防护保障等诸多方面。加强要素之间集成，应考虑如何以有效的信息系统为支撑，充分利用信息要素的全域性和渗透性，对各军种之间和军种内部功能相似的有关要素实施重组融合，按体系作战要求构成和强化作战力量，使得各种要素有机融和在一起，最大限度地发挥作战效能。在优化力量体系方面，美军在探索，俄军在探索，我军的改革实践已经逐步得到落实，军事思考也应该顺势而上，在前期探索的基础上进一步深化提高，并在实践中得到试错和检验。

“原定的思想、理论、计划、方案，部分地或全部地不合于实际，部分错了或全部错了的事，都是有的。许多时候须反复失败过多次，才能纠正错误的认识，才能到达于和客观过程的规律性相符合，因而才能够变主观的东西为客观的东西，即在实践中得到预想的结果。”① 认识必须接受实践的检验，才能进一步指导实践。维护新形势下的国家安全，迫切要求深化探讨军事力量运用的新形式，切实强化处置和应对复杂事态的能力，进一步扩大战略选择的空间，而在实践中深化认识检验理论就成为可行的途径。

比如，如何加强军事力量的非战争运用。新形势下非战争运用将是我国军事力量运用的主要形式，也是应对多样化安全威胁的主要手段。对此就要在反复实践基础上不断深化对非战争军事行动特点及其规律的认识，推动加强相关力量建设和提高军事训练水平，切实强化遂行非战争军事行动的能力。再比如，如何加强军事力量海外运用，是伴随海外利益拓展日渐突出的课题，迫切需要在探索中得到理论回答。只有进一步解放思想更新观念，一切以国家利益的需求及其变化为指引，积极探索军事力量海外

① 《毛泽东选集》第1卷，人民出版社1991年版，第294页。

运用的新方式新途径，需要在战略规划、方案制定、编制结构、装备发展、指挥体制、信息情报以及国际法运用等各个方面得到反映，扩大我军海外行动的领域和范围，其中尤其需要战略规划的指导和牵引，主动创造条件，带动海外行动成为我军战斗力生成和提升的重要实验场。还要研究如何加强领域和部门协调配合，提升国家利益拓展的保障水平和履行国际责任的战略能力。

第二节　迎接新军事革命浪潮拓展军事安全视野

在国际变局中，军事领域发展变化的影响广泛而深刻，并构成世界局势发展演变的重要组成部分。而当前世界范围正在发生的军事革命，其基本特征和发展走向已经逐渐显现出来，表现出以信息化智能化为核心推动力，以军事战略、军事思想、军事技术、作战力量、组织结构和军事管理创新为基本内容，以重塑军事体系为主要指向，构成整个军事体系的全方位复合式的重大变革，并必将对未来国际安全形势发展和大国竞争走向造成根本影响。

一、适应战争形态发生的重要变化

当前，人工智能已经成为新一轮科技革命和产业革命的重要驱动力量，与此相伴随，智能化战争也在加速到来。战略思考必须突破传统思维，才有可能顺应从传统机械化战争形态向信息化智能化战争形态加速转变的新趋势新要求。当前正在发生的广泛而深刻的军事革命，“不仅反映在军事科技突飞猛进上，也反映在军事理论不断创新上，还反映在军事制度深刻变革上”①。为此尤其要深入研究信息化战争乃至智能化的特点和规律，敢于创新敢于突破，努力跟踪军事革命发展潮流，推动国防和军队建设理论和实践的改革与发展，在诸如积极防御的国防政策、军事外交、海外军事存在、军事力量的非战争运用等诸多领域实现理论及观念

---

① 习近平：《准确把握世界军事发展新趋势，与时俱进大力推进军事创新》，新华网，2014 年 8 月 30 日。

的创新发展。[①]

新的作战领域和作战样式也应该是军事发展的重点。叙利亚战争、乌克兰危机进一步显示所谓的“混合战争”正在走向前台，也印证了较早一些时间国内外有关“混合战争”的讨论，[②] 显示出军事斗争向更宽阔空间发展的重要趋势，这也包括那些新型安全领域。外层空间和网络空间已经成为主要大国军事竞争的新疆域，在国际竞争中的地位不断提高，网络攻防和太空攻防很可能成为未来战争的重要作战样式。如美国智库“新美国安全中心”在2016年就发布了一份题为《从庇护所到战场：美国太空防御与威慑战略构想》的报告，提出了“太空有限战”构想，并可能对美国太空安全战略产生持久影响。[③] 军事指导思想必须涵盖太空、网络等这些全新领域，准确认识和把握其所能带来风险的多样性颠覆性扩散性，必须密切关注主要大国在太空和网络空间的布局态势，将传统的军事指导与新的技术条件和作战条件紧密地结合在一起，不断完善太空战略和网络战略的理论支撑，为新型力量发展和军事运用提供有效指导。

在大国实力积累和运用过程中，科学技术的发展往往发挥引领作用，掌握科技优势是国家获得实力优势的关键性要素，有时甚至是一条捷径。人类社会越是发展，科学技术的关键作用就越凸显。在一个相对长的时间范围内，优势总是属于那些具有更强的物质创造能力的国家，尤其是技术突破和组织形式的变革，可使一国比另一国获得更大的优势。基辛格指出：“几乎是某种自然定律，世界每隔百年总会出现一个新的全球性领导国家。”[④] 以科技革命为先导的经济强盛成为大国崛起的原动力。

18世纪下半叶，第一次工业革命和技术革命首先在英国发生。实际上，在此之前的17世纪中叶到18世纪中叶，英国已经成为世界科技创新

---

① 美国有研究认为，必须接受使技术尽其所能的理论创新成果，因为赢得战争的并不是技术，而是技术的使用方法，并强调应大胆设想颠覆传统观念、但能保持美国独特优势的作战方法。Shawn Brimly，“Building the Future Force”，CNAS，March 28，2018。

② 王宝付：《混合战争：战争演进的新形态》，《光明日报》2016年4月6日。

③ 张凤坡、李晶：《美国“有限太空战”述评》，光明网，2016年4月14日。

④ ［美］亨利·基辛格著，顾淑馨等译：《大外交》，海南出版社1998年版，第10页。

的主要力量，在全世界最重要的科学成就中，约有 40% 是由英国人做出的。[1] 加上英国能够灵活调整经济政策，借助先进技术为经济发展提供活力，尤其是英国率先实现了机器大生产，使得英国商品有条件销售到欧洲市场和其控制的海外殖民地。工业革命推动了英国整体国力迅速上升，到 19 世纪 50 年代，英国已经确立了“世界工厂”地位。然而到了 19 世纪后期，在以电力为标志的第二次工业革命浪潮中，英国科技发展的领先优势渐渐丧失，先后被德国和美国所赶超。到 1913 年，英国占世界工业生产总值的比重为 14%，而德国为 15.7%，美国为 35.8%。[2] 再加上两次世界大战导致的严重的国力损耗，英国世界霸主的地位被美国所取代。

科技革命构成了国际关系发展演变重要的内在动力。在大国竞争的历史进程中，科技进步发挥着基础性的推动作用，掌握并长期拥有科技领先优势是赢得大国竞争的关键因素。率先开启科技革命并且占据领先地位的国家，往往在大国竞争中就能占据优势地位，甚至跃升为一流大国。世界历史上每次重大的科技创新，都会极大扩大人类活动的领域和空间，同时也在不断拓展国际关系和大国竞争的内涵和外延。战略思考必须适应这种变化，才能跟上时代的脚步。也就是：“军事家不能超过物质条件许可的范围外企图战争的胜利，然而军事家可以而且必须在物质条件许可的范围内争取战争的胜利。”[3] 这就要求，要勇于面对科技进步尤其是颠覆性技术突破所带来的直接挑战，同时必须善于引导科技创新不断提升战略能力，才能实现战略思想与科技进步的互相促进。[4] 一个时期以来，太空、网络、深海、生物、极地、数据等诸多新型领域科技迅速发展，使人类实践活动的空间和维度得到空前扩展，并推动全球政治和国际竞争条件的深刻变化。围绕上述新型领域的探索、开发和利用，主要国家已经显著加大投入，博弈趋向强化。能否在上述相关领域竞争中占得先机，对国家生存与发展将产生至关重要的影响，甚至在很大程度上将决定一国在国际竞争中的地位和前景。

---

① 王觉非：《近代英国史》，南京大学出版社 1997 年版，第 229 页。

② ［美］保罗·肯尼迪著，陈景彪等译：《大国的兴衰》，国际文化出版公司 2006 年版，第 164 页。

③ 《毛泽东选集》第 1 卷，人民出版社 1991 年版，第 182 页。

④ 曾华峰等：《科技兴军的逻辑》，国防科技大学出版社 2018 年版，第 320 页。

二、超越传统局限高度关注新型领域军事竞争

世界历史上每一次重大的技术创新与突破，都曾极大拓展了人类实践活动的领域和空间，同时不断丰富着国家安全的内涵和外延。军事思维应该更好地适应社会发展进程，并做出超越以往的深入探讨，才能跟上并进而引领军事革命潮流。战略思考一方面要敢于迎接科技进步尤其是颠覆性技术的涌现所带来的现实挑战，另一方面必须勇于引导科技创新，才能实现军事理论与科技进步的互相促进。① 太空、网络、深海、生物等诸多新型领域高新技术的迅速发展和重大突破，将使人类实践活动达到远超以往的深度和广度。网络、太空技术使人类进入虚拟边疆、高边疆，深海、极地和生物技术使人类进入深边疆、远边疆、微边疆，进而带来全球政治和国际军事形势的深刻变化，也必将引起战争形态发生重大转变以及军事思想观念的更新。

只有适应战争形态正在发生的重要变化，才能绸缪在前，使军事斗争更具针对性、更为高效，否则就会出现偏差，甚至可能收获南辕北辙的结果。这是因为，“适应一种战争形态的作战行动并不一定是适合另一种作战形态的最佳行动”②。这一点已经被中外军事历史发展反复证明。围绕新型领域的开发利用和竞争博弈，对国家生存与发展将产生至关重要的影响，甚至在很大程度上会决定一个国家的前途命运。

一方面，新型领域已发展成为国家生存与发展新的战略支撑。目前，网络、太空等领域空间已成为国家经济、政治、军事和社会生活有效运转的重要基础。尤其是互联网的普遍运用，使网络空间成为社会进步的新支撑、新条件，也成为国家安全新的重要领域。太空可提供的通信、导航、气象等数据支持，已成为社会生活正常运转的前提和基础。海洋越来越成为国家可持续发展不可或缺的重要依托，也是中国实现民族复兴的必经之路。而在未来相当长的时间里，我国外部安全威胁仍将主要来自海上。另一方面，新型领域往往也容易成为国家安全的软肋。国家越是发展，对新

---

① 曾华峰、石海明等：《科技兴军的逻辑》，国防科技大学出版社 2018 年版，第 320 页。

② ［英］朱利安 S. 科贝特著，仇昊译：《海上战略的若干原则》，上海人民出版社 2012 年版，第 5 页。

型领域的依赖越是趋向增强，这些领域安全的脆弱性也会越突出。目前，各国的经济、政治和军事活动都离不开网络，而网络领域又具有高度开放性，容易受到攻击，成为国家安全的短板。太空难以设防，脆弱性明显，但具备太空攻击手段和能力的国家却不断在增多。

社会发展和战争实践反复证明，新型安全领域制权往往居于主导地位，其影响超越了传统领域制权，谁控制了新领域新空间，谁就能取得竞争优势，进而占据战略主动。面对国际军事竞争形势趋紧，“需要我们正视战场制权新变化、确立夺控制权新观念”。[①] 随着信息时代的深化发展，制网权、制天权成为夺取信息优势、赢得信息化战争的关键。从近年几场局部战争看，作战行动都是首先从信息网络领域展开，目的就是要削弱甚至剥夺对手的信息能力。在2008年俄格冲突中，俄罗斯首先对格鲁吉亚实施了网络攻击，有效瘫痪了格军信息网络系统。2011年的利比亚战争，美军也是首先利用“舒特”系统，[②] 对利比亚军队指挥控制和防空预警系统发动了网络攻击，致使利军指挥失灵、不堪一击。近年来美军提出的有关作战构想，往往也非常强调致盲行动，通过攻击卫星、网络系统等体系节点，达到瘫痪对手预警与指挥网络体系的目的。

随着深海、极地、生物以及智能等领域新兴技术持续取得突破，国家安全空间将进一步向这些新型领域延展，军事斗争领域由三维向多维、由有形向无形拓展，制深海权、制生物权以及智能领域的主导地位将成为战争制胜新的关键。军事探索须关注新型力量将使军事力量体系发生革命性变化。新型领域是新质战斗力的主要载体，是军事力量实现跨越发展新的增长空间，也是传统军事力量发挥作用的倍增器，在未来战争中将发挥十分关键的引导作用。网络攻防能力已成为军事体系对抗的基础性决定性要素；无人作战系统将提升作战行动的智能化水平；高超声速武器将作为未来实施战略打击的杀手锏；定向能武器有望成为防空反导新型作战手段，等等。随着新型领域重要性上升和新型力量发展，新的军兵种将不断涌现，并融入军事力量体系。例如，天军、网军甚至将发展成为比传统军种更为关键和重要的军种，由战略支援力量成长为主体作战力量；无人机部

---

① 张占军：《树立夺控制权新观念》，《解放军报》2016年11月8日。

② 关于“舒特”网络攻击系统的功能，可参考邱洪云等：《进攻性赛博武器——舒特系统与网络支撑环境》，《空间电子技术》2014年第1期。

队、机器人部队、深海部队等力量形式也将应运而生。

三、努力把军事创新纳入国家创新体系之中

中国的国防是全民的国防，推进国防和军队建设和创新是全国人民的共同事业，要努力将军事创新体系纳入国家创新体系，实现两个体系互相促进共同发展，使军事发展得到强有力支持和持续推动，实现经济建设和国防建设协调发展，高效益提升战略能力。军队也要积极支援国家经济社会发展，坚决维护社会大局稳定，为经济社会可持续发展提供强有力保障。

军队组织形态的体系重塑需要从实际出发，也需要理论牵引。适应新型领域引发的战争形态、作战样式的革命性变化，军队的规模结构、体制编制、指挥体制和保障机制都将发生根本性变革。改革新型领域力量发展须聚焦提高作战效能，部队规模总体上将趋于小型化。美国军事理论家约翰·阿尔奎拉提出的蜂群作战构想，有其借鉴意义。① 随着新型作战力量比重大幅增加，某些传统军兵种将进一步缩小规模，甚至可能退出历史舞台。同时，随着作战指挥体系的网络化智能化水平上升，指挥体制将向扁平化一体化方向发展；物资、技术、信息和人力等重要资源与军事力量的融合程度变得日趋紧密，战争保障也将向基地化精细化甚至无人化发展。

军事实力对比的评估方法也需要深化认识乃至重新审视。机械化战争时代，分析评估一国军事实力强弱，往往需要依据其所拥有的飞机、坦克、舰艇等主战武器的数量和质量。信息化战争时代，衡量一国军事实力水平，就必须主要考虑武器装备数字化网络化的程度和水平。随着新型力量研制成功并不断得到运用，战争形态进一步向后信息化战争演进，那么衡量军事实力就必须主要依据新型力量所占比重以及与之相伴随的智能化微纳化生物化的程度和水平。一旦相关新机理武器研制成功并投入使用，所带来的冲击将不亚于核武器，并必将深刻影响和改变军事实力的对比，进而带来战斗力生成模式和评估标准发生根本改变。当前智能技术向军事领域的全面渗透趋势日益显现，智能在战斗力要素构成中的地位作用将大幅跃升，战斗力生成模式将会从物质、能量要素主导，向信息乃至智能要

---

① “蜂群”作战古已有之，13 世纪蒙古人远征作战就采用过相似战术。在当前人工智能和大数据技术快速发展的背景下，无人机蜂群作战又一次被重视起来。

素主导发生倾斜和转变，不久的将来很可能出现智能主导的战争形态。军事理论研究需要对这种可能的前景做出预判。

跨域协同是应对多样化安全威胁、适应信息化智能化战争的本质要求。推进国防和军队建设，需要强化各军兵种、各作战单元模块、各领域力量之间的协调和融合，对作战力量编组、作战力量预置、作战力量运用提出了更高要求；也需要强化军地之间协同，军地之间应形成优势互补的顺畅机制。需要注重的是，传统战场有明确的交战区域，但高科技推动军事斗争从物理域拓展到信息域、认知域、网络电磁空间等高纬度空间，具有开放性，打破了局部地域限制，可大大提高对数字战场的感知力和认知力。在 2022 年 2 月爆发的乌克兰危机中，以美国为首的北约集团从地面到空中，再到外层空间、网络空间给予乌克兰大力支援，大大提升了乌军的反应能力，就为俄军造成了很大麻烦。

新军事革命浪潮越是汹涌澎湃，战略思考越不能迷失方向。尤其应充分意识到，当军事实践偏离惯常的方向时，有效的理论会发出警告，“使我们能够以宽广的视野判断出这种背离常规的做法是否必要和是否正确”①。理论创新需要不拘一格，但总是要在历史、现实和未来之间架起有益的桥梁，深刻认识变与不变的时空条件，这样才有可能理解战争形态的演变逻辑，认识战争制胜机理，进而把握现代战争的特点和规律，深化对重大军事问题的理解和认识，提出具有引领性的军事思想，指导军事斗争实践，使军事斗争准备真正反映现代战争的本质要求，进而在塑造安全态势中更充分发挥作用。

第三节　有效化解风险努力争取战略主动

维护军事安全必须保持战略需求与战略能力之间的应有平衡，有效控制战略风险，努力赢得战略主动。为此，既要积极进取又必须量力而行，既敢于底线博弈，又不能超出特定历史条件限制，在统筹兼顾中还必须突出战略重点，应避免多方向出击，在必要时须充分动员并集中使用力量维

① ［英］朱利安·斯塔福德·科贝特著，仇昊译：《海上战略的若干原则》，上海人民出版社 2012 年版，第 6 页。

护受到严重威胁的核心利益。坚持积极防御、寓攻于防的基本战略取向，既是中国政治上的优势，也是国家软实力的重要标志，从长远看也将不断增强我国维护国家利益的正当性与合法性；要善于抓住机遇和化危为机，积极拓展战略主动，尤其需抓住重要历史节点，大幅提升国际影响力，也须充分考虑国际事务中的不稳定因素，做好应对重大战略意外的思想准备和方案准备。

一、化解重大战略风险是维护军事安全的基本前提

任何国家的生存与发展都不会一帆风顺，总会遭遇国内外不利因素的制约、干扰和阻碍，甚至受到严重威胁，维护军事安全的基本前提就是需要具备有效应对和化解重大战略风险的战略能力。未来一段时期，我国面临的内外安全风险相互交织，维护国家安全面临更艰巨任务。党的二十大报告指出："我国发展进入战略机遇和风险挑战并存、不确定难预料因素增多的时期，各种'黑天鹅''灰犀牛'事件随时可能发生。我们必须增强忧患意识，坚持底线思维，做到居安思危、未雨绸缪，准备经受风高浪急甚至惊涛骇浪的重大考验。"[①] 新的历史条件下，我国面临对外维护国家主权、安全、发展利益，对内维护政治安全和社会稳定的双重压力，各种可以预见和难以预见的风险因素明显增多。这种安全态势也充分体现了国家正处于社会变革的攻坚阶段，以及与外部世界关系深度调整时期的突出特点。

维护军事安全，只有准确把握国家安全形势发展变化的新特点新趋势，未雨绸缪，发扬斗争精神，增强斗争本领，巩固提高一体化国家战略体系和能力，才能有效防范化解重大安全风险，为全面建设社会主义现代化国家，全面推进中华民族伟大复兴提供坚强安全保障。而对战略选择的一个基本要求就是，准确认识和把握自身特点以及国际安全局势的发展演变，综合统筹军事力量发展及其运用条件的变化，做到知雄守雌，既积极进取又量力而行，有效控制重大战略风险，更好地实现国家长远目标。

近代史上，主要大国的战略选择各具特色，给今天留下了宝贵遗产。

---

① 习近平：《高举中国特色社会主义伟大旗帜 为全面建设社会主义现代化国家而团结奋斗——在中国共产党第二十次全国代表大会上的报告》，人民出版社 2022 年版，第 24 页。

其中，德国更是具有典型意义，一方面在战略筹划中曾创造一些精彩篇章，而另一方面留下诸多深刻的教训。德国位于欧洲中部，属于传统地缘意义上的被包围国家。[①] 作为一个较晚崛起的帝国主义国家，德国在 17 世纪和 18 世纪的大部分时间里，曾处于四分五裂的状态，在德意志领土上一度存在过 1789 个相对独立的政权。恩格斯曾将这些独立政权视为“一堆正在腐朽和解体的讨厌的东西”，描述当时的德国：“不满情绪笼罩全国。没有教育，没有影响群众意识的工具，没有出版自由，没有社会舆论，甚至连比较大宗的对外贸易也没有，除了卑鄙和自私就什么也没有；一切都烂透了，动摇了，眼看就要倒塌了，简直没有好转的希望，因为这个民族连清除已经死亡了的制度的腐败尸骸的力量都没有。”[②] 直到 1862 年，俾斯麦开始担任普鲁士首相，德国命运才真正出现了转机。

在俾斯麦主导下，普鲁士打赢了三场王朝战争，1871 年实现了德国统一。在此之后的对外关系中，德国却相对克制，力避多面出击，尽可能将力量使用范围限制在欧陆之内，构建出一个复杂的周边同盟网络，维持了与欧洲国家的战略平衡，从而为德国的发展争得了较为宽松有利的环境。“1871 年以后，德国工业以巨人般的步伐前进，使欧洲其他所有的经济，包括英国的经济都落后了。”[③] 在对外关系中，俾斯麦努力笼络奥匈帝国、沙皇俄国和英国，尽可能地孤立法国这一欧陆传统对手。通过复杂外交活动，俾斯麦得以建立起一个复杂的以德国为中心的同盟网络，成功地把奥、俄两个帝国以及欧洲诸多国家拉进这一网络，并把法国排除在外，有效疏离了法、俄两国，使德国摆脱了多面受敌的困境。俾斯麦的努力深刻影响了欧陆国家间关系的发展，为统一后的德国快速发展争得了难得的机遇。

然而，俾斯麦的联盟网络太过复杂，不仅当时的欧洲政治家难以真正理解，甚至德国自己的战略家也迷惑不解进而无所适从。在 1890 年俾斯麦下台之后，大权在握的威廉二世以及后来的希特勒，没有顾及或干脆忽视

---

① 俾斯麦曾做出概括：德国位于中心和无障碍的地理位置，国防线伸向四面八方，反德联盟很容易形成。［德］奥托·冯·俾斯麦著，山西大学外语系译：《思考与回忆》第 2 卷，东方出版社 1985 年版，第 237 页。

② 《马克思恩格斯全集》第 2 卷，人民出版社 1957 年版，第 633—634 页。

③ ［美］斯塔夫里阿诺斯著，吴象婴、梁赤民译：《全球通史——1500 年以后的世界》，上海社会科学出版社 1992 年版，第 297 页。

了德国与生俱来的脆弱的地缘环境，实行了多面出击的冒险政策，德国由此陷入多面受敌困境，在两次世界大战中先后遭受惨重失败，国家快速发展进程也被中断和逆转。

不同的战略会给德国带来不同的命运。俾斯麦无疑是19世纪最杰出的一位战略家，他同时拥有洞察力、全局观和灵活性，也善于自我节制，更注重追求德国的长远利益，极力避免德国不能承受的风险，即欧洲列强对德国的联合绞杀。有一些历史学家提出批评，俾斯麦的结盟体系过于复杂，最终并没有得以延续。实际上如果有一种简单的办法可以达成目标，俾斯麦就没有必要回避，“因为他不是崇尚复杂才使用复杂手段的人。但当所有的简单办法都是危险的和自我否定的时候，俾斯麦发现就必须走一条曲折的路”①。只不过，俾斯麦最终的无奈在于，“他的能力超出社会可接收的程度。拿破仑三世留给法国的是策略上的动弹不得；俾斯麦留给德国的则是难以企及的丰功伟业”②。

联邦德国显然吸取了两次世界大战的教训，更注重通过合作防范重大战略风险，推动国家发展。根据当时冷战对抗的国际形势，联邦德国积极配合美国对抗苏联的需要，在1955年得以加入北约，从而也就顺势结束了被占领的局面，恢复了国家主权。经济上，借助“社会市场经济”模式，成功实现计划与市场二者之间的较好协调，实现了经济快速增长，成为欧洲经济发展的关键力量；除此之外，还积极推动欧洲联合，并成为欧洲经济共同体创始国之一，达成了与法国等众多欧洲国家的和解。

1969年，勃兰特担任联邦德国总理，开始积极推行“以接近求转变”的“新东方政策”。勃兰特显然意识到德国统一既不能指望美、英、法三国，也无法通过一己之力来实现，那么只有放在较远的未来；他认为，德国一分为二和柏林墙的建立造成的东西德不相往来的局面应该改变，而为了推动这种变化，就需要“建立尽可能多的真正的接触和有意义的联系”③。为了使“新东方政策”产生积极效果，联邦德国积极改善与苏联及

---

① Gordon A. Craig, “The Politics of the Prussian Army 1649 - 1945”, Oxford University press, 1955, p. 266.

② ［美］亨利·基辛格著，顾淑馨、林添贵译：《大外交》，海南出版社2012年版，第128页。

③ ［西德］维利·勃兰特著，张连根等译：《会见与思考》，商务印书馆1979年版，第94页。

其他东欧国家的关系，并显著提升了对欧洲事务尤其是民主德国的影响力。① 随着20世纪80年代苏联在东西方对抗中迫不得已实施战略收缩，东西德之间的联系日渐加深，为日后统一提供了很好的基础。随着苏联东欧发生剧变，东西两个德国借机迅速实现了统一，德国成为欧洲经济实力首屈一指的国家。2007年之后，次贷危机在全球波及开来，欧洲受到重创，法国、意大利等诸多国家经济不同程度陷入低迷，而德国的实力优势更是相对显现出来，在欧盟一体化进程中已成为事实上的主导力量。

二、不断积累和充分发挥战略优势

维护国家军事安全，也是面对和赢得国际竞争的过程，不断积累和发挥自身优势，是赢得战略主动的重要条件。面临日益复杂多样的利益需求和安全威胁，战略筹划越来越需要对众多问题进行综合评估、统筹协调，才能取得战略主动。现阶段中国尤其要处理好发展与安全、内部安全与外部安全、传统安全与非传统安全、当前利益与长远利益等重大关系。要坚持从中国基本国情出发，科学把握国家利益的边界，防止把需求无限放大。同时要高度重视，重统筹兼顾并不意味着平均分配力量，现实中必须抓住主要矛盾，突出重点，不能偏离战略重心，尤其在必要时应该充分动员并集中使用力量维护受到严重威胁的核心利益。在维护国家利益过程中，“哪些矛盾该淡化，哪些矛盾该搁置，哪些矛盾该突出，其中大有学问，大有奥妙”②。

在国际竞争中就是要最大程度地将自身优势转化为竞争实力，牵制、制衡乃至压倒对手，获取竞争的胜利，而国家实力的强弱在大国竞争中往往发挥着基础性和决定性的影响和作用。总体上，大国角力需要靠实力说话，没有实力或者说实力虚弱，就会失去赢得竞争的基本前提和重要支撑，大国抱负也就无从实现。崛起中的大国在实力上不可能在较短时间里全面赶超先行国家，而要争得竞争主动，非对称实力优势的积累和运用往往发挥着支撑作用。扬长避短是争取主动赢得大国竞争的重要原则，自身

---

① 勃兰特从当时德国现实的国际环境中看到，只有采用一种现实的，且与阿登纳强硬的东方政策不同的政策来接近东德，才能有助于改变东德，并使德国在将来得以统一。陈乐民主编：《西方外交思想史》，中国社会科学出版社1995年版，第358页。

② 金钿主编：《国家安全论》，中国友谊出版公司2002年版，第55页。

优势的积累和发挥可以选择关键领域，也可以选择关键地域，还可以选择特定时段。其精髓则在于，实施小范围的集中投入，争取通过以点带面的突破，来达成系统效应、全面提升的效果。①

历史上，曾成功跃上世界权力顶端的国家如英国、美国，也包括更早时候的罗马等，在崛起过程中都能够比较好地发挥非对称优势、保持战略相对集中，进而收获巨大利益。相反，忽视这一战略要求不能节制自身战略企图而寻求全面竞争优势的国家，包括17世纪中叶的西班牙帝国、二战时期的德国、日本以及冷战时期的苏联，都先后尝到失败的苦楚。如从15世纪末哥伦布发现新大陆之后，西班牙凭借海外殖民扩张而迅速崛起，曾一度将欧陆霸权与世界海上霸权集于一身。但因过度沉浸于保持全面优势，西班牙不论在海上还是在陆地上都要扮演主要角色，参加了过多的战争，从而导致国力日渐衰落。② 错误决策的结果，就是忽视了实力的积累和无法弥补自身短板，失去世界头等强国地位。

二战结束至今，美国针对不同对手展开的所有竞争政策几乎都可以从其对苏联的竞争中找到线索，并经历了一个从实践到理论再到形成政策的完整历程。美国迈克·波特教授的商业竞争理论强调积累和运用非对称实力优势，这一要点也被转化运用到国家竞争领域，系统提出国家竞争战略并最早付诸实践的国家是美国。③ 值得关注的是，美国对苏联的竞争无论在哪一个时期，其核心都是围绕实力展开，并不再是过去那种通过不断追加投入来取得优势，而是针对对手，选择可以发挥自身实力优势的领域持续与对手进行有差别的竞争。

美国对苏联竞争战略的一条主线，就是运用各种手段迫使竞争者坠入美国设定的游戏陷阱，让对手去犯原本不愿犯的错误，进而去做符合其本性、但鉴于资源状况本不应该做的事情。具体到竞争的重点军事领域，则体现为“聚焦于如何在和平时期使用潜在的军事力量，即军事力量的发展、建设、部署和展示，以此来塑造竞争对手的选择，使之有利于己方的

---

① 唐永胜主编：《国家竞争战略论》，时事出版社2018年版，第100页。

② W. Woodruff, “The Struggle For World Power 1500 – 1980”, Macmillan, 1981, p. 43.

③ 美国哈佛商学院迈克·波特教授被视为竞争战略领域的权威专家，他的研究从商业领域切入，相关著述被奉为企业经营管理的必读经典，积累和运用非对称实力优势在其竞争理论中占有重要地位。

战略目标”[①]。1981 年罗纳德·里根担任美国总统，开始调整对苏政策，努力通过施加竞争成本等战略竞争的策略和手段遏制苏联扩张，甚至拖垮苏联。这项政策形成的标志就是里根总统先后签署的《第 32 号国家安全决策指令》和《第 75 号国家安全决策指令：美国与苏联的关系》。前一份文件明确，美国的全球战略目标包括遏制和推回“苏联在全世界扩张其控制范围和军事存在的努力”，提高“苏联支持和利用代理人、恐怖分子和颠覆性力量的成本”，寻求机会限制苏联军费开支并削弱苏联的联盟。[②] 后一份文件则明确“通过更加有效的竞争来遏制并逐渐改变苏联的扩张主义，促进苏联内部发生变化，使其向多元化的政治和经济体制发展”[③]。

为了实现这一政策目标，里根政府依据竞争战略的逻辑，强化了与苏联的军备竞赛，与苏联进行军事竞争成为里根政府对苏战略的核心部分。[④] 里根政府显著增加了国防预算，大规模更新核武器和常规武器装备，增加了在苏联边境附近的海空军兵力部署和航行的力度，推出了“星球大战”计划以强化与苏联在太空领域的全面竞争，意图通过诱使苏联加大军费投入，对苏联施压竞争成本来拖垮苏联。[⑤] 为了达到拖垮苏联的目的，里根政府对苏联实施的竞争战略已经超出了军事领域，扩大至政治、舆论、经济、科技等众多领域。其具体举措包括支持阿富汗抵抗运动、支持波兰团结工会、极力压低国际油价、加大对苏联的技术封锁等。[⑥] 综合来看，里

---

① Thomas G. Mahnken, “Competitive Strategies for the 21st Century: Theory, History and Practice”, Standford University Press, 2012, p. 7.

② Ronald Reagan, “U. S. National Security Strategy/9 NSDD 32”, May 20, 1982. pp. 1 – 2.

③ Ronald Reagan, “US Relations with the USSR/’ NSDD 75”, January 17, 1983. p. 1.

④ Thomas G. Mahnken, “The Reagan Administration’s Strategy toward the Soviet Union”, in Williamson Murray and Richard Hart Sinnreich eds. , “Successful Strategies: Triumphing in War and Peace from Antiquity to the Present”, Cambridge University Press, 2014. p. 422.

⑤ Thomas G. Mahnken, “The Reagan Administration’s Strategy toward the Soviet Union”, pp. 422 – 426.

⑥ 关于美国对苏联在政治、经济、外交等各个领域的竞争战略及其举措，［美］彼得·施魏策尔著，殷雄译：《里根政府是怎样搞垮苏联的》，新华出版社 2001 年版；Thomas G. Mahnken, “The Reagan Administration’s Strategy toward the Soviet Union”, pp. 426 – 431。

根政府对苏战略方方面面都带有明显的竞争战略色彩。

竞争战略在很大程度上成为了里根政府对苏战略的一项基本指导原则。美国正是在这种竞争战略，也被称作成本强加战略的指导下，采取一系列具有针对性的举措使苏联坠入恶性军备竞赛当中，消耗了苏联的实力。而美国则获得了喘息的机会，利用十年左右的时间，迅速恢复力量，聚集了自身优势，重新赢回美苏竞争的主动权。

三、审时守度努力把握战略主动

伴随国内外局势发展变化，中国维护军事安全面临新的机遇，但同时也遭遇诸多严峻风险挑战。特定的发展阶段对军事安全筹划提出更高要求，其中如何做到审时度势、进退有据就变得十分重要。维护国家安全既要积极进取，也必须防止将国家利益泛化的倾向，避免超越特定历史条件的限制而严重脱离现实，只有如此才能维持需求与能力之间必需的平衡。利益拓展应主要依赖自身进步和建设性介入国际事务，通过寻求利益增量来获得实现，进而做到因势利导，推动与外部世界更加积极的战略互动，有效控制化解战略风险，更好地达成战略目标。

一个国家越是发展，其对生存和发展的需求就越是多层次的，因而也更趋于复杂，从初期的主权安全、领土完整、政治承认等基本需求进一步向经济可持续发展、海外利益维护、在国际体系中的地位及其贡献等诸多方面发展。今天的中国就是如此，利益需求日趋多样化，且有日益增多的利益需要在广泛的国际联系中才能得以实现。经济社会持续发展不仅带来国家财富的增长和资源的积累，也促进了战略能力的不断提升。然而，国家利益越是拓展，所受到的安全威胁一般不是趋于减少，反而可能呈现增多态势，在特定领域特定问题上矛盾甚至会显得尤为突出，如何做到统筹兼顾有效控制和化解风险，就成为战略筹划的重要任务。

知雄守雌、进退有据才能把握战略主动。“善守者，藏于九地之下，善攻者，动于九天之上。”① 战略筹划必须要在需求与能力之间维持应有的平衡，既要积极进取又必须量力而行，不能超越特定阶段历史条件的限制，才能做到进退自如，有效控制战略风险，更好地实现国家利益。存在战略风险的根本原因，主要缘于在利益需求与战略能力之间存在过大的差

---

① 《孙子兵法·形篇》。

距。一方面，如果一个国家过于雄心勃勃，无法通过有效途径和办法实现自己确立的利益目标，战略就会遭遇挫折，力所不及最终还会伤及自身，二战时期的德国、日本，以及冷战时期的苏联都具有典型意义，过度扩张导致惨痛失败；而另一方面，如果一个国家不能迎难而上乃至放弃力所能及的利益目标，国家安全也会从反面遇到巨大风险，导致国家生存发展的基础受到侵蚀甚至发生动摇。历史上一些国家实施的绥靖政策一般都难以获得成功，牺牲必须坚守的生存底线换不来安全和繁荣。

英国崛起的重要根源在于海上实力的迅速增强。然而，之前英国的发展方向选择曾发生重大偏差。作为一个岛国，英国曾怀有深厚的大陆情结，较长时期将战略关注集中在欧陆范围。其中的原因，主要是英国在历史上曾多次遭受来自欧洲大陆的入侵。直到 1558 年伊丽莎白一世继承王位，才使英国的命运出现转折。伊丽莎白一世终结了在欧陆的扩张政策，也使英国从没有休止的欧陆纠纷中摆脱出来，同时将战略目标转向海洋，不断蓄积海上实力，为英国的世界霸权奠定了基础。

经略海洋的国家不只有英国，西班牙、葡萄牙、荷兰、法国等都曾试图借助地理大发现带来的机遇，积极推进向海上发展，只是最终只有英国成就了海上霸主地位。究其原因主要是英国的选择持久而明确，经略海洋、积累财富的目标从来没有被动摇过。在这一点上，英国与 16 世纪的西班牙形成了鲜明的对比。① 西班牙早期发展成为欧洲强国主要也是源于海上实力的增强，但在崛起后却改变了对外政策，从 16 世纪初到 17 世纪上半叶，一直羁绊在欧陆连绵不绝的复杂纷争。“一个刚刚崛起还不稳定的国家，拥有如此多的对手，卷入如此多的战争，其结果可想而知。”②

要努力寻求战略目标与手段的平衡，既要准确评估实力，明确战略目标，又要具有足够的战略定力，保持战略决策必要的一致性和延续性。正是这种老到的战略成就了 19 世纪的日不落帝国，能够称霸世界长达一个多世纪。

积累和运用实力，说起来容易，实践起来却很复杂，如果处理不好二

---

① 李成刚：《大战略与近代英国的崛起》，《军事历史》2017 年第 5 期，第 25—31 页。

② 李成刚：《大战略与近代英国的崛起》，《军事历史》2017 年第 5 期，第 30 页。

者的关系甚至会一败涂地。德国和日本就是其中的典型。德国和日本曾遭遇的重大失败，虽然主要是因为这两个国家对大势的把握出现重大偏差，但实力不足亦是很重要的原因。威廉二世时期的德国，四面虎狼环伺，却依旧固执地选择多面出击；二战时期的日本也是在实力严重受限的情况下，贸然对外发动侵略扩张，妄图攫取亚洲霸权，乃至发动太平洋战争。德、日两国最终都吞下战败苦果。“大国崛起于地区性守成，消失于世界性的扩张”①，这一认识反映了，一个国家无论多么强大，力量运用终归有自身的限度。

关于量力而行，不仅包括小国，即使是大国甚或霸权国家，也不应例外。“因为越是大国，越觉得力量无穷，也越容易于无限制支出之中陷入力量透支的困境。”② 目前在有些舆论中，有一种盲目乐观和急躁情绪，那就是欣喜于中国经济社会的快速发展，以及过于看重美国在过去十几年中所犯的战略错误，认为美国已经没有能力和财力对中国进行有效防范和围堵，恨不得迅速扛起全球化的大旗。实际上，任何一个大国的崛起都是一个长期积累的过程，与国际体系关系的调整更需要时间的检验。中国自身发展的道路还很长，在发展水平上与发达国家特别是与美国之间还存在巨大差距，尤其需要花大气力管控好中美之间的战略竞争。

国际局势演变遵从其内在规律。要理解国际变局必须考虑到国际政治原有逻辑与诸多新现实新要素的系统综合作用，战略筹划只能适应和借助国际局势的发展变化，谋求国家的长治久安，有效拓展国家利益。因势利导是对大战略的基本要求，也是大战略筹划能够达成的最高境界。维护国家利益仍须长期坚持积极防御的基本思想。奉行积极防御的对外战略既是中国特色社会主义的本质要求，也符合中国的发展战略和外交政策，并适应当今世界发展的时代潮流，更与我国传统的战略文化一脉相承。坚持积极防御的基本战略取向，既是政治优势，也是国家软实力的重要标志，而从长远看将进一步增强我国维护国家利益的正义性、正当性与合法性，也有利于破解日益凸显的崛起困境，探索出一条中国特色的安全道路。实际上，间接路线更适应今天的世界。哈特指出，“从战略方面来说，最远和

---

① 张文木：《大国崛起的历史经验》，《东南亚南亚研究》2018 年第 1 期，第 10 页。

② 金钿主编：《国家安全论》，中国友谊出版公司 2002 年版，第 47 页。

最弯曲的路线，常常也就是一条真正的‘捷径’”[①]。而《孙子兵法》更是强调了以迂为直的重要性：“军争之难者，以迂为直，以患为利。故迂其途，而诱之以利，后人发，先人至，此知迂直之计者也。”[②]

第四节　在变化的世界中为国家长治久安提供坚强战略支撑

当今世界正处在一个前所未有的动荡变革时期，与此同时，以中国式现代化全面推进中华民族伟大复兴的历史进程也进入关键阶段，中国与外部世界深度互动，维护国家安全面临新形势新任务，由此对军事安全筹划也提出了更高要求。全面推进国家安全体系和能力建设，才能有效应对日渐增多的不稳定不确定因素，真正经受住各种风险挑战的重大考验。战略机遇从来就不是别人恩赐的，终归要掌握在自己手中，尤其在于能够在内外局势发展变化之中做到审时守度、因势利导、综合统筹，努力赢得战略主动。实现开放条件下的国家安全，离不开军事力量强有力的战略保障作用

一、在世界变局中赢得战略机遇

时代进入 21 世纪，尤其 2008 年爆发国际金融危机以来，世界局势发生了深刻变化，国际体系进入一个重大变迁的进程。新冠疫情肆虐全球，构成了全球政治的重大事变，并将极大加快世界变局的历史进程。比起一个世纪甚至更长时间以来发生的重大国际事变，当前变局虽然不一定带来更直观的剧烈震荡，但是其内涵更为深刻、影响也将更为持久而广泛，有人甚至认为结构性失衡无处不在，[③] 亦即体系的根基已经开始动摇，世界进入一个百年未有之大变局。由此带来的广泛影响，涉及权力结构、国际秩序、全球治理、发展模式、社会结构、文化理念以及价值观等，全球政

① ［英］李德·哈特著，钮先钟译：《战略论：间接路线》，上海人民出版社 2010 年版，第 5 页。

② 《孙子兵法·军争篇》。

③ 陈国平、赵远良主编：《国际体系变迁与中国战略选择》，中国社会科学出版社 2017 年版，第 74 页。

治的诸多方面都面临深刻演变。当然，不论未来如何发展，都不能与过去的历史割裂开来。由于自 20 世纪尤其是二战结束之后，世界范围内基本的国际关系原则得以规范和确认，制约世界大战的力量总体上在增长，更多国家致力于推进有效的全球治理和广泛的多边合作。所以在今天的世界变局中并不意味着一定会爆发大规模剧烈的军事冲突，但在变化的深度和广度上都将是空前的，过程曲折漫长并伴随着巨大的不确定性，国际军事安全领域充满日益增多的风险和挑战。

当前世界百年未有之大变局加速演进，新一轮科技革命和产业变革深入发展，国际力量对比深刻调整，我国发展面临新的战略机遇。与此同时，世界正在进入一个前所未有的动荡变革期，世纪疫情影响深远，逆全球化思潮抬头，单边主义、保护主义明显上升，世界经济复苏乏力，局部冲突和动荡频发，全球性问题加剧。

中国的持续快速发展已经成为世界变局的重要推动力量，也是世界变局发展演变的一个重要结果。世界变局在本质上是国际体系的深刻变迁，并呈现出许多新的特点和趋势。在世界变局中如资本扩张、霸权主导、地缘竞争等旧有的权力政治逻辑仍然在发挥作用，但一些新的或曾经被忽视的要素也不断充实进来，其影响力越来越变得不可忽视，如科技的突破性进展、跨国性全球性问题凸显、非国家角色增多影响拓展、信息扩散带来权力转移等，诸多要素和逻辑综合作用，全球政治不稳定性不确定性突出，复杂系统效应日渐凸显。

这些变化既为中国提供更广阔的战略空间和回旋余地，也对国家战略筹划提出更高要求，其中尤其需要创新国家发展和安全理念，创新国家发展模式，探索适合时代要求的国家安全道路，实现国家的长治久安，并不断提升国际影响力，为全球战略稳定和可持续发展与安全提供动力。中国要在世界变局中立于不败之地，还在于能够敏锐洞察世界政治的可能走势，适应时代发展变化，推进与世界更加积极的战略互动，以更广泛的国际合作对冲和化解来自美国的战略挤压，牵引大国关系尤其是中美关系的发展方向，塑造有利战略态势，实现日益开放条件下的国家安全。

在世界变局中，虽然国际安全形势仍可能保持总体稳定态势，但是内在张力增加，国际安全治理赤字增大，国际安全秩序受到考验和冲击。美国强化霸权护持，在努力维系原有同盟体系的同时，努力搭建新的安全架构，导致大国竞争继续升温，也使国际合作空间进一步收紧。地缘博弈在一些地区引发紧张和冲突，存在失去控制的危险，并蕴含着新的分化组合。中国持续发展本身就构成世界变局的重要组成部分，而要实现中华民族伟大复兴，不仅要在中国悠久的历史传承中寻找基本逻辑和内在动力，更要放在中国与外部世界关系深度调整的大背景下来认识和思考，探寻国际关系进化的有效途径。

战略机遇从来就不是别人恩赐的，终归是要掌握在自己手中，尤其在于能够在内外局势发展变化之中做到审时守度、有效统筹，努力争得战略主动。实际上，在变乱交织的世界中权力结构及其惯性束缚已经出现松弛，中国可以借助的资源和力量不是减少了，而是明显增多了，发挥作用的空间和条件都需要拓展。与以往相比，战略机遇的内涵和外延已经发生重要变化，在当前表现出更明显的多面性、转换性和可塑性。国际秩序和全球治理进入重要的变革重塑期，为中国创新驱动谋求生存与发展，在国际事务中发挥作用和提升影响力提供了有利条件。当然，如果战略应对出现严重失误，就可能在变局中错失机遇，发展势头甚至会遭受重大挫折。国际关系的复杂化发展在总体上有利于维持世界局势的总体平稳，也有利于牵制大国竞争的极端发展，促进大国关系终将实现进化。同时必须看到，强权政治和资本扩张具有贪婪本性，越是在遇到困难的时候其反噬能力越不可低估。对此，需要积极应对以有效维护自身权益，用好变化之势而不是被变化所困，同时要防止出现超出国情限制而犯下战略冒进的严重错误。

在变乱交织的世界中不能迷失发展方向。党的二十大报告进一步明确："中国坚持在和平共处五项原则基础上同各国发展友好合作，推动构建新型国际关系，深化拓展平等、开放、合作的全球伙伴关系，致力于扩大同各国利益的交汇点。"[①] 大国总是要有大国的责任和担当，为此须创造条件推进中国与外部世界更为积极的战略互动，推动新型国际关系发展，力所能及提供更多公共产品。同时要注重创新国家发展模式、提升国家治理能力，为实现国家长治久安筑牢基础。我们要打赢防范化解重大风险攻坚战，必须坚持和完善中国特色社会主义制度、推进国家治理体系和治理

---

① 习近平：《高举中国特色社会主义伟大旗帜 为全面建设社会主义现代化国家而团结奋斗——在中国共产党第二十次全国代表大会上的报告》，人民出版社 2022 年版，第 61 页。

能力现代化，运用制度威力应对风险挑战的冲击。由此才能由内及外，为减少全球治理赤字提供更多新动力，更有效推进国际合作。还必须注重运用利益增量建设性地发展与周边国家的关系，并以此对冲和化解来自美国对华强加竞争带来的紧张和压力，牵引大国关系尤其是中美关系的发展方向。

新中国70多年的发展和改革开放，已经使中国与外部世界的关系进入可预期的良性互动进程，更多的国家和人民将会越来越真切地感受到由于中国发展所带来的收益，感受到中国是维护国际安全和全球战略稳定的重要力量，也是促进地区和世界增长的重要推动力量。中国坚持对外开放的基本国策，坚决奉行互利共赢的开放战略，不断以中国新发展为世界提供新机遇。

世界变局是人类历史催生育化的结果，其根本指向应该是国际秩序和全球治理的民主化发展和进步。大国尤其不能在变乱交织的形势中迷失方向，必须担当起应尽的责任，要跟上时代前进步伐，绝不能停留在冷战思维、地缘扩张、零和博弈的旧世界。只有站在历史正确的一边，站在人类文明进步的一边，才能找准国家前进的方向，真正拓展战略机遇，争取国家和人类光明前途。在新的历史条件下，人类比以往任何时候都需要创造条件朝和平与发展的目标迈进，更应努力构建合作共赢的大国关系。

二、完善参与全球安全治理机制

中国的发展与变革本身既构成世界变局的重要影响变量，也是世界变局的重要结果之一，迅速变化的世界也需要中国更多的贡献。[①] 中国与外部世界关系的调整已进入深度互动的关键时期。一方面，世界变局带来重大机遇，在顺应国际大势进而发挥自身优势的基础上，中国更有条件拓展国际影响，进而推动与外部世界积极的战略互动；另一方面，中国国内利益和国际联系利益都在迅速增加，国内安全问题国际化和国际安全问题国内化趋势将继续并行发展，内忧与外患的互动性、渗透性不断增强。各种矛盾问题相互累积相互作用，使发生动荡和危机的可能性空前集中，并突出表现在传统与非传统安全威胁复杂交织相互转化、内部威胁与外部威胁联动增强相互叠加、发展崛起带来的安全压力将有所增强等诸多方面。世

① 唐永胜：《解析世界变局》，《现代国际关系》2020年第2期，第1页。

界变局可为中国的和平崛起提供新的有利条件，同时可能构成巨大挑战。要实现民族复兴并为世界的和平和进步作出应有贡献，在根本上须避免急功近利，而是要审时度势、扎实积累，顺应国际政治的发展变化，在历史演进大势之下谋求国家的长治久安。其中的关键则在于，能够及时消除自身存在的不适合未来发展的种种惰性和弊端，谋求社会全面协调发展，有效维护国家安全，并以自身的进步推动国际体系的演进，在自主与融合、适应与塑造中求得必要的平衡，有效维护国家安全，实现国家长治久安。

一些大国出现战略失向和迷失，经济增长缺乏长期动力，局部动荡和冲突频繁发生，传统安全风险与非传统安全风险错综交织，国际安全中不确定性有所增强。与此同时，在动荡的局势中，大国安全竞争尽管趋向激烈，但相互之间必要的战略稳定仍然得以保持，并没有因为国际关系背景的深刻变化而偏离大的方向。利益错综交织、合作与竞争并存已经成为大国关系发展的现实基础。实际上，在国际变局中，大国之间的战略稳定已经变得更加重要。面对地区和全球性挑战不断增多的现实，面对日渐明显的“权势扩散”①，大国关系如果不能保持基本稳定，世界就会变得更加危险，甚至失去控制。

经济全球化的发展大势难以根本逆转，但其进程中诸多负面效应开始集中显现，并且向军事安全领域扩散，需要各国加强协调共同努力创新经济增长方式，为世界经济注入新的持久动力。经济全球化是人类社会发展、生产力水平提高的必然途径，也是科技进步的客观结果，发展到今天已经取得了丰硕成果。世界总体财富不断积累扩大，各国人民联系日益紧密一体，人类文明达到了历史最高水平。而伴随巨大进展，经济全球化带来的负面效应也逐步积累并显露出来，国家之间地区之间发展不平衡、全球治理滞后、全球增长动力不足等问题日益凸显，如今已到了难以忽视的地步。曾在全球化进程中占据主导地位的自由资本主义经济增长方式触及天花板，源于“冷战胜利”而获得的红利已经失效，金融资本扩张逻辑难以持续，甚至已经饱和，世界经济陷入普遍低迷。不仅发展中国家，甚至也包括主要的发达国家都感受到冲击和压力。美欧国家内部贫富鸿沟加

① 权势扩散是世界局势发展变化的一个重要特征，许多研究揭示了这样的发展趋势，如美国国家情报委员会近年出版的系列报告就具有代表性，如《全球趋势2030——变换的世界》及《全球趋势2035——进步的悖论》等，都有明确的结论。

深、社会撕裂严重，形形色色的保护主义、民粹主义、极端民族主义抬头，各种反全球化呼声高涨。本来在一体化建设中领先其他地区的欧盟，也遇到了困难，英国脱欧将产生冲击效应，甚至在可预见的将来，欧洲政治一体化进程也将处于总体守势。① 然而也应该看到，经济全球化不可能再退回到闭关自守的相互分割状态，用去全球化和逆全球化的办法不可能解决全球经济发展的根本问题，有国家采取以邻为壑的政策无疑是饮鸩止渴，出路只能在于国际社会更广泛的协作，针对经济增长和发展模式中的根本缺陷，找到有效的变革途径和解决问题的办法。而在根本上，全球化中的问题要靠进一步全球化才能得到解决。②

全球格局显示出明显的多极化、多元化发展势头，权力趋于分散，国际关系民主化需求随之增加，但霸权主导与多方制衡的矛盾仍将在较长时期里得以展开和持续。国际格局进入加速调整和演变期。一是以美国为首的主要发达国家出现明显颓势，实力趋于相对衰落，内部社会张力凸显，控制和主导世界的能力趋于下降。二是一些非西方国家在几十年里保持了较快发展势头，新兴市场国家和发展中大国力量趋于上升，正在打破几百年来一直由西方少数国家垄断世界的历史，引起国际权力结构发生重要调整。三是一些中小国家的发展虽然难有颠覆性的改观，但自主性不断增强，且掌握了更多的威慑手段，形成了针对强权一定的反制能力，也日益成为国际事务中不可忽视的力量。四是非国家行为体大量涌现，开始在国际事务中发挥重要作用，甚至形成了足以抗衡国家的能力。上述因素共同促成了几百年来霸权主导的国际体系出现结构松动，最终必将加快演变走向变革。新的权力结构正在形成当中，影响世界的力量增多、角色增多、途径增多。在一个日趋多极和多元的世界里，任何强权都不再拥有足够资源和国际条件去决定其他国家和人民的命运，更逆转不了世界历史发展进程。国际社会需要努力形成开放包容的多元治理模式，③ 才能适应局势的

---

① Philip Stevens, "The Lesson of the German Elections", Financial Times, September 28, 2017.

② 庞中英主编：《全球化、反全球化与中国——理解全球化的复杂性与多样性》，上海人民出版社 2002 年版，第 345 页。

③ 秦亚青提出了多元治理模式，包括三个基本的秩序理念：多元主义、伙伴关系和实践参与。秦亚青：《全球治理：多元世界的秩序重建》，世界知识出版社 2019 年版，第 123—127 页。

变化，有效应对人类面临的日益复杂多样的威胁。

在世界变局中乱象增多难题加重，国际社会对和平与发展的需求更加突出，需要凝聚广泛国际共识，强化全球安全治理，才能逐步加以解决。尽管世界乱象日趋显现，矛盾深化难题增多，国际社会对和平与发展的需求不仅没有减少，反而更加显著而迫切。历史教训揭示，依靠对外军事扩张、殖民掠夺，依靠战争来获取利益的方式应该为今日世界所淘汰，特别是在战略武器威慑高悬、全球性问题积聚增多、相互依存程度加深等诸多现实条件的限制下，依靠战争已经解决不了根本问题，战争所带来的深重代价，使得走向战场很容易导致共输的结果，战争越来越不会有最后的赢家。① 然而世界并不太平，此起彼伏的冲突和危机一再警示，当今世界不仅要反向消极地避免战争，更要正向积极地构筑和平，人类的未来才会更加光明。而发展对于世界任何国家来说都是生存和进步的重要基础，尤其在一段时期以来各国普遍遭受挫折的情况下，发展任务更加突出，发展难题更加棘手，世界各国人民期盼美好生活的愿望更加强烈。对此，国际社会需要凝聚广泛共识，积极推进全球治理进程，逐步在根本上找到化解矛盾纠纷、消弭战乱冲突的途径办法，以便更好地整合全球资源、聚焦发展难题，从而实现可持续发展和可持续安全。可以认为，各种跨国性问题的不断出现，无疑对国际社会的治理能力提出了强劲挑战。推动全球治理的改革和创新，实现制度供给与现实需求达成有益平衡，应该是大国之间具有潜力的合作领域。

国际秩序进入变革的重要阶段，未来发展具有较强的不确定性，几乎所有国家都需要在变局中重新确立自己的定位，围绕国际规则及制度安排的博弈也必然趋于激烈。随着国际形势急剧变化，原来由西方所主导的国际秩序越来越难以为全球提供公共安全的有效供给和繁荣稳定的增长空间。过去由西方几个国家凑在一起就能决定世界大事的时代已一去不复返。世界秩序转换不可能像以往反复发生过的那样，通过战争方式在短时期内急剧完成，而是要经历新旧因素并存，同时旧秩序影响逐步消解、新秩序逐步重构的一个较长过程。在此期间，随着国际力量结构发生变化，各国的地位在变、角色在变、影响也在变，旧有的霸权逻

① 即使对于美国，军事上的胜利也许容易取得，但要依此收获政治、经济效益就变得难上加难，近年中东局势发展充分证明了这一点。

辑、强权手段不会自动退出历史舞台，而有关构建新秩序的主张仍未得到充分确认和适用，新旧秩序交织、多种规则并存、双重标准盛行未来一定时期仍可能是一种常态，世界面临更多的不确定性。也正是由于如此，一些国家的战略忧虑将趋于增加，这也就是布热津斯基所指出的“动荡时代的战略不安全感”[①]，由此大国权利及利益再分配的斗争将变得十分激烈，而其中围绕国际规则及制度安排的博弈将成为重中之重。而新的国际秩序只有具备更大的包容性和必备的公正性，才能引导国际关系朝着可持续和可预期方向发展。“目前出现的反全球化和逆全球化思潮和政策，恰恰说明国际社会需要对现有制度不合理、不充分的内容进行有效的改革。”[②]

大国关系性质已经发生重要改变，历史将证明非合作即对抗的零和博弈越来越不合时宜，过于强调本国优先即贻害世界也会伤及自身，竞争不掩合作、合作中充满竞争将在全球治理中更多显现出来。大国之间逐渐超越单纯权力争夺和冲突对抗的历史老路，国家间关系已经不再是简单的零和，而是非零和，具有两重性和复杂性。谋求国家生存与发展需要综合运用战略途径和手段，不能一味地强调矛盾和冲突，还必须谋求合作和协调，并以合作协调来制约矛盾冲突。竞争与合作错综交织已经成为大国关系的基本特征及限制条件。要实现国家利益，就要跟上时代的发展步伐，就不能身体已进入21世纪，而大脑还停留在旧时代，停留在殖民主义和地缘争夺的框架里，停留在冷战思维、零和博弈的束缚之中。在新的历史条件下，任何大国单打独斗已经行不通，迷信武力也会适得其反，那种以邻为壑、转嫁危机、损人利己的做法毕竟难以持久，人类比以往任何时候都更迫切，也有条件构建合作共赢的大国关系。

面对世界变局，各国普遍遭遇困顿与迷茫，发展模式和治理体系的改革与创新已经成为大国竞争的核心，而国家治理能力的提升必将为全球治理的变革和创新提供必要的基础和动力。谁能在发展道路、发展模式和治理体系上取得突破和领先，谁才能在未来的国际竞争中占据主动地位。金融危机发生以后，以美国为首的西方资本主义世界陷入停滞甚至衰退，金

---

① ［美］布热津斯基：《动荡年代的战略不安全感》，《环球时报》2017年1月3日。

② 秦亚青：《世界秩序刍议》，《世界经济与政治》2017年第6期，第13页。

融资本的贪婪无度再次深刻暴露了资本主义发展模式中的固有缺陷。至今西方国家都还没有找有效的办法来克服这一制度顽疾，自由主义学者所鼓吹的“历史的终结”没有实现，自由资本主义经济模式反而遭遇深刻危机。相比资本主义陷入困境，社会主义总体上仍处于低潮。虽然中国依然保持了持续发展的势头，但当前阶段增长速度放缓，在我国经济总量不断增大的同时，外部环境存在更多不确定性，加上市场发育不充分、竞争仍然确实、积累的产能过剩、环境代价增大、不可持续等问题也越来越突出，经济开始进入新常态，总体面临较大下行压力。世界经济进入低迷期是当前和今后一个时期的基本态势，各国普遍遭遇发展的困顿与迷茫。这种情况下，发展道路及发展模式的改革创新已经成为国际竞争的核心和主要承载体。没有某种一成不变的道路或模式可以长盛不衰，关键是各国尤其是主要国家能够适应形势的变化，不断提升国家治理能力、不断推进制度创新，为发展提供源源不竭的动力。若如此，既可以服务和惠及本国人民，也将为世界发展提供必要的动力和支持，进而实现国家之间的共同进化，谋求更广泛的可持续安全，带动和引领全球治理的发展方向。

三、切实维护全球战略稳定

世界变局虽然为国际安全形势带来更多变数，但也应该看到，全球战略稳定的基础毕竟难以受到根本动摇。与此同时，国际军事竞争领域增多空间拓展，影响国际安全局势发展的要素显著增多，多维的世界更需要多维综合的视角才能认识和理解得更好一些。地区和全球性挑战不断增多的严峻现实，对国际安全治理提出了更迫切需求，加强大国之间必需的协调已变得日益重要。大国关系如果不能保持基本稳定，世界就会变得更加危险，甚至失去控制。近年来的局势发展证明，一些基础性要素仍在发挥作用，且有进一步强化之势，有利于维护全球战略稳定。第一，以热核武器恐怖平衡为基础的大国战略稳定继续发挥作用。而且，防扩散实际已经成为更多国家的共同关切，大国协调的空间仍有条件进一步拓展。第二，新的安全空间和领域具有双重效应。一方面，国际竞争向网络空间、太空及深海等领域延伸；但另一方面，这些空间和领域具有特殊性，并不是哪一个国家能够完全控制得了的，也将成为国际合作的新空间和国际安全治理的新领域。第三，非传统安全威胁复杂严峻，没有更为广泛的国际协作，就不可能有效应对和化解。预防和应对恐怖主义网络的扩散就是各国共同的安全需要。第四，新技术创新为经济社会发展提供重要推力。这是一种利益增量，也是国际竞争中取得优势的关键，主要依赖于国家治理水平的提升才能获得。第五，难以被根本削弱且仍有条件继续强化的跨国跨区域联系，无疑也制约着大国关系出现严重的失衡和冲突。

冷战期间，虽然两个超级大国全面对峙，但也都在设法避免爆发直接军事冲突，从后来解密的文件证实，类似于柏林危机、古巴导弹危机等这样的严重事态，曾一次次将人类推到核战争的边缘。① 两大国再往前走一步就会陷入万劫不复的深渊。

冷战期间美苏两国之所以没有爆发严重军事冲突，主要原因还是美苏都认识到了军事冲突可能导致的无法承受的后果。尤其是两国都拥有超强的常规军力和确保相互摧毁的核武库，由此就不得不保持行动的足够谨慎。不能把势均力敌的对手逼入绝境，否则可能带来谁都承受不了的反制和打击。在 1962 年的古巴导弹危机中，尽管当时局势紧张，但双方应对中都保持了必要的弹性。美国在对苏联舰只围堵和施压的同时，留给苏联足够的讨价还价余地，也尽量避免过度羞辱对手，美苏最终各退一步，美国撤出在土耳其部署导弹，苏联则撤出在古巴的导弹，也将两国从冷战的极限或者是核大战的边缘拉了回来。②

在大国竞争中还需要以机制化的方式预防冲突、化解风险。而要实施有效的危机管控，必须在双方形成基本共识的基础上构建相应机制予以保障。在古巴导弹危机之后，美苏之间的军事互动进一步增多，尤其在海上两国海军多有摩擦，促进了双方在建立管控机制上取得了一系列成果，如 1972 年美苏签订了《防止公海及上空事件的协定》，1989 年签订了《美苏关于防止危险军事行动的协定》，强调要减少及和平处理双方武装部队间由于危险军事活动而发生的意外事件，以确保人员和装备在和平时期相互接近时的安全，消除相互猜忌和敌意，并制定了具体的沟通处理相关事件

---

① 王仲春：《不散的核阴云——核武器与核战略：从昨天到明天》，国防大学出版社 2000 年版，第 4 页。

② 关于古巴导弹危机的研究，柳植：《美苏冷战的一次极限：加勒比导弹危机》，广西师范大学出版社 2002 年版；Robert F. Kennedy，“Thirteen Days：A Memoir of the Cuban Missile Crisis”，W. W. Norton & Company，1999。

的相关程序。[①]

历史不会沿着简单的直线逻辑发展下去，它也会为变化留下或大或小的空隙。在局势发展变化的十字路口，决策者的意志、胆识和智慧都将受到严峻考验。而越是在困难和危机关头，就越需要审时度势努力把握主动，能够抓住转瞬即逝的关键节点，引导局势的发展方向，以改变个人甚至国家和民族的命运。

全球战略稳定在国际体系变迁过程中的积极效应不可替代，对维护国际安全意义重大。但不可忽视的是，维持战略稳定也面临一些严峻挑战。威胁主要来自以下两个方面，一是在国际变局中大国可能出现的失向感及战略盲动，二是国际体系在变迁过程中可能出现的系统性失效。而一些国际安全关键节点的失控有可能引发和放大这两种倾向，中东局势发展中潜藏着巨大安全风险，朝鲜半岛局势虽得以缓和但仍可能出现重大危机。朝鲜半岛问题在本质上是从持续至今的停战协定确立的安全结构向一个新的更具包容性和可持续的安全架构过渡和转变，涉及朝鲜半岛国家、大国博弈、中美竞争等诸多方面，是东北亚地区安全治理的结构性难题。如何将东北亚局势发展纳入可预期轨道和进程，考验着相关国家，也构成国际安全局势发展的一个重要风向标。

在国际体系深度变迁且不确定性显著增强的世界里，战略选择对国家的意义不是被削弱，而是变得更为显著。在很大意义上可以认为，战略选择决定国家的命运。一方面，新的历史条件对军事能力建设和运用提出了更为严苛的限制和要求，需要军事实践和理论的有力支撑；另一方面，历史条件变化也成为理论研究的重要动力来源，也迫切需要理论研究取得重大进展。如果理论长期滞后于实践发展，必然带来战略筹划难以摆脱经验决策的局面。[②] 应对复杂严峻的安全威胁，离不开具有穿透力的安全理论作为指导，否则难免会退回到应急式反应或就事论事的被动境地。

大战略思考尤其要适应国家安全的现实关切。习近平强调，“当今世

① “Union of Soviet Socialist Republics – United States: Agreement of the Prevention of Dangerous Military Activities”, International Legal Materials, Vol. 28, No. 4 (July 1989), pp. 877 – 895.

② 早在2002年，高金钿就提出建立独立的国家安全学，积极促进国家安全理论和有关重大现实问题的学术研究，培养从事国家安全研究和筹划所需要的人才队伍。参见金钿主编：《国家安全论》，中国友谊出版公司2002年版，第457页。

界，殖民主义、霸权主义的老路不仅走不通，而且一定会碰得头破血流。所以中国坚定不移走和平发展道路，多次公开宣示，中国反对各种形式的霸权主义和强权政治，不干涉别国内政，永远不称霸，永远不搞扩张”①。这种思想上的清醒和自觉，来源于对深刻演变中的全球政治的深刻理解和认识，中国走和平发展道路的决心坚定而自信，并一直致力于积极推动国家安全与国际安全的良性互动。在国内安全上，突出表现为推动经济可持续发展、实现国家治理进步、谋求社会稳定，努力打造平安中国；而在国际安全上，则突出表现在开展广泛的地区和国际合作、寻求更具建设性地介入国际事务，以共同利益为牵引强化共识、破解安全难题。

国际上尤其在美国总有一种观点，认为中国军事力量的增长必然导致中美军事冲突，国内也有人持有所谓的“中美摊牌论”。其中有代表性的认识是：“中国崛起后将在经济、军事和国际规则主导权等诸多领域挑战美国的领导地位，因此美国对华政策的主要目标应该从使其融入既有国际体系，转变为应对中国带来的挑战。防范中国崛起应该是未来美国主要的战略选择。”② 兰德公司早些时候也有分析认为：“当前及未来，西太平洋将是世界上最强大的两个国家相互视为对手的地区。”③ 它甚至出台了研究报告《与中国的战争——认真想象不可想象之事》。④ 美国特朗普政府强调美中战略竞争，也在一定程度上反映了美国战略界形成了某种程度的共识。实际上，中国的和平发展并不是向美国提出挑战。中国坚定奉行积极防御的军事战略，这既是发展中国特色社会主义的内在和本质的要求，实际上也适应当今世界局势发展变化提出的客观要求，和平发展合作的基本潮流难以根本逆转。积极防御与我国传统和合战略文化一脉相承，但是其内涵需要拓展并赋予时代意义，没有深入系统的理论探讨，就不可能回答宏大的时代命题。而坚持积极防御，既是中国的政治优势，也是国家软实

① 中共中央宣传部：《习近平总书记系列重要讲话读本》，学习出版社、人民出版社 2014 年版，第 149 页。

② Robert D. Blackwill and Ashley Jrellis，“Revising U. S. Grand Strategy Toward China”，CFR，March 2015.

③ David. C. Gompert，“Sea Power and America Interests in the Western Pacific”，Rand Corporation，2013，p. 11.

④ ［美］大卫·C. 冈珀特等著，张辉等译：《与中国的战争——认真想象不可想象之事》，中国国防科技信息中心 2017 年版。

力的重要表现和标志。从长远看，也将进一步增强我国维护国家利益的正义性与合法性，并增强我国走和平发展道路的坚定性和可信性。而在这样的国家安全大局下，军事力量的运用必然服从于特定的约束条件，并要为和平发展提供坚实保障。然而积极防御并不意味着一味退缩，对于必须维护的国家核心关切，既要敢于斗争也要敢于胜利，只有做到义利并举奖惩有别，才能承担起大国的历史责任，在地区和国际事务中发挥更大、更积极的作用。

四、坚持走和平发展道路

“中国坚持走和平发展道路，不是权宜之计，更不是外交辞令，而是从历史、现实、未来的客观判断中得出的结论，是思想自信和实践自觉的有机统一。”① 中国正在发生的社会变革，虽然与开放政策紧密相关，但更多表现为社会活力的迸发和自身进步，体现在国家治理模式和维护安全模式的不断完善和自主创新，绝非属于排他性的扩张。实际上，改革开放使中国与外部世界的关系进入可预期的良性互动的长期进程，更多的国家和人民将会越来越真切地感受到由中国发展所带来的收益，感受到中国是维护国际安全和全球战略稳定的重要力量，也是促进地区和世界增长的重要推动力量。中国选择和平发展道路本身就是一种战略自觉，和平发展道路是尊重世界发展大势的自主选择。国际关系是一个共同进化的过程，越是在全球化进程遭遇阻碍和困难的时候，越是要把目光放得更远一些，把暂时的困难当作战略调整的契机，推动中国与世界更为积极地展开战略互动。

如何构筑牢固的国家安全依托，也是在开放条件下必须树立的战略思维。军事力量运用面临许多必须克服的现实课题，军事理论需要做出积极探索并引导实践的开展。理论和实践应当具有共同的指向，互为支持和检验，聚焦于如何经略广泛的安全网络，积极塑造可预期可持续的地区和国际安全框架。“中国不仅要在实践方面妥善处理好面临的各种安全挑战，而且要在理论观念方面为世界做出具有引领性的贡献。”②

① 中共中央宣传部：《习近平总书记系列重要讲话读本》，学习出版社、人民出版社 2014 年版，第 148 页。

② 刘江永：《可持续安全真谛与战略构想》，张蕴岭主编：《新安全观与新安全体系构建》，社会科学文献出版社 2015 年版，第 46 页。

构筑安全框架不可能排除美国因素的影响。中美两国之间存在不可回避的结构性矛盾，一个时期以来，美国政府国家安全战略突出强调大国战略竞争，其中对中国的敌性判断明显趋于增强。① 按照西方尤其是美国一些研究者的逻辑，中美两国面临掉入崛起大国和守成大国之间“修昔底德陷阱”的风险，并且由于存在明显的文化和制度差异，相互之间战略互信明显不足。然而在多维的世界里事情往往并不按单一逻辑简单发展。② 一方面，近年中美两国在西太平洋持续开展政治外交博弈，美国挑拨纵容、挤压试探，两国军事摩擦持续不断，甚至出现某种升温迹象；另一方面，到目前为止双方基本上能够做到处置有据，在涉及彼此核心利益上，两国总体上还是能够维持理性和克制，并留有必要的余地，避免发生正面军事对抗。应该看到，在当前世界变局中不确定性空前增加的背景下，国家之间必须保持更多沟通与协调，其中大国关系基本的战略稳定尤其显得重要，用简单粗暴的不顾及他人的限制措施无助于解决重大战略问题，甚至可能强化不信任感，严重恶化国际环境，反过来也会危及自身利益。面对难以逆转的“权势扩散”③，大国更充分更有效的协调已变得必不可少，如果不能做到这一点，国际安全局势只能变得更加危险，最终甚至可能失去控制。怎样理解和把握这其中蕴含的世界局势的发展走向及其对大国关系的约束，并能将其有效转化为中国对外关系的有力措施和政策杠杆，以构筑国家安全的牢固依托，并可有力制衡来自美国对华政策变化带来的紧张和冲击，也应成为军事战略拓展的方向。

军事战略关注胜负，但又要超越军事胜负。这是因为在国际联系日趋紧密的今天，“全面战争再也不是战争的基本形态，国家间的‘零和游戏’向着‘正和关系’转化”④。这是走和平发展道路的客观要求，也是适应国

---

① The White House，“A New National Security Strategy for a New Era”，December 18，2017.

② 约瑟夫·奈就认识到中国并非要颠覆西方主导的国际体系。Joseph S. Nye，Jr.，“Will the liberal order survive? The history of an idea”，Foreign Affairs，January/February 2017，p. 10.

③ 权势扩散是国际体系变迁的一个重要特征，许多研究揭示了这样的发展趋势，美国国家情报委员会近年出版的系列报告具有代表性，如《全球趋势 2030：变换的世界》及《全球趋势 2035：进步的悖论》等，都有明确的结论。

④ 金钿主编：《国家安全论》，中国友谊出版公司 2002 年版，第 52—53 页。

际政治发展演变的必然选择。中国的军事理论研究越来越需要更主动地适应大战略的要求和约束,① 只有放在大战略背景下，理论研究才能得到系统深化，也才可能经受未来军事斗争的实践检验。正是在这样的背景下，军事斗争更多地被融入经济、政治、文化、科技、社会等多领域为一体的系统竞争和较量，因此也可以更好理解为什么有研究者提出大战略时代的概念，并注重研究与大战略时代相呼应的战争形态演变。②

在大局下谋求主动，在限制中开动思维，这是军事创新必须遵守的时代条件。由此而来，军事战略创新也日益需要坚实的哲学基础作为其发展进步的前提条件，如果缺少战略哲学的高度，认识和思考就会失去方向，也支撑不了大国的国家安全。法国战略家博弗尔就曾讲过："战略的支配和引导力量必须是理想，但这也就把我们带入哲学境界。"③ 目前有相当比例的军事理论成果，其根本缺陷就表现在缺少战略哲学底蕴，"一些著述看似深奥其中却不见得有深刻思想，有些作品以其思想活跃性和手段运用艺术性而著称，但并不蕴含价值理念和哲学眼光"④。

抗日战争初期，面对日本灭亡中国的嚣张气焰，毛泽东以他对中日两国国情及战争走势的洞察，作出了持久战的科学论断，为中国人民的最后胜利指明了方向和途径，其中所描述的犬牙交错的战争形态实际上早已超越了单纯军事领域的较量："长期而又广大的抗日战争，是军事、政治、经济、文化各方面犬牙交错的战争，这是战争史上的奇观，中华民族的壮举，惊天动地的伟业。"⑤ 而在今天，中国要赢得新的历史条件下的大国竞争，也是要开展长期而广大的博弈，并体现在军事、政治、经济、文化等更多方面的全面综合的博弈，也必将是一场持久战。其中尤其要考虑到，

---

① 在这个意义上可以更好地理解钮先钟的观点，即对于战略研究，军人的学识和经验已经不再是唯一的必要基础。钮先钟:《战略研究》，广西师范大学出版社 2003 年版，第 39—40 页。

② "微战争"就被视为战争的新面貌，并具有作战规模可控、作战力量精干、作战主体复合、作战效果叠加等特点。曾华峰、石海明等:《科技兴军的逻辑》，国防科技大学出版社 2018 年版，第 89 页。

③ Andre Beaufre, "An introduction to Strategy", Praeger, 1965, p. 138.

④ 唐永胜:《当代中国国际战略研究：进展与创新》,《国际政治研究》2015 年第 6 期，第 144 页。

⑤ 《毛泽东军事文集》第 2 卷，军事科学院出版社、中央文献出版社 1993 年版，第 1301 页。

国家影响力的提升不仅依赖武力，也越来越依赖思想的传播。

超越军事领域本身思考国家长治久安之路，是今天大战略筹划的历史使命，为此必须极大拓展战略视野，这是由战争形态发展变化带来的必然结果，也是国家安全需求多样化的客观要求。实际上，哈特较早时候就有专门提醒："大战略虽然是指导军事战略的，但是它的某些原则又经常与军事战略所推行的原则相抵触。"① 不注重这一差异，理论研究就可能陷入坐井观天的困境。在机械化战争时代如此，在信息化战争时代就更是这样。军事实践不得不兼顾更广阔背景，不得不遵守更多层面的限制。约翰·柯林斯指出："军事战略是以使用暴力或以暴力相威胁为基础的，它力求通过武力来取得胜利。大战略如果运用成功的话，将减少使用暴力的可能性。同样重要的是，大战略寻求的远不是战争的胜利，而是持久的和平。军事战略主要是将军们的事情，而大战略主要是政治家们的事情。大战略支配军事战略，而军事战略只是大战略的一个组成部分。"② 只是在今天，军事行动与大战略行动联系空前密切，对军事理论研究的要求更为苛刻，在更多时候需要将宏观和微观更有效地结合起来，既要指引方向，又要提供具体的路径。

中国和平发展道路适应国际关系背景的深刻演变，也根植于传统和合文化和天下情怀的深厚土壤。中国军事思想历来注重内修文德、外治武备，并注重积极防御、以战促和。先秦就有军事家反对穷兵黩武，其军事思想延续至今仍在闪烁智慧的光芒。吴起就明确得出："天下战国，五胜者祸，四胜者弊，三胜者霸，二胜者王，一胜者帝。是以数胜得天下者稀，以亡者众。"③ 实际上这也正是当今世界潮流所向，单纯军事手段越来越难以解决全球政治的重大问题。中国的发展不是也不应是大国权力竞争的延续，更不是企图替代原有的世界霸主，而是时代风云催生育化的民族复兴，这一进程在当前尤其需要大战略选择和军事理论的系统创新作为思想和智力保障。

---

① ［英］利德尔·哈特著，中国人民解放军军事科学院译：《战略论》，战士出版社 1981 年版，第 494 页。

② ［美］约翰·柯林斯著，中国人民解放军军事科学院译：《大战略》，军事科学院出版社 1978 年版，第 47 页。

③ 《吴子·图国》。

小 结

军事安全构成国家安全体系的重要组成部分，也是维护这一体系健康运行的关键支撑。筹划和维护军事安全，必须依据维护国家安全的总体要求，在国家安全战略牵引指导下，对军事安全全局性问题进行宏观统筹与协调，有效化解重大风险，努力赢得战略主动。国家安全局势的新发展要求拓宽军事安全视野，创新军事战略思维。为此，需要准确认识和把握安全观念的发展趋向，拓展军事战略指导的范围、领域和特点，统筹应对国家面临的多种安全威胁。其中，军事创新的重要任务之一，就是紧紧围绕在新的历史条件下应该建设一支什么样的军事力量、怎样建设军事力量以及未来打什么仗、怎样才能打胜仗等具有基础性的重大战略问题上不断取得进展，创新和发展战略战术，努力构建具有中国特色的现代军事力量体系。只有全面推进国家安全体系和能力建设，才能有效应对日渐增多的不稳定不确定因素，真正经受住各种风险挑战的重大考验。战略机遇从来就不是别人恩赐的，终归要掌握在自己手中，尤其在于能够在内外局势发展变化之中做到审时守度、因势利导、综合统筹，努力赢得战略主动。实现开放条件下的国家安全，离不开军事力量强有力的战略保障作用。

思考题

1. 如何理解军事战略必须服从服务国家安全和发展全局？
2. 如何迎接世界新军事革命对维护军事安全带来的机遇和挑战？
3. 如何在世界变局中赢得战略机遇？
4. 中国如何对维护国际安全及全球战略稳定作出更大贡献？

第四章　军事安全的力量建设

加强军事安全力量建设，是维护军事安全的根本举措。马克思主义认为，国家的实质是阶级专政，国家是有组织的暴力。这一本质属性，决定了军事安全在国家安全中的支柱作用。国际关系体系的无政府状态，也强化了军事手段维护国家安全的功能。西方思想家霍布斯说过，国家间“始终是互相猜忌的，并保持着斗剑的状态和姿势。他们的武器指向对方，他们的目光互相注视”①。当今世界，文明发展与社会进步使国际关系逐渐脱离“所有人反对所有人”的战争状态，但军事手段是解决国家安全问题的保底手段，军事能力始终是国家战略能力中的硬核能力，军事安全对任何国家来说始终都是“国之大事”。

第一节　军事安全力量建设原则

军事安全力量建设原则，是军事安全力量建设实践在主观指导上的正确反映和自觉运用，是军事安全力量建设需要把握的基本遵循。深入探讨和掌握军事安全力量建设原则，对于有效推进军事安全力量建设具有重要指导意义。

一、坚持以有效维护国家安全为根本目标

军事安全力量建设作为国家安全力量建设体系中的重要组成部分，其根本目标在于确保有效维护国家安全。各国根据世界形势的发展、国家安

---

① ［英］霍布斯著，黎思复、黎廷弼译：《利维坦》，商务印书馆 1986 年版，第 96 页。

全利益和军事战略的要求，常态评估可能面临的战争风险，据此确定军事安全力量建设的方向和重点。因各国在军事、安全、国防等领域的关系不同，决定其军事安全力量建设的外在表现形式也存在较大差异，由此可分为自主型、超脱型和联盟型等不同力量建设方式。

自主型方式，是世界上最主要、最普遍的军事安全力量建设方式。目前，世界上绝大多国家的军事安全力量建设任务都由本国承担，完全依赖或仰仗他国力量的情况极为少见。即使国力稍逊的一些小国和弱国，也都立足本国实际，力所能及地组织本国军事安全力量建设。如地处马六甲海峡这一全球要道的马来西亚，虽然周边安全环境十分复杂，国力非常有限，但仍明确提出“打造可信赖的军队、确保武装部队有能力保卫国家安全、反击威胁主权的外部威胁和保证国防部财政管理及采购流程诚信清廉四项核心倡议”①。历史反复证明，一个具有现实责任感和历史危机感的国家，必须独立建设军事安全力量，形成不依附于任何外部力量的防卫能力。

超脱型方式，是指军事安全力量建设免受外部安全压力影响的方式。采取这种方式的国家大多是奉行永久中立政策的国家，其既不参加任何军事联盟，也不参加其他国家之间的战争和武装冲突，对其他国家之间的争端采取不介入态度。目前，在世界近 200 个主权国家中，有 7 个国家宣布为永久中立，并得到国际上的普遍承认，分别是：奥地利共和国、哥斯达黎加共和国、芬兰共和国、列支敦士登公国、瑞士联邦、瑞典王国和土库曼斯坦。② 从历史上看，实施中立政策的国家，大多具有浓厚的和平文化和悠久的中立传统。如瑞士和瑞典奉行中立政策已近两个世纪，这期间一直没有遭受过创伤，即使在一战和二战期间，位于欧洲战火包围之中的瑞

① ［新加坡］廖博闻：《马来西亚国防部 2020 年展望：四大核心倡议》，中国东盟报道，2019 年 12 月 31 日，https：//baijiahao. baidu. com/s？ id = 1654428631467104223&wfr = spider&for = pc。

② 2022 年 2 月乌克兰危机爆发后，芬兰和瑞典于 2022 年 5 月同时申请加入美国主导的全球最大军事同盟组织——北约。2023 年 4 月 4 日，芬兰正式加入北约，成为其第 31 个成员国。芬兰加入北约标志着该国军事不结盟的时代已经结束，由此终结了其奉行 70 多年的永久中立国地位。按照规程，北约必须在成员国“一致同意”前提下才能吸纳新成员。目前，土耳其和匈牙利尚未正式批准瑞典加入。《芬兰正式加入北约 俄罗斯表示北欧地区局势由此发生根本变化》，新华网，http：//www. xinhuanet. com/2023 - 04/04/c_1129495047. htm。

士和瑞典也由于奉行中立政策而得以幸免。实际上，此类国家虽然奉行中立政策，但都建有一定规模的军事力量，并在此基础上拥有较为完整的防卫体系和较高水平的军事能力。

联盟型方式，是在特定的国际背景和时代条件下，两个或两个以上具有某些共同政治、经济或军事利益的国家，以条约形式确立军事联合关系或建立军事集团，共同承担军事安全。在军事同盟中，除建立和维持本国的基本防卫力量外，成员国还需不断提高某些专业领域或任务范围的军事能力，并与其他成员国配合协作，以此提高军事同盟的整体防卫水平。二战结束后，美国先后与菲律宾、泰国、澳大利亚、日本、韩国以及拉丁美洲和欧洲的多个国家，建立了数十个双边或多边军事同盟，各同盟缔约国实施联盟型军事安全力量建设的范围内容不断拓展，涵盖情报共享、资金援助、武器研发、人员培训、联合军演和反恐维稳等军事安全力量建设的大部分领域。世界上不存在绝对的同盟型军事力量建设，对于世界上占大多数的中小国家而言，通过实施或推行同盟型军事安全力量建设，在军事力量建设上“搭便车”，将本国安全在一定程度上托付于他国，将不可避免地带来国家安全的不确定性、风险性甚至危险性。

国家安全需求不是一成不变的，而是处于不断发展演变和动态变化之中。因此，应密切关注国家安全形势变化，着眼维护国家利益需要，根据国家安全需求的转变及时调整军事安全力量建设。比如，国家安全威胁的种类、性质、方向、强度等发生了变化，军事安全需求也会有变化，军事安全力量建设应据此进行相应的调整。在二战爆发前，马奇诺防线的修建是法国人的一个骄傲，这个欧洲最为庞大的工程项目将筑城技术发挥到了极致，法国人将国家安全完全寄托其上并非毫无道理。如此一条坚强的防线，完全断绝了敌人从侧翼迂回的可能性，只有在付出惨痛代价的情况下才可能突破。法军在使用少量兵力守备防线的情况下可以调集尽可能多的预备队对来犯之敌进行痛击，这是多么令人快意的事情啊！但并不是所有人都这么乐观，英国陆军的一位军长艾伦·布鲁克爵士在 1939 年末和 1940 年初曾经两度参观马奇诺防线，在日记里写下了他的感想：“不用怀疑，马奇诺的整个观点是天才的设想。但是它只给我很少的安全感，我认为法国本来可以做得更好，如果把钱花在机动防御的装备上，比如更多更好的飞机和更多的装甲师，而不是把钱扔进地下……马奇诺防线最危险的方面是在心理上，它给人造成一种错误的安全感，躲在牢不可破的钢铁防线后面的感觉，一旦这种感觉被打破，法国的战斗意志将一起被粉碎。”① 不幸的是，这个英国人的担忧恰恰成了事实：1939 年 9 月 3 日法国对德宣战之后，布置在前线的法国部队根本没有临战前的紧张气氛，从前线到后方的法国人一致认为德国人必然会在马奇诺防线面前撞得头破血流，这场战争将会是一场“轻松的战争”。他们整日里无所事事，既不作战，也几乎不训练，更不用提操练那些听都没听说过的步坦协同、空地协同战术。法国士兵每天的工作就是挖一些毫无用处的野战工事，以及享受后方提供的丰富全面的娱乐设施，直到被德军突如其来的攻势打得一败涂地。②

二、坚持以备战打仗为核心任务

军队是战争的产物，是为了遂行军事斗争任务特别是为了备战和打仗而存在的。“打什么样的仗、就建设什么样的军队”和“仗怎么打、军队就怎么备”，这是军事安全力量建设亘古不变的基本原则之一。因此，军事安全力量建设必须一切从实战出发，服从服务于实战，最根本的是坚持以备战和打仗为核心任务。对未来战争样式进行假设和构想，加强军事安全力量现代化建设，是目前世界各国为赢得未来战争的通行做法。

能战方能止战，准备打才可能不必打，越不能打越可能挨打，这就是战争与和平的辩证法。从根本上讲，任何军事安全力量建设都是在为打赢未来战争做准备。因为只有以遏制和打赢战争为标准来衡量军事安全力量建设的进程和质量，才能充分发挥作战的牵引作用，有针对性地进行战争准备，推动军事安全力量建设沿着正确的方向发展，才能集中精力和资源用于提高作战能力，最大限度地提高军事安全力量建设效益。衡量军事安全力量建设的成效，不仅要看战斗力增长幅度有多大，更要看与作战对手的差距有多大。

军事安全力量建设各项工作，如果离开战斗力标准，与实战要求、作战需求脱节，就会偏离正确方向，失去其根本意义和价值。打赢标准是随着战争实践发展而不断变化的，不同的战争形态要求不同的打赢能力。恩格斯指出：“在长久的和平时期兵器由于工业的发展改进了多少，作战方

① 张锦霖：《盯紧未来战场的“灰犀牛”》，《解放军报》2017 年 8 月 23 日。

② 韩和元：《警惕疫情防控中的“马奇诺防线”风险》，金融界网，2020 年 3 月 18 日。

法就落后了多少。”① 战争制胜的关键，冷兵器时代在于士兵的数量和体质，热兵器时代在于谁能更好地集中火力优势、发挥火力打击效能，机械化战争在于发挥军队的突击力、机动力和整体作战能力，信息化战争则在于制信息权、一体化联合作战。战争形态在变，制胜机理在变，战争思维、作战理念和打赢能力也必须跟上。

历史反复证明，以战止战、以备遏战是军事安全力量建设发展的必然要求。和平时期必须边斗争、边备战、边建设，如果战、建、备脱节，不仅会造成巨大浪费、贻误备战时机，战争爆发时还将付出惨痛代价。不管是备战还是建设，都要着眼打赢未来战争，二者相辅相成、辩证统一。其中“战”是准绳、是目的，战场打不赢，一切等于零；“建”是基础、是保障，如果“建”得不过硬，打仗就难过关。

三、坚持以全面协调、整体推进为基本方式

军事安全力量建设是一个由诸多要素组成的结构复杂、层次众多的系统，包含着军事、政治、后勤、装备等诸多方面的工作。在这个系统中，任何要素都不是孤立存在的，而是互相联系和制约的有机整体，如同人的手指，捏合不紧就握不成拳头的道理一样，无论哪一个环节、哪一个部位薄弱了，都会影响军事安全力量建设的整体效益。军事安全力量建设既要注重强化单个要素的功能，更要注重各要素在军队建设整体活动中的地位和作用，注重各要素与其他要素的相互关系，从而调节局部和全局的矛盾，减少各要素之间的摩擦与内耗，使系统的各个部分在完成系统整体任务中恰当地、充分地发挥作用，使全系统发挥整体的作用。从系统的观点看，整体推进，是军事安全力量建设的一个重要规律。正如美国参谋长联席会议前主席欧文斯所说：“未来军事优势的基础是由子系统组成的大系统，这个大系统基本上是一个军事联合体。任何一个军种都无法单独建设它，大系统完全建成时，各军种的作战效能将有极大提高。”②

坚持全面协调、整体推进，并不是平均用力，而是强调以重点突破带动全面发展，以全面发展巩固重点突破的成果。整体推进军事安全力量建

---

① 《马克思恩格斯全集》第 13 卷，人民出版社 1998 年版，第 657 页。

② 林建超、吉文明：《世界新军事变革概论》，解放军出版社 2004 年版，第 158 页。

设，从战略层次实施统一规划，由上向下贯通，使军队这个复杂大系统中的各子系统形成结构紧密、功能互补、协调有序、灵敏高效的作战体系，最大限度谋求结构和功能的优化。美军根据国际安全形势、战争形态与作战样式、使命任务的变化，以科技进步为驱动，以国家实力为支撑，推动军队向精干、联合、多能、高效的方向发展，尤其注重发挥军队的整体功能，提高军队的整体作战能力。冷战结束至今，特别是近年来为应对更加复杂的“混合威胁”，美军提出“一体化威慑”和“全球一体化作战”概念，并以此为牵引，优化部队结构，加强部队质量建设；强化海、空军和特种部队，削减地面部队；适度裁减陆、海、空军一般部队，重点发展太空、网络、特种作战等新型作战力量；以构建 C4ISR 系统为基础，实行部队结构模块化，增强军队联合程度。①

四、坚持以提升质量效益为根本标准

注重质量、讲求效益，是关系未来战争胜负和军队建设全局的重大问题。向质量和效益要战斗力，已成为各国军事安全力量建设的重要途径。军队以遏制和打赢战争为目标，这决定了军事安全力量建设效益既与人类一般活动中的效益有相同的本质，又有其特定的内涵。所谓的质量效益，就是围绕既定目标将投入军事安全力量建设的各种资源转化为作战能力的效果，其本质内涵是战斗力生长的高质量发展。坚持质量效益，需要把军事安全力量建设发展模式转到体系化内涵式发展上来，要以高质量武器装备、高素质军事人才、新型作战力量为重点，增加战斗力有效供给，推动军事安全力量建设由“量”的增值转向“质”的提升。例如，从 15 式新型轻型坦克、远程箱式火箭炮、直 -20 直升机列装部队，到首艘国产航空母舰、075 两栖攻击舰、055 万吨驱逐舰下水入役；从歼 -20 飞机、歼 -16 飞机、歼 -10C 飞机代次搭配、形成实战能力，到东风 -17 导弹、东风 -26 导弹等批量装备，中国军队建设发展模式转到体系化、内涵式发展上来。②

当前，世界新军事革命方兴未艾，其实质上是一场充分利用资源、以

---

① 周信：《美“一体化威慑”战略暴露冷战思维》，《中国国防报》2021 年 10 月 8 日。

② 张汨汨、王逸涛：《迈上高质量发展壮阔征程——新时代国防和军队建设成就综述之四》，《解放军报》2022 年 8 月 2 日。

较少资源消耗获取较高效益的军事革命。用兵力兵器的数量规模积聚效能，是工业时代军队的选择，苏联时期的“钢铁洪流”就是突出代表。在强化质量效益观念上，既要强调质量要素、成本要素、系统要素，又要强调向信息化要效益，克服低层次谋划军队建设的现象，自觉做到按照信息化智能化要求，科学确立战略目标、作战思路和具体步骤，以信息化智能化建设带动军事安全力量建设效益的整体跃升。在提高打赢能力上，既要把自己的人员素质、武器装备的性能搞透，又要认真研究主要作战对手的人员素质、武器装备的性能；既要整合战场资源力量，又要整合人力、财力、物力等各方面的力量，使各个要素都能充分发挥最佳效能，努力为夺取作战胜利服务。

五、坚持以与其他安全力量建设相统筹为重要保障

无论从理论还是实践看，军事安全都是与其他安全密切联系、不可分割、融为一体的。列宁指出：“要真正地认识事物，就必须把握住、研究清楚它的一切方面、一切联系和‘中介’。我们永远也不会完全做到这一点，但是，全面性这一要求可以使我们防止犯错误和防止僵化。”[①] 因此，军事安全的维护不单单是靠军事领域自身力量来实现，还要靠整个国家安全力量体系来支撑。其实，从工业时代开始，军事就已不只是军队与军队在战场上的厮杀，更是国家与国家之间的整体对抗，是政治、经济、军事、外交、科技、自然、地理等综合而成的“大国防”。恩格斯一语破的：“暴力还是由经济状况来决定的，经济状况给暴力提供配备和保持暴力工具的手段。但是还不仅如此。没有什么东西比陆军和海军更依赖于经济前提。装备、编成、编制、战术和战略，首先依赖于当时的生产水平和交通状况。”[②] 鲁登道夫在《总体战》一书中也说：“在当前的战争中，哪些属于陆海军的范围，哪些属于人民的范围，已难以区分。”[③] 随着信息时代的到来，军事这种不断拓展的内涵和外延又有了更强的增进动力和势头，正以超出人们预想的加速度膨胀和扩散着。军事、政治、经济、科技和文化

---

① 《列宁专题文集 论辩证唯物主义和历史唯物主义》，人民出版社 2009 年版，第 314 页。

② 《马克思恩格斯文集》第 9 卷，人民出版社 2009 年版，第 174 页。

③ ［德］埃里希·冯·鲁登道夫著，戴耀先译：《总体战》，解放军出版社 2005 年版，第 31 页。

等领域的安全息息相关，一个领域的安全，会迅速波及其他领域的安全。由于各个领域高度融合，维护国家安全利益也就不只是通过军事手段，而是可以多种手段并用。像西方提出的所谓“总体持久型战略”，就是意在“以武力战、政治战、经济战、思想战等为要素，并使之成为一个完整体系加以综合使用”①。

新形势下，军事安全加速超越军事领域自身范畴，与政治、国土、经济、文化、社会、科技、网络、生态、核以及海外利益等领域的安全紧密交织、相互渗透、融为一体。这一背景下，军事安全力量建设绝不能搞“孤芳自赏式”的封闭发展，而必须与社会、科技、网络、资源、核、海外利益等安全领域力量相互协调和配合，努力实现融合式发展，才能充分保障国家军事安全的有效维护。

第二节　军事安全力量建设内容

军事安全力量是维护国家安全的核心力量，是遏制和打赢战争的关键支撑。加强军事安全力量建设是国家提高军事安全保障能力的根本方式，涉及领域众多、内容广泛，主要包括武装力量体系建设、新域新质作战力量建设和国防动员能力建设等方面。

一、武装力量体系建设

武装力量是军事安全力量的主体，其建设水平直接反映军事安全力量建设的整体水平，也决定着军事安全力量建设的质量。目前，世界各国武装力量构成情况各异。按性质和基本任务区分，武装力量构成主要包括常备军、后备部队、群众武装以及内卫力量等部分。② 常备军是国家武装力量的主体，是军事安全力量建设的核心支撑。后备部队、群众武装和内卫

① 杨高明：《高新技术广泛应用 国防成为不断放大安全课题》，《中国国防报》2010年11月4日。

② 全球许多国家都设有类似的内卫力量，但其名称不同，比如法国的宪兵部队和中国的武警部队等。又如，俄罗斯的国家内卫部队负责维护国家安全和治安，美国的国民警卫队也是一支拥有内卫职责的重要军事力量。这些内卫型武装力量在各自国家的安全维护和社会稳定方面扮演着重要角色。

力量属于后备军事力量，经过动员可以直接为战争所用，战时能迅速动员直接或间接参战。它们既是国家武装力量的重要组成部分，也是常备军在战时扩军、补充的重要来源。

中华人民共和国的武装力量，由中国人民解放军现役部队和预备役部队、中国人民武装警察部队、民兵组成。中国人民解放军现役部队是国家的常备军，主要担负防卫作战任务，必要时可以依照法律规定协助维护社会秩序；预备役部队平时按照规定进行训练，必要时可以依照法律规定协助维护社会秩序，战时根据国家发布的动员令转为现役部队。中国人民武装警察部队担负执勤、处置突发社会安全事件、防范和处置恐怖活动、海上维权执法、抢险救援和防卫作战以及中央军委赋予的其他任务。民兵是中国共产党领导的不脱离生产的群众武装组织，是中华人民共和国武装力量的组成部分，是中国人民解放军的助手和后备力量。

完善的武装力量体系，具有平时威慑和战时实战的双重功能，是反侵略、反颠覆，确保军事安全的基本力量依托。武装力量建设主要包括武装力量的思想政治建设、组织编制建设、人员建设、武器装备建设和保障建设等方面。

（一）武装力量思想政治建设

武装力量思想政治建设，主要是激发武装力量各类人员的爱国奉献精神，增强凝聚力，捍卫国家主权、领土的完整和安全，防御外来侵略、颠覆和威胁，提高武装力量实力和潜力。世界各国因不同的国情军情，武装力量思想政治建设涉及的内容也不同，通常包括武装力量的使命任务、军队文化、宗教信仰、条令条例、法律法规和国防政策等。比如，美国独立战争以来，牧师担负着对美军官兵进行思想政治教育的任务，美军随军牧师主要充当官兵的心理医生，有针对性地做好官兵的思想工作。2018 年 7 月 30 日，俄罗斯国防部成立军事政治总局，开始借鉴苏军经验全面恢复政治工作体系。近年来，俄联邦武装力量已基本构建起政治工作的法规体系、组织体系、军事政治教育体系、人才培养体系与军事爱国主义教育体系，在政治工作演习、训练及考评等方面呈现出一些创新性特点。

忠诚是武装力量思想政治建设的核心内容。事实证明，一国政府面临的“军事安全”威胁既来自国家外部，有时也来自军队内部。苏联“八一九军事政变”、俄罗斯瓦格纳兵变以及 2023 年苏丹、加蓬等国的兵变表明，思想政治建设不到位，就无法保证军队的绝对忠诚，就会出现军事安全的“反噬”。因此，中国人民解放军的思想政治建设，重点突出人民军队的性质、宗旨和任务教育，突出人民军队光荣传统和优良作风教育，突出人民战争思想和革命英雄主义，注重全面提高军人的政治、军事素质，确保中国共产党对人民军队的绝对领导。

（二）武装力量组织编制建设

武装力量组织编制建设，是指加强和完善陆军、海军、空军、战略导弹部队和国防后备力量等组织编制，实现武装力量体制编制的现代化和科学化。组织编制科学合理与否，直接影响武装力量建设的水平和战斗力。

在作战指挥体制上，为适应信息化智能化战争的需要，各主要国家军队均着眼提高指挥效率，逐步取消了军种的指挥职能，强化以联合参谋部为龙头、以战区为重点的联合作战指挥体制。法国于 1993 年将各军种指挥权集中于三军参谋部，战时三军参谋长转任总参谋长，由隶属国防部长改为直接隶属总统。美国近年来进行的国防体制改革，其主要内容也是加强参谋长联席会议主席的指挥职能。由于局部战争主要表现为战区战争，各国均把战区作为联合作战指挥体制建设的重点，赋予战区更大的自主权，使其能根据战场变化实时决策、实时指挥。在建设领导体制上，为适应军队现代化建设的需要，各主要国家军队均着眼提高建设效益，完善由国防部统管、军兵种领导机关主抓的行政领导体制。

与此同时，为应付各种威胁和有效发挥整体作战力量，作战部队已不可能以固定的编制模式完成多种任务，迫切需要部队在高度合成的基础上实行模块化编制，且各个模块之间必须互联互通，实现信息共享，以适应战时灵活编组的需要。如美陆军的军就带有指挥模块的性质，而师和营则是作战模块，保障旅及师属保障营则是保障模块。在不同模块内，注重按功能配齐各种要素，以保证充分发挥作用。同时，各主要国家军队在调整部队编制类型时，还十分注重部队的多用途性，力求使一种类型的部队兼有重型、中型和轻型三种部队的能力，以适应部队数量日益减少、任务种类不断增多的情况。为解决能力互补的问题，除作战部队编成联合化外，一些国家现役部队与预备役部队也在进行联合编组。

（三）武装力量人员建设

在人类战争史上，无论是体力制胜、火力制胜，还是机械力制胜、信息力制胜，都离不开“人”这个主导性因素。唯物辩证法认为，事物的发展总是由量变到质变，又在新质的基础上开始新的量变。一方面，军队的数量体现并保障着军队的质量，在其他条件相同的情况下，兵力、兵源和兵器众多者在战争中总是展现出巨大的优势；另一方面，军队的质量又制约着军队的数量，质量较高的军队往往能以少胜多。特别是随着信息化智能化战争的发展，大量高技术武器装备不断出现，对武装力量人员建设的要求越来越高，精兵作战、精兵制胜成为一条重要的胜战原则。当前世界战争形态加速演变，大量现代科学技术广泛运用于军事领域，武装力量的精干化、一体化、小型化、模块化、多能化等特征越来越突出，发达军队与落后军队正在形成新的“代差”，质量因素在战斗力建设中已经跃居主导地位，开始发挥决定性作用。

重视和推进高素质军事人才培养，是世界主要国家强化军事力量建设的普遍共识。武装力量人才建设是一项复杂的系统工程，主要包括优化人才队伍结构、完善人才培育机制和营造良好人才环境等。优化人才队伍结构，是指优化专业结构、能力结构和知识结构等；完善人才培育机制，主要是完善人员成长的预测规划、招募吸纳、教育培训、考核评价、选拔任用、激励保障和监督管理等机制；营造良好人员环境，也就是培塑充满生机与活力的人员发展生态环境等。注重提高军人的实战素质。世界各国普遍重视通过集训和演习等途径，提高军人的实战能力。如美军采用模拟训练、作战实验室等形式来提升军官指挥现代战争的能力。建立军事人才的成长机制。各国军队普遍重视对军官进行系统培训，每年都会安排一定数量的军官进入院校培训，西方国家的军官由尉官成长为将军一般至少要进6 次院校，在院校受训的时间约占全部服役时间的 1/4。扩宽人才培养渠道。俄军在地方院校中设置军事系，将教学任务转嫁到地方教育体系中；法军则建立了由各级负责人专管、军队与地方相结合的培训体制，鼓励军官参加地方院校的函授教育，不定期请地方院校到部队开办分校或学习班。

谁拥有人员优势，谁就能掌握未来战争的主动权。加速培养适应信息化战争需要的优秀军事人才，已成为当今世界军事竞争的制高点。世界各国把对联合作战指挥人才、信息化建设管理人才、信息技术专业人才、新装备维护人才，尤其是把指挥控制、侦察预警、信息作战、战场感知、精确打击等专业人才培养，作为军事人才队伍建设的重点。近年来，世界军事强国为谋取军事竞争新优势，纷纷加大培养和集聚新型军事人才力度。冷战后，美军之所以成为全球军事变革的发起者和主导者，很重要的就是因为美国拥有大量高素质的优秀军事人才。早在1998年，美国国防部长咨文里就强调“吸引和保持高素质人员”，是“国防部最优先考虑的事务”。[①] 美军曾在《2020年联合构想》中明确提出：“未来的战争将是信息化战争，但仅有物质上的优势是不够的，更重要的是人的因素。”[②] 俄军也强调“军事人才尤其是军官的培训是俄军最重要的任务之一”。[③] 德军在改革军事院校时，增设了联邦国防军信息与通信学院，重点培养信息战与信息技术人才。这些年，培养高素质军事人才，已成为西方主要国家军队重要的战略设计和战略课题。2015年9月，习近平主席在纪念中国人民抗日战争暨世界反法西斯战争胜利70周年大会上郑重宣布：中国将裁减军队员额30万。这一重大决策，目的就是以结构功能优化牵引规模调整，推动我军由数量规模型向质量效能型、由人力密集型向科技密集型转变，部队编成向充实、合成、多能、灵活方向发展。

（四）武装力量装备建设

先进武器装备是军队现代化的重要标志。武器，是直接用于杀伤敌方的有生力量，毁坏敌方装备、设施等的器械与装置的统称，包括匕首、枪械、大炮、炸弹、导弹等。自从人类社会出现战争，武器装备就作为战斗力的重要物质基础存在。即使在最原始、最极端的情况下，信手可及的石块、树枝甚至人的肢体也可以成为战争的武器。武器装备从来都与战争相伴而生，离开武器装备的强力支撑，战斗力就难以生成和发展，战争也难称之为战争。从战争形态演化发展的进程看，有什么样的战争形态就需要什么样的武器装备，而武器装备也只有顺应这个战争形态的需求才能获得强大生命力。大航海时代，面对发现“新大陆”的欧洲强势入侵者，美洲土著印第安人虽然浴血奋战，但近乎原始的冷兵器哪里是工业时代枪炮的对手；二战末期，垂死的日本法西斯准备与盟军拼个鱼死网破，美军以两颗原子弹很快就让狂热的法西斯分子清醒下来。事实一再表明，“用人群抵挡大炮，用左轮手枪防守街垒，是愚蠢的”[④]。随着军事技术发展和战争

---

① 周欣：《外军人才建设情况简述》，《光明日报》2018年8月18日。

② 王永生：《安得猛士兮守四方——谈军队人力资源管理创新发展趋势》，《光明日报》2013年8月19日。

③ 于海宽、方明、任国军：《俄军人才建设的主要做法》，《外国军事学术》2010年第6期。

④ 《列宁选集》第1卷，人民出版社2012年版，第685页。

形态演变，武器装备在现代战争中的作用越来越突出。

武器装备现代化是一个革故鼎新、不断发展的历史过程，不同时代呈现出不同的时代特征和具体内涵。科技是核心战斗力，也是武器装备现代化最活跃的元素和最强大的驱动力量。人类一经学会制造使用工具，就迅速掌握了石头、树枝等原始武器的制作和应用；金属冶炼技术的出现，催生出刀、枪、剑、戟等冷兵器；火药和机械制造技术的发展，孕育出以飞机、大炮、军舰等为代表的热兵器；以核反应、核效应和核谱学等为基础的核技术，最终支撑核武器的发展；在以传感技术、计算机技术、智能技术、通信技术等为主要内容的信息技术驱动下，信息化、智能化武器装备的发展突飞猛进。同时，武器装备的技术结构日益向综合化方向发展，一个武器系统就是一个多种技术的复合体，如自行火炮集车、炮、装甲、军械、光电等于一体，而导弹集雷达、动力、控制、弹药等于一体，现代武器装备的发展比以往任何时候都更加依赖于科学技术的进步，技术创新对于武器装备的发展起着决定性作用。不论是新概念武器的发展，还是传统武器装备的改造，都离不开技术的创新与进步。正是持续不断的技术创新，在促使传统武器装备的作战效能极大提高的同时，又催生了许多前所未有的新型武器装备。

近年来，声名鹊起的高超声速武器、无人机、激光武器展现出引领作战样式变革的潜力。俄罗斯进一步巩固了在高超声速武器上的领先地位。2022 年 3 月，俄罗斯国防部宣布，首次在实战中使用“匕首”高超声速导弹。2 个月后，俄罗斯再次成功试射“锆石”高超声速导弹，程度已接近列装。美国在发力追赶。经历了至少 4 次失败后，美国空军才在 2022 年成功完成 AGM－183A 高超声速导弹试射，并且首次进行了完全状态原型机的测试。日本完成了用于验证超燃冲压发动机技术的小型火箭试射，朝着自研高超声速武器迈出实质性步伐，而且一开始就瞄准了难度很大的高超声速巡航导弹。武器装备建设实践表明，胜利只向那些能预见变化的人微笑，而不是那些等变化发生后才去适应变化的人。面对未来战争，只有主动识变、科学应变、积极求变，把握武器装备建设发展的历史方位，明晰武器装备创新的时代要求，才能有效创新构建适应未来战争要求的装备体系。

（五）武装力量保障建设

武装力量保障，主要指作战保障、后勤保障和装备保障。作战保障是为保障武装力量作战行动而实施的保障活动，主要包括武装力量作战行动中的侦察、通信、电磁网络、工程、防化、测绘、水文气象等保障。后勤保障是武装力量为满足作战、建设和生活需要在后勤方面组织实施的保障，主要包括武装力量的财务、物资、卫勤、军交运输、基建营房等方面的保障。装备保障是武装力量为满足作战及其他任务的需要而在装备调配、维修、经费等方面组织实施的保障，主要包括武装力量装备调配保障、装备技术保障、装备经费保障、战场装备管理等。在乌克兰危机中，俄军“营战斗群”具有比较明显的“大炮兵”“大坦克兵”等机械化部队痕迹，突出强调重型火力和突击能力的合成，但编成内的工程、防化、爆破、修理等战斗保障力量不相匹配。“营战斗群”在高强度纵深突击作战中，经常遇到即使一个小河沟也不得不停下来呼叫集团军工兵架桥，或是主战装备因损坏和战损而被迫遗弃等一系列问题。

美军在机构改革中，成立国防给养局，将陆、海、空军和海军陆战队分管的遍布全球的400多个军事给养单位和军事设施统管起来，一旦某处发生战争，可以集中支援。英军合并三军后勤部门，成立了国防后勤部，以使各种军事资源得到充分利用。随着社会经济的发展和军队的不断精简，世界许多国家的军队都在不断提高社会化保障程度，以节省军事资源。美、英、俄、德、日等国军队平时大量的装备维修工作交由社会上的承包商负责，并注重充分利用民用基础设施、设备等资源。美军规定，凡利用民用设施、设备能够满足部队需要的，军队就不再另行建设。

战争形态越发展，作战对后勤依赖性越大。现代战争战场空间广阔、多域多维，前后方界线模糊，作战力量多元多样，节奏进程加快，后勤保障对整个战场运转支撑、作战体系整体功能发挥、作战效能精准释放的作用愈加凸显。叙利亚战争中，俄军在参战前数月就开始扩建港口、整修机场，短短两周内建成数十座加油站、物资仓库、野外补给站，向叙境内提前运送预置了100余件主战装备、1700余吨弹药；战时开辟了被称为“叙利亚快车”的后勤保障线，源源不断从本土向中东输送部队、武器装备和军用物资。正是后勤保障的超前筹划、隐蔽预置、快速投送，有力支撑了俄军作战行动。随着后勤保障越来越成为影响战争胜利的重要因素，战争往往“从后方打起”，瘫痪供应保障链条、打击战争潜力目标、摧毁战争支撑体系等战法手段愈加常见。赢得现代战争胜利，后勤必须先到位、后收场、全程用，必须快速响应、全维参战、精确保障。

二、新域新质作战力量建设

随着信息化条件的深入发展，军事安全的防卫领域不断向远海、太空、极地、电磁空间和网络空间深化拓展。新域新质作战力量作为区别于传统作战力量的新型力量，全要素植入了信息化基因、融进了网络化通道，使军事新体系呈现出谋略导能、信息赋能、网络聚能、技术强能、体系释能的新优势，展现出作用领域新、制胜机理新、支撑技术新、装备模态新和编组样态新等特质，具有发展方向快速突变、作用效果极具颠覆的特殊潜力。新域新质作战力量正推动战斗力结构从传统的以兵力、火力、机动力为主，向以信息力、结构力、智能力为主转变，进而深刻改变整个战争形态以及战争准备的理念和周期。

（一）无人作战力量建设

当前，世界百年未有之大变局加速演进，人工智能、数字科技引领新一轮科技革命和产业变革的浪潮席卷全球，正深刻改变着人们的生产生活、学习方式，数字地球、数字经济、数字社会、数字政府、数字军事即将到来，推动人类社会迎来人机协同、人机一体、跨界融合、共创分享的数字化智能化新时代。历史告诉我们：人类以什么方式生产，就会以什么方式作战。人类先进技术总是最先应用于军事领域。恩格斯指出："一旦技术上的进步可以用于军事目的并且已经用于军事目的，它们便立刻几乎强制地，而且往往是违反指挥官的意志而引起作战方式上的改变甚至变革。"① 互联网时代的到来，反映到军事领域就是战场网络通信的兴起，信息传输的实时性和数质量呈现质的变化，有人操控的无人作战装备开始现身战场，呈现多功能化、集群化、智能化等特点，如"蜂王"无人机、"歌莉娅"爆破运载车、"科沃"无人潜航器等。随着通信技术、人工智能、信息导航技术的日新月异，无人作战装备大量涌现战场，越来越成为影响战争胜负的关键因素，尤其是相较于有人装备，无人作战装备拥有无可比拟的优势，彻底告别单打独斗的遥控时代，通过群体聚合逐步形成单独执行战术任务或完成某一类型战役战术任务的能力，并通过与作战体系的融合，极大地提高了作战效能。

作战牵引军队建设，陆战机器人、海洋无人系统、空中无人机在战争

---

① 《马克思恩格斯文集》第9卷，人民出版社2009年版，第179页。

中被广泛运用，必将牵引世界各国军队组建无人作战部队、裁减军队员额，向建设人与机器人无人战舰、无人潜航器、无人舰载机、无人机相结合军队迈进。可以预测，未来战争必将迎来陆海空无人化武器代替前线士兵执行高风险任务，未来战场必将是“人机”结合一体化联合作战行动。将无人作战系统推向更高层次发展和更高水平运用，已成为世界各国深化军事力量变革、全新作战概念设计和颠覆作战态势的必然选择和主要抓手。2019 年，世界上大约有 30 多个国家已研制出了 50 多种类型无人机，有 50 多个国家装备了无人机。据统计，目前全球超过 60 个国家的军队已装备了军用机器人，超过 150 种。预计到 2040 年，世界军事强国可能会有一半的军队成员是机器人。2023 年 3 月，美国海岸警卫队发布《无人系统战略计划》，提出发展无人系统和技术的目标和方式。同年 6 月，俄罗斯批准 2030 年前无人机发展战略，明确五大主要发展方向。同年 7 月，法国海军发布“海底战战略”，启动 6000 米级军用无人潜航器及相关作战技术开发计划。①

（二）电磁作战力量

恩格斯认为，对作战方式方法起变革作用的，不是天才统帅的悟性的自由创造，而是更好的武器发明和士兵成分的改变。② 在新一轮科技革命和产业变革推动下，美、俄等国纷纷加快以强激光武器、高功率微波武器、粒子束武器等为代表的电磁硬摧毁装备技术发展，电磁空间作战手段正呈现由“以软为主”向“以硬为主”的发展趋向。遍布陆海空天的电子侦察卫星、电子侦察飞机、电子侦察船、地面电子侦察站以及投掷式电子侦察设备等，对电磁空间形成了立体合围之势。电磁战是一种成本低、烈度可控的作战方式，其非动能攻击模式可以体现非对称作战优势，主要利用强激光武器、高功率微波武器、粒子束武器等新型电磁硬摧毁手段，遵循软硬结合、以硬为主、体系制胜的作战思想，针对敌主要作战平台和核心电子信息系统，单独或协同其他军兵种力量实施空天战略毁瘫、远海体系破击、空中电磁制压、陆上电磁控杀等多域行动，达成联合作战目的。

在力量运用上，美国各军种电磁战力量常态与其他兵种混编使用。美国空军电磁干扰部队、反辐射攻击部队和电子侦察情报部队通常一体行

---

① 许芳铭、陈岳：《外军加速发展无人作战力量》，《中国国防报》2023 年 12 月 26 日。

② 《马克思恩格斯文集》第 9 卷，人民出版社 2009 年版，第 174 页。

动，承担电磁战“软杀伤”任务的同时，用反辐射导弹对目标进行“硬杀伤”。目前，美军已研发并装备550多种各类型号的电磁频谱作战装备，涵盖陆、海、空等军种，数量众多、种类齐全。这些装备主要着眼电磁频谱管理、对抗、防护等领域，已广泛部署于水面舰艇、作战飞机等，并配备陆军旅级战斗队等单位。例如，驻西太平洋地区的EA-18G电子攻击机中队，在美军“动态部署”作战概念牵引下，实现三泽、冲绳、关岛等基地的常态派驻轮训，以“快进快撤”模式实现战术不可预测性。在乌克兰危机中，俄罗斯军队装备的反无人机电磁枪“Stupor”首次使用，通过释放干扰，阻断无人机和操控者之间的信号传输，从而使无人机迫降或迷失航向。早在2018年，俄军就在叙利亚战场上使用了卡拉什尼科夫公司研制的REX-1便携式反无人机电磁枪，有效应对了叙反政府武装发起的无人机攻击，并成功“击落”多架无人机。

（三）太空作战力量建设

自1957年人类发射第一颗人造卫星起，航天技术取得了突飞猛进的发展，人类一步步地向太空延伸自己的足迹，宇宙飞船、航天飞机、空间站等航天器相继遨游太空。特别是航天技术与军事应用联姻，各种各样的军事卫星在战争实践中大展身手，从而催生了战争新样式——太空作战。随着太空军事演习的频繁进行，太空已成为与陆、海、空并列的作战域。从各国组织太空军事演习的实践来看，有关太空战法已浮出水面。其中，太空轨道战、太空网电战、太空导航战等战法颇受关注。2022年，美太空军举办的“太空旗”演习，重点培训各军种太空作战人员在计划和决策过程中正确评估任务风险和兵力风险的能力，以提高太空作战人员主导地位。在2023财年国防预算中，美国太空军获得263亿美元拨款，主要用于天基导弹预警跟踪系统、全球定位系统和通信卫星的多轨道架构建设。法国为“星球大战”而成立的太空司令部，未来将发展成为“空天军”，专门负责空天作战。欧盟提出要构建独立的太空互联星座计划，并起草“太空交通规则”确保在轨航天器安全。此外，日本、英国、德国、韩国纷纷建立太空军事力量，加紧研究太空作战理论和作战样式。各国的太空博弈正加速向地月空间延伸拓展，太空力量多元混合运用的特点更加凸显。太空军事化的竞争，本质上是相关国家以科技优势谋求军事优势，从而赢得战略主动、抢夺太空战场先机的过程。未来智能化战争将更加重视各种战场数据的争夺，而太空又是各种信息数据的策源地，战争对太空卫星系统的依赖程度只会进一步加深。只有夺取制太空权，才有可能充分发挥地球上武装力量的作用，从而达到理想的作战效果。总的看来，世界军事强国都高度重视太空支援力量的建设和发展，但就近几次局部战争情况来看，只有美、俄具备了较为完备的战略、战役和战术层次太空能力，其他国家的太空力量仍主要服务于战略运用。据媒体报道，俄罗斯发展的“反卫星”卫星，可进行多次变轨接近目标卫星，然后采用定向爆炸战斗部或者用激光、微波等手段将目标卫星摧毁或使其失效。在新的太空安全形势下，美军又发起了新一轮太空力量变革，未来太空力量的面貌有可能发生质的变化，信息化战争面貌也可能因此而发生深刻改变。

（四）网络力量建设

目前网络空间的安全问题已经从单纯的信息安全问题扩展到国家安全、国防安全、关键基础设施安全和个人安全，而网络战这一新的战争形式也同样受到高度关切。由于物联网的发展，网络空间与物理空间的重叠越来越大，由网络空间向物理空间发动攻击因此成为可能。在大国竞争不断加剧的背景下，传统军事强国纷纷把以网络信息技术为核心的战略新兴技术视为“改变战争游戏规则”的颠覆性技术，力求与战略对手拉开“代差”。

网络力量建设是军事力量建设的重要增长点。面对越来越严峻的国际网络空间安全态势，网络军事力量建设日益成为各国关注和发展的重点，越来越多的国家建成独立的“网军”。美国拥有世界上能力最强、规模最大的网络战力量，为了应对网络空间的安全威胁，五角大楼于2009年设立了美国网络司令部。2012年，美国发布了《可持续的美国全球领导：21世纪国防战略重点》的战略指南，将网络空间能力列为优先发展、重点保障的六大能力之一。目前，美国网络空间作战部队兵力已达13万余人，并正式组建了网络战旅，还在战区司令部建立联合网络中心。美军通过“网络卫士”“网络夺旗”“网络风暴”等演习，强化网络部队的实战能力。2010年9月，美国的“震网”病毒曾攻击伊朗布什尔核电站等5个关键工业设施；在2011年西亚北非政治动荡中，美国等也借助“推特”“脸谱”等社交网络工具煽风点火、推波助澜。为了提高网络攻击能力，日本防卫省决定在2023年度内将自卫队网络部队的人员规模扩充至2230人，比现在增加 1340 人。①

在网络空间作战中，首要任务应是破坏敌人的网络攻击和监视能力，其次是压制对方的网络防御能力。网络攻击应集中在战术数据链上，这是网络空间信息的集结点，也是网络作战的重点领域。网络攻击将迫使敌人作出错误决策，从而为己方赢得优势。网络战主要打击以信息技术为基础的重要设施，一旦这些设施内部的信息发生错乱或被恶意篡改，将引起国家秩序的混乱。因此，这些基础设施将成为敌方打击的重点目标，网络攻击实际上已成为一种变相的突击手段，起到了与火力突袭相同的效果。随着网络技术的不断发展，网络空间已经成为国家的“第五疆域”。网络攻击频繁出现于战争之中，网络攻防战争已经成为现代战的先行战场。无论是在俄格战争还是乌克兰危机中，俄军综合利用各种手段夺取网络优势，最终目的都是为军事行动扫清障碍，致使敌信息系统瘫痪失灵。

三、国防动员能力建设

战争不仅是军事实力的竞赛，而且是战争潜力乃至综合国力的竞赛。国防动员是一个主权国家为了保卫国家安全，由平时状态转入战时状态，统一调动人力、物力、财力为战争服务而采取的措施。当今时代，战争完全突破了军事领域的局限，广泛涉及政治、军事、经济、科技、文化等各个领域，呈现出总体战特征。因而由现代战争的总体性决定，现代军事安全力量建设的一个显著特点就是总体性。国家的组织力、政治凝聚力、经济和社会发展的现代化水平、战略资源等都以不同方式和途径化作国家的战争能力，成为决定战争胜负的重要因素。自国防动员成为国家安全的重大战略问题之后，世界各主要国家无不重视国防动员建设，普遍从国家安全与发展的战略高度，大力加强国防动员建设，以求取得增强国防动员能力，建立总体国防体制，实现寓军于民的国家战略。冷战期间，美国智库在检讨美军在朝鲜、越南战争的失败后强调，在势均力敌的对手之间发生对抗的情形下，动员国家潜力资源并使之转化为军事手段的能力，成为与人力资源、基础工业、科学技术、自然禀赋等国家战略能力要素“同等重要甚至更为关键的方面”。

未来信息化智能化战争是海、陆、空、天、电多维一体的联合作战，

---

① 张文文：《日本扩充网络部队凸显军事野心》，《解放军报》2023 年 5 月 15 日。

是体系与体系对抗，光靠先进武器装备只能形成暂时的战术优势，达不到战略战役目的。作战体系具有“木桶效应”，其战斗力大小取决于作战短板。为此，不仅要加强作战力量体系建设，把“拳头”打造得更硬，还要打造具有强大支撑力量的保障平台，如加强武装力量动员、经济动员、政治动员、人民防空、交通战备、科技动员、信息动员等系统的建设。据有关资料显示，信息化战争的消耗十分惊人。美军在阿富汗战争中，仗打到一半，“战斧”巡航导弹就打光了，随后美国又组织紧急生产。由此可见，没有强大的国防潜力、动员能力和转化能力，是打不赢未来信息化智能化战争的。

坚持全民动员聚能，发动民众力量、凝聚民心意志、集聚民间智慧、获取民力支援，形成制胜对手的总体合力。坚持军地统筹蓄能，通过统筹战略规划、贯彻国防要求、打造动员联盟、转化先进技术、落实战略储备等方式，积极凝聚多方力量，打通工作链路，立足战场、培塑战力。坚持体制重塑强能，深化国防动员体制改革，完善国防动员体系，推进国防动员体系与联合作战体系以及国家治理体系的深度融合，加快形成军民一体化应急应战体系。1956 年，中国启动原子弹与氢弹的研制计划，不仅军队和军工部门全力以赴，全国有 26 个部委，20 个省、自治区、直辖市，900 多家工厂、科研机构和院校参加攻关。在国家主导下，克服了严重困难，举全国之力，在 1964 年与 1967 年相继取得成功。载人航天工程又是一项规模宏大、高度集成的系统工程，国家统筹协调工程 13 个系统，约 110 家研制单位，3000 多家协作单位和保障单位的工作，全国 32 个省、自治区、直辖市直接或间接参与了载人航天工程。

国防动员能力建设的重点是武装力量动员。武装力量动员，涉及兵员补充、武器装备和后勤物资的储备与生产动员，以及交通、通信、工程、医疗等各类战时勤务保障动员。战场空间的不断极限延伸，要求推动国防动员力量由陆海空传统作战域向太空、网络、电磁、认知等新型作战域拓展，深挖备战急需的前沿科技人才和技术资源，助力夺取未来战场新高地。同时，要着眼战争潜力多域分布，统筹各方技术资源，汇聚一切可为战争所用的力量，形成切实保障打赢的国防动员能力。

随着武器装备智能化、人员构成知识化、作战编成一体化、指挥控制高效化，国防动员由过去的“体能型、经济型”动员进入“科技型、信息型”动员的阶段。未来作战将更加注重科技赋能、创新驱动，必须把握高新科技推动战争形态演化的规律，前瞻智能作战、认知作战等新型军事需求，依托战略新兴产业及发展中的高新技术，深挖战略性、前沿性、颠覆性高端动员资源，通过聚集和释放科技优势，为慑战打赢提供新质战力支援。

第三节 军事安全能力生成

军事能力是一个国家的武装力量遂行和完成军事任务的能力，是保证国家军事安全的力量保证。古今中外的历史表明，军事能力的强弱，与国家军事安全的高低成正比。要维护国家军事安全，该国的武装力量必须具备强大的军事能力。当前，世界新军事革命迅猛发展，战争形态加速向信息化战争、智能化战争演变，呈现出信息主导、体系支撑、精兵作战、联合制胜、战术行动、战略保障的突出特点。军队编成结构与之相适应，精干化、一体化、小型化、模块化、智能化等特征越来越突出。在这场军事变革中，世界各主要国家纷纷调整军队组织形态，美军推动“二次转型”，俄军深入推进“新面貌”改革，英、法、日、德、印等国军事改革也一刻不曾停歇。能否抓住战争形态深刻演变的历史机遇，充分运用现代科技特别是信息技术这一变革杠杆，实现军事力量体系的重构升级，直接关系到能否在战略竞争和未来战争中赢得主动。

一、加快军队现代化建设

战斗力的生成，从人与武器的结合到要素结构、力量释放方式，都有其强制性的时代定向、定位。迄今为止，世界军事领域共发生四次军事变革：第一次是发生在2000多年以前，战争主要是以木石兵器为主发展到以金属兵器为主，推动由地面徒手格斗向冷兵器战争转变；第二次是发生在300多年以前，战争主要是以冷兵器为主发展到以热兵器为主；第三次是推动冷兵器战争向机械化战争转变；第三次是发生在1990年海湾战争结束后，战争主要是以机械化兵器为主发展到以信息化兵器为主，推动以热兵器为标志的机械化战争向信息化战争转变。这场变革最初是美国发起的，世界主要军事强国相继响应，彼此展开了信息技术、精确制导技术、航天技术、新能源技术、生物技术以及隐形技术能力的竞争，目前又打造夺取大数据、云计算、智能机器人优势，吹响钢铁侠、蝙蝠侠、终结者真实版主动权的号角，积极推进由建设信息化军队向人机（机器人无人机）一体化军队转变。从一定意义上讲，科技实力决定着军事力量的强弱，也决定着各国各民族的前途命运。未来战争的信息化程度越高，高端科技的“命门”作用就越明显。

伴随着社会形态变革，从冷兵器战争到热兵器战争，经历了至少5000年之久；而从热兵器战争，经机械化战争到信息化战争，则仅经历了约一个半世纪；体现出智能化战争到来的纳卡冲突，离标志着信息化战争到来的海湾战争，也仅有30余年。也就是说，战争形态的演进周期越来越短。由于各国国情不同、国家发展有快有缓、国力强弱的相对性变化等原因，部分军事强国已经完成了机械化军事变革并牵引着世界范围内信息化和智能化军事变革。2021年，美军发布了《人工智能态势：评估和改进建议》，认为美军发展人工智能技术应考虑三个指导性问题：与美军相关的人工智能技术发展现状如何；美军的人工智能技术掌握态势如何；如何通过内部行动和潜在的立法或监管行为增强美军的人工智能优势。[①] 与此同时，普京也表示，俄联邦武装力量要加快机器人、智能单兵系统和武器智能化模块等人工智能应用技术研发。为此，俄罗斯发布了《2025年前未来军用机器人技术装备研发专项纲要》《未来俄军用机器人应用构想》《人工智能在军事领域的发展现状以及应用前景》，从国家层面确立了俄军人工智能技术发展机制。

当前，新一轮科技革命呈现智能化技术强劲引领的态势，推动世界新军事革命向纵深发展，武器装备智能化趋势明显、与机械化信息化的叠加聚合效应凸显，战争形态在加速由机械化向信息化演变中，进入催生智能化战争阶段。正是时代发展和变革，使加快机械化信息化智能化融合发展，成为推进军事变革深入发展的大势所趋和强大动力，成为确保赢得主动、赢得优势、赢得未来的必然选择。战争力量在信息系统支撑下高度系统化、体系化，战争双方较量呈现体系对抗的基本特征。只有实现军事领域全要素现代化，各要素相互促进、相互协调，军队战斗力才能实现整体跃升。因此，机械化、信息化和智能化融合发展的核心内涵就是要构建新型作战力量。具体来说，新型作战力量包括特种作战、远程火力、情报侦察、电子对抗、空中

---

① 贾珍珍、丁宁、陈方舟：《智能化战争加速到来》，《解放军报》2022年3月17日。

突击等作战力量。事实上，新型作战力量广泛存在于陆、海、空、天、电、信、网、认知等作战空间，由于战场环境是敌我对抗的共同空间，它也必将随着科技发展和武器装备升级而不断扩大。因此，机械化、信息化和智能化融合发展的战略发展方向就是要在细分基础上拓展并融合战场空间。21 世纪以来，战争边界向深地、深海、深空延伸，构成了高度立体化的战场环境。俄军“波塞冬”无人潜航器，是世界上首款具备战略核打击能力的水下无人平台，目的就是压制美国“深海”作战阵地。

二、推进实战化军事训练

军事训练是和平时期军队的基本实践活动，是生成和提高战斗力的基本途径，是最直接的军事斗争准备。战场可以判决战争胜负却难以孕育胜利，胜利源于战场之外、战争之前的实战化军事训练，它与实战的贴近程度，直接决定未来战争走势甚至胜负。20 世纪 90 年代前 4 年里，美军死于战争的仅 170 人，同期训练死亡人员高达 4666 人，是战争死亡人数的 27 倍。美军 101 空中突击师士兵训练的淘汰率达 20%；布拉格堡基地“三角洲”部队淘汰率有时高达 77%，平均合格率仅 50%。[①] 伊拉克战争前夕，萨达姆针对美军可能的进攻，曾开展过高强度的沙漠地区抗击装甲机械化部队训练，准备来一场“钢铁对钢铁”的撞击战，结果开战后伊军埋在沙土里的坦克却遭到多国部队来自空中火力的毁灭性打击。这是典型的兵未“练真”，训练内容陈旧过时，生成的必然是过时的战斗力，战场上不可能战胜新质战斗力对手。

重点加强核心军事能力建设。核心军事能力，可以理解为战斗力，是能打仗、打胜仗的能力，是站在时代军事竞争最前沿的打赢能力，是衡量一支军队能否抵抗外敌入侵的根本标志。列宁指出：“一支军队不准备掌握敌人已经拥有或可能拥有的一切斗争武器、一切斗争手段和方法，谁都会认为这是愚蠢的甚至是犯罪的。”[②] 智能化战争时代，人工智能决策、算法对抗等为战斗力生成添加了新的智能因子，以人、网络和机器的群体智

---

① 史波波、薛艳晓：《实战化训练，不仅“真练”，更要“练真”》，《解放军报》2018 年 2 月 8 日。

② 中共中央马克思恩格斯列宁斯大林著作编译局编：《列宁专题文集 · 论无产阶级政党》，人民出版社 2009 年版，第 260 页。

能制胜对打赢战争产生越来越大的影响。[①] 德国军方在提交议会的一份报告中称，2017 年国防军的装备使用率低于 30%，221 架作战飞机仅 65 架可以升空作战，主战坦克只能出动 105 辆，13 艘护卫舰仅 5 艘可用，6 艘潜艇因维修、保养等问题集体“趴窝”[②]。

打造非战争军事行动能力。非战争军事行动能力是遂行和完成军事威慑、防暴平暴、反恐怖活动、抢险救灾、国际维和、人道主义救援等军事任务的本领。强大的非战争军事行动能力，对于维护国家军事安全特别是防止敌对势力的渗透颠覆，具有不可或缺的重要作用。以非战争军事行动配合国家政治、经济、外交领域的斗争，实现国家意志，维护国家安全和发展利益，成为许多国家的战略选择。20 世纪 90 年代初，“非战争军事行动”这一术语首先出现在美军的作战纲要、战略评估等军事文件中。1995 年 6 月，美军制定了《非战争军事行动联合纲要》。2005 年，美军取消了“非战争军事行动”概念，代之以“稳定行动”概念，但本质内涵没有根本变化。俄罗斯、法国、意大利、日本以及北大西洋公约组织等也从维护本国或本集团利益出发，把非战争军事行动写入作战条令，把遂行非战争军事行动作为军队的重要职能。

三、加强作战力量一体化建设

作战力量一体化建设，指的就是通过统筹考虑、统一规划设计和组织实施各作战力量的建设，以体系聚能、赋能和释能，将处于不同空间位置的各种作战力量联结成为一个有机整体，将作战功能融为一体，放大武装力量的整体能量，其本质是提高整个武装力量的体系作战能力。主要包括以下方面：一是军政军民一体化，军事斗争与政治、经济、外交战线上的斗争相结合；二是主要作战力量的一体化，将参战的诸军兵种的力量有机结合，合理编组作战军团、兵团或联合部队，构成诸军兵种一体化力量结构体系；三是各种作战行动的一体化，战略、战役、战术多层次作战行动融为一体，非接触、非线式、非对称作战行动融为一体，信息战、网络

---

① 杨耀辉、李辉：《［信息 ×（火力 + 机动力）］智力——探析“三化”融合中的战斗力生成模式》，《解放军报》2021 年 1 月 19 日。

② 刘本余、杨斌：《德提升部队战备水平阻力重重》，《中国国防报》2022 年 4 月 1 日。

战、心理战融为一体，“硬打击”与“软杀伤”相结合，火力打击和特种作战相结合，全纵深立体作战与精确打击相结合，构成多元一体的作战行动体系结构。

随着世界新军事革命的发展深化，特别是武器装备和军事信息系统的快速迭代，军事系统运行更趋复杂，体系性、关联性、耦合性不断增强。信息化智能化战争突出体现为体系与体系的对抗，先进战斗力的基本形态主要表现为基于网络信息的体系作战能力。这一能力的生成，不仅有赖于建强战斗力诸要素，更关键的是要实现各要素的无缝链接、整体联动和一体集成。作战力量一体化建设，被众多国家视为节约资源和实现军事转型、提高信息化条件下作战能力的重要举措。海湾战争之前，美国陆、海、空三个军种作战力量呈“三足鼎立”之势，虽然其国防部也强调联合，但由于三军对联合的重要性认识不足，各军种作战力量间的沟通与协作不够，围绕联合作战进行的集中统一领导也缺乏力度。正如美国海军上将欧文斯所说：“由多个系统组成的体系基本是联合的统一体，任何一个军种都无法单独建设它，只有各军种互相协调，才能把它建设起来。”① 作战力量一体化，坚持从系统全局出发，强化全局统筹、系统抓建、一体联动、体系推进，形成总体效应、取得整体效果。可以说，作战力量一体化，筹划的是全局、整体最优，是统筹兼顾科学思想方法在军事领域的具体运用，反映了打赢现代战争对成体系抓建设的内在要求。

打造精锐作战力量。坚持体系建设、一体运用，调整力量结构布局，优化兵力规模构成，打造以精锐作战力量为主体的联合作战力量体系。现代战争的时空特性、制胜机理发生重大变化，运用精锐力量实施精确作战的特征更加突出。在2020年前的纳卡冲突中，阿塞拜疆用无人机这一新型作战力量对亚美尼亚实施精准打击，取得令人意想不到的战果。随着世界新军事革命的加速发展，各主要国家把发展新型作战力量作为引领部队力量体系的重要支撑，通过组建空天军、网络部队、无人作战力量等，努力打造推动战斗力整体跃升的“新引擎”，撬动打赢天平的“新杠杆”。在发展新型作战力量上，必须适应战争准备基点转变加强体系设计，根据不同方向安全需求和作战任务改革部队编成，形成精兵作战、联合制胜的新优

---

① 于川信主编：《国防建设学》，军事科学出版社2015年版，第379—380页。

势。加快推进指挥信息系统集成改造和升级换代，把各种作战力量、作战单元、作战要素融合起来，提高精确感知、精确指挥、精确打击、精确评估、精确保障能力，锻造实施精确作战、制胜未来战场的“拳头”部队。

发展新型作战力量。战斗力是由人、武器、作战理论构成的有机整体，新型作战力量的衡量指标不仅包括新技术，而且涉及新编制和新概念。对武装力量各组成部分在规模结构、职能任务、体制机制等方面实施统筹规划、同步建设、协调发展，最大限度地发挥武装力量的建设效益和提高整体作战能力，这是武装力量一体化建设的发展方向。现代战争打的是体系、拼的是精锐，这对成体系筹划和推进军事力量建设、打造精锐作战力量提出刚性要求。坚持需求牵引、创新驱动，把加快新型作战力量和手段建设作为突破口，大幅提高军队新质战斗力。高标准高起点推进新型作战力量建设加速发展、一体发展，加大腾笼换鸟力度，以对作战体系的贡献率为标准优化部队编成，不断拓展新质作战能力的增长点。加大军事科技关键领域特别是核心技术、前沿技术的攻关创新力度，以新技术为支撑、新装备为依托、新能力为标志，打造具有关键制衡作用的新型作战力量，提高运用非对称作战方式的能力，提高有效慑敌制敌的战略能力。进入21世纪以来，世界各主要国家纷纷调整军队组织形态，把发展新型作战力量作为引领部队力量体系建设的重要支撑，通过组建空天军、网络部队、无人作战力量等，调整优化军事力量体系，谋求新的军事突破。比如，从20世纪90年代率先启动建设数字化部队，到21世纪以来的模块化部队建设，再到近年来组建网络电磁部队，美军建设新型作战力量的脚步从未停歇。

四、创新军事力量运用的体制机制和方式

《尉缭子》中讲：“凡兵，制必先定。制先定则士不乱，士不乱则刑乃明。”意思是凡统兵作战，必先建立法规制度，只有这样，士卒才不会混乱，军队才能打胜仗。军事力量运用，是军事战略中最能体现军事力量价值和最富有实践意义的军事活动。军事力量运用的体制机制和方式是国家或政治集团在一定历史条件下，为满足建设和运用军事力量需要，所确立的调整军事领域各种社会关系及相应军事活动的规范体系，主要包括军事领导体制、武装力量体制、军队体制编制、军队各项工作制度、兵役制度、军事法律制度等。军事力量运用的体制机制和方式，体现着一个国家

对军事力量领导、管理、发展、储备和运用的目的和方式，对于保障国家安全特别是军事安全具有立根固本的作用。明朝抗倭名将戚继光屡破强敌，既源于戚家军“严号令”“明恩威”，更在于其用兵有章法。戚继光发明的“鸳鸯阵”，以12人为一作战基本单位，长短兵器互助结合，可随地形和战斗需要不断变化，专门克制单兵战斗力强但不怎么讲究阵法和战法的倭寇。每当戚家军与倭寇对阵，虽然敌方好勇斗狠、“狂啸不已”，但戚家军各个分队整体作战，在相互配合中逐一歼敌，常令倭寇一败涂地、望风而逃，充分彰显了“章法”的威力。实践证明，军事力量运用体制机制和方式的质变会引发军队战斗力的根本性变化。从根本上讲，生产力的发展水平、生产关系的总和决定着军事力量运用的体制机制和方式的内容和形式。抗日战争初期日军之所以作战凶猛、推进迅速，很重要的就在于他们“作战组织严密，攻防有章法”。在淞沪会战中，尽管国民党军队进行了艰苦抵抗，但由于装备落后、体系繁杂、指挥混乱，最终丧师失地。而日军每次进攻作战都严格遵循作战条令和计划步骤，军种行动联合，火力协同，相互配合，充分发挥了整体战斗力。

联合作战是现代战争制胜的基本规律，建立联合作战指挥体制是军队组织体系化、作战力量多元化、军事行动全域化的内在要求。现代管理和作战指挥是具有各自对象领域和规律要求的科学与艺术，既要按各自规律组织实施，又要从机制上确保有机统一，确保“建”“用”结合，“建”以致“用”。联合作战指挥体制，是指军队为指挥联合作战而建立的组织体系及相应制度，包括指挥机构的设置、职能划分和指挥关系等。由于局部战争主要表现为战区战争，各国均把战区作为联合作战指挥体制建设的重点，赋予战区更大的自主权，使其能根据战场变化实时决策、实时指挥。在建设领导体制上，为适应军队现代化建设的需要，各主要国家军队均着眼提高建设效益，完善由国防部统管、军（兵）种领导机关主抓的行政领导体制。

美军联合作战指挥体制。美军“指挥链”由两部分构成：一是“行政指挥链”，以“总统和国防部长—军种部长（军种参谋长）—军种部队”为基本主线，主要负责对机关和部队领导、管理、军种训练、军种联合基础训练和后勤保障；二是“作战指挥链”，以“总统和国防部长（通过参谋长联席会议主席）—联合作战司令部—作战部队”为基本链条，主要负责对部队的作战指挥、控制、协调和联合训练。

俄军联合作战指挥体制。俄军形成了国家和战区两级的联合作战指挥体系。国家级联合作战指挥机构，是由俄总统和国防部长、总参谋长和总参谋部构成，总统是在国防部长的协助下，依托总参谋部指挥国家层级的联合作战以及核打击力量、空天军、空降兵作战。战区级联合作战指挥机构包括东部、西部、南部、中部和北极联合战略司令部，主要负责指挥辖区内各军种的联合作战。

英军联合作战指挥体制。英国首相掌握军队最高指挥权，并通过国防大臣对全军实施管理和指挥。参谋长委员会负责就军事行动向国防大臣和首相提出建议，国防参谋长任委员会主席，三个军种参谋长为成员。国防参谋长是国防大臣的首席军事顾问和英军最高军事指挥官，根据首相和国防大臣的命令实施军事指挥。英军联合部队司令部，下辖 13 个跨军种机构，负责在全球范围内指挥联合作战。

法军联合作战指挥体制。法军的作战指挥权完全集中在三军联合参谋长手中。三军联合参谋长是政府的军事顾问，协助国防部长履行部队准备、使用和总体组织权。在总统和政府领导下，三军联合参谋长对所有军事行动行使指挥权。

德军联合作战指挥体制。德国联邦总理为战时军队最高统帅。国防部长为平时军队最高首长，战时将指挥权移交联邦总理。联邦国防军总监察长是国防部长的军事顾问，武装力量指挥参谋部为其办事机构。总监察长掌握对海外行动部队的指挥权，各军种监察长接受总监察长指挥，由总监察长全面负责联邦国防军的战略规划、军事指挥和战备工作。军种监察长和勤务部队监察长，负责所属部队的战备训练和行政管理，参与制定和实施国防总体方案。

日本自卫队实行由联合参谋部指挥联合任务部队的联合作战指挥体制。联合参谋部作为最高指挥机构，在防卫大臣的领导下，对联合任务部队实施联合作战指挥，统管全军的联合训练和演习。指挥链是从首相和防卫大臣，到联合参谋长，再到联合任务部队。日本自卫队作为美军太平洋司令部的组成部分，来构建联盟作战体系、提高联合作战效能，设立了集中型的联合参谋部，以实现与美军太平洋战区指挥机构的全方位对接。

在信息网络时代，战争过程日益科学化，军队作战行动更加强调标准化、规范化、精细化。随着战争形态和作战方式发生深刻变化，作战力量、作战单元、作战要素更为复杂多样，战场在陆、海、空、天、电、网等全域多维空间展开，一体化联合作战已经成为现代战争的基本作战形式，其战场空间全域多维，作战要素高度联动，作战节奏空前加快，作战管理更加精细，军事力量运用的时效性、专业性、精确性要求越来越高，没有法规制度规范，必然会打乱仗，甚至打不了仗。只有加快推进军事力量运用政策制度改革，细化指挥权责、作战任务、作战规则、保障标准等方面规范，全面构建联合作战法规体系，才能确保上了战场有依托、有章法、有胜算。二战结束后，美军各军种恶性竞争日趋激烈，以至于时任美国总统的艾森豪威尔威尔说："我们美国的三军要是拿出互相斗争的这种劲头，这场战争早该结束了。"为解决这个问题，美国于 1947 年颁布的《国家安全法》，确定成立联合作战指挥机构，强调军种联合；1958 年通过的《国防部改组法》，废除"军种代理体制"，确立了联合作战司令部司令在作战指挥链中的主体地位；1986 年通过的《戈德华特—尼科尔斯国防部改组法》，废除"一致通过原则"，不仅增强了参谋长联席会议主席和战区联合司令部司令的权力，而且明确划定职责范围，为美军联合作战能力快速提升打下法规制度基础。这些年，美国军政高层通过纲领性法规文件，彻底将"军种利益至上"转变为"联合至上"。

五、坚持军民融合发展

国家的安全与发展是一对孪生兄弟。现代国家安全，本质上是靠国家整体实力支撑起来的总体国家安全。对于一个大国来说，所要维护的国家安全，集中表现为应对当前安全威胁的现实军事安全、具有可持续性的基础军事安全和在军事革命竞争中能够赢得战略主动的动态军事安全这三者的统一。现代战争已不再是单纯的军事对抗，而是以国家整体实力为基础的体系对抗，是国家综合实力的对抗。一战、二战期间，许多国家都处在战争状态，整个国家机器都是为战争服务的，军民融合建设模式主要体现的是以军为先、以军为主。自二战结束到冷战结束这段时间，国际形势出现新变化，国家建设提出新要求，许多国家实行的是平战结合、军民融合发展的道路，就是经济建设和军队建设同步发展。比较典型的模式主要是：美国"先军后民，以军带民"模式、日本"先民后军，以民掩军"模式、俄罗斯"先军后民，军民结合"模式、以色列"军民一体，以军带民"模式。

今天，构成基于信息系统体系作战能力的军事信息系统、信息化武器装备系统、信息化支撑环境，其生成所涉及的资源几乎覆盖了整个国家的战略资源，使创造财富的方式与军事活动的方式深度融合，信息化条件下的战争也因此具有更加鲜明的高消耗性、高技术性、高依赖性特征，是典型的小打大备、小攻大防、小行动大保障。可以说，基于信息系统的体系作战能力，其根基已经深深植入经济社会的沃土之中。恩格斯曾经指出："许多力量融合为一个总的力量，用马克思的话来说，就产生'新力量'。"① 军民融合的实质是在更广范围、更高层次、更深程度上把军事安全力量建设融入国家经济社会发展体系之中，全面推进经济、科技、教育、人才等各个领域的军民融合，为军事安全力量的建设提供丰厚的资源和可持续发展的后劲。军民融合涉及国防科技工业、武器装备建设、后勤保障、信息化建设、国防动员、军队体制编制、战略物资储备、国防工程建设等方面。信息化条件下的体系对抗，已不仅仅是两大军事体系的直接对抗和较量，而是更加鲜明地表现为以国家整体实力为基础的体系对抗。

从本质上说，国家安全就是捍卫已有国家利益不受侵害，国家发展则是拓展新的国家利益。在战争形态信息化、技术形态军民通用化、经济形态高度市场化的今天，人类创造财富的活动与捍卫自身安全的活动已经水乳交融、共生共亡、枯荣与共，国家安全利益和发展利益已经高度融合。国家战略竞争力、社会生产力、军队战斗力的耦合关联越来越紧，战场上的对抗不仅是军事体系间的较量，而且集中表现为以国家整体实力为基础的体系对抗。一个国家要有效维护和拓展国家利益，增强国际影响力和话语权，须臾离不开国家战略能力的提高与运用。近些年来，美、英、法、德、日等主要国家军事专用技术比重越来越低，目前已不到15%，军民通用技术已超过80%，军队信息化建设主体技术均来自民用信息系统。世界各主要国家更加注重利用国家资源和社会力量实现战斗力的整体跃升。美国F－16战机训练模拟器原价3500万美元一台，利用好莱坞的电影拍摄和多媒体等技术后，单价成本下降为原来的1/12，性能却显著改进。

坚持军民融合一体发展，就是在国家战略目标的大框架下，正确处理发展利益和安全利益关系，优化、重塑国家安全和发展战略体系。通过国家一体化战略体系重塑，大幅提升国家的经济发展、科技创新、新兴领域竞争、动员应急等战略能力，进而实现国家发展利益和安全利益统筹谋

---

① 《马克思恩格斯文集》第9卷，人民出版社2009年版，第133—134页。

划，实现国家战略能力最大化。比如，美国承担国家安全最高决策职责的“国家安全委员会”，同时肩负经济建设与国家安全的顶层协调的职责。俄罗斯负责协调处理国防部与政府其他部门相关管理权限的是“联邦安全委员会”，它是协调国防建设与经济发展的最高机构。日本由总理大臣负责审批关于国防科技与武器装备的发展规划和重大项目的建设；国防会议负责审批涉及军民结合的发展战略，国防会议主席通常由首相担任；防卫省则具体负责武器装备发展和采购计划的监督执行。

小　结

加强军事安全力量建设，是维护军事安全的根本之举。军事安全力量建设作为国家安全力量建设体系中重要组成部分，其根本目标在于确保有效维护国家安全。军事安全力量建设，必须坚持以有效维护国家安全为根本目标、以备战打仗为核心任务、以全面协调、整体推进为基本方式、以提升质量效益为根本标准、以与其他安全力量建设相统筹为重要保障为基本原则。军事安全力量是维护国家安全的核心力量，是遏制和打赢战争的关键支撑，涉及领域众多、内容广泛，主要包括武装力量体系建设，新域新质力量建设和国防动员建设等方面。实战化军事训练、作战力量一体化建设、军事力量运用的体制机制和方式、军民融合一体发展等要素共同决定一个国家的军事安全能力的水平。

思考题

1. 为什么军事力量建设要坚持服从服务于国家安全战略？
2. 建设强大的武装力量体系的主要内容是什么？
3. 为什么说军事手段是解决国家安全问题的保底手段？
4. 核心军事能力建设的基本内涵是什么？
5. 为什么军事安全能力生成要坚持军民融合发展？

第五章　和平时期的军事安全保障

新的时代条件下，随着国家利益的拓展以及各种传统和非传统安全威胁的上升，和平时期军事安全保障的地位作用日益凸显，军事安全保障任务更加艰巨，军事安全保障的方式也更趋多样化、复杂化。这一背景下，积极运筹和平时期军事安全保障，有效运用军事力量手段维护和塑造国家安全与发展的有利态势，成为摆在我们面前的重要课题。

第一节　和平时期军事安全保障的内涵及意义

和平时期的军事安全保障，是相对于军事力量在战争状态下对国家安全保障所具有的作用和意义而言的。随着国家安全与军事安全的理论和实践不断发展创新，和平时期军事安全保障的内涵和意义日益丰富。

一、基本内涵

和平时期的军事安全保障，是指国家在非战争条件下运用军事力量塑造有利的国内外环境，保护国家主权、安全和发展利益免受威胁和侵害的军事活动。相较于战争时期的军事安全维护，和平时期的军事安全保障形式多样，且内涵十分丰富。

从军事安全保障的条件看，和平时期的军事安全保障在战争门槛之下实施，国家实现军事安全并非通过战争方式，而是以战争之外的多种军事力量运用方式维护总体国家安全。广义上，国家在没有进行动员或没有宣布进入战时状态的情况下运用军事力量维护国家安全，就属于和平时期的军事安全保障。狭义上，和平时期的军事安全保障仅限定在国家处于不受军事威胁状态下的军事力量运用，而不包括可能导致武装冲突或战争的危机。

从军事安全保障的目标看，和平时期的军事安全保障旨在从三个方面实现和维护国家安全，一是使国家能够避免战争；二是使国家能够避免处于受威胁的状态；三是使国家能够处于比较有利的地区和国际战略环境。

从军事安全保障的方式看，和平时期的军事安全保障不仅涵盖非战争军事行动，还包括开展国际军事安全合作、发展和控制军备、参与国际军事竞争、实施威慑和反威慑等，这些手段的使用正是为了实现和平时期军事安全保障的三个目标，以此来达到维护总体国家安全的根本目的。

从军事安全保障的范围看，和平时期的军事安全保障既包含抵御外部威胁，也包含防止内部动乱；既包含客观上没有威胁，也包含主观上没有恐惧；既包含国家具备的军事能力，也包含对对手形成的力量优势或均势；既包含维护国家自身安全，也包含促进地区和国际安全。

二、重要意义

和平时期的军事安全保障，其意义不亚于战争时期军事安全对国家安全的作用。一方面，在冷战结束以前，虽然没有爆发世界范围内的大战，但大国关系紧张，各国之间仍然以军事安全竞争为主，和平时期的军事安全保障不仅是国家应对传统安全领域挑战的重要依托，也是国家战争准备的必然要求；另一方面，冷战结束后，国际形势大幅缓和，经济发展和综合国力竞争成为国际竞争焦点，但军事安全仍然是支撑各国参与战略竞争的后盾，并在非传统安全领域发挥出重大作用。总的来看，和平时期的军事安全保障其重要意义表现在以下方面。

一是降低国家安全威胁和风险。和平时期国家依然会面临各种安全威胁和风险，其中既有传统安全威胁和风险，也有非传统安全威胁和风险，既有外部安全威胁和风险，也有内部安全威胁和风险。国家抵御和化解这些安全威胁和风险，仍然需要将军事安全作为维护国家安全的基本手段和保底手段。一方面，防止战争爆发，对各种敌对势力形成军事威慑或实施反威慑，从军事上降低国家安全遭受侵害的可能性，是和平时期军事安全保障的首要目标，而国家在军事安全保障过程中展示出的军事安全能力以及使用该种能力的决心意志，不仅会影响对手的判断和意图，也会影响其他国家的认知，客观上塑造了国家的形象和影响力，为国家营造有利的国际国内安全环境起到重要作用；另一方面，保障国家的政治、经济、文化、社会等各方面安全，也离不开军事安全发挥相应作用，往往需要将军事与政治、经济、外交、舆论等手段结合使用，以此最大程度减少国家安全和各领域安全所承受的风险压力。因此，军事安全保障在和平时期的基础作用、支撑作用和最后作用不仅不会改变，还会赋能其他的手段方式在降低国家安全威胁和风险方面发挥更大作用。

二是支撑经济社会运行和发展。除了生存安全威胁和风险外，和平时期国家还面临着更多的发展威胁和风险，尤其是经济社会发展可能受到各种干扰破坏而不能实现繁荣稳定，因此，经济社会的运行和发展就不单单是其本领域的问题，还需要军事安全保障的支撑。一方面，国家经济社会的运行和发展始终必须通过军事安全来保障，没有军事安全就意味着没有经济社会发展的屏障，经济生产、贸易投资、社会治理随时可能遭受各种安全危害和冲击而中断；另一方面，经济社会的运行和发展涉及国家在安全和发展这两大方面分配战略资源的问题，而军事安全的最终目的是实现经济社会的繁荣与发展，国家在确保没有生死攸关的安全威胁和风险的同时，会把资源最大限度用于经济建设和社会发展，这也是军事安全对经济社会运行和发展的必要支撑。

三是提升军队打赢战争的能力。和平时期的军事安全保障是检验国家军事能力的试金石，也是提升军队作战能力的磨刀石，对国家掌握和发展军事安全能力具有重要作用价值。一方面，国家军事力量遂行和平时期的军事安全保障任务，能够在一定程度上实际检验军事战备程度、国防领导和指挥效能、国家战争动员和组织能力等，是国家运用军事安全能力遂行战争任务的预实践，有助于国家摸清军事安全能力底数和承压限度；另一方面，国家军事力量在和平时期的军事安全保障过程中暴露出来的军事体制机制、军事人才培养、武器装备技术等方面的矛盾问题和新情况新困难，不仅为军事力量不断提升作战能力提供了经验教训和靶标指向，也在客观上成为国家牵引拉动军事安全能力建设发展的有力抓手。

第二节　和平时期军事安全保障的任务与特点

和平时期的军事安全保障涉及国家安全和发展的多个领域，体现着军事力量在和平环境下的重要作用和独特价值，其所担负的战略任务及其所具有的特点，反映着国家建设和运用军事力量维护自身安全的普遍规律。

一、战略任务

和平时期，国家基于自身安全和发展战略的要求，从战略高度赋予军事力量一系列安全保障任务。这些任务通常覆盖国家安全的多个领域，涉及国内国际方方面面，概括而言主要有四项。

（一）确保国家政治社会稳定

影响政治社会稳定的威胁因素多元，既可能来自于国家外部，也可能来自于国家内部，而抵御内外各种威胁的影响、维护政治社会稳定是国家和平时期军事安全保障的头等大事。

一是维护国家主权尊严和领土完整。主权和领土是构成国家的基本要素，也是和平时期国家安全的标志。对任何国家而言，主权和领土都具有十分重要的意义，世界上国家之间的矛盾和武装冲突也多是因此而起，例如希腊与土耳其关于爱琴海的划界、印度和巴基斯坦对克什米尔的争夺、以色列与巴勒斯坦的领土争端等，都涉及主权和领土问题。因此，和平时期军事安全保障的重要使命就是防止国家主权遭受侵害，防止国家的领土遭到侵犯、侵占、兼并和分裂，是国家以强硬手段保障自身安全的必然。近代以来，中国在主权和领土问题上曾遭受过重大屈辱和损失，军事安全保障能力不足是重要原因之一。新中国成立后，我国与周边国家的领土争端大部分得到解决，但也有一些历史遗留争端引发了中国与周边国家的武装冲突，中国军队有力地实施了必要的反击，维护了国家的主权尊严和领土完整，例如反击苏联对珍宝岛的入侵、越南对南海岛礁的侵占，以及印度对西部边境的蚕食。此外，防止境内外分裂势力将台湾、西藏、新疆从中国分裂出去，始终是中国军队保障国家主权和领土安全的重要职责和内容。

二是维护国家政权和政治制度安全。国家政权和政治制度的稳定关系着国家的长治久安和经济社会的发展，但其也可能因为政治斗争、民族矛盾、外部渗透等原因而受到削弱和颠覆。因此，虽然世界各国的国情不同，政治环境不同，但都把反颠覆、反渗透、反叛乱作为和平时期军事安全保障的重要职能，一旦国家政权和政治制度遭受严重威胁，国家就会动用军事力量及时管控危局，防止造成社会骚乱、流血冲突乃至国家分裂。

例如，2021 年 1 月，在美国第 45 任总统特朗普即将卸任、第 46 任总统拜登就职前爆发国会山骚乱，美国的政治制度在党派争斗中遭遇空前危机，随后美国五角大楼调派约 2 万国民警卫队前往首都华盛顿控制局势。相反，如果军事安全保障不能在维护国家政权和社会制度方面发挥应有作用，就会出现灾难性后果。最典型的例子就是苏联解体过程中，400 万苏军无动于衷，没有为苏联政治制度和政权体系守住最后一道防线。同样，近年来在中亚、北非和东欧地区相继爆发了“颜色革命”，在外部势力渗透和内部反对派的攻击下，一些国家不仅爆发了严重骚乱，甚至出现了政权更迭，而军事安全保障功能的丧失正是其中的重要原因之一。

三是维护国家公共秩序和社会稳定。国家军事力量协助维持公共秩序和社会稳定是和平时期军事安全保障的重要内容，也是确保经济社会顺畅运行和国民安居乐业的必要方式。从世界范围来看，依据国内法律在必要时运用军事力量防范、消除、控制严重威胁社会公共秩序和国民生命财产安全的暴力恐怖活动和大规模社会骚乱，以及实施灾害救援、安保警戒、运输保障等，是世界各国的通行做法。例如，中国军队担负的战略任务就包括反恐怖斗争、维护社会稳定、抢险救灾、安保警戒等。① 同样，美国的国民警卫队承担着维持社会稳定和抢险救灾等任务；而作为法国军事力量组成部分的法国宪兵，其职能任务涵盖维持公共秩序和社会稳定的多个方面。2023 年 6 月，法国警方射杀少年事件引发法国境内大规模骚乱后，法国政府向全国多地部署大量宪兵，协同警察平息和控制了局势。

（二）维护国家海外利益拓展

国家海外利益是国家和国民利益在国家主权管辖范围之外领域的延伸，军队参与维护国家海外利益是其职责使命所系，也是国家保持和拓展自身利益的必然选择。无论是从历史还是现实来看，世界主要国家海外利益的拓展，均离不开军事力量的支撑和保障。

一是保护海外人员资产安全。在旧的国际秩序中，军事力量往往是国家海外利益拓展的“急先锋”，被视为实现国家海外利益的唯一手段。荷兰以强大的舰队进行海外利益拓荒，推行海外贸易；英国通过强大的海上

① 中华人民共和国国务院新闻办公室：《中国的军事战略》，人民出版社 2015 年版，第 8 页。

军事力量，占据了超过本土 50 倍以上的殖民地，攫取了大量海外利益。[①] 二战后，军事力量仍是维护和拓展国家海外利益的重要保障。特别是对世界主要国家来说，由于其综合实力和影响力大，与世界联系紧密，其机构、企业、人员在世界多地活动频繁，利益遍布广泛，而其国家驻外机构、商贸企业、公民侨民却可能因为东道国政治局势、经济状况、社会治理水平、地区和国际形势等因素而面临不同程度的安全风险。一旦发生危险和突发情况，而政治、外交等手段难以发挥作用时，运用军事力量就成为大国维护海外利益最直接、最有效的手段。在这方面，西方国家仍然最有代表性，冷战后美国始终把干预海外地区冲突的军事能力作为国家安全战略的重要内容；对非洲有大量投资和援助的法国，在索马里、卢旺达、马里等地发动多次军事干预行动，旨在保护其核心海外利益，为本国援助和投资创造稳定安全的环境。

二是保护海外战略通道安全。全球贸易 80% 以上依赖海运，国家海外利益的实现，与海外能源、货物、粮食等运输息息相关，而这在很大程度上取决于国际战略通道的畅通与否。然而，受传统和非传统安全威胁的多重影响，国际战略通道具有明显脆弱性，一旦被控制或破坏就会给国家安全和发展造成致命影响。为此，世界大国极为重视运用军事力量，特别是海上力量来保护和控制国际战略通道的安全。美国 1986 年就公开宣布要控制世界 16 条海上战略通道，包括马六甲海峡、曼德海峡、巽他海峡、望加锡海峡、霍尔木兹海峡、巴拿马运河、苏伊士运河等。例如，在被称为“海上生命线”的马六甲海峡，美国通过强化在该海峡周边国家的军事存在来扼守这条咽喉要道，主要是在新加坡樟宜军事基地部署海空军力量，为其展开巡航和威慑提供保障。中国军队也将保护海上战略通道安全视为重要职责，中国海军自 2014 年起连续不断派出数十批次舰艇编队在亚丁湾水域执行护航任务，维护了这一重要水域的和平安全。

三是树立良好的国际形象。国家形象是一个国家的所作所为给国际社会形成的关于该国的能力、决心、意志和责任等方面的印象，是国家在国际社会中的无形资产和软实力。[②] 世界大国普遍重视通过运用军事力量维

---

① 宋云霞、王全达：《军队维护国家海外利益法律保障研究》，海军出版社 2014 年版，第 24 页。

② 肖天亮主编：《战略学》，国防大学出版社 2020 年版，第 315 页。

护海外利益来塑造和展示其国际形象、增加其国际话语权、影响他国对其认知。一方面，大国在以军事力量维护本国海外利益的过程中能够展示战略能力，起到震慑对手的效果，树立不可侵犯的国家形象，这对国家安全和利益的保护具有实际的作用影响；另一方面，国家参与国际性军事行动能够体现承担国际义务和维护和平稳定的积极意愿和担当精神，有利于形成负责任国家的形象，并传递国家政治善意、密切国家间关系。

（三）参与国际军事战略竞争

国际军事战略竞争决定着各国军事实力和安全水平的此消彼长，影响着国家在国际战略格局中的地位变化。因此，参与国际军事战略竞争并抢占战略制高点，就成为世界各国和平时期军事安全保障方面的必然选择。

一是开发军事技术。人类科学技术和生产方式的进步为军事技术和武器装备的开发创造了条件，特别是核心技术引起核心军事能力转移，从而推动作战方式和战争形态的变革。历史上，军事技术的革命性变化引发了四次主要军事革命，包括冷兵器军事革命、热兵器军事革命、机械化军事革命和信息化军事革命。每一次军事革命都是机遇与挑战并存，主动开发和运用新军事技术的国家能够适应军事变革的趋势，实现军事技术突袭和“弯道超车”，而忽视新军事技术开发的国家则被拉开技术代差，其军事保障能力逐渐衰退，甚至在战争打响前已经输掉战争。当前，发轫于 20 世纪 70 年代的信息化军事革命正在加速发展和深入推进，在新一轮科技革命和产业变革推动下，美中俄欧等世界主要力量争先将人工智能、量子信息、大数据、云计算、物联网等前沿科技应用于军事领域，武器装备远程精确化、智能化、隐身化、无人化趋势更加明显，战争形态加速向信息化战争演变，智能化战争已现端倪，国际军事竞争格局正在发生新的历史性变化。①

二是调整军事战略。为了既能应对现实威胁，又能预防未来挑战，世界主要国家均在和平时期对军事战略进行定期调整和发展，从而更好地对自身军事安全能力建设和运用作出全局性筹划和指导。特别是冷战结束以来，随着新军事革命的展开和推进，世界主要国家加紧军事战略更新，不断推高国际军事战略竞争。从老布什政府到拜登政府，美国先后推出 7 版

---

① 中华人民共和国国务院新闻办公室：《新时代的中国国防》，人民出版社 2019 年版，第 6 页。

国防战略和军事战略，以此谋求和保持军事优势和霸权地位。俄罗斯经过叶利钦、普京、梅德韦杰夫，再到普京的四个时期，持续大幅调整《俄罗斯联邦军事学说》，旨在强化军事力量作为国家安全保障的核心地位。中国适应世界和自身发展形势，根据国家安全对军事力量建设和军事斗争准备的要求，贯彻和发展积极防御军事战略方针，确定军事斗争准备的基点和方向，为中国特色精兵之路和强军之路提供指南。

三是推动军事转型。巩固和发展军事力量是和平时期军事安全保障的重要途径，其中既包括力量规模方面，也包括质量效能方面。而推动军事转型是国家基于这两个方面提升军事能力的战略性举措，往往通过军事理论创新、军事体制重塑、军事力量重构来实现，具有体系化的特点。冷战结束后，世界各国普遍推进军事转型，以适应国际军事战略竞争的需要。美国率先发起军事转型，并且始终没有停止转型的步伐，先是把应对传统大规模战争的军队转型为以反恐为主要任务的军队，当前又正在将军队打造为能够打大国高端战争的全域联合作战力量。俄罗斯的军事转型经历了复杂曲折的过程，但经过20多年的努力，理顺了高层指挥关系，加强了战略威慑和进攻能力，在一定程度上缓解了苏联解体以来常规军事能力下滑的趋势。中国从20世纪90年代后期开启了中国特色军事变革，从中国国情和军情出发，以建设信息化军队为总体目标，以机械化和信息化为双重历史任务，走以信息化带动机械化、以机械化促进信息化的跨越式发展道路，通过深化改革，实现军队建设从机械化半机械化向信息化智能化的整体转型。①

（四）塑造有利的国际安全态势

运用军事力量塑造外部安全环境、形成有利的战略态势是国家在和平时期维护自身安全和促进共同安全的有效手段。特别是对大国而言，成功的示形造势能够起到达成战略威慑、预防冲突升级、稳定地区安全架构、加强战争准备等作用，是国家军事安全保障的重要战略任务之一。

一是优化军事战略部署。军事战略部署是国家对军事力量在空间上的战略性配置，军事力量配置的位置、多少、强弱、时机对地区和世界会产生不同的影响。和平时期，积极的军事战略部署往往能够对对手形成有效威慑或反威慑，使其不敢轻举妄动或放弃行动企图，从而促使战略态势向

---

① 肖天亮主编：《战略学》，国防大学出版社2020年版，第36页。

着有利的方向发展。如果国家军事力量具有一定优势，通过优化军事战略部署，可以进一步扩大己方优势，而如果军事力量处于相对弱势，也可以通过抢占有利战略空间和时机的军事部署，在一定程度上改变或扭转被动的局面。[①] 例如，冷战前期，常规军事力量处于相对弱势的北约，通过美国在欧洲部署核武器，对苏联和华约庞大的军事力量形成了抵消效果，使两大军事集团在欧洲维持了军事平衡态势。

二是组织战略性军事行动。在和平时期适时组织和开展能够显示战略决心和实力的军事行动，是世界主要国家塑造国际安全态势的普遍做法，通常包括军事演习、战备巡航、维持和平等行动。根据战略目的需要，国家可能使用较大规模的战役力量实施战略性军事行动，也可能选择规模较小的战术力量，但在军事行动开展的位置和时机选择上往往精心筹划和选择，以此最大程度达成塑造态势的战略效果。例如，军事演习一般有着明确的演习背景和假想目标，在什么位置演练、什么时间演练、演练什么都传递着国家的立场和态度，是国家向敌对国、友好国和中立国发出的信号，能够对地区和世界相关国家的认知和行为产生影响，以此争取国家需要的某种战略态势。再如，战备巡航虽然通常只由小规模的海空战略武器平台实施，但却能通过行动显示国家在某一区域或全球范围内的威慑能力或安全承诺，对地区和国际安全形势具有直接的影响作用，冷战时期美苏战略轰炸机和战略核潜艇的战备巡航保证了建立在“相互确保摧毁”基础上的核均势，维持了对双方和世界都相对有利的冷和平，避免了热战的爆发。

三是开展军事安全合作。军事安全合作是国家借助外部力量共同塑造国际安全态势的基本途径，能够起到建立国际安全机制、形成相互制衡的战略格局、缓解安全困境等作用。[②] 国家开展军事安全合作的形式包括建立联盟关系或伙伴关系，既可以是双边军事安全合作，也可以是多边军事安全合作。美国是战后以来开展军事安全合作最广泛的国家，其在欧洲和亚洲等全球各地与多国建立军事安全合作关系，包括数个双边军事同盟关系、伙伴关系以及以北约为主的多边军事同盟组织，美国通过情报、军事

---

① 郝敬东：《军事战略布局论》，军事科学出版社 2022 年版，第 56 页。

② 俞存华、付明华主编：《国际军事合作研究》，军事科学出版社 2011 年版，第 40 页。

技术、安全保障等多种方式与其盟友伙伴展开军事安全合作，对地区和全球安全态势产生了很大影响，使美国在全球安全格局中长期保持了霸权地位。近年来，新兴发展中国家也在不断加强以非传统安全领域为主的军事安全合作，如上海合作组织针对恐怖主义的军事安全合作为中亚地区的稳定发挥了重要作用。此外，在联合国名义和框架下的国际维和行动也是具有塑造国际安全态势作用的军事安全合作形式，出兵国往往能够通过在东道国的驻军和军事行动影响地区安全环境和战略态势发展，在提供公共安全产品的同时获得相应的战略收益。①

二、主要特点

和平时期的军事安全保障既是国家战争能力的准备，又是国家战争能力的拓展和延伸。但与战争时期相比，和平时期的军事安全保障具有自身鲜明的特点。

（一）制约因素众多

与战争一样，和平时期的军事安全保障也是国家意志和国家战略利益的体现，是政治的继续。从和平时期军事安全保障的任务来看，国家在和平时期建设和运用军事力量受到一系列复杂敏感因素的制约。

一是受政治因素制约。和平时期军事安全保障的目的由政治目的直接规定，军事力量的建设和运用总是反映政治上的需要，其时机、力度、方式往往是政治上规定的结果，无论是境内军事行动，还是境外军事活动，无论是对抗性活动，还是合作性活动，都要服从和服务于国家的政治目的，以维护国家利益为根本出发点和落脚点。

二是受国际因素限制。和平时期的军事安全保障，尤其是大国的军事活动，会不可避免地受到国际社会的广泛关注和各种解读，既可能获得支持和赞赏，也可能遭到反对和抵制，需要综合考虑地区和国际局势现状、伙伴国家的态度、相关国家的反应、联合国的决议等多方面情况，必须与国家外交紧密配合，在保障国家总体安全的同时，支撑国家外交工作有力展开，争取和保持军事活动的战略主动。

三是受法律因素限制。和平时期的军事安全保障牵涉层面高、涉及领

---

① 吴彤：《中国维和行动战略塑势问题研究》，中国原子能出版社 2021 年版，第 16 页。

域广，其目的达成、过程管理和风险化解都需要考虑国内法和国际法的适用性。无论是本国军事力量在境外活动，还是邀请外国军事力量赴本国联合行动，均涉及国际法、当事国法律和本国法律，必须对军事力量的法律地位有明确的法律保障，为军事活动提供法律依据、法律指引和法律防护。同样，军事力量在本国境内的活动也涉及与政府和社会的协调，必须在本国法律规定的框架下明确权力责任范围、武力动用条件、指挥保障关系等。

（二）方式灵活多样

和平时期的军事安全保障任务多元、覆盖面广，国家需要根据所要达成的政治目的和军事目标运用多种军事力量组织和开展灵活多样的军事活动。

从性质上来看，既有例行军事行动，也有应急军事行动。军队多数时候主要遂行战备训练、边海防警戒、重要目标防卫等任务，但遇有重大自然灾害、恐怖主义事件、群体性事件等突发情况时，国家则会调动军事力量及时处置。

从领域上来看，既有传统安全领域保障，又有非传统安全领域保障。军队在确保国家不受武装侵略和战争威胁的同时，还要担负维护新型领域安全、国际维和、灾害救援等非传统安全领域的任务，开展多类别军事行动，发展多样化军事能力。

从力量上来看，既可以是单纯的军事力量，也可能是军警民联合力量。军队始终是和平时期维护国家安全的主体力量和保底手段，但除了在部分情况下独立担负任务之外，越来越多地与非军事力量联合展开行动，如维护领海及专属经济区安全时，军队常常与海警协同行动，在维护网络空间安全时，军事力量也需要民间力量的配合支援。

从手段上来看，既有斗争，也有竞争，还有合作。军队为了保障国家安全，必然与敌对力量存在着斗争，但从避免和延缓战争、塑造和保持有利态势的需要出发，军事竞争又是更加常见和有效的方式，甚至在必要的领域和必要的时候，通过与包括对手在内的其他国家军事力量的合作，巩固和提升国家安全水平。

（三）可控程度较高

和平时期军事安全保障均是战争门槛以下的军事活动，这一基本特性决定了国家对军事力量的运用和发展虽然是以强力手段解决安全领域的矛盾，但其对抗性有限，盖然性[1]较低，便于国家进行控制。

一是强度可控。国家在和平时期运用军事力量时，其行动目标、行动规模、行动范围都具有明显的有限性，并能够通过节奏调整和过程控制，力求对自身经济社会的发展不造成附带损害，对自身与其他国家的关系不构成冲击，避免引发连锁反应而陷入战略被动。

二是时机可控。相比于战争条件下，国家在和平时期动用军事力量并不需要面对高强度对抗的节奏和环境，而是始终握有战略主动权，这使国家在行动时机的选择上具有更大的自主空间，更利于国家把握恰到好处的时机。例如，组织重大军事演习、战备巡航或武器装备实验，精心选择时机往往能够达到战略性效果，有针对性地起到警告和威慑作用，制止某些对国家安全可能造成危害的形势进一步发展，而时机过早或过晚，则可能使针对性大为减弱，难以充分发挥对国家安全的保障作用。

三是成本可控。和平时期的军事安全保障与国家经济社会发展相协调，国家对军事力量建设和运用的成本投入始终控制在一定程度内。从军事力量建设方面看，投入多少资源发展什么、不发展什么，先发展什么、再发展什么，国家会根据军事安全保障的需要作出中长期安排。从军事力量运用方面看，投入多少资源开展什么方式的军事行动、在哪里开展军事行动、开展多长时间的军事行动，国家会根据利益实现程度和形势变化情况作出动态评估和调整。

（四）强调常态保障

和平时期的军事安全保障，具有全时保障、全程保障和长期保障的性质，特别是在非战争状态下，军事力量通过经常开展军事行动、持续保持战备状态、不断发展军事能力，从应战、待战、备战三个层面和近期、中期、远期三个维度履行保障职能。

一是经常开展军事行动。一方面，国家为了应对潜在的传统安全威胁，需要通过开展例行军事行动展示军事实力和显示军事存在，其中一些军事行动需要定期开展，有些甚至必须不间断开展才能确保国家安全，正所谓国不可一日无防；另一方面，在非传统安全威胁日益突出的趋势下，

---

① 盖然性是著名军事理论家克劳塞维茨在其著作《战争论》中提出的概念，意指在现实世界中偶然事件发生的可能性也是有规律的，根据大量现象可以估计偶然事件发生的可能性的大小，这样的可能性称为盖然性。

各国实施非战争军事行动的频率大幅增加，以军事力量为主或以军事手段相配合处置各类威胁变得更加普遍，军事力量由过去只作为最后手段使用转变为适时使用和全程可用。

二是始终保持战备状态。为了应对可能出现或难以预料的各种传统和非传统安全威胁，军事力量需要在和平时期进行相应的准备和戒备活动，以保持随时能用、全时可用的良好状态。保持战备状态既是军事力量在和平时期经常性的基本工作，也是军事安全保障能力的重要体现。

三是不断发展军事能力。国家对军事能力的需求往往呈现动态变化，在威胁较大时增加，在威胁较小时降低，但始终需要长期保持一定的增长，才能确保未来的国家安全。对国家来说，利用和平时期的有利条件持续发展军事能力，是确保国家安全的必然选择。一方面，国家只有持续发展军事能力，军事安全保障才能不被对手和时代发展所削弱；另一方面，保持军事能力与其他领域能力的同步协调增长，才能更好保障其他领域能力作用的充分发挥。

第三节　和平时期军事安全保障的主要方式

和平时期军事安全保障的方式包含战争之外的一切军事力量运用方式。相对于战争而言，和平时期的军事安全保障是常态，军事力量运用也更灵活多样，主要表现为国家运用军事手段展开的一系列斗争、合作与竞争。

一、非战争军事行动

非战争军事行动，是指国家为达成一定的政治目的，使用军事力量以非暴力或有限暴力手段，所遂行的非战争方式的军事行动，[①] 是和平时期军事力量保障国家安全的主要方式，在维护国家稳定、预防遏制战争、提升军事能力等方面发挥重要作用。不同国家基于不同的战略目的和军事文化，对非战争军事行动有不同定义和划分，但从国际普遍认识和通行惯例看，其基本行动样式如下。

---

① 肖天亮主编：《战略学》，国防大学出版社 2020 年版，第 289 页。

（一）反恐怖行动

当今世界不同程度地受到恐怖主义威胁，运用军事资源和手段防止恐怖活动发生、打击和铲除恐怖势力、消除恐怖袭击后果，是各国维护自身安全和共同安全的普遍做法。作为反恐怖行动的主要力量，军事力量在反恐怖行动中的行动分为两类：一是预防性行动，主要是在恐怖活动发生前所采取的应对措施，包括为粉碎恐怖活动阴谋所采取的各种防范和防护措施，如情报搜集分析、重要目标警戒防护、反恐行动方案制定、救援保障准备、反恐行动演练等；二是武力打击行动，主要是对恐怖分子实施各种形式的攻击，包括捣毁恐怖分子营地、夺占被恐怖分子控制的重要目标、解救被困人质、追击搜剿恐怖分子等。

（二）维稳行动

维稳行动是国家为维护政权政局稳定、社会平稳有序、经济运行正常，动用军事力量配合国家其他政府机构处置各类大规模群体性事件而采取的军事行动。维稳行动有时与反恐行动交织展开，但通常独立实施，主要包括三类任务：一是制止和平息暴乱，主要针对社会矛盾或偶发事件引起的聚众闹事和打砸抢烧，避免事态扩大为大规模骚乱和社会动荡；二是预防和处置大规模群体性事件导致的冲突，如游行抗议演化升级为暴力冲突；三是在发生战乱或局势紧张地区协助民事当局恢复和维持社会秩序，避免当地再次爆发冲突和对抗。在维稳行动中，军事力量主要实施强制隔离、强行疏散、现场封控、交通管制、宵禁戒严、定点清查、搜查抓捕、目标警戒、人员解救等行动，同时结合开展宣传、教育、调节等政治性工作。

（三）安保警戒行动

安保警戒行动是为确保重大活动的顺利实施和重要战略目标的安全，由军事力量协同其他力量开展的专项安全保卫行动。由军事力量实施的安保警戒行动主要有三类：一是重要目标常态安保警戒，通常是保护和防止对国家在政治、经济、社会等方面具有重大战略性影响的目标遭到袭击，如政治机构、核电站、大型水坝、油气管道、机场港口等；二是重大国事活动和重要庆典的安保警戒，如重要政治会议、外国元首来访、重大节日庆典等；三是重大国际活动的安保警戒，包括大型体育赛事、文化展览、商贸活动等。军事力量通过承担目标警卫、海空警戒、安检排查、巡逻布控等任务，确保敌对势力、恐怖分子、抗议人士等不在敏感位置和时机通过制造破坏造成政治性影响。

(四) 灾难救援行动

灾难救援行动是军事力量在国家发生重大自然灾害、严重事故灾难和大范围公共卫生事件时实施的紧急救助支援。作为灾难救援的重要突击力量，军事力量在实施灾难救援时主要担负五类任务：一是展开人员搜救、核生化救援、医疗救护、疫情控制；二是解救、转移、疏散受困人员；三是抢救、运送重要物资；四是抢修道路、保护重要目标；五是协助当地政府进行灾后重建。此外，在其他国家发生重大灾难时，根据国际组织或当事国请求，国家也往往派出军事力量实施人道主义救援，主要包括三种情况：一是在联合国框架和决议下，由联合国主导和协调各国展开的国际救援行动；二是在地区性组织主导和协调下，相关国家共同开展的联合救援行动；三是根据当事国请求，国家向当事国派出军事力量参与和协助其救援。国际救援行动涉及面广，政治敏感性高，军事力量需要远距离投送，对军事力量的组织、指挥、保障等方面的要求很高。

(五) 边境封控行动

边境封控是为维护国家边防和海防的安全稳定，在陆上和海上边境地区使用军事力量对一定区域实施的封锁控制行动。军事力量实施边境封控行动主要是应对以下四种情况的发生：一是敌对国家实施渗透、骚扰、破坏等活动，并造成边境地区形势动荡；二是境内外敌对势力相互勾结，在边境地区制造动乱和恐怖活动；三是周边邻国因战争、内乱、重大自然灾害、疫情等引发难民或武装人员非法越境；四是跨国犯罪组织进行毒品运输、人口贩卖、货物走私等。出现以上情况时，国家使用军事力量展开具有强制性特征的边境封控行动，包括：巡检，即对敏感的边界地段和边境地区加强巡逻检查，防止境外人员非法越境；堵截，即采取强制手段，将境外非法武装人员封堵拦截在国境之外，确保边境地区安全稳定；隔离，即对由周边国家涌入的难民建立专门隔离区进行安置。

(六) 公海护航行动

公海护航是使用军事力量对海上航线、战略通道和重要船只实施保护，使其免遭敌对国家、恐怖主义、有组织武装犯罪分子袭击，确保海上航运通畅和船只安全。军事力量实施公海护航行动时主要担负三类任务：一是海上巡逻，即对具有战略价值的航线和水域进行定期或不定期巡逻；

二是针对特定威胁对象采取的护航，包括伴随航行、区域护航、随船护卫等；三是通过军事存在显示对重要海峡的影响和控制能力，包括针对海盗、海上恐怖威胁、海上争端等进行的军事演习和海上威慑。由于公海护航行动主要是在境外展开，对指挥和保障的要求非常高，军事力量需要具备远海远域通信能力和依托海外补给，因此公海护航行动往往是多国联合实施，由护航区域的相关国家提供补给支持，而单独实施公海护航行动的通常是拥有海外基地的大国或得到他国后勤支持的国家。

（七）海外撤离行动

海外撤离是当他国发生较大规模武装冲突或战争、严重内乱、重大自然灾害时，国家动用军事力量或采取一定军事手段将受到安全威胁的驻外使领馆、企业机构、旅游探亲国民、留学生、侨胞等撤离回国或转移到其他地区。海外撤离行动通常以和平方式实施，但由于是在他国领土上实施的军事行动，需要当事国配合协调，国家必须通过外交途径与当事国充分协商，然而在特定紧急情况下也可能采取强行撤离的方式。此外，海外撤离行动主要以海上或空中军事力量实施，而且往往需要在有限的时间窗口内完成撤离，因此对军事力量的远程投送能力和应急反应能力具有很高要求。

（八）国际维和行动

国际维和是根据联合国安理会决议和授权、地区组织决议和授权或国家间协议，经冲突方邀请或同意，由相关国家向争端或冲突地区派遣维持和平部队所实施的非强制性军事行动，通过维持停火和隔离交战方部队、监督落实停火协议、防止冲突战火重燃，为开展人道主义救援、维护当地局势和社会稳定、最终以政治途径解决争端和冲突、重组政府和军队创造条件。军事力量在国际维和行动中主要承担的任务包括监督停火和撤军、恢复冲突地区秩序，以及战乱地区的销毁武器、遣散部队、遣返难民、清扫地雷、安全警卫、武装护卫和巡逻、工程建设、医疗、运输等。

二、国际军事合作

国际军事合作是国家或国家集团之间为了谋求互惠的战略利益，在军事领域内进行的双边或多边的相互交往和联合行动。[1] 和平时期的国际军

① 俞存华、付明华主编：《国际军事合作研究》，军事科学出版社 2011 年版，第 7 页。

事合作是影响国家安全和国际安全环境的重要因素之一，也是各国开展军事安全保障的重要方式之一，其主要形式如下。

（一）军事安全磋商

军事安全磋商也被称为防务安全磋商，是两国或多国军事力量之间根据约定或协议就军事安全、军事关系、防务政策等重大军事问题进行的定期和不定期会谈。军事安全磋商是国家之间开展军事合作的基础，为国家之间沟通军事安全领域的重大关切、弥合和管控分歧、建立和增强战略互信、协调军事关系和安全政策等提供平台。军事安全磋商主要包括双边磋商和多边磋商两种形式，参与磋商的各国主要官员的级别往往反映着磋商的重要性。双边军事安全磋商主要是两国军事部门之间的机制化定期交流对话，包括由一国军事代表团访问对象国，或一国高级防务官员与本国政府其他高级官员共同访问对象国期间与对方高级防务官员举行的磋商。此外，双边军事安全磋商也在一些国际会议期间以非正式方式举行。多边军事安全磋商主要是联盟国家之间或地区组织成员国就共同关心的议题进行的定期沟通和协调，但磋商议题往往容易受联盟或地区组织内主要国家的主导，并对参与磋商的国家和其他国家的军事安全产生不同程度影响。

（二）军事教育合作

军事教育合作是各国军队为了军事安全人才队伍建设需要，在军事教育领域学习借鉴他国先进的军事理论、作战技能、训练方式、武器装备技术等而联合实施的军事教育培训活动，同时是借助军事教育平台，实现服务于国家军事安全和对外政策的目的。世界主要国家均把军事教育合作作为拓展国际战略空间的重要途径，特别是当战略目标与他国一致时，军事教育合作就成为国家之间维护共同安全的重要手段之一。军事教育合作的主要类型分为三种：一是单方承训式合作，即由一方负责组织培训，另一方选派军事人员接受培训，包括特定武器装备操作和管理培训、人员军事技能和军事素养培训等；二是双方承训式合作，即由合作双方互派军事人员开展军事教育或接受培训，包括互派军事人员进入对方部队、院校和基地等接受培训，互建教学实践基地，以及建立对口军事院校校际间合作交流机制，展开学员、教员、教育管理人员之间的交往互鉴；三是多方联合式合作，即由军事联盟成员国共同出资建设、培养训练各成员国军事人员，如北约的军事院校就是这种合作的典型。

（三）军事学术交流

军事学术交流是有关国家派遣军事理论和科研人员围绕军事学术问题进行的研究与交流活动，是国家军事外交工作的一项重要内容，有利于增强各国军队相互间的透明度、促进军事信任和彼此学习借鉴，推动各自国家国防和军队建设。同时，由于参与军事学术交流的主体是各国军事院校、科研机构和军队智库人员，军事学术交流往往以半官方或非官方形式展开，交流人员能够从专业领域和技术层面进行比较深入的研究和探讨，从而为官方层面就相关敏感问题展开交流磋商，起到投石探路的效果。军事学术交流主要包括四种类型模式：一是军事学术代表团的双边互访交流，包括军事院校、军队智库之间的定期或不定期访问，围绕双方感兴趣的重大军事问题展开学术性交流研讨；二是国际安全与防务论坛或专题学术会议的多边交流，各国军事科研人员和智库学者围绕共同关注的重大安全议题或专业领域问题展开集中交流，例如亚洲安全峰会（香格里拉对话）、北京香山论坛、中国—拉美和加勒比军事医学论坛等；三是专项联合学术研究，主要是两国军事科研人员或智库学者共同组成课题组，就某一重要军事学术问题展开联合攻关，形成共同的研究结论和报告，为两国和两军官方部门提供参考；四是军事学者访学交流，主要是应他国军队及其防务研究机构邀请，派遣本国军队院校或智库学者赴他国进行军事学术客座研究。

（四）军事装备与技术合作

军事装备与技术合作是国家或国家集团在武器装备领域的军事贸易、军事援助和联合研制，既包括军事装备成品合作，也包括军事技术合作。在国家之间战略利益协调和相近的情况下，彼此开展军事装备与技术合作的可能性往往较高，合作不仅有利于国家提高军事力量的武器装备性能水平，加快武器装备人才建设培养，而且能够增进国家间的友好信任，对提升军事安全水平和塑造战略态势具有重要作用。军事装备与技术合作的类型主要包括三种。第一种是装备联合研制，即国家之间联合开发军事技术、研制新型武器装备、改进现役武器装备。第二种是军事装备与技术援助，即国家之间开展以武器装备为主要内容的支援和帮助，既指装备援助，也指技术援助，包括援助国向受援国无偿或有偿提供军事装备或技术、培训受援国装备技术人员等。第三种是军事装备与技术贸易，即武器装备、专用生产设备、装备技术和服务的交易，包括直接用于军事消费的武器装备、直接或间接用于装备制造的生产资料和战略物资、直接或间接用于武器装备生产的军事科学技术、与武器装备交易相关的军事投资和劳务。

（五）军事情报合作

军事情报合作是国家之间依据承诺、协议而进行的有条件交换和共享军事情报的活动，对维护军事安全具有直接重要作用，也体现国家之间的军事合作水平。同时，由于军事情报活动的特殊性，军事情报合作中往往侦察与反侦察、窃密与反窃密、欺骗与反欺骗交织，在合作中渗透斗争，充满对抗与制衡，合作领域与程度受到国家安全利益、战略互信程度、意识形态等多种因素的影响与制约。国际军事情报合作通常以双边形式居多，多边形式主要是在联盟国家之间。从对国家安全的影响来看，和平时期的军事情报合作既包括传统安全领域，也包括非传统安全领域，合作方式主要有两类。一类是正式的情报交换，即国家之间签订情报交换合作协定后，有条件交换和共享军事情报，包括建立情报共享机制和系统、情报人员交流与培训、情报侦察装备与技术合作等。另一类是非正式情报交流，即国家之间在没有正式协议的情况下，以情报机构和人员的共同利益为基础，进行的有条件情报交换和共享活动，包括派遣驻外武官进行情报交流、开设秘密军事情报交流渠道、举办各类专题的情报研讨交流活动等。

（六）国际联合军事演习

国际联合军事演习是国家之间围绕统一的目的共同举行和参与的作战行动演练和军事训练，是国际军事合作的重要形式之一，不仅有利于国家之间的军事交流拓展和安全关系提升，增强军事互信，还能够展示军事实力和共同意志，达到塑造地区安全态势、威慑共同对手的效果。世界主要国家每年都会投入巨大的人力、物力、财力举行形式多样和内容丰富的国际联合军事演习，其中体现着针对特定国际背景的战略企图，对国家维护军事安全和共同安全具有重要意义和作用。通常，国际联合军事演习表现为两种主要形式。一种是双边联合军事演习，即两个国家的军事力量所实施的军事演习，其组织方式或者为双方共同筹划实施，或者为一方主导安排、另一方配合参与。另一种是多国联合军事演习，即两个以上国家的军事力量所实施的军事演习，其组织方式往往为参演国家中军事实力最强的一方牵头、其他国家配合参与，或者由军事联盟国家共同组建的一体化军事机构组织，各成员国分工实施，因此多边联合演习的复杂程度极高。相比较而言，双边联合军事演习对国家军事安全的维护主要体现在两国范畴，影响作用相对有限，而多边联合军事演习更多体现国家之间维护共同军事安全的作用，往往对地区安全乃至国际安全产生重要影响。

三、大国军事竞争

军事竞争是世界主要国家之间在军事领域为了获得优势地位而展开的比拼，主要表现为在政治上对立的大国围绕军事能力和战略态势所进行的静态与动态较量，并最终反映在国家的军力扩张与备战行动上。因此，军事竞争是和平时期大国博弈的重要维度，不仅对大国安全体系的稳定性产生重要影响，也是地区和全球军事安全体系的重要构成因素，其特点是以处于对立对抗状态的大国为主体，竞争具有很强的针对性，追求在军事安全领域形成相对于对方的实力和态势优势，但同时也是大国之间安全困境的产物，其主要形式有三种。

（一）军备竞赛

军备竞赛是敌对或潜在敌对大国在和平时期围绕常备军和武器装备展开的数量和质量竞争，是一种特殊状态的军事建设。一方面，军备竞赛中国家的军备急剧增长和改进；另一方面，军备竞赛国家会以一个或多个潜在对手作为追赶、平衡和超越的目标。

大国军备竞赛的发生与权力斗争有直接的关系，它是国际舞台上权力斗争的一种具体手段。国家之所以武装，或者是由于它们想要自卫以抵御别国，或者是由于它们想要进攻别国。[①] 在军备竞赛中，一国试图赶上并超过另一国的军备水平；反之，另一国亦是如此。[②] 历史上发生过两次典型的军备竞赛，一次是一战前欧洲各国的军备竞赛，主要体现为英国与德国之间的海军军备竞赛和法国与德国之间的陆军军备竞赛；另一次是冷战期间的美国与苏联之间的军备竞赛，包括核武器竞赛、常规武器竞赛、太空武器竞赛。虽然这两次军备竞赛产生了截然不同的结果，前者导致了一

---

① ［美］汉斯·摩根索著，徐昕等译：《国家间政治：权力斗争与和平》（第7版），北京大学出版社2006年版，第434页。

② ［美］汉斯·摩根索著，徐昕等译：《国家间政治：权力斗争与和平》（第7版），北京大学出版社2006年版，第218页。

战的爆发，后者则以苏联的解体告终，但都体现出了军备竞赛的特点。

一是军备竞赛是大国在非战争时期的静态军力比拼，反映了国家对自身军事安全和对方军事潜力的强烈担忧，并由此转化为加大自身军事力量建设的力度，甚至以远远超出正常建设的速度提高自身军备的数量和质量。

二是军备竞赛具有明显的备战属性，大国之间在相互对立的消极互动竞争中，产生越来越严重的恐惧、猜疑和不安全感，可能使国家追求军事安全或军事优势的政策时违背初衷，并陷入安全困境。

三是军备竞赛是一种不稳定的军事安全形式，国家在追求军事安全的过程中消耗大量资源，往往导致军事负担的不断加重，成本高昂。

四是军备竞赛不仅是对立大国之间的博弈，其辐射影响还波及地区和国际军事安全形势，造成更多国家的不安全感和对立状态，导致各国普遍陷入安全困境。

（二）军备控制

军备控制也称军控，是国家或国际组织通过双边或多边方式对武器系统的研制、实验、生产、部署、使用及转让或武装力量的规模进行的限制，手段措施包括裁军（减少）、冻结、重组、禁止、不扩散等，主要通过外交谈判以协议的方式加以实现。军备控制的目的是，对军备的扩张进行管理和限制，不让它成为一种无序的竞赛，从而起到促进国际关系的稳定与和平的作用，并且在战争一旦发生时控制和削弱因为武器而必然会产生的破坏性后果。①

和平时期，世界主要大国将军备控制作为调节彼此之间军事关系的重要手段，以此稳定军事安全态势，规范对方的军事活动，维护自身军事安全。但19世纪以前，军备控制的作用和价值有限，直到冷战开始后，现代意义上的军备控制在美苏对峙的背景下产生出来。美苏既相互竞争军事优势，又避免军事冲突，同时极力维持核垄断地位。冷战结束后，美国一超独霸，推动军备控制的动力减弱，甚至阻碍国际军控进程。从国际军控的历史和实践看，军备控制的基本特征体现为四点。

一是国际军备控制主要由对立大国主导。虽然军事集团也常常作为整体参与到军备控制中，但各集团中实际影响军备控制的仍是大国，特别是

---

① 陈拯主编：《国际安全导论》，复旦大学出版社2023年版，第209页。

发挥主要领导作用的大国，例如冷战期间的北约和华约在1990年签署了《欧洲常规裁军条约》，但两大军事集团中美苏两国在军备数量和质量方面处于绝对优势地位，尤其是美苏所拥有的核武器总数占全世界的97%，因此重大的核裁军谈判主要在美苏之间进行。

二是核不扩散始终是国际军备控制中最复杂棘手的问题。由于核武器的强大威慑和杀伤效力，研制发展核武器与反核武器的大国军事竞争从未停止。世界主要大国在围绕核武器的博弈中，与国际社会一起形成了以《不扩散核武器条约》为核心的核不扩散机制，涵盖了所有防止核扩散的法律、条约、协定和国际组织，在一定程度上遏制了核武器及其原材料的扩散，对其自身军事安全和国际安全发挥了积极作用。但从根本上说，发展核武器是大国竞争刺激下的产物，核军控同样也是大国竞争的需要。因此，处于军事竞争的大国推动核军控，既是基于维护自身军事安全的需要，也是基于防范威胁的能力被削弱的需要。

三是大国的对立和军事负担程度决定其参与和推进国际军控的力度。一方面，即便处于尖锐对立的大国已经在长期大规模的军备竞赛中达到军备的超饱和状态，也很难在军控问题上达成相互妥协，而双方关系出现缓和后，往往是其谈判妥协、共同推进军备控制的较好时机；另一方面，只有在对立大国军事实力接近的情况下，双方共同推动军控才具备条件，而如果对立大国在军事实力上差距明显，优势一方为继续维持优势、劣势一方为努力赶超，双方推动军控的可能性则比较低。

四是大国自身的军事安全利益决定其对待国际军控的态度和方式。虽然军备控制有利于地区和国际安全，但对大国而言，维护自身军事安全才是首要问题。如果军事竞争态势出现变化，导致大国继续履行所签订的军备控制相关协议可能损害自身军事安全利益时，其可能以各种理由和方式暂停或退出协议。

（三）军事技术竞争

和平时期的军事技术竞争，是国家为提升军事安全能力和保障自身军事安全，在军事技术领域不断开发和应用颠覆性技术的活动，以此形成对其他国家的作战能力优势或非对称制衡效果。由于军事技术竞争不仅需要在资金、人力等方面进行大量投资，而且对一国的科技能力、工业能力和体制机制具有很高要求，因此只有少数大国能够参与其中。同时，军事技术竞争也具有极大的战略风险，对大国军事竞争成败甚至国运兴衰能够产生根本性影响，因而往往也是大国军事竞争最激烈的领域。冷战期间，美苏之间的军事技术竞争就充分体现了这些特点规律，美国通过两次“抵消战略”的实施，在军事竞争中拖垮了苏联。随着 2014 年美国提出第三次“抵消战略”，新一轮国际军事技术竞争开始进入白热化阶段。综观历史上的大国军事技术竞争，其主要方式和特征表现为两个维度。

一是通过增加军事技术研发投入打造军事优势。一方面，增加军费开支和提高国防研发支出比重，支持高校、企业等各类研发主体积极开发新兴颠覆性技术，发挥国防研发对于新兴技术“孵化器”的作用。例如，美国近年来持续增加国防预算和研发经费，仅 2023 财年国防预算就编列超过 1300 亿美元的研发费用，是美国国防部有史以来最大规模的研发预算。另一方面，同步推动军队、智库等创新作战理念、作战概念和作战模式，将新技术研发与应用结合起来，加速先进军事技术落地转化为优势军事能力。

二是通过科技封锁遏制防范对手国家“弯道超车”。一方面，大国往往以维护国家安全的名义，使用国内立法、行政、司法、舆论等多种手段进行严格的关键技术和战略物资出口管制，从而降低技术扩散速度和程度，力图给对手国家造成“卡脖子”困境，阻碍其军事技术和国防工业发展，防止其借助新兴技术获得同等军事优势。例如，从 2017 年特朗普政府执政起到 2023 年拜登政府上台后，美国已颁布多项技术管制法案和禁令，甚至由司法部和商务部联合成立“颠覆性技术打击部队”，围绕防范先进技术被对手国家非法获得和利用而展开专项行动。另一方面，大国还借助技术合作拉拢盟友伙伴联合开展技术封锁，通过与盟友共同开发新技术与作战概念、重构国防供应链和产业链，确保联盟在军事技术方面的主导地位。冷战期间，美国联合 16 个西方国家成立“巴黎统筹委员会”，对苏联和社会主义国家长期实施技术和贸易封锁，成为其赢得军事技术竞争和冷战的重要工具。

（四）军事部署

和平时期的军事部署，是国家为应对国内外战略威胁，根据战略目的、任务、地缘条件、军事力量能力等因素，选择有利的时机对军事力量在不同的战略空间所做的布局、区分和配置，其目的是建立能够维护军事安全、具有威慑能力并能够对威胁做出灵活反应的战略态势。军事部署从功能上分为进攻型部署、防御型部署和攻防结合型部署，从范围上包括海外部署和国内部署，主要依托军事基地体系实现战略威慑和进行战争准备，是大国在非战争状态下运用军事力量维护自身安全和拓展国家利益的重要方式。

一是突出主要战略方向的军事部署。处于竞争和博弈的大国，通常在保持各战略方向军事部署平衡的同时，更强调在主要战略方向形成军事力量在数量和质量方面的优势。在主要战略方向部署优势军事力量或武装力量主力，能够对敌对大国形成更大、更直接的军事威慑，便于塑造有利于己的战略环境。冷战时期激烈竞争的美苏两国在全球范围内部署军事力量，但欧洲始终是其主要的军事部署地区，大部分时段处于战略进攻态势的美国在西欧部署了大量常规部队和战术核武器，处于相对守势的苏联也将主要军事力量部署在东欧地区和本国西部边境，从而形成了军事对峙的前沿。进入 21 世纪后，美国逐渐将亚太地区视为主要战略方向，并通过调整军事力量的部署来塑造新的战略态势，为美国获得“更有利的安全环境，同时扩大可供美国使用的选择方案，并为需要时扩大美军的存在打下基础”。[①] 此后，随着美国将中国视为主要威胁，美军在亚太地区的部署规模进一步增加，而驻扎在欧洲地区的美军则比亚太地区大幅减少。

二是强调在战略要点的军事部署。控制战略要点是大国在部署军事力量时的重要做法，目的就在于利用要点的地缘和地形优势，放大军事部署的效果，形成对竞争对手的不对称优势。反之，如果不能对具有战略意义的要点实现军事控制，国家安全战略和军事战略的落实就难以找到依托，因此，大国往往会为了获得对某一战略要点的军事控制，而不惜付出巨大的政治经济成本。例如，18 世纪初，英国为了得到控制大西洋和地中海通道的直布罗陀，宁可冒着与西班牙交恶的风险并承受了巨大的经济代价。二战结束后，美国为了换取在马绍尔群岛、密克罗尼西亚联邦、帕劳以及北马里亚纳群岛联邦的“军事特权”，不仅允许三国独立，还为其长期提供经济援助和公共服务，其主要原因在于，这三国是美军向西太平洋地区投送军力的海空通道和重要补给基地，对美国在太平洋地区巩固和扩大军事优势具有关键作用价值。

三是注重在前沿地区的军事部署。前沿部署是大国在军事竞争一线或

---

① ［美］扎勒米·哈利勒扎德：《美国与亚洲——美国新战略和兵力态势》，新华出版社 2001 年版，第 178 页。

热点地区保持军事存在并塑造有利战略态势的重要做法，包括兵力的长期驻扎和武器装备弹药的预置，直接反映着大国之间军事竞争的激烈程度。前沿部署不仅需要前沿地区的军事基地做支撑，而且对军队的远程机动部署能力和后勤保障能力有很高要求，需要配备军事工程设施，建立发达的路网，以及可靠的通信和指挥系统。冷战期间，美国为了对抗和遏制苏联，“通过前沿部署在欧亚大陆的西部，即西欧地区形成了有效的军事存在；在欧亚大陆的东部，即由日本列岛到东南亚的沿海地区也形成了有效的军事存在”①。俄罗斯独立后，仍然坚持在后苏联地区实施前沿地带军事部署，并在20世纪90年代在各新独立国家领土上保留了至少28个军事基地。“如果在地图上把俄罗斯在加里宁格勒、摩尔多瓦、克里米亚、塔吉克斯坦和千岛群岛的军事存在用线连起来，实际上大体与前苏联的外部边界相当。”②

小　结

和平时期，国家在非战争条件下发展和运用军事能力保护自身安全和发展利益不受威胁和侵害。对国家而言，和平时期军事安全保障的意义在于降低国家安全威胁和风险、支撑经济社会运行和发展、提升军队打赢战争的能力，其战略任务覆盖国家安全的多个领域，包括确保国家政治社会稳定、维护国家海外利益拓展、参与国际军事战略竞争、塑造有利国际安全态势。它既是国家战争能力的准备，又是国家战争能力的拓展和延伸，具有自身鲜明的四个特点：一是制约因素众多，同时受到政治、国际、法律等复杂敏感因素影响；二是方式灵活多样，国家需要运用多种军事力量组织和开展灵活多样的军事活动；三是可控程度较高，是战争门槛以下的军事行动，不仅对抗性和盖然性较低，而且强度、时机和成本相对易于控制；四是强调常态保障，具有全时保障、全程保障和长期保障的性质，不仅需要经常开展军事行动，而且始终需要保持战备状态，并且长期发展军

---

① 欧阳维：《战略部署论》，解放军出版社2001年版，第153页。

② ［美］兹比格纽·布热津斯基著，中国国际问题研究所译：《大棋局：美国的首要地位及其地缘战略》，上海人民出版社1998年版，第140页。

事能力。相对于战争而言，和平时期的军事安全保障是常态，军事力量运用方式也更灵活，主要包括非战争军事行动、国际军事合作、大国军事竞争等，体现为一系列对军事力量的运用样式和对军事力量建设与发展的形式。

思考题

1. 和平时期军事安全保障的主要内涵是什么？
2. 和平时期军事安全保障的重要意义是什么？
3. 和平时期军事安全保障的任务是什么？
4. 和平时期军事安全保障的特点有哪些？
5. 和平时期军事安全保障的主要方式是什么？

第六章　军事危机管控

伴随世纪疫情、乌克兰危机和巴以冲突交织叠加，国际战略格局加速演进，大国战略竞争和博弈愈加激烈，世界不稳定性不确定性显著增加，军事危机爆发的可能性大幅上升。军事危机作为战争与和平的分水岭，是打破和平状态迈向战争的最后一道门槛。深入掌握军事危机管控内涵要义、战略指导和方法要领，避免军事危机意外爆发并迅速升级为大规模冲突和战争，对于有效维护和塑造国家军事安全具有重要现实意义。

第一节　军事危机的内涵及特征

军事危机是军事安全中的一种特殊现象和斗争形式。作为和平与战争间的过渡状态，军事危机最终走向和平还是战争，取决于对军事危机的管控。冷战结束后，国际军事危机频繁发生，诱因复杂多样，尤其以地缘政治与经济利益争夺加剧、民族宗教矛盾激化、国家统一和领土纠纷问题突出等因素为主要根源。美国特朗普政府上台后，宣布“世界重回大国竞争时代”，推动大国地缘战略博弈加剧。以 2022 年 2 月乌克兰危机爆发为标志，军事危机成为大国战略竞争趋于白热化的突出表现，且极易诱发大国间的战争。相对于战争与和平，军事危机处于二者的中间地带，具有自身独特的内涵与属性。

一、概念界定

“危机”一词来源于古希腊，意思为“转折点”，是指病人病情发展的关键时刻，要么逐渐康复，要么进一步恶化直至死去。[①] 古希腊历史学家修昔底德曾最早使用“危机”一词来形容国家间关系发生变化的关键时刻。《现代汉语词典》对“危机”的解释有两个：一是危险的根由，如危机四伏；二是严重困难的关头，如经济危机。[②] 由此可见，危机一般是指事物本身或与外部关系处于潜在恶性质变的一种状态。

军事危机作为危机的一种形态，相对于经济危机、政治危机、社会危机而言具有特殊的属性。国外学者对于军事危机有诸多定义，但影响最大的是由美国危机研究学者迈克尔·布雷彻和乔纳森·威尔肯菲尔德提出的定义。他们认为，军事危机是“一种因国内外环境变化而引起的形势，这种形势在该国的决策者们看来是对基本价值的一种威胁，而决策者对此做出的反应的时间有限，并有可能使国家卷入军事对抗”[③]。国内学者对于军事危机也有不同定义，但大部分定义的内涵与国外主流定义一致。比如，张沱生研究员认为，军事危机是指国家之间的关系处于一种可能爆发军事冲突甚至战争的危险状态。它主要由三个因素构成：一是危机相关方的核心利益或重大利益受到威胁；二是存在时间限制或紧迫感；三是有发生军事冲突的严重危险。[④] 于巧华教授认为，军事危机是一种严重威胁军事系统的基本结构、国家的重要利益、可能导致武装冲突甚至战争的高度紧张和十分危险的军事对抗状态。[⑤] 2011 年版《中国人民解放军军语》则将“军事危机”扼要地定义为“国家或政治集团之间可能导致武装冲突或战争的危险状态”[⑥]。综上所述，军事危机是指国家或政治集团之间因发生重大利益冲突而涉及军事力量的运用并可能引发武装冲突的一种危险状态。军事危机同战争一样，是政治继续的另一种形式，是国家或政治集团间利

---

① ［美］詹姆斯·多尔蒂、小罗伯特·普法尔茨格拉夫著，阎学通、陈寒溪等译：《争论中的国际关系理论》（第 5 版），世界知识出版社 2003 年版，第 622 页。

② 中国社会科学院语言研究所词典编辑室编：《现代汉语词典》（第 5 版），商务印书馆 2005 年版，第 1412 页。

③ ［美］詹姆斯·多尔蒂、小罗伯特·普法尔茨格拉夫著，阎学通、陈寒溪等译：《争论中的国际关系理论》（第 5 版），世界知识出版社 2003 年版，第 630 页。

④ 张沱生：《中国国际军事安全危机行为研究》，《世界经济与政治》2011 年第 4 期，第 104 页。

⑤ 于巧华：《军事危机论》，国防大学出版社 2008 年版，第 11 页。

⑥ 全军军事术语管控委员会、军事科学院：《中国人民解放军军语》，军事科学院 2011 年版，第 165 页。

益矛盾不可调和的结果，也是国家间战略博弈的特殊形式。军事危机既可以大量地吸收、过滤、弱化和转变导致战争的因素，从而降低爆发大规模战争的风险，以及带来新的和平与平衡；同时，能够极大地压缩和平的空间，触发危机各方的敌意螺旋上升，从而最终引发战争。如果危机方因各自利益诉求而不肯让步，彼此间力量又大体均衡而无法通过战争手段来彻底解决，那么危机则可能或隐或现地持续下去。

二、构成要素

军事危机作为一种客观事物，是由多种要素构成的。一般来讲，这些构成要素包括危机爆发点、危机行为体、危机行为、危机互动、国际组织卷入、危机结束等方面。

危机爆发点是指引爆危机的事件，通常由时间、事件、威胁来源三要素构成，即何时、爆发何种事件、带来何种威胁。危机爆发点通常由某一突发事件引起，如一战由奥匈帝国的费迪南大公被刺事件引发，苏伊士运河危机则由埃及总统萨达特宣布苏伊士运河收归国有引发等。在一场危机中，对抗双方对危机爆发的认知有时一致，有时则不一致，而危机起算时间一般从一方对危机确认开始。如在柏林危机中，从苏联方面看，危机引爆事件是 1948 年 6 月 7 日西方国家发布它们在 3 月的伦敦会议上合并三国占领区建立西德的建议。对于美英法来说，危机的爆发事件则是 6 月 24 日苏联决定封锁进出西德的所有交通。从动态角度看，危机引爆事件意味着一种认知威胁、时间压力和战争可能性的升级。

危机行为体是指危机所涉及的参与对象，主要包括对抗的双方和第三方。在国家安全危机中，危机行为体复杂多样，既包括传统民族国家，也包括国家内部的叛乱力量、颠覆势力、恐怖组织、分离分裂组织、国际组织以及个人等非国家行为体。就传统安全危机而言，危机对抗双方一般是国家，但是有时也包括个人、暴力组织等。比如古巴导弹危机中，美国、苏联、古巴三国是主要行为体，美国与苏联—古巴是对抗的双方。在朝核危机中，朝鲜与美国—韩国是对抗的双方，中国、俄罗斯、日本则是危机的第三方。比如 2001 年的“9 · 11”事件，危机的主要对抗方是美国和本 · 拉丹领导的“基地”组织。以“9 · 11”事件为代表的国际恐怖主义、民族分裂主义、原教旨主义及跨国犯罪集团等所引发的国际危机表明，危机的主体不仅是长期以来占据国际舞台中心地位的民族国家，还有众多非国家行为体。国际危机不再仅仅是国家之间的危机行为，也可能是非国家行为体与国家行为体之间的危机行为，这也代表了国际危机角色的多元化趋势。

危机行为是指危机行为体在危机中的主要活动，主要包括决策、危机反应、管控技巧等内容。其中，决策包括决策单元规模、决策单元结构、信息沟通与共享三项内容。决策是危机行为的关键环节与核心内容，包括危机决策法律制度、决策机构职责和决策机制流程等，是危机研究的重点。危机反应则包括什么时间、采取何种措施，以及行动酝酿的过程。管控技巧主要分为三种类型：和平型、暴力型和复合型。危机决策、危机反应和管控技巧三者合起来，就是我们一般意义上所说的危机管控。

危机互动是指在系统角度下对抗双方危机行为相互作用的表现形式，主要包括危机认知、措施与反措施。危机认知（价值观和/或利益受到威胁、爆发战争可能性增加）包括对对方意图、能力和决心以及面临威胁的认知，危机措施包括政治外交经济军事文化等方面手段，危机的反措施与此相同，只是由于力量不同，所带来的强制力有限。比如，有力量的行为体更多时候可能采取强制外交战略，作为讨价还价的基础。互动表现的两种基本模型：敌意螺旋、良性互动。无论是哪种类型的互动，危机互动都强调保持有效沟通渠道，适时发出明确信号。只要彼此保持较高程度的相互猜疑、敌对、破坏性互动和压力，或者成本—收益评估未变，那么升级阶段就会持续下去。

国际组织卷入是指卷入危机的全球性或地区性（政治或安全）组织，主要包括哪些组织、主要活动以及行为体认知。当今世界，很多国内外危机都有国际组织参与，主要发挥斡旋、调解作用，成为国际危机的第三方，如联合国、阿盟、北约等。在一些危机中，全球性或地区性国际组织也谋求发挥积极作用，从而成为危机参与的重要行为体，如伊朗核危机中的联合国、利比亚危机中的北约以及叙利亚危机中的阿盟等。行为体认知是指对国际组织作用的认识。在国际危机中，善于借助国际组织既可以获取行动合法性，做到师出有名，同时可以扩充己方行动力量，减少行动成本。

危机结束是指当决策者对威胁、时间压力、战争可能性的认知水平下降到爆发前的水平，危机出现的实质性降级。在柏林危机中，对美、苏、英、法四大国来说，危机结束日期是 1949 年 5 月 12 日关于联邦德国和民主德国分别成为分立的政治实体的条约签订。对于各行为体来说，危机引爆事件是不一致的，但危机的结束日期和事件是相同的。危机的结束点对行为体来说标志着对威胁、时间压力和战争可能性的认知的最终降级。

三、主要类型

军事危机类型从不同角度、不同层次、不同范围可作不同的划分。从危机内涵上，可分为传统军事危机和非传统军事危机。传统军事危机是指由领土与海洋争端、资源纠纷、民族宗教矛盾、地缘政治冲突等传统因素造成的可能引发军事对抗的危机。非传统军事危机是指在新形势下由国际恐怖主义活动、海盗袭击、大规模杀伤性武器扩散等非传统安全因素引起的军事危机。

从危机的主观动机上，可分为偶发性军事危机和蓄意性军事危机。偶发性军事危机，是指相关方没有制造危机的意图，危机由某些难以预料或控制的突发事件、偶然因素而意外引起，这种危机失控的风险往往较小。蓄意性军事危机系有意制造，又可分为战争导向型危机和战争边缘型危机。战争导向型危机，是指危机制造方为达到某种政治目的而主动挑起危机，相关国家或组织在危机发生之前就已经决定发动战争，危机只是借口或托词。战争边缘型危机，是指危机发起方有目的地推动对抗走向战争边缘，企图迫使对方退让，而自己并非愿意甚至不愿意危机失控。此类危机失控的风险或不确定性往往较大。

从危机的对抗等级上，可分为低强度军事危机、中等强度军事危机和高强度军事危机。一般意义上的突发事件通常属于低强度军事危机，也称为准危机，通常不会引起严重军事对抗，对国家关系影响较小。紧张对峙多属于中等强度军事危机，也是常见的军事危机，多表现为有计划、有预谋的军事对抗行为，对国家关系影响较大。武装冲突为高强度危机，也称为准战争，往往伴有一定强度的作战行动，往往由最高当局直接决策，凸显国家意志的博弈，是危机转变为战争的最后关口，对国家间关系冲击大、影响较为深远。

此外，还有从爆发形式上区分的突发性军事危机和渐发性军事危机；从参与角色上区分的世界主要大国之间的军事危机、政治集团内部的军事危机、大国与小国之间的军事危机、传统敌对国家之间的军事危机等。

四、主要特征

军事危机作为一种危机现象，具有危机的发生突然性、进程紧迫性、发展不确定性和后果严重性等一般性特征。但由于军事危机涉及对国家重大利益甚至核心利益的严重威胁，极易引发国家间武装冲突或战争。因此较之于一般危机，其风险性与危害性更大，需要做出的反应更为迫切。从危机发生、发展及管控的角度出发，军事危机具有四个方面的显著特征。

一是偶然性与必然性相结合。从爆发根源上看，军事危机的发生往往具有偶然性，但偶然性背后往往隐藏着必然性。一方面，军事危机在发生、发展过程中常常受到许多不确定因素的影响，使得引发危机的事件带有某种随机性和偶然性；但另一方面，军事危机的发生也伴有一些明显的征候，是国家间利益冲突长期无法解决并在特定阶段激化的必然结果。通常来说，对于一些没有根本矛盾的国家或政治集团来说，即使相互间发生了偶然事件，但由于并不存在根本的利害冲突，双方可以通过及时的沟通有效化解问题，从而避免军事危机的发生。而对于那些相互间存在根本利益冲突的国家和政治集团来说，由于双方积怨已久甚至彼此敌视，一旦发生任何事件，不论该事件大小，必然将引发两国间敌意的升级。这种情况下，如果一方或双方均认为应趁机以强硬手段改善自身现状时，那么军事危机就变得不可避免。

二是渐进性与突变性相结合。从发展演变上看，军事危机的演化有一个渐进的发展过程，这是危机发展的一个普遍规律。但出于战略考虑，某一方行为主体为控制危机，人为地打乱危机发展的渐进过程，就可能造成事态突变。因此，我们在关注危机递进性的同时，更要关注其突变性。在危机处于渐变时期，由于其升级缓慢，危机方容易形成麻痹大意心理以及对危机管控的盲目乐观，缺乏对危机发展趋势的深刻认识。一旦危机突然升级，则必然造成危机管控的极大被动。危机的突变则意味着危机强度显著升级或性质发生了转变，意味着危机进程出现了重大拐点。这种情况下，如果危机方缺乏足够的敏感性和预见性，没有对危机持续密切跟踪和对发展趋势进行认真的预研预判，那么临时起意和仓促应对必将遭受重大利益损失和造成危机管控局面的极大被动。

三是对抗性与可控性相结合。从危机的表现形式看，军事危机具有对抗性和可控性。一方面，军事危机具有综合对抗性。通常来说，各个国家或政治集团总是力图以政治、外交、经济手段来解决相互间的利益矛盾。然而当利益矛盾仍得不到有效解决，一方或双方转而希望使用军事斗争方式来促成利益冲突的解决，从而带来军事危机的出现。可以说，软硬兼施、多手并举，可以增加对对方的压力并获得控制危机的更大扭力，有利于达成战略目标。毛泽东在处理 1958 年台海军事危机时曾指出："我们不要把斗争简单化，而要把它看作是包括军事、政治、外交、经济、宣传上的错综复杂的斗争。"[①] 另一方面，军事危机由于全面对抗性而较之于其他危机表现为对抗强度高，但这并不意味着军事危机是不可控的。究其根本，军事危机是政治的另一种手段的继续。军事危机可控与否，根本上是由政治决定的。除了故意导向战争的危机外，危机各方通过讨价还价总能够找到利益的平衡点，通过彼此利益妥协实现对危机的管控。当然，成功的危机管控并不等于危机背后利益冲突的解决，这往往会造成危机的反复性。

四是风险性与机遇性相结合。从影响和结果上看，军事危机具有高度的战争风险性，但如果处理得当，则会成为推进国家利益和实现和平的重大机遇。一方面，军事危机作为一种改变或者破坏系统平衡状态的现象，是矛盾激化的产物。它虽然尚未全面诉诸武力，但充满战争危险，接近战争边缘，随时有向战争转化的可能。军事危机若管控不好，会引发国家间战争，轻则劳民伤财，影响国家和平发展的安全环境和战略机遇期，重则可能丧失权益以及产生不良的国际连锁反应，影响国内民心和政权的稳定。另一方面，军事危机在带来压力和威胁的同时，也为推进自身利益提供了机遇。从某种意义上说，军事危机带来的风险与提供的机遇成正比，大风险伴随着大机遇。如果危机能够管控得好，则会产生积极而深远的影响，不仅可以舒缓国家间紧张关系，塑造与对手的战略互动模式，还可以顺势增进自身利益，确定新的战略平衡，实现较长一段时间的和平。

第二节　军事危机管控的指导要求

军事危机管控的指导要求，是指在军事危机矛盾运动的动态过程中，

---

① 逄先知、金冲及主编：《毛泽东传（1949—1976）》（上），中央文献出版社 2003 年版，第 860 页。

危机决策者在不断变化的情势和存在许多不确定因素的条件下，进行的以争夺危机博弈主动权、主导权为核心的斗争。具体看，军事危机管控的战略指导以维护和塑造国家军事安全为基点，以维护和扩展国家利益为目标，以争取和确保危机博弈中的主动权为核心，通过综合调动国家政治、经济、军事、文化、外交、社会、舆论等全政府全领域资源手段，最大限度地避免和降低危机不利面的发展和升级，增大对危机有利面的引导和借重。

一、主动预防

凡事预则立，不预则废。古人曰，“治于微，用力寡而功多，治于盛，用力多而功寡”①。军事危机管控的最高境界是“防患于未然”。因此，军事危机管控首要强调主动预防，要求见之于未萌，止之于未发。即在危机发生之前采取主动措施，以防止、延缓或消除危机的发生，由此维护国家军事安全状态。对军事危机决策者来说，无论是处于强势还是弱势，要想保持军事危机主动权，就必须把握危机的主动跟踪和积极预防。唯如此，一旦危机来临时才会临危不乱、进退有据。

从军事危机管控实践看，为做好主动预防，应重点掌握三个方面：一是居安思危，要有强烈的忧患意识和危机意识。有西方学者提出：“危机对组织、对人类就像死亡和纳税一样难以避免……，只有做好应对危机的准备和计划，才有力量与命运周旋。”② 华为的任正非讲过：“华为总会有冬天，所以准备好棉衣，比不准备好。”英国前首相撒切尔夫人宣称，在涉及国家安全问题上必须牢记她所提出的“撒切尔法则”：“意想不到的事情总会发生，你最好有所准备！”③ 对于潜在的、可能发生的军事危机，管控者基本的态度应该是战战兢兢、如履薄冰，高度重视、严密监控，重点是平时要有足够、及时、真实的军事风险情报信息。二是抓早抓小，敏于抓住重大危机苗头有效处置。即在密切监控和研究分析的基础上保持对各种军事危机的敏感性，一旦出现危机的苗头，关口前移、提前介入，采取

---

① 《司马温公集·重微》。

② 转引自雨露：《知名危机管理案例分析》，《企业文化》2004 年第 10 期，第 29 页。

③ ［美］丹尼尔·耶金著，单卫国、李春霞译：《全球能源安全》，《国际经济评论》2003 年第 5—6 期，第 49 页。

有效处置措施，将危机苗头扼制在萌芽状态。这个阶段，力避海量信息簇拥下的疲惫、麻木心态和对苗头事件的轻视和侥幸心理。“9·11”事件前，美国政府曾多次截获恐怖分子即将发动袭击的情报，但均未对此类“灰犀牛”事件高度重视，最后导致了悲剧的酿成，成为一个反面教训的案例。三是防微杜渐，力避“破窗效应”。当两国间已出现小的军事摩擦和危机时，应引起高度注意，采取积极适度的预防措施，比如加强多层级危机沟通、构建管控机制等，力争将军事摩擦与潜在危机控制在可控范围内。

二、积极影响

积极影响主要是指针对军事危机酝酿、发生和平息的全过程，采取必要措施对危机态势和发展进程积极施加影响，争取危机管控的主动权。积极影响危机可分为直接影响、间接影响和综合影响三种方式。

一是直接影响，是指通过对危机的直接介入来施加影响，使危机向有利于自身的方向发展。以朝鲜核危机为例，危机不仅关系到朝鲜半岛和平与稳定，也直接对中国安全与发展构成严重威胁。因此，2003 年第二次朝核危机爆发后，在朝鲜宣布退出《不扩散核武器条约》和美朝军事对峙加剧情况下，中国果断介入危机，经多方斡旋，于当年 4 月促成中、朝、美三边会谈，继而于 8 月又促成了朝核问题的第一次六方会谈，为和平解决半岛核危机提供了机会和方向。

二是间接影响，是指借助其他国家或国际组织等第三方来介入危机，从而对危机发展施加影响。与直接方式相比，间接影响和控制危机的风险相对较小，影响力度相对较弱，往往在介入风险较大或试探性介入时采用。以伊朗核危机为例，2005 年 8 月伊朗核危机爆发后，中国密切关注伊核危机发展态势。2006 年 2 月，国际原子能机构决定将伊朗核问题提交联合国安理会，3 月包括中国在内的安理会通过共同声明，敦促伊朗根据国际原子能机构的要求，在 30 天内停止铀浓缩活动。此举标志着中国借助于联合国和国际原子能机构这两个平台以间接方式介入伊朗核危机的解决。

三是综合影响，是指综合运用直接介入和间接介入的方式对危机发展施加影响。运用综合方式影响危机，要把握好直接与间接方式的默契与配合，当各种条件具备时，应侧重以直接介入方式对危机施加影响和控制，并辅以间接介入方式增强效果；当条件发生变化时，应及时调整两者的运用比重，以保持对危机的最大影响力；当介入风险较大时，侧重于间接介入方式，并适时辅以直接介入方式增强介入效果。

三、有效控制

有效控制是指军事危机爆发后，采取积极措施有效控制危机的进程和发展变化走向。一般而言，有效控制军事危机包括控制目标、手段、范围、强度和节奏等方面。

一是目标控制。目标包括原则性目标和权变性目标两种，原则性目标是通常意义上的最低目标，是不能做出丝毫让步的战略底线；权变性目标是可能根据形势发展而灵活选择乃至修改的目标组合，对它们可以视情做出有限妥协。为保险起见，任何危机决策都至少应确立两个以上的目标，而且其中一个必须是原则性目标。目标控制随危机发展而呈现不同要求。通常情况下，早期目标的确立将在很大程度上影响危机中后期的发展，但随着危机快速发展，必须紧贴实际不断调整完善早期目标。如在早期台海危机管控中，党中央确定的目标是尽快解放台湾、实现祖国的完全统一，但到了 1995 年至 1996 年台海危机后，由于台湾岛内分离主义发展迅速，中国危机管控目标逐步转向防止台湾“独立”，而谋求统一成为危机管控的长远和最终目标。

二是手段控制。危机管控本质上是一种妥协管控，是有关各方通过激烈博弈以求找到最佳妥协点的过程。因此，危机管控手段的运用必须具有进退度，可以在软与硬、直接与间接、单边与多边、公开与秘密、虚与实之间灵活转换。同时，手段还必须与目标始终相称，并在不同手段之间保持适度平衡。更重要的是，当危机长期陷入僵局或其发展不利于己方利益时，决策者要敢于表态强硬，甚至发出最后通牒，从而在短时间内迫使对方做出让步。如在 1969 年的“普韦布洛号”危机中，由于约翰逊政府任期即将结束，美国代表伍德沃德发出最后通牒，要求朝鲜必须在“另签”方案和新的“有条件致歉”方案中做出选择，否则只能等待与下届美国政府交涉。在这种情况下，朝鲜最终选择了接受新的“有条件致歉”方案，使危机迅速结束。

三是范围控制。军事危机管控范围与管控能力同样呈现倒“U”形关系。在一定范围之内，危机管控者能够自如掌控危机；而超出一定范围，危机发展将对管控者形成空前压力，并迫使其做出损害自己最大利益的抉择。因此，最合理的危机管控方案是划定有效范围，并根据形势发展不断进行调整，确保自己对危机能够做到切实、细致的掌控。如在古巴导弹危机中，肯尼迪总统听从英国驻美大使戴维·奥姆斯比－戈尔的建议，对海上拦截线范围的界定预留了空间，将隔离区拦截线从原来确定的800海里缩至500海里处。[①] 这等于用以空间换取时间的办法，替赫鲁晓夫预留了慎重决策的空间。从后来的实践看，即使在拦截线缩短之后，美苏仍然经历了高度紧张的眼对眼时刻。显然，肯尼迪的这一决定是相当正确的。

四是强度控制。危机管控的力度必须与危机管控的目标保持一致，不能畸轻畸重，也不能忽轻忽重，更不能在该重的时候轻、在该轻的时候重。尤其要注意的是，除非是导向战争的危机，要防止攻击对方核心战略目标，伤害对方核心价值观和民族、宗教信仰，也不能以违反国际法的方式造成大量军人或平民死伤，以避免危机局势迅速失控。在古巴导弹危机中，由于核战风险过于巨大，美国政府在全面动员和武力封锁的同时，事实上也随时准备做出部分退让，如肯尼迪总统曾要求通知驻土耳其美军，在遇到苏联攻击时不能发射“朱庇特”核导弹还击；另外当载有导弹的苏联货船“格罗兹尼”号靠近拦截线时，肯尼迪总统也表示如果它通过拦截线则任其前往古巴。

五是节奏控制。在国际危机中，如果双方行动过快，双方决策者在国内外巨大压力下，短时间内作出的决策很容易趋向极端。双方的决策者为了保险起见，很可能会把谈判等策略放在一边，而重点关注双方冲突的一面，并采取各种“防范性”行动，从而导致危机升级。因此，在危机管控过程中，决策者采取的各种行动尤其是军事行动要相机有意识地放慢节奏或暂停，以给对方足够时间思考或与本方交换信息，从而保证危机管控能够顺利进行。如在第二次台海危机中，中国人民解放军先是通过炮击金门突然制造和升级危机，而后又通过暂停炮击7天、双日停止炮击等策略逐步降级危机，从而既达成了侦察美国人决心的战略目的，又使危机节奏始终在我方掌控之中，让美、台两方难以通过危机获得实际利益。

---

① 赵学功：《十月风云：古巴导弹危机研究》，天津人民出版社2008年版，第294页。

四、巧妙利用

巧妙利用是指当军事危机发生后采取因势利导、顺势而为的方式将危机带来的有利机会和条件为我所用，解决自身亟待解决的重大安全问题。从动机角度看，利用危机包括乱中取利、转移压力、趁势出手和实现既定目标四种类型。

一是乱中取利。危机状态中，面对对手的步步紧逼，各参与方都会把精力和资源重点放在应对危机上，因而难免会顾此失彼而出现混乱局面。这种混乱状态为一些国家利用危机提供了契机，它们会趁机实现更大目标。如在苏伊士运河危机中，美国多次采取两面手法，迫使英、法两国接受联合国停火和撤军决议，自己则提出“艾森豪威尔主义”，顺利渗透至中东地区。

二是转移压力。当国家内部政治、社会、经济及宗教矛盾发展到一定程度时，决策者可能会借重和利用军事危机，分散公众注意力，达到化解政治经济社会压力摆脱困境的目的。帝国主义和强权国家是利用和借重危机的高手，为转移内部矛盾，不惜牺牲别国利益。一战、二战均是在世界性经济危机发生、各帝国主义列强国内各种矛盾进一步加剧的背景下爆发的。而一些帝国主义国家为寻找出路，便采取利用和借重危机的方法挑起战争，以此来转移国内矛盾。

三是趁势出手。在正常情况下，对于对手国家或国内政治对手进行打击和孤立，往往会受到相关法律和舆论的制约。而在危机条件下这种制约会大大缓解，并有可能得到国内和国际支持。特别是在危机情境下，部分甚至多数民众会暂时失去理智，对决策者狂热崇拜和支持，使决策者有机会和条件将对手置于孤立无援境地。“9·11”事件发生后，美国打击恐怖主义的决心获得了国际社会的广泛支持。美国则借机一举实现在阿富汗的驻军，占据了欧亚大陆的“心脏地带”。

四是实现既定目标。当危机发生后，决策者不是将决策目标锁定在当前危机的管理与控制上，而是趁势将策划已久的、与当前危机互不联系的更高目标作为决策目标，以借助当前危机带来的强大惯性推进局外战略目标的实现。美国顺利解决阿富汗问题之后，随即将更大的目标锁定在伊拉克，借助“9·11”事件带来的有利契机和强大惯性推翻了萨达姆政权。有学者认为，拿下伊拉克、驻足中东，是布什政府战略中早已计划的重要组成部分，即使没有“9·11”事件，美国鹰派势力也会以种种借口实现这一目标。

五、适时制造

适时制造，指在特定时机和条件下，为实现战略目标而采取主动制造危机。它可大致分为五种类型：一是能量释放型，即通过主动挑起小危机，将已经聚集的部分能量提前释放，防止日后出现大的危机。二是战略试探型，即在局势呈现胶着或战略选择较为迷茫时，为促使局势明朗而采取有限军事行动，摸清对手底线。三是环境塑造型，即掌握激活危机的抓手，一旦时机到来，便主动出手引爆危机以塑造态势，推动特定国家间关系向自身预想方向发展。四是压力转嫁型，即为摆脱自身危机，制造敌人和种种借口将危机转嫁他人，以减轻自身压力或损失。五是长期埋伏型，即在民族、宗教、领土等国家难以做出实质性让步的核心敏感问题上遗留矛盾，为日后利用危机埋下伏笔，以获取长远利益。帝国主义和强权国家把埋伏危机作为控制别国的重要手段，成为国际军事危机频发的重要根源。

中国人民解放军1958年炮击金门就是一次制造危机的典型案例。① 炮击金门有着复杂的内部和外部原因。从危机内部看，美国借朝鲜战争爆发之机以武力侵占台湾后，在和谈问题上始终缺乏诚意，致使中美谈判1957年底中断。同时，美国还积极支持蒋介石集团骚扰祖国大陆沿海地区，使台湾地区的紧张局势不断升级。美国决心继续大力支持蒋介石集团给中国和平带来重大现实威胁，中国政府希望台湾问题引起国际社会的广泛关注并获得解决。从危机外部看，美国为维护在中东地区的战略利益于1958年7月15日出兵黎巴嫩等中东国家，公然以武力干涉他国内政，受到国际舆论的强烈谴责。中国政府决心以炮击金门的方式，把台湾问题同支持中东人民反美斗争的国际战略意图紧密结合起来，使两个地区的斗争互相支

---

① 从1958年8月23日开始，中国人民解放军福建前线部队奉命对金门岛国民党军队进行炮击行动。随着斗争形势的发展，自10月16日以后，福建前线部队采取打打停停、停停打打、半打半停的方针，并于10月25日宣布，每逢双日不打，单日打。1961年12月中旬，中国人民解放军停止对金门的实弹炮击，只在单日向金门打装有宣传单的宣传弹。1979年1月1日，福建前线部队奉国防部长徐向前的命令，自当日起停止对大金门、小金门、大担、二担等岛屿的炮击行动。

持、互相配合、互为后盾。为粉碎台湾当局的挑衅，打击美国侵略者的嚣张气焰，支援中东人民的正义斗争，毛泽东几经斟酌对金门实施炮击，通过制造长达 4 个多月的“金门炮战”危机成功实现既定战略目标。

埋伏危机通常是在总体环境暂时不利条件下为最大限度地保证和争取国家利益而采取的主动性行动。埋伏危机主要是在民族、宗教、领土、海洋权益等国家难以做出实质性让步的核心而敏感问题上遗留矛盾，为自己国家借重和利用危机埋下伏笔，以图日后出现危机时借重自己的特殊地位两面获利。帝国主义和强权国家是埋伏危机的高手，如大英帝国在撤离殖民地时都千方百计地留下分裂、对立和仇恨的种子；美国二战后对日本军国主义的不彻底改造也为东亚地区的安全稳定埋下了长久隐患。需要强调的是，制造危机大都有较大风险，对时机、方式和强度的把握要求很高，决策者应在国家安全战略框架内，根据本国的国家利益需求精心谋划、准确把握、缜密运作，忌频繁随意选用。

六、灵活搁置

灵活搁置，主要是指对危机相关各方在短期内难以做出实质性让步、而事态失控将严重危及各方利益的敏感问题，通过理智协商、制定准则、灵活转化等多种方式，形成各方在一定时段内都能接受的总体稳定格局。具体来看，搁置危机可分为“冷搁置”和“热搁置”两种方式。

“冷搁置”，就是将危机引发因素长期封冻，留待未来适当时机解决，其存在前提是相关各方都能保持冷静，不主动挑起事端，否则此模式将随时失效；“热搁置”是将危机局势维持在一定程度，使问题始终处于“争议”状态，以达到警示国民、规制对方和提醒国际社会的目的。对于两种方式，要注意相互转换，当一种方式失去存在条件时，应及时启动另一种方式，或者采用其他模式管控危机。“冷搁置”的条件比较严格，就是危机当时主观上要预防危机，力避事态升级冲击大局稳定，都愿意将目前打又打不了、谈又谈不成的问题，暂不做处理，留待将来时机成熟解决。如为了维护国家发展环境的稳定，中国在处理国家争端问题上特别是在领土和海洋权益问题上，大多采取了“冷搁置”的方式。需要强调的是，“冷搁置”模式是建立在危机当事方共同“不作为”基础之上，如果任何一方有所动作，这种方式就没有多大意义。如果一方一厢情愿采取这一方式，必然导致战略被动，最终带来国家利益的丧失。

二战以后，美苏两国围绕柏林问题接连发生了数次危机，在柏林墙两边形成了直接对抗，随时可能发生正面热战。为了降低战争风险，肯尼迪在1961年第三次柏林危机以后，首先提出解决德国问题可以再拖上15年。赫鲁晓夫也表示同意，并回应“问题什么时候成熟，就什么时候解决”。通过这种方式，两国暂时隔离了战争危险，避免了在一个局部问题上迎头猛烈相撞。1972年，美国根据与日本达成的协定，把琉球群岛主权和钓鱼岛行政管辖权一并“归还”日本。同年，中日两国为促成邦交正常化，同意暂时搁置钓鱼岛争议，留待后人解决。邓小平曾就搁置做过这样的解释：“就中国人的智慧来说，也只能想出这样的办法，……我们两国政府谈这些问题，避开是比较明智的，这样的问题摆一下不要紧，你摆10年也没有关系，我们这代人智慧不够，这个问题谈不拢，我们下一代人总比我们聪明一些，总会找到一个大家都能接受的方式来解决这个问题。”[①] 此外，针对南沙岛屿主权争端，中国政府提出了“平等协商、求同存异”和“搁置争议、共同开发”的主张，希望各有关国家用谈判协商的方式解决南沙争端，避免使用武力，共同开发这一海域自然资源等。“冷搁置”模式发挥作用需要特定条件，即当事各方必须共同遵守“不作为”的底线，如果一方故意踩踏这一底线，必然会损害他方利益，这种模式就会难以为继，“冷搁置”必然转变为“热搁置”、热争议甚至战争。

“热搁置”，也是将一些当前无法解决的问题留待将来，但是当事方为防止在搁置过程中利益削弱或丧失，会采取一些可控的措施，使问题始终处于一定的紧张状态。“热搁置”的形成主要有两种情况：一种是由热战、热争议的问题降级为“热搁置”。事实上，大部分危机都经过了这种模式。比如，目前的阿以危机（包括巴以危机、黎以危机、叙以危机等）、印巴危机（包括克什米尔危机、核危机、西亚琴冰川危机、恐怖主义袭击危机）等则是过去四次中东战争以及三次印巴战争的直接后遗症。此外，伊核危机、朝核危机等危机在对立方矛盾突出的时候呈现为热争议，而在国际外交斡旋和促压下则呈现为“热搁置”状态。另一种是由过去“冷搁置”的问题在新的历史条件下被激活、激化为“热搁置”状态。比如，2012年4月日本政府制造“购买钓鱼岛”事件，引发中日关系高度紧张，

---

① 《搁置争议，共同开发》，外交部官网，http：//www.mfa.gov.cn/web/ziliao_674904/wjs－674919/200011/t20001107_10403098.shtml。

钓鱼岛问题由此前的“冷搁置”状态迅速转变为“热搁置”状态。

“热搁置”是一种充满变数和很不稳定的状态。它存在的原因往往是在于引发危机的结构性矛盾没有根除，但受国际因素的制约或国内议程的优先考虑危机方暂时无法将其升级为冲突和热战，大部分“热搁置”危机的存在属于这种情况。而另一部分则是由于危机方出于特殊考虑而故意使危机保持一定的热度，以吸引世界持续关注或达成特定战略目的。比如，自1958年炮击金门之后，祖国大陆陆续向台湾打炮持续20年，主要原因在于对外宣示中国对台湾拥有主权。毛泽东在1958年炮击金门之后决定采取的“单打双停”做法。他对此专门做过说明：“我们同台湾隔着海打一点炮，双方都有这个需要。我们是在提醒国民党，你我之间的事情还没有了结。但我们单打双不打，……这是好意，是希望有一个好办法来解决双方问题。蒋介石也经常丢几颗炮弹过来，无非强调他仍是正统，还要反攻。我们欢迎他丢，就怕他不丢了，我们如果同台湾一点点象征性的动作都没有了，大家相安无事，各吃各饭，各睡各觉，那么不用帝国主义来搅乱，自己早就兄弟分家变成两个中国了！”①

综上所述，无论采取“热搁置”还是“冷搁置”，都应视战略目的而定，其根本目的在于有效管控引发危机的根本矛盾，确保利益最大化。运用何种方式，不仅是一方的选择，还是所有当事方的选择；不仅是意图手段的选择，还是时机条件的选择；不仅是对抗与斗争的选择，还是合作与妥协的选择。

第三节　军事危机的预防

军事危机预防作为军事危机管控的第一道关口，对于防止危机的突然爆发以及掌握后续危机发展的主动权，具有十分重要的地位与作用。为做好军事危机预防，军事危机管控者应对国家安全的现实挑战与潜在风险进行密切跟踪，通过预先研究、预先谋划、预先布局、预先行动，确保危机管控的主动权主导权。

---

① 沈卫平：《八二三炮击金门》，华艺出版社2004年版，第638页。

一、预防要求

高明的危机管理，不在于危机爆发后的干预，而在于防患于未然，及早将其剪除于萌芽状态。军事危机预防就是从源头上对危机进行管控，是军事危机管理的第一道关口或首要环节。抓住这个环节，整个危机管理就有了一个好的开端；忽视或轻视这个环节，危机管理者在危机来临后必将陷入被动和惊慌失措。通过长期的危机管理实践，人们越来越认识到“上医治未病”的道理。联合国第五任秘书长德奎利亚尔在强调预防冲突时曾提出：“一盎司的预防价值相当于一磅的治疗。”① 事前，为了有效防范危机的发生，应重点把握好三项基本要求。

（一）着眼全球谋局，积极筹划和预置

实施有效的军事危机预防，首先要坚持从全球战略的高度塑造有利的格局，立足长远积极进行战略预置。第一，始终围绕国家主权、安全与发展利益进行战略筹划，通过推动积极交流合作建立稳定平衡的大国关系，打造睦邻友好的周边安全环境，减少军事危机发生的诱因；第二，增大本国与重要利益攸关国和潜在对手国、冲突国间经贸合作，形成“你中有我、我中有你”的彼此利益犬牙交错格局，确保对潜在军事危机发生发展的有力制约；第三，加强战略预置，厚植资源，广交朋友，重点加大与重要发展中国家以及与存在现实或潜在冲突的国家间的交往，增加战略筹码。一旦危机发生，则可以通过建立强大国际统一战线，实施综合钳制，增大预防和管控危机的扭力，防止事态对本方产生较大伤害。

（二）着眼国家安全谋势，密切监控和准备

军事危机的酝酿、发生、发展需要一个过程，即使突然爆发，在其发生之前也会有各种征兆。因此，为有效预防军事危机，应注意从国家安全总体态势上积极防控潜在危机达到燃点，同时做好两手准备，一旦危机防控失败，则顺势转入危机处置阶段。第一，密切监控国家安全威胁来源变动，洞悉军事危机生成的新趋势。全球化时代，随着国家利益的拓展，军事危机不仅来自传统的陆、海、空、核等领域的对抗，更可能来自对远海、太空、网络、极地等全球公域的争夺，甚至由经济、政治、文化、社

① 刘文祥：《论联合国的预防性外交》，《当代世界与社会主义》2005 年第 1 期，第 122 页。

会、生态等领域的威胁引发。军事危机管理者及其参谋智囊，应善于担当桅杆上的瞭望者，敏于抓住潜在或初露端倪的重大危机，提供有效的预研、预测、预警。第二，利用情报系统和专家系统长期进行跟踪分析，积极捕捉危机前的敏感信号。及时充分掌握足够、全面、真实的情报信息，并对其进行有效的整理加工，是预防危机的前提与基础。在此基础上，依托成熟完备的专家咨询系统，将专家拥有的丰富历史、理论和对象国知识等智力资源与获知的情报进行综合集成，从而对危机走向进行预判，对接近燃点的危机进行预先管理。第三，做好军事危机处置准备建设。一方面要对军事危机形成高位防控态势，另一方面要为军事危机可能爆发做好准备。如当国家间出现有关可能引发军事危机的重大争端或分歧后，国家应一方面通过外交部门积极向对方进行沟通交流和对外释放缓和信号，另一方面也要根据事态加强相应战略方向的军事斗争准备，其中应着力做好战场建设、民众动员和军民融合等方面的预备工作。

（三）着眼行动谋取先机，扎实准备和演练

军事危机的有效预防，必须最后落实到操作层次上的扎实行动，保持灵活有效的预防措施，对危机苗头快速反应，以谋取危机处置的先机。第一，对内要有积极适度、机动灵活的预防措施。要对潜在危机事态进行预研预判，制定具有适应性和灵活性的危机应对预案。第二，对外要确立沟通与危机管控的机制化管道。在军事危机即将发生或刚刚发生时，要快速反应，通过一轨、一轨半和二轨等管道传递明确信息，迅速控制事态发展，寻求双方妥协让步，尽快将危机消除在萌芽状态。第三，在国家层面要建立高效权威的危机管理机构，负责军事危机预防的总体协调、计划与实施，有效整合国际国内各种资源，努力消除威胁军事安全的隐患。第四，根据国家和军队总体预案，确立各战略方向的分预案，并依托已建立起来的机构，根据潜在军事危机问题和方向，进行实战模拟演练，重点是练预案、练机构、练人员、练机制。注意总结每次演练的经验教训，根据演练中出现的问题不断改进预案、机构、机制和提升人员素质。

二、预防措施

军事危机预防是一件长期性、复杂性、艰巨性和细致性工作，涉及的层次多、领域广、范围大。因此，有效的军事危机预防强调要多管齐下、合力并举、综合施策。大致看，军事危机预防措施主要包括战略性预防、行动性预防和制度性预防三个层次。

（一）战略性预防措施

积极的军事危机预防应当是一种中长期政策，致力于通过对外军事交流与合作，塑造良好的大国关系和地区环境，减少军事危机发生的诱因，从根本上防止危机的形成或爆发。具体地看，在战略层次上，军事危机预防的基本措施主要有：

第一，广泛加强国际联系，发展睦邻友好关系。国家间特别是邻国间联系越密切，越相互了解和信任，戒心与误会就会相对减少，发生军事危机的可能性就越小。两国间有友好关系作基础，一旦双方发生某种矛盾和纠纷，也会从维护两国友好关系大局出发，主动疏导矛盾，求同存异，和平解决纠纷。由于地缘等因素，许多军事危机发生在相邻国之间。因而，发展睦邻友好关系，应是军事危机预防的长期基础性工作。

第二，妥善处理历史遗留问题，消除或减少危机隐患。军事危机的发生，很大部分的原因是历史遗留问题，如相邻国有关领土领海主权和资源争夺等。此类问题直接关系国家主权与发展的重大利益，往往不易解决。因此，防止军事危机的发生，应把解决此类问题作为重点。

第三，推进军事交流与合作，加强国家间战略互信。有重点地加强军事交流合作，增强有关国家间战略互信，是军事危机预防的现实手段和途径。主要包括：一是沟通性措施。通过首脑会晤、战略磋商与对话、建立热线、军事人员与机构交流等渠道，与有冲突倾向或紧张关系的国家保持机制化沟通，在危机来临时有助于消除紧张。二是透明性措施。通过政府文件、国防白皮书、国防新闻发布、军事演习预先通报、加入联合国武器登记系统和邀请观察员参观演习等措施，公布军事能力与部队活动资料，把己方的意图和能力在一定程度上昭示于众，消除相互猜疑。三是限制性措施。通过缩减军队的规模、建立无核武器区、禁止没有事先通报的军事行动、禁止在某些隔离区从事军事活动等措施，对外表现出军事行动上的克制与诚意。

第四，加强武装力量建设，保持适度军事威慑能力。国家实力越强大，在国际上的地位相对会越高；国家的军事实力越强，其国防相对会越巩固。因此，加强武装力量建设，保持适度的军事威慑能力，是防止军事危机发生的重要保证和不可忽视的手段。

（二）行动性预防措施

军事危机由潜在向现实状态的质变往往具有突然性。如果缺乏操作层面上的预防措施，决策者在危机突然来临时，往往面临巨大的心理与时间压力，难以迅速作出正确的决策。因此，事先做好危机预测预警，熟悉各种预备方案，可以最大限度地减少决策者在危机决策中的不确定感，增加危机处置的主动权。

第一，平时要保持有效的危机预测预警。有效的预测预警是决策者将危机消除于萌芽状态的关键阶段。军事危机预测通常涉及范围广、持续时间长，对情况跟踪和信息积累的要求高，需要进行经常性的研究分析。新时代条件下，军事危机预测的范围应覆盖影响国家安全的所有方面，并根据时代的特点，把握好关键领域、主要区域和重点对象，厘清它们之间的相互关系。危机预警则以预测为基础，通过各种途径不间断地掌握相关情报信息，实施实时跟踪和监测，并利用定性与定量相结合的方法进行科学分析，把对安全事态发展中相对微弱或孤立的风险信号及时识别出来，变意料之外为预料之中。预警的关键是要把握制约危机爆发或升级过程中的各种因素和环节，对潜在对手的目标、实力、政策趋向、挑起危机的可能性及采取的战略、策略、具体措施等作出判断。一旦确认有可能发生危机，应及时发出预警并上报分析报告。①

第二，拟定灵活应对的多种预案。制定合理有效的军事危机应对预案是决策者在危机来临时能够临“危”不乱和在处置危机时居于主动的重要步骤。制定预案应以军事危机的预测为基础，预先构想军事危机爆发的方向、方式、规模、危害，并且准备好多套应急方案。一旦军事危机发生，则根据实际情况选择相近方案，从而缩短决策过程，提高反应速度，避免事发第一时间内束手无策或举措失当。军事危机预案要按照最坏的情况打算，不留盲点与死角。虽然预案想定与危机实际发生情况往往会有相当出入，但在危机爆发时，即便一个很粗糙的计划也能大大减轻因没有计划而带来的紧张和被动。尼克松在总结危机处理经验时曾指出：“为战斗而进行准备的时候，我经常发现计划是无用的，但是，拟订计划是必不可少的。”因为，“在危机中抱有自信，大都依赖于在有可能做好准备的情况下

---

① 肖天亮：《战争控制问题研究》，国防大学出版社 2002 年版，第 136 页。

做好足够的准备”①。一般而言，军事危机应对预案至少应有三个：最佳、中等、最次方案，并且需要对每个预案进行风险评估，制定相应的方案实施时间表。然后，把这些方案转化成可能的决策选项或行动步骤，提供给各个层次的预警对象。

第三，行动展开前组织仿真演练。模拟演练是军事危机预防的重要环节。计划制订后，要按计划进行模拟演练，以使其与可能出现的危机更吻合。可采用计算机模拟、沙盘推演、角色模拟作业和情景应对训练等多种方式，使危机处理人员置身于危机仿真环境，训练其应对危机的能力。如进行快速反应训练，突出危机处置的时效性要求；进行适应性训练，锻炼演习人员的心理素质和提高在恶劣条件下组织与实施危机管理的能力；组织综合演练，提高危机管理统率机关处置危机事件的组织指挥能力、跨部门综合保障及相互协同的能力等。另外，为减少计划中的不确定性和可变量，平时应积极收集和研究整理可能的危机对抗地域及对手的各种信息，不断充实完善危机应对计划。

第四，提前做出准确的战略预判。危机来临之际，战略判断和决策正确与否，往往决定军事危机的最终走向。这就要求决策者在危机尚未显现或初露端倪之时，就能有所预见或见微知著，透过现象抓住本质；当危机猝发之际，在有限时间内对其性质、规模、危害程度等做出准确研判、果断决策。反之，决策迟滞或失误，则可能丧失最佳时机，使危机形势恶化，国家利益和形象受损。比如，1979 年伊朗人质危机中，美国总统卡特决策拖延时间过长、处置失当，不仅导致人质难以解救，还使美伊关系由此极度恶化。此次危机使卡特总统声誉扫地，也使其在竞选连任的大选中丢掉了总统宝座。②

（三）制度性预防措施

为了能够有效贯彻国家高层对危机预防的战略指导，整合操作层次的各种行动，军事危机预防还要求国家必须建立制度化措施予以保障。主要包括三点。

---

① ［美］R. M. 尼克松著，北京大学法律系、中央民族学院研究室《六次危机》翻译组译：《六次危机》，商务印书馆 1972 年版，第 6、353 页。

② 孙学富：《应对军事危机需要创造力》，《解放军报》2010 年 1 月 1 日，第 7 版。

第一，建立国家级别的危机管控机构。军事危机预防要求国家机器能够快速有效地反应，将分散在各个机构中的力量迅速整合形成合力。各国实践表明，任何一种社会管理运行机制为了获得有效的决策反应能力，都不得不在复杂而庞大的国家机器之上，建立一个高层的、小规模的、各关键职能部门参与的危机管控机构，形成集成化、立体化的应对体系，以便最高决策层能够及时调动资源、运用力量，对危机做出有效反应。大体来看，国家军事危机管控机构应包括决策部门、执行部门、情报部门、智囊部门等单元。为使这一机构卓有成效地开展工作，通常还要规定一系列工作原则、方法及其具体任务范围与要求，并要根据经验确定工作量化指标等。其中，决策部门重在建立高层紧急事态处理机制，执行部门重在危机预案的制定与演练，情报和智能部门重在情报保障和预警分析报告。

第二，加强机构内部的机制化建设。危机处理机构的有效运作需要依靠内部的机制化建设。一是要明确危机处理机构内部各单元的权限，重点在于明确外交与军队之间的协调和负责机制。二是要不断加强预案、体制、机制和法制即“一案三制”建设。在预测预警基础上制定预案，并对预案进行演练。预案要根据演练情况以及最新情报不断更新改进；建立和完善军事危机管控体制，充实完善危机处理各机构之间及其内部的工作机制，建立健全国家和军队有关处理危机的法律法规，努力实施依法管控和合力管控。此外，在“一案三制”的基础上，还要明确相关部门的资源和舆论方面的准备措施等。

第三，完善军事危机管控的对外制度化建设。为有效预防军事危机，应注意与潜在和现实的利益冲突方建立起更完善的双边危机管理机制，加强共同处理双边突发事件的专业性和系统性，防范突发事件对双边关系造成全局性和战略性冲击。充分发挥双方在决策层和职能部门之间已经建立起来的沟通机制的作用，如直通电话、紧急联络磋商、特使、第二轨道等。在第一时间、第一地点及时就突发事件建立联系、控制事态，避免简单问题的复杂化、尖锐化和向危机的转化。

总之，为做好军事危机预防，国家军事危机管控团队应持续对国家军事安全的现实挑战与潜在风险进行密切跟踪，通过对潜在重大军事危机的预先研究、预先谋划、预先布局、预先行动，始终确保军事危机预防的主动权、主导权。

第四节　军事危机的处置

军事危机处置，指在危机发生后，国家、国家集团或政治集团为维护其利益，综合运用各种手段，控制与引导军事危机向有利于己方的方向发展而实施的一系列活动。军事危机处置必须以维护国家根本利益为准则，统筹国际国内两个大局，调动军内军外各种资源，最大限度地降低危机不利方面的发展和升级，确保国家安全不受大的影响和冲击，并在此过程中努力化危为机，视情扩展国家利益。

一、处置原则

军事危机处置的基本原则遵循积极管理理念，提倡主动与灵活管理，在关注危机消极面的同时也关注其积极面，力求趋利避害、危中谋机，始终掌握战略主动权。实践中，军事危机管控应注意把握好以下几项主要原则。

第一，第一时间有效反应。军事危机突发性强、可变性大，一旦爆发，既具有难以控制的因素，也面临难以预料的后果。因而，对其管控必须做到迅速有效。一是要及时准确地作出决策。在危机爆发初期，应针对危机的性质和特点，根据己方政治、外交斗争的需要和对手情况，尽可能早地作出正确决策，力争战略主动。二是要迅速采取行动。加强与有关各方的沟通与联系，找出解决危机的方法与途径。必要时，根据需要迅速向危机地区调动军事力量，以赢得军事上的主动，更好地配合政治、外交斗争。三是要迅速做好应变准备。军事危机通常具有复杂的起因和背景，一般不可能通过简单行动就能奏效。因此，在作出决策和采取必要的行动之后，要迅速有效地进行应变准备，注意多手段并用，综合调控危机，防止危机反复或突变，使己方陷入被动应付的局面。

第二，保持各方有效沟通。军事危机处置互动属于战略博弈行为，危机各方的真实意图对危机发展变化起着决定性作用。因此，保持有效沟通，促进相互间了解彼此意图，是防止危机升级或失控的重要前提。军事危机沟通应注意两个方面：一是保持多渠道、多层次的联系，及时准确地向对方传递我方信息。与此同时，要准确了解对方和分析其发出的信号，使彼此明晰对方战略意图，防止出现误读误判。要注意沟通渠道的多样化，可以官民并举、制度化管道和临时管道兼用，也可以借由第三方来实施。除非发生特殊情况，一般不彻底切断沟通渠道；越是在危险时刻，越应该与对方保持有效沟通。二是把握沟通的艺术，巧妙处理隐蔽意图与沟通信息的关系。为保持有效沟通，既要实施一定的信息透明，又不能为了防止误判而将信息和盘托出。因此，信息沟通要强调策略性和艺术性，其释放的方式、途径、时机和程度都应事先精心设计，并通过适当手段来实现。

第三，争取国际与国内支持。争取广泛的国际国内支持，调动一切国内外有利因素为我所用，是有效管控军事危机的重要保证。首先要寻求国内民众的支持。国民支持是军事危机管控的最重要环节，要通过新闻发言人、媒体访谈、现身说法等多种方式，及时向民众传达有利信息，争取民众的理解和支持，破解谣言，凝聚人心，鼓舞斗志。其次要寻求国际社会的理解和支持。可通过热线通报、紧急约见、派遣特使、国际媒体访谈等手段，先声夺人地解释和宣传自己的正义性，抢占国际道义的制高点，最大限度地争取国际舆论，孤立和打击对手。现代社会媒体作用日益凸显，与媒体打交道已成为军事危机管控必须跨越的门槛，要牢固树立“别人说不如自己说，外行说不如内行说，被动地说不如主动地说”的传播理念，善于引导、利用和调控国内外媒体，不给敌对势力和别有用心者炒作、误导民众的空间。

第四，寻求行动合法性。在现代社会，依法行动已成为国际社会普遍接受的准则。由于军事危机高度敏感，且越来越多地涉及法律问题，要确保危机管控不留后患，最好的办法还是依法从事，即在合法框架内管控危机，防止在法律上授人以柄。寻求合法性，要求在依循本国法律的同时，尊重和利用国际法，以及重视他国法律。依循本国法律，重点是在本国相关法律法规中找到采取军事行动的依据，在国际法与国家利益发生冲突时，坚持国家利益高于一切。尊重和利用国际法，要求为军事行动找到符合自身利益的法律依据，以达到支撑自己、抑制对手的目的。值得注意的是，国际法是一把“双刃剑”，运用得当会发挥正面效用，反之则会陷入被动。重视他国法律，是尊重他国核心价值观的重要体现，避免激起他国民众一致对外的民族情绪，以最大限度地争取国际支持，为危机后国际关系的恢复创造条件。

第五，恰当运用军事力量。军事危机管控是实力、意志与心理的比拼较量，而最能表明实力强大、坚定意志和发挥威慑作用的是军事力量运用。对国家来说，理想的方式是通过政治外交手段，和平地实现对外战略目标，但在现实国际斗争中，没有军事手段的配合，外交实际是很难有所作为的。正如西方有句名言："没有军队的外交就像是没有乐器的音乐。"在应对军事危机中，军事力量运用主要为威慑与实战两种方式。军事威慑，是指通过向对手显示武力或传递使用武力的决心，来慑止对手采取敌对行动或使行动升级。在军事危机处置中，应当高度重视军事威慑手段的运用，以提高危机管控效益。军事威慑要取得成功，必须具备三项要素：力量、决心和传递出明确的信号。军事慑止危机的方式主要有三种：一是展现实力，示形慑敌；二是调整部署，造势慑敌；三是合纵连横，借势慑敌。军事威慑的目的是遏制危机或限制危机升级，但是在威慑仍不能屈敌的情况下，可以采取一定的实战来进一步慑敌，从而取得以小战止大战或阻止斗争升级的作用。[①] 但要注意军事斗争必须始终服从服务于政治、外交斗争这个性质。不能因为军事手段的强制性大而盲目使用，更不能以种种借口使军事手段脱离政治、外交斗争的轨道。

二、处置程序

由于军事危机形势瞬息万变，因此相对于按部就班的日常决策，军事危机处置强调非常规程序决策，即在遵循一般决策程序基础上，在紧急情况下则实施特殊程序决策。实践中，军事危机管控程序既可以按顺序启动，也可以同时启动。一般来看，军事危机处置程序主要包括以下几方面：

第一，搜集情报信息。军事危机处置首先需要及时有效的情报信息。在时间和资源有限的条件下，情报信息搜集应重点把握三个方面：一是整体环境。要密切关注国际战略环境、国家发展态势、国家安全形势等对军事危机有较大影响的战略形势的发展变化，确定危机发生发展的基本背景和总体环境，为军事危机管控提供战略支撑。二是危机动向。要重点关注世界主要大国、相关国家和国内民众对危机的关注程度和基本立场，密切跟踪国内外舆论动向，时刻掌握危机影响因素动态，为自始至终主动管控危机提供帮助。三是对手特征。要重点掌握对手的国情、社情、军情、民

---

① 范震江、马保安主编：《军事战略论》，国防大学出版社2007年版，第222页。

情，实时跟踪其决策环境的发展变化，善于从复杂多变的信息中准确捕捉有用信息，最大限度地掌握对手的决策特点和战略意图。军事情报搜集工作应由军事情报领率机关统一组织实施，不断发展先进的图像、电子、人工等情报侦察手段，对情报信息的分析研究务求客观理性、真实全面。

第二，判定性质。性质判定是军事危机处置的关键环节。危机属于偶发事件还是蓄意谋划，属于技术性问题还是战略性问题，属于政治问题还是军事问题，属于双边问题还是多边问题，属于传统安全问题还是非传统安全问题等，均直接影响着危机反应的时机、方式和强度。危机性质判定主要在两种情形下展开：一种情况是危机可能发生或即将发生，由于多数情况尚难判定，此时需要重点判断危机可能发生的时间、地点、方式、途径、节奏、强度，以及危机的类型、层次、特性、可能造成的影响等问题；另一种情况是危机已经发生，相关各方的战略意图、利益关系等要素逐渐变得清晰，此时对危机定性应立足前一种情况，进一步判定危机可能带来的政治危害，以及危机继续发生发展所造成的影响。判定危机性质，应注重通过缜密的逻辑推理和细节捕捉来把握对方的真实意图，防止主观臆断，避免把孤立事件看作蓄意谋划。

第三，确定目标。确定合理目标是军事危机处置成败的关键。一般而言，目标与风险密切关联，目标越高则风险越大，反之则越小。从现实主义逻辑出发，人们通常首先会寻求实现最优目标，但在军事危机管控实践中，圆满全胜的理想境界却很难实现。因此，确定目标重在适度，过分追求高目标会带来相反的结果。军事危机管控目标设定应符合下述要求：一是目标定位要清晰，不能过于笼统和抽象，在时间、节点、数量、质量等方面要尽可能地做到准确、明晰、直接、具体，防止执行者产生歧义或误解。二是目标设置要适度，刻意压缩目标可能造成目标抽象，过分增加目标可能造成目标繁杂，遇到多目标任务时应注意进行分解，以便不同类型的执行者理解和把握。三是变更目标要慎重。要注意把握变更的时机和方式，防止留下衔接误差，被对方作为契机利用。危机管控实践中，目标确定很难实现一次性到位，这就要求在管控过程中必须不断调整和完善。具体看，在危机情势发展顺利时，应及时扩展或提升目标；在原定目标实现前景不明确时，应稳定目标并慎重调整；在局势发展严重受阻，应果断降低决策目标；在局势发展出现重大逆转、原定目标已无法实现时，应果断放弃或更改目标。

第四，制定方案。方案通常从若干预案中选择确定，制定方案的过程实际上也是制定预案并从中选择最佳方案的过程。一般而言，制定方案主要内容包括：一是军事危机处置目标。这是方案构成的基础和前提，所有方案的内容必须与危机处置目标相一致，且目标必须表述得简捷、明晰、精确，力避歧义和误解。二是资源配置与运用。其一是合理配置军事资源，其二是还要注意配置好政治、经济、社会、文化、国际等各类资源。三是明确危机处置机制。这是决策方案筹划与实施过程中的关键环节，其核心是管控行动的组织指挥，通常采取新建、依托、组合、改造四种方式实现，并预先或临时规定相应职责和权限。四是确定后续管理事项。主要包括危机状态保持、危机秩序恢复、相关资源补充与调配、社会安抚、资源恢复与巩固等。在条件许可的情况下，应对方案进行可行性论证，必要时还可借助计算机、沙盘等工具进行模拟对抗演练。

第五，实施方案。实施方案是一个复杂的反复循环过程。在实施军事危机处置方案时，要始终保持头脑冷静，既不能被来势汹汹的危机态势所震慑，也不能被瞬息万变的发展变化所迷惑，应紧紧围绕方案的目标采取措施。同时，要关注战略环境的发展变化，根据危机发生发展的实际情况，及时对原始方案做出必要和适当的修正，以增强针对性和有效性。这往往表现为：一是要简化程序。根据情况的发展变化，要对方案中的一些程序进行必要的简化或删略，以提高危机管控效益。一般而言，危机强度越高、来势越猛，方案简化和删略的幅度往往就越大。二是要调整目标。随着危机情势急速变化，一些事先没有预见到的新情况、新问题、新机遇可能在实施阶段出现，方案中考虑不充分的次要因素可能会上升为主要因素，从而需要对目标进行适当修正。三是要完善内容。在方案实施的过程中，因内外条件发生变化，其中一些内容可能不再适应新的情势，此时应及时剔除不合理的内容，更改条件错位的内容，充实缺项的内容，确保内容调整与管控目标相一致。

第六，慎重收局。军事危机处置的最后环节是收局。在没有确认危机局势完全平息前，不要轻易解除对危机的警惕和应对准备，慎重把握好收局的进程与节奏。一般来讲，危机收局有三种目标导向：引导转为和平、引导走向战争和保持危机以某种形式持续。选择哪种目标导向，要根据国家政治需要和战略目标来确定。就收局而言，要把握两个要点：首先是要选择合适时机。军事危机是否真正平息不能单看表面，要考察表面平息背后是否还有暗流涌动。如果在危机没有真正平息的情况下收局，一旦危机复发，应对起来可能要付出更大代价。其次要控制收局节奏。在确实需要收局的时候，应把握好力度，根据对方的意图和战略态势控制收局步骤和范围，使收局步调与危机实际变化保持平衡，确保收局过程中不出现重大反复。其中，要讲究收局技巧，善于讨价还价和利益交换，确保在对自己最有利的情况下收局。同时要注意把握分寸，防止一些善意举动被对方误判，从而造成新的危机局面。

三、处置模式

军事危机处置本质上是一种妥协的艺术，是有关各方通过激烈博弈以求找到最佳妥协点的过程。可以说，没有妥协就没有军事危机的处置。但同时，军事危机处置作为一种重要的战略行为，也要注意危中搏机、害中取利，尽量在妥协的基础上创造更有利的国家军事安全与发展态势。一般来看，军事危机处置包括冷处理、遏止、利导、战争边缘和强力应对五种模式。对于一场军事危机，选取何种处置模式主要依据国家军事政策和战略目标而决定。

第一，冷处理模式。冷处理模式主要指危机发生后立即做出反应风险太大，或可能反受其咎影响大局而不做出反应或推动降级的处置模式。冷处理模式有三种类型及表现：一是静观其变，即军事危机发生后，保持理性，暂不采取重大行动特别是军事行动，避免自身的安全与发展大局受到更大冲击。二是冷却淡化。这一做法往往针对两种情况，其一，避免误中对手圈套，被对手引入安全困境或发展的陷阱。面对强手挑起的危机，任何鲁莽冒险行动和不理智的做法，都可能正中对方下怀，为其进一步扩大危机甚至实施军事打击制造借口。其二，看破对手的伎俩，不被对手牵着鼻子走，防止做出对称性反应以给对手政治上加分。三是搁置争端。危机出现后，为谋求国家稳定和发展大局，可采取搁置危机的做法。如前所述，搁置争端有“冷搁置”和“热搁置”两种方式。但搁置模式发挥作用需要特定条件，即当事各方必须共同遵守“不作为”的底线，如果一方故意踩踏这一底线，必然会损害其他方的利益，这种模式就会难以为继。如针对南沙岛屿主权争端，中国政府提出了“主权属我、搁置争议、共同开发”的主张，希望各有关国家用谈判协商的方式解决南沙争端，避免使用武力，共同开发这一海域自然资源等。事实证明，当各方都遵守这一默契时，南海地区就能维持和平发展局面；反之，南海地区局势则动荡不安。在冷处理模式运用上，需要把握三点：一是要把握好“度”，既要保持理性克制，但又要不能过分退让，以防被非理性的挑战者视为自身软弱可欺而进一步扩大危机。二是要慎重使用惩罚性手段，以免逼迫对方铤而走险。三是始终着眼于国家长远发展，保持理性和冷静，不意气用事，不逞一时之勇。有的情况下，冷静之勇要比血气之勇更可贵、更需要非凡的智力和洞见力。

第二，遏止模式。遏止模式是指采取有效措施防止发生的危机扩大、升级走向战争，并努力以和平手段化解危机。它主要包括控制军事危机处置的目标、领域、范围、手段、强度等方面。一是追求有限目标。保持目标的有限性，会给危机管控留有更大的回旋余地和机会。但目标的有限性并不意味着可以无限地退让，这是两个不同性质的问题。二是遏制危机领域的扩展。为便于危机的控制和解决，应尽可能隔离危机事态，将其限制在原发领域，避免或减缓其外溢到其他领域，防止酿成综合性的全面危机。三是限制危机的范围。其一，要遏制危机的地理范围扩大。危机具有连锁性和互动性，因此要尽力把危机限制在原发地理区域，不使其扩展到其他方向和地区。其二，要避免危机卷入范围的扩大。通常情况下要把危机限制在当事国之间，阻止外部势力卷入而导致危机多边化和国际化。当一方试图国际化时，要及时通过外交途径与对方协调立场，必要时可视情向对方发出警告，直至采取相应制裁措施。同时，要与企图介入危机的国家发生联系，通过多种手段阻止其卷入危机。四是限制使用的手段。一般情况下要通过谈判、协商等和平方式解决危机，慎用武器禁运、经济制裁、军事封锁、最后通牒等强制性措施，避免产生连锁反应或把对手逼入墙角，从而导致矛盾激化。特殊情况下，军事力量的适度运用可以发挥决定性影响。但从总体上讲，在绝大部分危机中，军事手段主要还是一种配合性手段，其运用必须以满足政治斗争需要为原则，确保处于有效的可控状态。五是控制处置行动的强度。危机处置行动的强度必须与危机处置的目标保持一致，不能畸轻畸重。如在 1962 年中印边境自卫反击战中，中国人民解放军先后攻入麦克马洪线以南地区，引发印度政府一片混乱。此时，毛泽东考虑到国内外形势，毅然做出乘胜即收的重大战略决定，为日后中印边境数十年的相对稳定奠定了基础。

第三，利导模式。利导模式主要指抓住危机情势创造的机遇和条件，因势利导、顺势而为，解决正常情况下难以突破的问题。利导模式的核心是转危为机、化害为利。即使坏事变好、好事变更好。利导危机存在恶意利导和善意利导的两种情况，其界限在于是谋求合理合法的主权利益还是不合理不合法的霸权利益。利导模式主要有三种类型：一是危中取利，利用危机带来的混乱局面趁势采取行动，实现政治目的，避免在正常情况下采取行动可能带来的被动和风险。二是借机谋利，借助危机带来的有利条件和契机，将那些策划已久却没有机会出台的军事计划付诸实施，避免对手产生过度警觉或做出强烈反应，从而将负面效应降到最低。美国在“9·11”事件之后迅速将反恐扩大化，借机驻军中亚中东就属于这一类型。我国政府于 2008 年 12 月果断决定派遣海军舰艇编队赴索马里海域执行护航任务，也属于利导危机的成功范例。三是转嫁危机，指借助危机带来的非常形势形成新的关注点，借此转移自身面临的难题。比如，2010 年初时，美国与日本、韩国等东亚盟国因驻军问题吵得不可开交。然而，2010 年 3 月“天安号事件”突然爆发后，美国迅速抓住契机，将自身面临的难题嫁接到这一突发军事危机之上，配合韩国李明博政府将矛头直指朝鲜，并借此在黄海和日本海频繁进行联合军事演习。在地区紧张局势不断升级情况下，韩国国内再没有要求政府减少美国驻军的声音了。同时，日本也从中得到教训，原来冲绳县炒得沸沸扬扬的美军基地搬迁问题也销声匿迹。美国则借“天安号事件”及其随后的钓鱼岛危机成功使自己从基地搬迁和撤军美韩问题上解套，且更重要的是，还把亚太地区两个最重要的盟友日本、韩国再次牢牢绑定在自己的战车上。

第四，战争边缘模式。战争边缘模式是指危机一方不惧怕危机升级，站在战争的边缘与冲突的门槛上，以强制性讨价还价行动向对方施加压力，迫使其让步。战争边缘状态有极强的敌对性，包括诸如制裁、禁运、演习、封锁、侦察、袭扰，甚至是低强度的武装冲突等多种形式。推行或者应对战争边缘，是一个很现实、很重要的战略问题。德国赢得《慕尼黑协议》，可以算作推行战争边缘政策达成“政治讹诈”目的的一场完胜。如果说战争是“流血的政治”，那么成功的战争边缘政策，恰恰是在不流血的条件下，赢得了和战争一样的效果。推行战争边缘，实际上也是最鲜明的政治宣示，其典型的例子就是古巴导弹危机。在确认国家安全面临威胁的时候，肯尼迪的战争边缘政策坚决地表明了美国不惜一战甚至核战的立场，使得苏联因此而退却。可见，推行战争边缘政策，无疑是实现政治目的的一种重要战略手段，而如何应对战争边缘政策则极大地考验着政治家的智慧。1958年炮击金门战役中，毛泽东就大胆采取“以战争边缘对战争边缘”的政策对美国进行战略摸底，摸清了美蒋共同防御的底牌，从而确定了下一步对台斗争的方略。实际上，正如美国前国务卿约翰·福斯特·杜勒斯所言：“到边缘而不进入战争的能力是一门必需的艺术。如果不能掌握它，你将无法避免进入战争。如果试图躲开它，或因为害怕而不敢走到边缘，你将失败。”也有美国学者认为：“边缘战略可能是一门艺术，但肯定不是一门容易掌握的艺术，因错误或误判而得到的惩罚将是非常明显的。虽然边缘战略和升级策略是危机管理的关键，但它们也使‘灾难避免’这一新任务更困难和更紧迫。”① 目前，世界上一些国家进行核试验、导弹试射以及在边境地区采取有限军事行动等，其目的也是试图通过战争边缘政策来谋求国际社会对它们的某种承认和妥协。

第五，强力对抗模式。强力对抗模式是在国家安全危机发生后通过主动性军事行为来减缓或消除危机的管理模式，其核心是主动作为，敢于断然出手，以改善国家安全态势。强力模式的实质是不怕流血与牺牲，“敢于用较小的灾难去避免较大的灾难”②。强力模式主要包括以下三种类型：一是“掰手腕”。“掰手腕”是指在危机中借助第三方以间接的、有限的方式与主要对手摊牌，迫使其认清我方利益底线。历史上，大国之间交手有一个间接性规律，即由于大国战争的破坏性大，所以大国一般都是间接试探性交手。在很多时候，国际间利益再分配就是在这种“掰手腕”式的较劲即小型军事较量后一锤定音，而很少是在全面大战后确定。2008年8月俄格冲突中，面对格鲁吉亚对南奥塞梯的突然袭击，俄罗斯隐忍于前，雷霆爆发于后。这一危机实质上是俄美的一次间接交手。

---

① 夏立平：《关于中美危机管理的比较研究》，张沱生、［美］史文主编：《对抗·博弈·合作——中美安全危机管理案例分析》，世界知识出版社2007年版，第62页。

② 美国独立时期的著名的戏剧家威廉·邓普拉曾热情讴歌美洲革命和乐观主义者的精神。他在剧本《安德烈》中借用士兵麦克唐纳的口吻说明发动革命的真实原因：“人们要不要站起来永远反抗压迫？这是生活的规律；他们无法逃避。但当热爱财产的心理同过去受人伤害的感觉结合在一起，并担心未来的时候，他们敢于用较小的灾难去避免较大的灾难，这又有什么可以奇怪的呢？”［美］查尔斯·比尔德、玛丽·比尔德著，许亚芬译：《美国文明的兴起》第1卷，商务印书馆1991年版，第453页。

二是“外科手术”。“外科手术”是指在危机演变成为重大灾难之前采取有效军事行动以消除危机来源，其重点是通过将威胁消除在生成阶段从而扭转军事安全危机状态。近年来，针对朝鲜核危机，美国曾多次叫嚣和演练对朝鲜核设施的“外科手术”式打击。但需要指出的是，以实施“外科手术”打击进行军事危机管理，在道德上往往颇受争议，现实作用上也是大打折扣的。

三是震慑行动。震慑是指通过霹雳手段震慑敌人的试探性军事挑衅，从而遏止危机对于己方的灾难性发展。历史上，对于试探性军事挑衅、边境摩擦、入境侦察等事态，不同的应对之策，对国家民族的命运影响迥然不同。在苏德大战一触即发的 1939 年 5 月，日本关东军开始在中蒙边界的诺门坎地区向苏军进行小规模的军事挑衅。斯大林立即意识到巨大的、毁灭性的危险从天而降，如果不能一战熄灭日本的北上念头，那么今后苏联将面临着东西两个方向与强敌交手的困境。他派出朱可夫元帅，集中数倍于敌、最精锐的机械化军团，以“牛刀杀鸡”的战术对日军进行毁灭性打击，迫使日本不敢窥视苏联，转而将战争目光投向太平洋，随后还与苏联签署了《苏日中立条约》。新中国成立后，中国政府对外坚定维护国家的领土、主权和民族尊严。1962 年面对印度的疯狂边界蚕食和入侵，毛泽东在极为困难的情况下集中优势兵力对敌突袭，以迅雷不及掩耳之势将战线推进到印度腹地，并在极有利的态势下主动宣布停战。此役一举化解了当时中国面临的军事危机，同时为西南边疆赢得 60 多年的和平。总之，在特定情况下，军事危机处置可以小战止大战，以决定性胜负保障未来和平，但这种方式必须基于对己方力量运用的力度与限度的精准把握之上。

小　结

综上所述，当今时代，随着逆全球化、政治多极化、社会信息化智能化的深度发展，全球政治经济发展不平衡进一步凸显，危机日趋成为国际政治和国家安全中的常态，成为调节国家利益的重要途径和大国博弈的重要工具。军事危机因其风险之大、管理难度之高和影响之深远，在我国当前发展阶段尤其值得重视。如果不深入了解军事危机的内涵和特性，不能对军事危机做到有效预防、积极应对与恰当管控，就可能使军事危机升级为冲突与战争，使我国来之不易的改革开放成果毁于一旦，从而影响中华民族伟大复兴的历史进程，因此，维护和塑造国家军事安全，一定要高度重视军事危机管控问题研究，了解从和平向战争转换过程中的特点规律，力求通过积极主动的努力和有效的斗争，及时而有力地管控住各种军事危机，化危机为转机，化被动为主动，逆势而为，顺势而上，为国家建设和发展创造安全稳定的战略环境。

思考题

1. 简述军事危机的基本内涵及主要特征。
2. 简述军事危机预防需采取的三大类举措。
3. 谈谈军事危机处置的基本要求。
4. 谈谈军事危机处置中对危机性质判定的理解。
5. 谈谈你对军事危机处置方式中利导危机的理解。

第七章　遏制和打赢战争

遏制与打赢战争，是维护国家安全、赢得和平的两种基本方式，两者相辅相成、辩证统一。一方面，遏制战争是打赢战争的必要条件，是和平时期军事战略的最佳选择；另一方面，打赢战争是遏制战争的重要基础，也是遏制失效后实现战略目的的最终手段。只有具备了打赢战争的能力，才能增强威慑的可信度和可靠性，从而有效遏制战争。当前，国际安全形势发生深刻复杂变化，世界进入新的动荡变革期，大国竞争和地缘政治博弈趋于升温，乌克兰危机爆发以及巴以冲突骤然升级，给全球政治和安全形势蒙上沉重的阴影。在新的历史阶段，坚持遏制战争与打赢战争的有机统一，赋予了国家安全和军事安全战略指导新的时代内涵。深入理解遏制战争和打赢战争的内涵机理、目标原则和行动内容，对有效维护和塑造军事安全具有重要现实意义。

第一节　遏制战争

克劳塞维茨认为，战争的本质特点是对暴力的使用程度趋向极端，这意味着战争对国家繁荣发展、人民生存生活将造成不可逆转的毁灭性后果。[①] 遏制战争，重在阻止武装冲突与战争、延缓战争爆发、制止战争升级扩大以及避免或减少战争破坏，根本目的在于为维护国家安全和发展利益营造有利的战略态势。遏制战争的手段具有多样性和综合性，通常需要政治、经济、军事、外交、科技等领域相互配合。在众多手段中，战略威

---

① Carl von Clausewitz, Translated by Michael Howard and Peter Paret, "On War", Oxford University Press, 2007, p. 13, p. 16, p. 61, p. 62.

慑的作用日益凸显。综观当代大国的战略实践，无一例外地把战略威慑作为重要手段。[①] 通过战略威慑遏制和延缓战争，力争以最小的代价达成战略目的，成为各国争夺战略主动权的首选。

一、战略威慑内涵

战略威慑是军事战略筹划和指导的重要内容，是遏制战争、维护军事安全的重要手段。在新的时代条件下，随着高新技术在军事领域的广泛运用和世界百年未有之大变局加速演变，战略威慑的地位作用日益突出。

（一）战略威慑的界定与分类

战略威慑是国家和军队为实现一定的政治目的，以强大的军事实力为基础，综合运用多种手段，通过巧妙地显示力量和使用力量的决心，使对方面临得不偿失甚至难以承受的后果，从而被迫退让、妥协或屈服的一种军事斗争方式。其中关键词“威慑”，可以定义为一方威胁使用有限力量来说服另一方不要采取某种行动。[②] 古今中外的政治家和军事家都十分重视发挥威慑的作用。历史上，国家常常通过增加军备、缔结同盟和发出威胁，来阻止其他国家发动进攻。但冷战期间核武器的出现，使威慑概念具有了新的内涵与活力，根据学术界观点，战略威慑理论作为一种系统的理论和政策首先在美国兴起，对其科学研究始于二战之后的核威慑。[③] 在《武器与影响力》中，托马斯·谢林对威慑给出了更广泛的定义，即“因害怕后果而不采取行动”[④]。格伦·斯奈德也对其进行扩展，认为威慑既包括制裁的威胁，也包括奖励的承诺。[⑤] 这一时期，超级大国更多地借助威慑来促使对手放弃某种行为，而不是在敌手发动进攻之后，通过防御来加以抵制。[⑥] 在美国和苏联相继拥有可靠的核力量之后，威慑理论家主要关注如何建立两个超级大国间的威慑关系。阿尔伯特·沃尔斯泰特、谢林等

---

① 金钿等编著：《国家安全论》，中国友谊出版社 2002 年版，第 317 页。

② Paul K. Huth，“Deterrence and International Conflict：Empirical Findings and Theoretical Debate”，Annual Review of Political Science，Vol. 2，June 1999，pp. 25 – 48.

③ 张岩：《战略威慑理论的历史演进》，《军事历史》2018 年第 2 期，第 56 页。

④ Thomas C. Schelling，“Arms and Influence”，Yale University Press，1966.

⑤ Glenn H. Snyder，“Deterrence and Defense”，Princeton University Press，2015.

⑥ ［美］小约瑟夫·奈、［加拿大］戴维·韦尔奇著，张小明译：《理解全球冲突与合作：理论与历史》（第 10 版），上海人民出版社 2018 年版，第 168 页。

美国学者对运用核威慑缓解核困境进行了大量研究，提出了诸如“彼此恐惧核突袭”“可靠的第二次打击能力”等威慑思想。此后，所有重大国际战略理论与实践均无法回避核威慑这一概念，战略威慑逐渐表达出真正内涵。[①]

20 世纪 90 年代以来，随着科学技术快速发展，战略威慑所依赖的技术基础发生了改变，信息技术、航天技术以及精确制导技术方面的优势，使战略威慑手段更加多样，战略威慑理论向着新的、更趋完整的理论体系方向发展。核威慑在信息条件下自然延伸，信息威慑、太空威慑、常规威慑发挥着越来越重要的作用。相较于核威慑而言，新兴技术形成的威慑能力让决策者认为实施门槛更低，效果具有非对称性。例如，网络空间“易攻难守”的特点使其成为国家间威慑的新角力点，小国亦能由此获得一定程度的威慑能力。再如，太空、深海、极地等“高边疆”领域拓展竞争空间，成为未来战略博弈的新高地，使战略威慑能力产生质变式反应。近年来，人工智能的飞速发展是信息时代所有国家绕不开的问题，先发国家继续保持优势和后发国家“换道超车”都需要人工智能“赋能”，当前掌握人工智能等同于掌握未来战争的定义和主导权，也决定着未来战略威慑能力的演进方向。[②]

从威慑战略的基本方式来看，战略威慑分为拒止威慑（deterrence by denial）和惩罚威慑（deterrence by punishment）。其中，拒止威慑寻求通过使行动不可行或不太可能成功来阻止行动，从而剥夺潜在侵略者实现其目标的信心，例如，部署足够的地方军事力量以击败入侵。[③]“拒止”的威慑作用实际上只是彰显兑现承诺的意图，从而通过拒止来实现防御的能力。惩罚威慑，意味着如果潜在侵略者发动袭击，则威胁进行严厉的惩罚，如核升级或严厉的经济制裁。其重点不是对前期承诺的兑现和维护，而是更高强度的惩罚，这将提高对手发动攻击的代价。

从威慑战略的运用场景来看，战略威慑分为直接威慑（direct deterrence）和延伸威慑（extended deterrence）。其中，直接威慑是一个国家为

---

① 张岩：《战略威慑论》，社会科学文献出版社 2018 年版，第 1 页。

② 葛腾飞：《打造强大的国家战略威慑力量体系》，《人民论坛》2022 年第 21 期，第 38—39 页。

③ André Beaufre, “Deterrence and Strategy”, New York: Praeger, 1965, p. 23.

防止对本国领土的攻击而作出的努力。延伸威慑是阻止对第三方的攻击，例如盟友或伙伴国。在冷战期间，美国通过直接威慑阻止了苏联对美国本土的核攻击，通过延伸威慑阻止了苏联对北约组织成员国的常规攻击。[①]由于需要把军事力量投射到数千千米以外，甚至接近侵略者领土，延伸威慑比直接威慑更加困难、更具挑战。

（二）战略威慑的作用途径

与实战相比，战略威慑强度相对较低、代价较小、回旋余地较大，在一定条件下能够直接达成政治目的，是军事斗争的重要方式和维护国家安全的战略手段。战略威慑针对的或作用点是对方的心理、认知和决策系统，其作用机理是使对方在权衡利害得失时意识到采取某种行动将会付出重大代价和损失，超出其承受能力和所得到的利益。对方预见的代价和损失越大，对其心理、认知和决策产生的威力就越大，威慑就越有效。

依据实力和对象的不同，战略威慑在不同时期、不同情况下具有不同的作用，可以在平时实施，也可以在危机时或战争中使用，此处战略威慑作为遏制战争的手段，主要是在平时和危机时使用。在平时，战略威慑主要是运用国家军事力量，并以政治、经济、外交、科技、文化等战略力量相配合，影响事态的发展，推迟或制止战争的爆发。在现代条件下，即使是一场小规模的局部战争，其损耗也非常巨大。因此，充分利用战略威慑遏制战争，维护国家的安全与稳定，为国家发展创造良好的内外环境，符合国家的根本利益。在一般情况下，适度保持战略威慑有助于防止局势恶化。当战略形势严峻、存在爆发战争的危险时，运用战略威慑，有可能推迟战争的爆发，为国家作出其他政治选择和做好战争准备创造条件。当战争爆发迫在眉睫时，实施战略威慑，或者可以把握住避免战争的最后一次机会，或者可以争取到战争特别是首战的主动权，为进入战争状态创造有利的军事态势。

（三）战略威慑发挥作用的基本条件

1961 年，亨利·基辛格出版了《选择的必要：美国外交政策的前景》，提出了著名的有效实现战略威慑的三要素："有力量，有使用力量的决心

---

① Paul K. Huth, "Extended Deterrence and the Prevention of War", New Haven: Yale University Press, 1988, pp. 15 – 18.

和使潜在侵略者估计到这两点。”[①] 简言之，就是实力、决心和信息传递。实力是最基本条件，既是战略威慑的基础，又是决心和意志的后盾，没有实力的威慑只能是虚张声势。实力分为硬实力和软实力。硬实力包括国土、人口、经济实力、科技实力和军事实力等，军事实力是其主体和核心。软实力主要包括政治影响力、外交能力、文化吸引力和民族凝聚力等，它具有强化和放大硬实力的作用。《三国演义》中，诸葛亮之所以能以“空城计”使司马懿上当，根本原因在于其平时麾下确实有雄狮百万。倘若其总兵力根本无法与之相比，后者纵使再多疑，也绝不会被他制造的假象所迷惑。[②]

决心是战略威慑的灵魂，缺乏决心会让对手怀疑威慑力量的真实性。因此，必须以坚定的意志力与决断力，把维护主权与安全的意志转化为必要时敢于和善于使用武力的决心。20 世纪 30 年代末，英法等国的军事实力与法西斯德国相比并不居于弱势，完全有能力阻止和遏制希特勒侵略扩张的野心。但由于英法在希特勒的战争威胁下，对德采取绥靖政策，并同德意等国签订了《慕尼黑协定》，而没有在关键时刻运用两国的力量制止侵略的决心和行动，结果助长了法西斯国家的侵略气焰，导致了二战的爆发。理论和实践都充分证明，在必要时果断定下决心，即使投入较少的力量，也能收到较大的战略威慑效果；相反，优柔寡断、畏首畏尾，往往会使本来可以产生的战略威慑效应付诸东流。所以说，实力和决心是战略威慑的一体两翼，缺一不可。[③]

信息传递是力量和决心得以产生威慑作用的必要条件。将实力和使用实力的决心传递给对方，当对方接收到威慑信息并产生心理恐惧、认知混乱时，威慑就有了效果。要通过多种途径，适时、快速、准确地将实力和使用力量的决心明确无误地传递给对方，使被威慑者正确地理解威慑信息，从而产生预期的威慑效果。可见，战略威慑的效果不仅取决于实力和决心，还取决于被威慑一方收到上述信息。只有当对方收到威慑信息后，认识并相信一旦贸然行动，将可能遭受到更大的惩罚时，威慑才能达到预

① ［美］亨利·基辛格著，国际关系研究所编译室译：《选择的必要：美国外交政策的前景》，商务印书馆 1973 年版，第 53—66 页。

② 军事科学院战略研究部：《战略学》，军事科学出版社 2001 年版，第 230—231 页。

③ 军事科学院战略研究部：《战略学》，军事科学出版社 2001 年版，第 231 页。

期的效果。这就表明，衡量威慑作用的最后标准，不仅在于威慑信息的强弱，更在于被威慑者对威慑信息的信服程度。

总而言之，威慑的可信性一直是威慑的必要条件。最为可信的威胁（威慑）需建立在这样一种基础之上，即己方拥有足以给进攻者“难以承受的打击”的军事力量，同时又有明确的意图和坚定的政治意愿来实施这种惩罚。因此，要维持威慑的有效性，就不能隐藏自己的威慑能力，必须把关于自己威慑能力的信息传达给对手，以“可确信”的威慑来迫使同样具有理性行为逻辑的对方改变自己的行为模式。为此，基辛格指出，威慑是实力、决心和信息传递三个要素的乘积，而非它们的总和。如果其中任何一个因素为零，威慑就会失效。①

二、战略威慑原则

战略威慑原则，是战略威慑运用中客观规律的反应，是对战略威慑实践经验、教训的总结和升华。克劳塞维茨认为，指挥官“有时必须把规律概括成明确的要点作为行动的规则”②。约翰·柯林斯也指出，“历史证明，胜者基本上重视作战原则；而败者则基本上不重视作战原则”③。因此，从维护国家安全和利益出发，遵循战略威慑作用机理，研究战略威慑运用的基本原则，对提高战略威慑运用水平和保证战略威慑运用有效性具有重要意义。众所周知，军事危机一旦爆发，必将恶化国家相互间良好关系，影响周边安全稳定，破坏国家经济建设的有利战略环境。如果处理不好，军事危机升级或失控，会对国家和人民造成更大影响。因此，在处理军事危机和冲突的过程中，必须遵循战略威慑运用的基本原则，从国家利益、经济建设的大局、全局出发，慎重进行战略威慑行动。

（一）战略威慑目标要以国家利益为根本遵循

战略威慑作为一种特殊的军事斗争形式，总是从属于一定的政治、经济和军事目的。国家利益是国家行为体赖以生存和发展的客观物质需求与

---

① Henry A. Kissinger, “Nuclear Weapons and Foreign Policy”, New York: Harper, 1957, p. 12.

② ［德］克劳塞维茨著，中国人民解放军军事科学院译：《战争论》（上卷），解放军出版社 1964 年版，第 309 页。

③ ［美］约翰·柯林斯著，中国人民解放军军事科学院译：《大战略》，战士出版社 1978 年版，第 71 页。

精神需求的总和。维护和增进国家利益是一切国家对外政策和行为的基本动因，是决策者进行战略威慑的最终目的。无论是近代的马基雅维利、让·博丹还是当代的汉斯·摩根索，都认为国家的一切政治活动都必须服从国家利益。邓小平指出："国家的主权、国家的安全要始终放在第一位。"① 国家安全是发展的基础，安全利益得不到有效保护，没有和平稳定的环境，经济发展就无从谈起。特别是在全球化深度发展的当今时代，国家间利益冲突随之扩展，对国际和平造成越来越大的压力。在这种历史条件下，重要的国家利益必须通过军事力量来保护。因此，战略威慑必须服从国家利益的需要，把国家利益的维护作为战略威慑考虑的首要核心问题。

（二）战略威慑准备要与国家经济建设相适应

战略威慑中所使用的核武器、信息武器、空间装备、高端常规武器等比一般武器装备凝聚着更多知识含量和技术含量，研制难度大、周期长、费用高。相关发展必然要增加对国家经济力量的依赖程度，使其与经济的关系更加密切。一个国家如果没有雄厚的经济实力作为后盾，就很难做到运用高技术武器装备威慑对手，实现自己的军事战略目标。因此，战略威慑准备对国家经济力量依赖程度大、要求高。和平时期战略威慑的准备首先要服从和服务于国家经济建设大局，发展战略威慑力量的目标必须与国家经济实力相适应。同时，国家经济建设必须兼顾国家安全需要，要重视战略威慑力量建设，随着国家实力增强，需有重点地加强新武器装备的研制，国家只有在确保安全的前提下，经济建设才能顺利进行。

（三）战略威慑手段要将慑止与战胜有机统一

运用战略威慑手段尽一切可能遏制战争，绝不意味着不做打赢战争的准备。相反，遏制战争必须具备打赢战争的能力，这也是遏制无效后实现战略目的的最终手段。能战方能止战，打赢战争的能力越强，决心越大，谋划越强，战略威慑的威力就越大，就越能对可能发生的战争或冲突起到有效的遏制作用。因此，在战略威慑的斗争方式上，要采取威慑与实战并重、武力与非武力方式紧密配合，做好遏制战争和打赢战争的两手准备。

（四）战略威慑运用要发挥整体威力综合威慑

当前我们已经来到具有智能化特征的信息化时代，在此背景下的战略

---

① 《邓小平文选》第3卷，人民出版社1993年版，第348页。

威慑不仅依赖军事实力，更是以综合国力为基础的体系较量，威慑的整体性、综合性、联动性非常突出。毛泽东指出：“着重武装斗争，不是说可以放弃其他形式的斗争；相反，没有武装斗争以外的各种形式的斗争相配合，武装斗争就不可能取得胜利。”① 因此，国家安全取决于综合性因素，要达到运用战略威慑手段以最小代价、最大限度地维护国家安全和利益，就要综合运用各种力量，调用一切战略资源，做到战略威慑与政治、经济、外交、科技、文化斗争相配合，全方位、多层次、最大限度地孤立和威慑敌人，以整体力量取得斗争胜利。

（五）战略威慑作战力量要注重攻防一体发展

战略威慑与安全防御是矛与盾的两个方面，战略威慑是目的，而安全防御是实施有效威慑的重要保证。特别是，战略武器系统技术含量高，建设周期长，特征明显，暴露因素多，伪装和保密难度大，作战行动相对缓慢，战时易遭受敌精确打击。加上战略威慑部队的特殊地位与作用，对敌人形成的威胁大，决定了该力量不仅平时是敌方重点侦察监视的目标，战时也必将是敌方精确打击的重点，无疑会成为敌方打击的首选目标，也将面临强电磁干扰、网络攻击、远程精确火力打击等一系列严峻威胁挑战。因此，战略力量在实施威慑行动时，必须把安全防护贯穿于战略威慑全过程，综合采取多种隐蔽伪装手段，严密防护，确保威慑力量的生存。例如，以阵地为依托，充分利用工程设施和伪装手段，确保能够有效地隐真示假；合理配置防空兵力兵器，形成中近程、空天电一体化的防空体系等。做到慑中有防、防中有慑，才能最大限度地实现保存自己、消灭敌人的目的。

三、战略威慑实施

战略威慑的运用有其自身的特点和规律，同时受到不确定因素的影响，存在着诸多偶然性。战略威慑是军事战略的重要组成部分，对军事战略的实施和国家利益的实现具有重要影响。因此，需要从总体上把握一些重要的原则和要求，在实施过程中灵活运用。

（一）注重发挥综合威慑

战略威慑是融军事、政治、经济、外交、科技、文化于一体的综合性

---

① 《毛泽东选集》第2卷，人民出版社1991年版，第636页。

斗争，军事力量是威慑的主体，其他领域的斗争也具有不可替代的独特作用。应加强集中统一领导，紧密协调配合，对敌形成多领域、全方位的威慑态势，以体系的整体优势营造氛围、强化效果。注重舆论法理斗争与心理攻防的运用，充分利用法律武器和舆论工具为威慑服务。同时，针对国际形势和周边环境的状况，精心运筹大国关系和周边各种力量，营造有利于己、不利于敌的战略环境，为战略威慑的实施创造有利的外部条件。

（二）灵活运用威慑手段

战略威慑手段包括核威慑、常规威慑等传统手段，也包括信息威慑、空间威慑等新手段。应根据战略需要、战略形势发展变化和各种威慑手段的特点，选择能够有效达成战略目标的威慑手段；根据不同的斗争对象选择不同的手段，特别是要针对对手战略体系的薄弱环节及其心理、认知、决策系统的敏感部位，选择其视为畏途、能对其造成最大震慑和遏止效果的手段；注意各种威慑手段的综合运用，形成有效的威慑手段体系，产生综合慑敌的效果；把核威慑与常规威慑，人民战争威慑与高科技手段威慑，平时威慑与危机时威慑有机结合起来。

（三）正确把握威慑时机

战略威慑的时机主要有：敌方有向我挑衅的意图时、发生危机事件时、敌方调整部署进行临战准备时、敌方挑起武装冲突时等。在军事斗争中，应区分威慑对象，着眼情势发展，针对敌方的心理特征和认知、决策过程，灵活地加以把握。一般来讲，威慑运用的最好时机是对方正在进行战略权衡、比较、选择和试探之时，即试图采取某种危害行动，但尚无十分把握、尚未定下最后决心之时。此时，向对方显示自己的力量和决心，让对方认识到若采取行动必将招致严重后果，就可能使对方尽管有冒险的念头也难以形成行动的意志，或者形成了行动意志也会发生动摇、犹豫而无法付诸实施。

（四）适时形成威慑态势

威慑态势是威慑力量和威慑手段运用所造成的一种状态，在这种状态下，能够对对方形成某种程度的震慑与遏制。平时，应根据国家安全面临的威胁，加强军事力量建设，扎扎实实地推进军事斗争准备，不断增强军事实力和战争潜力，掌握尽可能多的战略手段，塑造不可侮的威慑形象，慑止对手侵犯和危害我国利益的企图和行动。危机发生时，应在平时准备的基础上快速反应，运用战略预置力量和应急机动作战力量，显示我在冲突地域（空域、海域）的军事存在和行动能力，遏止对手采取恶化事态的行动，以慑止战，通过遏制危机来遏制战争。

（五）有效传递威慑信息

威慑信息的传递，是指把我方的政治目的、决心意志和实力准备等情况明确告知对方，并为对方所正确理解。在威慑信息传递中，要展示我实施惩罚性、报复性打击的强大威力，指出敌方若一意孤行、挺而走险必将导致的严重后果，宣示我将不惜代价维护核心利益的决心和意志，表明我所能容忍的限度，为对方划定不可逾越的底线，并提出敌方若改变错误立场和行为将得到的交换条件。威慑信息传递应充分利用各种交流与沟通方式，可与敌方决策者直接沟通，也可通过第三方间接沟通。在信息化、智能化条件下，无线电广播、电视等媒体和互联网、新媒体等，都是传递信息的重要方式。

（六）主动调控威慑行动

战略威慑行动要服从维护国家利益的需要，与政治、外交斗争紧密配合，适时调控使用的手段、行动的时机、力量的部署和信息的传递，特别是要及时评估威慑效果，把握好威慑的强度和节奏，增强威慑效益。要努力保持战略威慑的弹性，威慑的目标和手段既要有坚定性，又要有灵活性，要压而有度，慑而可控，留有适当的战略回旋余地，以应对各种意外情况。要加强谋略的运用，以新的思路谋划战略威慑，审时度势，把握全局，抓住要害，攻心夺志，牢牢掌握战略威慑行动全过程的主动权。

（七）精心筹划威慑向实战的转换

威慑与实战是紧密联系的两种军事斗争方式。威慑必须以实战为后盾，缺乏实战能力和实战准备的威慑往往难以达成战略目的。要像实战一样搞威慑，增强威慑的实战化程度。如果能够通过威慑迫使对方放弃危害我方的企图和行为，达到不战而屈人之兵的目的，当然是理想的结果，但如果对方一意孤行而导致威慑失效，若无相应的实战准备，就只能吞下利益和形象受损的苦果，付出极大的战略代价。因此，威慑必须有充分的实战准备，在确信威慑失效的情况下，要适时转入实战，通过实战方式来实现既定的战略目标。威慑向实战的转换是质的变化，不能盲目和草率，必须精心筹划，严格控制，准确把握，适时行动。应把威慑与实战准备、实战行动有机结合起来，慑战一体，以慑备战，在开展威慑斗争的过程中随时准备转入实战，既确保威慑效果，又能在威慑失效时以强有力的实战行动争取战略主动，维护国家利益。

第二节　打赢战争

能战方能言和，能战方能止战。《孙子兵法》曰，“无恃其不来，恃吾有以待之；无恃其不攻，恃吾有所不可攻也”。打赢战争的能力是维护军事安全的保底手段和硬核能力。坚持以武止戈的军事观方法论，对可能发生的战争风险始终保持战略清醒，随时准备打仗，立足现有条件打仗，不打无准备无把握之仗，有力慑止战争，坚决打赢战争。只有具备这种能力，国家总体安全才能得到有效保障，和平和公正的国际秩序才能得到有效捍卫。

一、战争行动原则

战争行动原则是筹划指导战争全局、全过程的依据和准则，是在正确认识战争规律、总结战争经验的基础上逐步形成的，并随着战争的发展而发展。随着长期战争经验的积累，人们对战争中的基本行动原则有了比较深刻的认识，概括出若干基本规则和方法，如集中兵力、统一指挥、充分准备、机动灵活、争取主动等，几乎成为古今中外各国战争行动原则的基本内容。但是，战争行动原则也不是千篇一律、一成不变的，它基于不同的战争形态，具有鲜明的时代特色，并且不同阶级和国家的侧重点和着眼点也不尽相同。①

（一）战前充分筹划准备

战争是关系国家、民族、政治集团生死存亡、荣辱兴衰、得失利害的根本大事，必须坚持慎战的原则，十分谨慎地行事。“凡事预则立，不预则废”，面对战争威胁和军事压力，战略指导者应冷静分析形势，权衡利弊得失，慎重作出战略抉择。《孙子兵法》十三篇之首就是《始计篇》，列举出“五事七计”，指出：“夫未战而庙算胜者，得算多也；未战而庙算不

---

① 军事科学院战略研究部：《战略学》，军事科学出版社 2001 年版，第 246 页。

胜者，得算少也。多算胜，少算不胜，而况于无算乎？”通过计算敌我双方综合实力对比得出胜算概率，在有准备且有把握的前提下作出战争决策。克劳塞维茨也在《战争论》中强调要计算敌我双方的力量对比，并认为，每个战斗行动都要靠预先计划统一起来。拿破仑则认为，任何事若不周详计划，都将一无所获。毛泽东在中国革命战争的长期实践中，运用唯物辩证法的观点，深刻分析了战争中存在的盖然性和不确定性，指出“没有事先的计划和准备，就不能获得战争的胜利”。

（二）夺取战略主动权

战略主动权是战略指导者和军队在战争全局中的决策自主权和行动自由权。首先，战略主动权是以物质为基础的，国力、军力的强弱优劣是决定战略主动与被动的客观条件。战争实践表明，在战略上优势和主动、劣势和被动是分不开的。而战略上的主动地位也不是必然掌握在强者手中的，需要通过主观努力去争取，主观指导的正误与谋略水平的高低将改变原有力量强弱优劣的形势。换言之，战争既是政治力、经济力、科技力、军力等物质力量的竞赛，更是意志、谋略、筹划、指挥等精神力量的竞赛。尤其是在现代战争条件下，获取战略主动权面临更加复杂和困难的问题，对战争指导者的主观指导能力提出更高要求。既要对客观形势进行正确估计，准确处置军事政治行动；又要善用谋略，通过战略佯动和伪装，隐真示假、调动敌人，把战争不确定性给敌人、把确定性给自己，诱敌失误；还要通过政治外交斗争，争取国际社会广泛同情和支持，努力分化敌人的战略同盟，激化敌国内反战厌战情绪，使敌陷入进退两难的境地，无法长期战争。最后，将战略指导的坚定性与灵活性、原则性与策略性有机结合，才能驾驭战争朝于己有利的方向发展，夺取和保持战略主动权。

（三）明确主要战略方向

主要战略方向是指对战争全局影响最大或具有决定意义的方向，是敌我双方主要矛盾在战略全局上的集中反映，关系战争全局最重要、最有决定意义的紧要部位，是战略力量集中使用的重点和战略指导的关键点。准确把握主要战略方向是进行战略筹划和指导必须解决的首要问题。一旦确定了主要战略方向，就从根本上统一规范了一个时期内战争行动的基本指向，对军事力量的建设与使用、战争准备的方向和目标、主要作战形式和战法等战略指导问题提出了明确要求。具体地看，主要战略方向依据国家战略利益和国际、国内战略形势的基本状况确定，战略指导者从复杂的国际战略格局和周边安全环境中，抓住影响国家安全稳定的主要矛盾，恰当评估战争风险，并结合国内情况进行综合分析比较，判明对国家安全构成威胁的主要对手和主要方向。特别是在国家同时存在两个或多个受威胁的方向时，要区分利害、分清主次，抓住主要矛盾，正确规定主要战略方向。

（四）关照全局和把握战略重心

所谓全局，就是战争的总体，是各个局部在时间、空间和结构上相互联系、相互作用构成的统一整体。从国家军事战略的角度讲，国家武装力量建设是全局，各战区、各军兵种和其他武装力量建设是局部；战争的全过程是全局，战争准备、开始、发展和结束各个阶段是局部；战略是全局，战役、战斗是局部。全局高于局部、统率局部、决定局部的地位和作用。战略指导者需要总揽全局，观照好全局中各个局部的关系，使各个局部行动在全局中都有战略价值，把各个方面和各个阶段紧密联系起来，协调运转起来，形成整体威力，朝向预期的战略目标和方向发展。与此同时，由于事物发展的不平衡性，各个局部在全局中的地位和作用不尽相同，某一局部的发展变化有可能对全局产生决定性影响，成为代表全局利益或控制全局发展的战略重心，抓住这个局部就能抓住全局，处理好这个局部问题就能把全局搞活。因此，战略指导者需要从全局利益出发，通过对各个方面、各个阶段的分析比较，根据诸因素在战争发展过程中的变化情况找出对全局有决定意义的环节和方向，找到战略重心后集中指挥精力、集中使用力量、集中组织战略保障，并以此为中心协调各个方向和各个阶段的行动，推动全局朝着预定的目标前进。

二、战争行动实施

战争行动实施是战争主体以军事力量为核心，调动一切可利用的资源和力量，最终实现政治意图和战略目的的全过程，回答为什么打、与谁打、什么时候打、怎么打、用什么打、打到什么程度等一系列问题。虽然从主战武器装备的视角，战争形态经历了从冷兵器战争、热兵器战争、机械化战争到信息化战争演变的过程，并正在向智能化战争过渡，但是战争行动实施都脱离不了对战争性质的把握、战争目标的确立、作战行动的选择，以及战争进程的把控等重要环节。

（一）把握战争性质

对于战争的道德评判与论辩，从来都是政治哲学、政治伦理和政治实践中重大而困难的课题之一。正当性对战争发动者、参与者和关切者的动员能力、道德自信心或情感认同的巨大影响，是决定战争能力、战争胜负或战争之政治与心理后果的一大因素，具有重大的现实意义。各国通常会把带有自卫、民族解放，或革命性质的战争视为正义战争，把侵略战争或者为争夺霸权而战视为非正义战争。中国一般认为苏联卫国战争、北美独立战争、拉丁美洲独立战争、太平洋战争、抗美援朝、抗日战争是正义战争；而日俄战争、一战、七年战争、三十年战争、1979 年苏联入侵阿富汗以及“9·11”事件后开始的所谓反恐战争则缺乏正义性，是非正义战争。

关于战争正义性的区分，中国春秋战国时期的诸子百家和兵书中对此都有论述。例如，孔子和孟子都主张“慎战”，但同时也肯定反暴抗虐的合理性。在孟子看来，正义战争意味着“以至仁伐至不仁”①。墨子的“非攻”，是反对攻伐掠夺的不义之战；而“救守”，则是支持防守诛讨的正义之战。再如《吴子兵法》中就区分了义兵、强兵、刚兵、暴兵、逆兵等五种性质的战争，指出“禁暴救乱曰义，恃众以伐曰强，因怒兴师曰刚，弃礼贪利曰暴，国乱人疲，举事动众曰逆”②。在西方，关于战争正义性问题的思考最早可以追溯到古希伯来、古希腊和罗马时代。安布罗斯、奥古斯丁和托马斯·阿奎那奠定了“正义战争论”的基本理论框架。16—17 世纪，随着科学技术和战争形态的重大变化，弗兰西斯科·维多利亚、弗朗西斯科·苏亚雷斯和雨果·格劳秀斯等政治思想家或国际法学家将正义战争论推向一个新的高峰，明确区分和系统阐述了两类问题：“开战正义”（jus ad bellum），即走向战争的正当性原则；“交战正义”（jus in bello），即进行战争手段的正当性原则。③ 19 世纪以来，实在法在进一步澄清传统思想的同时又做出某些修正，部分正义战争思想被法律化。

虽然对战争的道德分析和评判，特别是其中所包含的“道德两难”，存在着争议，诸如战争行为体的资格、理由、意图之正当性及手段与后果

---

① 杨伯峻：《孟子译注》，中华书局 2010 年版，第 301 页。

② 魏征等：《群书制要》，中华书局 2014 年版，第 434 页。

③ ［美］小约瑟夫·奈、［加拿大］戴维·韦尔奇著，张小明译：《理解全球冲突与合作：理论与历史》（第 10 版），上海人民出版社 2018 年版，第 37 页。

之善恶等方面，通常会有众多评判标准。但是，正义战争理论提供了一系列限制战争和战争行为的基本原则：（1）受侵害的前提。包括自卫不能是预防性的和进攻性的；所要求恢复的不可争议的权利应该得到国际社会大多数成员的公认；所惩罚的罪错必须是明显的和国际社会普遍认可的。（2）正当的意图。要求不将战争简单视为政策工具，战争的最终结果必须是更好的和平、秩序和正义，符合国际社会的普遍利益而不是仅仅满足一己私利。（3）合法的权威。战争的国家和国际行为，既不是为了私人和集团，也不针对私人和集团；涉及单个国家利益的正义战争由国家及其政府执行，涉及国际社会利益以及维护他国权益为目的的正义战争由国际社会及其组织机构执行或授权执行，而非由单个国家或国家集团决定。（4）正当的手段。慎重的选择和使用合理合适的战争方法和手段；不应违背普遍道德规范和正义原则，不应放弃或破坏恢复和平与社会重建目标。（5）成功的可能性。必须有达成和平、秩序以及惩恶扬善的成功概率，不至于造成对和平、秩序和正义的更大破坏和伤害。（6）最终手段。任何时候都不放弃和平解决的途径及其可能性；正义战争始终是最后考虑的不得已而为之的执行手段，开战之前必须确认所有非暴力手段已无可能。（7）限制原则。不使用大规模杀伤性武器、致命性武器和严重破坏生态环境的武器。（8）相称原则。公开宣战；不过度杀伤和重复伤害；根据战争目标和实际情况选择合理适当的战争方法和手段，使用相称的暴力；在最短时间内以最小代价结束战争。（9）区分原则。区分军事人员和平民，区分军事设施和民用设施，不应对民众生活基础以及生存环境造成不必要的破坏。（10）保护原则。保护战俘、平民和非敌对第三国利益，保护历史文物及文化宗教信仰。（11）人道主义原则。恪守人道主义原则，最大限度提供人道主义保护和救助，最大限度限制对人道主义原则的违背和破坏。①

（二）确定战争目标

战争目标与政治意图一致，战争的各个目标要服务于战争目的。合理确定战争目标，科学把握军事打击的度，确保战争服从服务于政治，是打赢战争的首要问题。这不仅要从作战本身的需要出发，而且要考虑战略形势、国家发展和力量基础等条件。战争目标又可以划分为战争的战略目标

---

① 陈拯编著：《国际安全导论》，复旦大学出版社 2023 年版，第 75—76 页。

和作战目标，在目标选择上，一般要遵循如下原则。

第一，确定战略目标。战争的政治目的有限性决定了战略目标的有限性。要认真考虑对战略环境的适应性，应以不破坏总体和平环境、不造成连锁反应、不导致战争急剧升级为原则。要与国家发展需求相适应，应充分考虑战略目标所要求的战争行动强度，是否会对国家的安全和发展造成不利影响。要与自身军事能力相适应，战略目标的确定要以自身的军事力量为基础，没有这个基础，再好的目标也难以实现，不仅达不到政治目的，反而会产生不良后果。因此，在确定战略目标时，应把握好界限，不能脱离实际。

第二，确定作战目标。作战目标是对实施作战行动所要达到结果的规定，它决定着战争的时间、手段、规模和强度，对战局发展起着定向作用。一般来说，作战目标大，战争的时间长、手段多、规模大、强度高；反之则相反。因此，筛选作战目标应当根据实现政治目的的需要，保持作战行动与战略目标的一致性，恰当确定行动目标和具体指标。在这方面需要防止两个极端：首先是单纯追求作战目标的有限性，低于政治目的的要求，实现不了战略目标，难以取得胜利。其次是作战目标超越政治目的的限度，即便战役战术上大胜，却会给战略上带来被动。因此，在能够达成政治目的的前提下，作战目标越小越好。确定作战目标一定要注重军事与政治两方面的效益，既便于军事行动的有效实施，又能在政治上产生全局性的震撼效果，力求以较低的代价达成既定的政治目的。这就要求确定作战目标时，必须认真分析对手各方面的情况，找出其要害所在，并将其作为军事打击的目标，以起到击一点而撼全局、牵一发而动全身之功效。

（三）选择战略作战行动

作战行动作为战争实施的主要环节和集中体现，内容非常丰富，从不同角度有多种分类方式。根据持续时间，分为持久战和速决战等；根据作战场域，分为陆战、海战、空战、太空战、网络战、电磁战等；根据行动规模，分为局部战争、地区战争、全面战争等；根据作战形式，分为常规战争和非正规战争等。而战略作战行动，则是指为达成一定战略目的或对战争全局具有重大影响的作战行动，通常根据战争的政治目的、敌我军事力量对比、国家综合潜力以及战略形势判断，战争主体可能采取战略进攻和战略防御两种战略作战行动。

第一，战略进攻，是为达成战争目的而对敌实施的全面性进攻，或为达成战略目的在重点方向或重点地区对敌实施的进攻，是大量歼灭敌人、夺取或收复领土的主要手段，可能在战争开始时实施，也可能在战争过程中实施。从历史上国家间战争来看，一些奉行扩张战略的国家，为了争夺世界霸权和地区霸权，为了扩张领土、掠夺他国资源，或者为了对外军事干涉，推翻别国政权，通常是首先对他国发动武装进攻，引起战争；而遭受侵略的国家，通常要首先实施战略防御，通过削弱敌人的进攻势头，迫使敌人由战略进攻转入战略防御，使自己在战争过程中由战略防御转入战略进攻，实现战争转折。

战略进攻的方向和目标选择非常关键。斯大林强调，战略打击方向选对了，就能“预先决定整个战争十分之九的命运”。具体来看，战略进攻的方向选择有以下几种类型：一是指向对方的政治统治中心；二是指向对方的主要经济区；三是指向对方的重兵集团；四是指向对方地理条件较差的地区。上述几种方向选择在战争实践中有时是相互联系或重合的。在确定战略进攻的主要方向后，要确定主要打击目标，近现代战争史上通常有以下目标选择：一是对方的主要战略集团；二是对全局有重大军事、政治、经济意义的战略要地；三是首脑机构、指挥机构、通信枢纽；四是战略性武器、高新技术武器，如核武器基地、海空军基地等；五是后方基地、交通枢纽等。未来，空间装备和设施，如卫星、空间武器平台、天地运输系统等，也可能成为战略进攻的主要打击目标。①

战略进攻的行动样式是丰富多样的，并无一成不变的固定模式。从战争实践看，包括但不限于单方向进攻、多方向进攻、战略决战、战略追击、战略封锁、战略空袭、海空立体登陆进攻、战略或战术核突击、太空打击等。在现代战争中，一次重大的战略进攻行动，往往同时使用或先后使用两种以上的进攻行动样式。

第二，战略防御，是在战争全局或重要局部，阻止或打破敌人的进攻，保存和积蓄力量，大量消耗或消灭敌人，为转入战略进攻创造条件。因此本质上说，战略防御就是挫败敌人的战略进攻，而防御与进攻又是对立的统一，普遍存在于战争行动之中。列宁曾指出：“自始至终全是胜利

---

① 寿晓松主编：《战略学教程》，军事科学出版社 2013 年版，第 214—218 页。

进攻的战争在世界历史上是从来没有过的，即使有也是例外。”① 克劳塞维茨也强调，纯粹的防御将完全背离战争观念，因为它将意味着只有一方在进行战争，因此战争中的防御只能是相对的，其基本特性是等待，然而不只在于忍耐，一旦防御者取得了重要优势，就必须反击，否则将自招毁坏。因此，战争中往往十分强调攻防转换、攻防互动的重要性。②

战略防御的行动样式主要有坚守防御、机动防御、战略反封锁、游击战、战略退却、战略反攻、战略核反击等。随着现代战争形态演变，在具有智能化特点的信息化局部战争中，由于战争目的、战争手段的有限性，以及国际制约等因素的存在，战略进攻方并不一定倾全力发起进攻，而是充分利用自身装备技术等方面的优势，首先采取非接触式的战略空袭或外科手术式打击，然后视打击效果及目的达成的程度选择结束战争或实施逐步升级的进攻。这种情况下，战略防御方的首要任务就是反战略空袭，并据此阻止和挫败敌人的进攻。

对于战略防御行动而言，战略防御体系是必不可少的方面，它是对各种作战力量、作战设施、武器系统和各种保障系统等要素进行统筹布局而形成的一个防御整体，是战略防御方抗击敌人战略进攻的重要物质基础，通常由以下几个基本部分构成：一是灵敏高效的情报和指挥、通信系统；二是严密的战略防空（防天）系统；三是陆海空作战相结合、攻防兼备的作战体系；四是具有一定生存能力和打击能力的战略武器系统；五是可靠的战略后方和交通系统等。③

（四）掌控战争进程

战争动因错综复杂，战场情况瞬息万变，只有对战争全过程实施精心指导和有效驾驭，牢牢把握战争主动权，才能确保战争的最后胜利。因此，指导信息化局部战争，必须对作战目标、时机、样式、规模、节奏、进程等进行科学谋划，实施小、巧、精、快的作战，以有限的军事行动配合政治、经济、外交斗争，力求以最小的代价实现战略目的。

第一，调控战争节奏，稳定战局发展。对战争节奏的调控，包括打停

---

① 《列宁全集》第 42 卷，人民出版社 1987 年版，第 230 页。

② ［德］卡尔·冯·克劳塞维茨，时殷弘译：《战争论》（下册），商务印书馆 2017 年版，第 510—537 页。

③ 寿晓松主编：《战略学教程》，军事科学出版社 2013 年版，第 223、224 页。

的转换、快慢的调节、攻防的把握等。调控战争节奏的目的，在于牢牢掌握战争的主动权，左右战局的发展方向，恰到好处地配合政治、外交斗争，防止战争向不利方向转化，以便能够按照自己的意志控制战争进程，从而提高战争效益。具体应把握好以下几点：

一是把握好稳定战局。稳定战局是推进战局的基础。在有利态势下保持战局控制与战略目标的高度一致性，防止军事上头脑发热，置政治目的于不顾，无条件、无限度地扩大战果。在不利态势和剧烈波动的形势下更要稳定战局，针对战场形势、国际形势、周边环境的变化，果断进行调整，遏制战局向不利方向突变，引导战局稳步发展。

二是把握好张弛有度。实施战争是为了实现政治目的，所以战争的节奏要符合政治斗争的需要。有时要加快节奏，为政治谈判创造有利军事态势；有时要减缓节奏，为和平谈判营造缓和气氛；有时则要打打停停，为政治施压创造有利条件。现代战争受政治的制约增大，是打是停，是快是慢，是打痛打狠，还是旁敲侧击，一切以政治需要为转移。当处于主动地位时，应继续发展进攻，加快战争节奏，保持有利态势，尽早结束战争。而当敌占据主动时，则应放慢节奏，或转人防御，寻找机会抓住对方关键部位或薄弱环节，出奇制胜，扭转战局。要保持对主要作战方向和关键环节的作战行动具有持续攻击力和快节奏。

三是把握好阶段转换。要从当前作战阶段目标的达成程度、敌方力量变化程度、战场态势变化程度等方面预见可能的阶段转换。要准确把握转换时机，转换过早，既不利于当前任务的完成，也不利于下一阶段的作战。转换过迟，也会丧失有利机遇和条件。要精心管控阶段转换，在实施战略阶段转换前，要进行充分的转换准备；在进行新的作战阶段的转换中，要逐步转换。同时，要采取多种战略伪装欺骗措施，隐蔽转换企图，力求达成阶段转换行动的突然性。

第二，把握作战重心，主导战局发展。作战重心是战局的枢纽，对于战争的胜利至关重要。抓住了重心，就抓住了控制事物整体的关键。指导作战，必须时刻关注重心，紧紧扭住重心，全力确保重心，以争取战略主动。具体应注意以下几点：

一是把握战局主次关系。在作战中如果面临不同方向的多个对手特别是强敌干预，一定要分清主次缓急，把握主要对手和方向。主要对手和方向是重心所在，而与主要对手较量的主要战场、主要目标是作战重心的具体表现。它们牵动全局，胜则全盘皆活，其他问题也会迎刃而解，败则祸患四起，难以收拾。因此，一定要认清主要敌人，不能因为出现某些局部的暂时的情况或困难，就轻易改变决心，要紧紧抓住直接作战对象不动摇，把主要精力和主要力量用在主要战略方向对直接对手和具体目标的作战上。

二是控制关键性作战行动。控制关键性作战行动是把握作战重心，夺取战场控制权的基本途径，是战局控制的重点与对象。控制关键性作战行动要着眼于夺取战场综合控制权的整体需要，突出攻势行动的积极导向，而不是被动地防御。如果夺取和保持全时空、全过程的战场控制权有困难，则要确保控制主要方向、重要时节的关键行动，主动操控战争局面。为确保关键性作战行动的胜利，战略指导者不仅要善于重点用兵，集中精锐力量于作战重心，形成局部强大的优势，实施重点打击，还应站在全局的高度督导和调节具有战略意义的战斗，确保把精锐力量用在最关键的时刻和最有价值、最易奏效的重点目标上。

三是适时转移作战重心。作战重心不是静止不变的，而是随着战场形势的变化而推进或变更，这就需要战略指导者根据客观实际发现重心、调整重心、关照重心。解放战争期间，中央军委和淮海战役总前委从全国战场和战役全局的实际出发，确定战役第一阶段的重心是集中兵力歼灭黄百韬兵团，第二阶段的重心是歼灭黄维兵团，第三阶段的重心是全歼杜聿明集团。淮海战役中不同阶段确定了不同的作战重心，打了三次大的歼灭战，取得了圆满的胜利，并带动了全国战局的发展。从历史经验上看，转移作战重心，一方面要适应战局的变化，灵活调整作战计划。作战计划是依据自己的作战目的和影响作战的客观因素确定的。当情况发生了根本变化时，或者主观需要发生改变时，就应及时调整计划或转换作战的主要方向，并依据新的主要方向迅速协调和控制其他方向的行动，以达成作战目的。另一方面要捕捉和创造有利战机，推动战局发展。抓住有利于我而不利于敌的战机，在作战中就能够使作战进程迅速发展，就能使指挥员牢牢驾驭战场主动权。战机的利用关键在于能够组织主要部队，协调有关部队的各个行动，使战机能为我所用。

第三，控制战争升级，避免战局失控。战争升级是关乎战争胜败的关键问题，需要战略指导者慎之又慎地作出决断。从根本上说，运用战争手段是为了有效实现政治目的，战争是否需要升级，应由政治目的实现的程度和要求来决定。战略指导者应着眼和平与发展的时代特征，严格控制战争的升级。不断升级导致的大规模战争，不仅会对国内政治、经济和社会稳定带来不利影响，而且会造成地区或世界形势的紧张，甚至会引起国际社会的广泛关注和谴责，在政治上陷入极端被动的局面。战争不断升级还可能引发外部势力的高强度军事干预和经济制裁，影响战争进程和国家长远发展。因此，应尽可能不使战争升级，力求用较低强度的战争行动解决问题，以满足政治上的需要。

在无法避免战争升级的条件下，战略指导者要根据敌我双方各方面的情况，把握好升级的时机和幅度。一般应采取“逐步升级”的方式，尽量不用跳跃升级的办法。[①] 力量上要逐步增强，手段上要逐步增多，范围上要逐步扩大，并要综合运用军事的和非军事的手段，软硬兼施，打谈结合，力求把战争控制在相对低的水平上，以小的代价谋取大的胜利。

三、注重战争收局

在新的时代条件下，战争的政治目的有限、作战时间较短、制约因素增多，战争终止的模式呈现出多样化的趋势，以什么样的模式结束战争、在何种时机终止作战行动、如何恢复战后和平与秩序，越来越成为战争指导者必须关注的重大问题。

第一，把握时机，适时主动结束战争。适时主动结束战争对于防止战争扩大和升级关系极大。结束战争时机的把握是战局控制的重要环节。它受军事目标、战争态势、国家大局、国际国内形势等因素的影响和制约。对终止作战行动时机的把握，要综合考虑政治、经济、军事等各方面的因素，以国家利益为准绳，力争在最有利的情况下结束战争。把握战争收局的时机，要重点考虑以下情况：

一是对实现政治目的是否有利。战争的军事目标是根据政治目的确定

---

① 1965 年，美国哈得逊研究所所长赫尔曼·康恩提出“逐步升级”理论。其主体思想是根据战争强度的递增，将从低级危机到全面战争划分为 6 道门槛、7 个阶段和 44 个阶梯。他认为，自核恐怖均势建立起来，谈判、讨价还价以及各种非军事行动的作用，比实际使用武力的作用要大得多。他把使用武力视为政治上讨价还价的砝码，主张通过不断增大压力和有控制的战争升级来迫使对方让步。这种“逐步升级”的战局控制机理不是单纯追求军事胜利，而含有军事威慑意图，当较低级别的行动威慑失灵后，即启动较高级别的行动进行威慑，总是企图以较小的代价换取对方较大的妥协。

的。如果已经达到预期的目标，就决不进行超越政治目的的作战，否则物极必反，反而因扩大战果而降低战争效益，将优势化为乌有。在军事目标没有完全达到但出现了特殊情况时，如政治上有新的需求，或军事上遇到严重困难、战争局势发生重大变化等，也可以根据需要放弃某些预定目标，提前结束军事行动，但必须以对自己最为有利的方式实现战争的终止。

二是能否获得有利的战争态势。对终止作战行动最直接的影响是战争的态势，因为态势是对主动权掌握程度的直观标志，它反映了战争的发展趋势和可能结果，决定着战争双方在政治、外交斗争中的地位，进而影响到国家利益的实现。当处于有利态势时，如果内部和外部条件允许，且对下一步的战争行动不会造成政治、经济和军事的不当损失，则可以因势利导，乘胜攻击，取得更大的战果，为政治、外交斗争创造更加有利的态势；但如果继续打下去不能带来更高的效益，甚至可能导致战局向不利的方向转化，即使态势有利也应当机立断，果断终止作战行动。当处于不利态势时，也要考虑到两种可能的情况：如果能够迅速扭转战局，则应以短促有力的行动予敌以猛烈打击，待出现有利于我的态势时，立即寻求政治途径解决问题；如果不能在较短的时间内扭转战局，再打下去可能会得不偿失，此时硬打不如早些终止作战行动，以有力的政治、外交斗争去努力减少损失，争取主动。

三是对维护国家利益是否有利。进行战争是为了维护国家利益，如果战争打到一定程度与国家利益发生了矛盾，就要考虑结束作战行动。具体来说，可能有四种情况：其一，战争面临升级的危险，继续打下去必然上升为更大规模的战争，而这将严重影响国家的稳定和经济建设大局；其二，国际社会干预力度较大，特别是实施联合经济制裁，影响国家安全和长远发展；其三，战争耗费过大，国家的人力、物力、财力难以承受；其四，对方计划对我国民经济命脉实施毁灭性打击，可能导致经济基础的结构性毁坏。在上述情况下，要对利弊得失进行周密分析，抓住国家利益最根本的要求，舍小取大，趋利避害，必要时果断终止作战行动。

四是国际国内形势是否有利。在新的时代条件下，国际国内形势对终止作战行动的影响越来越大，必须予以密切关注。当出现较大规模的外部军事干预，形势对我极端不利，而我已基本达到战争目的之时，应立即终止作战行动，避免造成被动局面。如果不与外敌交锋将造成更为不利的后果，则应坚决与之战斗。在形势有利于我的情况下，也可以考虑终止作战行动，借国际社会强大的压力迫敌就范，以减少损失，提高效益。对于国内形势，应密切关注其他战略方向出现的问题，如果被迫处于两面作战的不利局面，应先稳住次要方向的局面，同时加快主要方向的战争进程，尽早结束作战行动，避免出现全局性的被动。

第二，选择终止战争方式，主导政治谈判。战争总是有特定的结束方式，把握结束战争的方式，必须对军事目标、战争态势、国家大局和国际国内形势等相关因素进行深入分析和准确判断。历史经验告诉我们，局部战争要运用军事行动与政治谈判相结合的手段终止战争。

在终止战争的方式选择上，要把握好原则性与灵活性的统一。以国家利益为根本，尽可能地维护国家利益。在一些非原则问题上，可以有一定的灵活性，但在涉及国家领土主权完整、民族荣誉尊严等重大原则问题上，不能有丝毫的妥协。为此，必须使军事行动与政治谈判交互使用或同时使用，以达到最佳效果。信息化局部战争下，政治谈判成为结束战争的主要方式。局部战争的政治目标有限，在很多情况下军事行动是为政治谈判创造有利条件。

从作战行动到政治谈判的转换，需要注意三个问题：一是作战行动要努力创造最有利的战争态势，这种态势越有利，政治谈判就越主动、越自如；二是作战行动要以造势为主，对敌实施适度打击，为政治谈判留下充分余地；三是从作战行动转入政治谈判之后，要继续对敌保持军事压力，以强大的军事力量作后盾，推动政治谈判的进程，同时防止谈判破裂，战争出现反弹，再次投入作战行动。

在战争的结束阶段，战略指导者需要调控好战场作战和政治谈判的衔接。有时作战与谈判同时进行，边打边谈，以打促谈；有时作战行动暂时停止，双方进行政治谈判，谈判桌上解决不了问题，再继续实施战场作战。抗美援朝战争中，毛泽东采用边打边谈方针，有机地把战场作战与外交谈判结合起来，一手抓打赢，一手抓谈判，虽然我军在武器装备和技术上远远落后于美军，但在战略上始终掌握主动。可见，在战争结束阶段，作战行动的作用仍然十分突出，且不说边打边谈离不开打，即便是由作战行动转入政治谈判，也并不表明战争彻底结束，只要谈判没有达成协议，战争就有反复的可能。所以，在政治谈判过程中，继续保持强大的对敌军事压力，一方面能够对谈判起到促进作用，另一方面可以防止敌人反扑，确保战略主动。

第三，快速实现战后稳定，遏制战争重启。为防止战争再发生而妥善进行战后安排是实现有利和平的必然要求。事实上，战争收局最终要落实到有利于真正实现国家和人民的和平上来，因此需要发动最广泛的国际正义力量来捍卫人民的和平利益，实现战争结束后的稳定。具体有如下方式：

一是发动一切和平力量，将战后矛盾用政治、外交等途径加以解决。要妥善处理好战争结束阶段和结束之后的一系列善后工作。在这一时期，由于局势还没有完全稳定，仍然存在着发生偶发事件和军事冲突的可能性，所以仍需保持必要的警惕性，并做好充分准备。要努力消除可能破坏稳定局势的各种隐患，努力避免矛盾激化，尤其是避免突发因素导致战局失控，战事重起。对此，一定不要主动挑起事端，保持战局形势相对稳定。一旦再次发生矛盾和冲突，要以维护大局为重，以政治需要为转移，尽量采取冷静、克制的态度，审慎运用作战行动，力求进行低调处理，尽力不使其再次演化为战争。

二是发挥国际法和国际舆论的作用制约战争蛊惑者。以《联合国宪章》为代表的现有国际法对战争的有关问题作出了许多具体的规定，尽管它的约束力和强制力有限，各国对有关条文的理解和运用各不相同，但它已被大多数国家所接受。因此，发挥国际法的积极作用，不仅可以降低战争的风险，还可以以理服人，因势利导，掌握战后主动。同时，我们还要发动全世界爱好和平的力量，特别是舆论的力量，引导敌方阵营在战争结束阶段出现和平之声，鼓舞世界人民反对重启战争，共同维护和平局面。

三是保持一定的军事压力和威慑力。在战争结束之后的一定时期，在通过政治、外交等各种途径努力缓和矛盾时，不放松军事斗争准备，在战区部署一定反击力量，同时不放松战备，以应不测。对敌人的军事挑衅行为主要采取军事威慑的方式予以回击，谨慎采取交战行动。

小　结

综上所述，维护和塑造国家军事安全，要把战争问题放在实现中华民族伟大复兴这个大目标下来认识和筹划，要建设同我国国际地位相称、同国家安全和发展利益相适应的巩固国防和强大军队，坚持遏制战争与打赢战争的辩证统一。一方面，突出强调慎重使用武力，将重心更多地放在主动遏制战争上，增强战略威慑能力，综合运用政治、经济、军事、外交等多种手段，妥善处理突发事件，努力化解危机，防止事态扩大升级，力求不战而屈人之兵；另一方面，坚持以战止战，必要时坚决打赢战争，坚持底线思维、极限思维，立足最复杂、最困难局面，以铁的战争手腕迫敌屈服。这既是基于我国的文化传统，也是基于时代主题和我军实际所做出的理性抉择，是历史与时代的必然。因此，加强国防和军队现代化，是新时代维护国家安全的战略支撑，是赢得国际军事竞争主动的紧迫需要，更是履行新时代我军使命任务的客观要求。

思考题

1. 简述战略威慑的基本内涵与类型。
2. 谈谈战略威慑是如何发挥作用的。
3. 简述战略威慑运用的原则和手段。
4. 谈谈战争行动应该遵循哪些原则。
5. 谈谈遏制战争与打赢战争的辩证关系。

第八章　维护重点领域军事安全

当今世界正处于大发展大变革大调整之中，国际战略形势与中国安全环境正加速演变。随着人类社会科技发展突飞猛进，军事安全的领域和范畴不断拓展，核、太空、网络、人工智能等重点领域军事安全问题引发广泛关注。重点领域军事安全相较于一般领域军事安全而言，其安全价值迅速提升、地位作用日益凸显，具有鲜明的时代特征，是科技进步的新前沿、国际竞争的新高地、人类生存发展的新边疆以及维护军事安全的新战线。在重点领域军事安全形势日益复杂严峻的今天，研究重点领域军事安全的地位作用、主要特点，提出维护重点领域军事安全的战略指导，探讨维护重点领域军事安全的主要举措就显得十分重要和迫切。

第一节　重点领域军事安全地位作用与特点

重点领域军事安全既是国家军事安全体系的关键组成部分，也是维护和支撑国家安全的重要保障。维护重点领域军事安全，必须有效应对核、太空、网络、人工智能等领域面临的各类安全威胁和挑战，筹划和推进相关领域军事安全能力建设，平时塑造态势、防范危机，战时遏制冲突、打赢战争，有力捍卫国家总体安全，坚决维护国家发展的重要战略机遇期。

一、地位作用

重点领域军事安全是指国家在核、太空、网络和人工智能等领域的安全和发展利益不受袭扰破坏、军事入侵和战争威胁的状态，以及持续保障这一安全状态的能力。重点领域军事安全事关国际军事竞争的主动权，世界主要国家都将重点领域军事安全视为维护其总体国家安全和国家核心利益的重要保证。

（一）重点领域军事安全日益攸关总体国家安全

在传统国家安全观中，重点领域军事安全不仅是国家军事安全体系的核心内容，处于首要位置、支柱地位，也是总体国家安全观的重要组成部分，是实现和维护国家总体安全的重要前提。从社会属性看，重点领域军事安全是国家综合运用各类战略力量，确保核、太空、网络、人工智能等重点领域不受外部入侵和战争威胁状态。在政治外交领域，重点领域军事安全既是展示国家军事实力的重要平台，也是保障国际合作、维护国际形象、彰显国家政治外交“软实力”的基础支撑。在经济科技领域，实现重点领域军事安全是保障军民融合深度发展的重要前提，能为国家经济繁荣和社会稳定发展提供不竭动力。由此可见，国家安全离不开重点领域军事安全，离开重点领域军事安全的国家安全将是不完整甚至是脆弱的。重点领域军事安全与总体国家安全息息相关，维护重点领域军事安全地位显著、意义重大。

（二）重点领域军事优势日益成为军事制胜关键

网络、太空、人工智能等重点领域具有中枢聚能、释能作用，使得重点领域军事力量具有得天独厚的威慑效应和信息、机动和位置优势，已成为陆、海、空等传统作战力量效能发挥的倍增器和夺取战争主动权的关键。进入21世纪，几场局部战争的实践表明，作战行动几乎都是首先从网络、太空等重点领域展开。2008年爆发的俄格冲突，俄罗斯凭借强大的网络攻击能力对格鲁吉亚的信息基础设施发起网络攻击，率先摧毁了格鲁吉亚的信息网络系统，抢夺战场信息非对称优势。2011年爆发的利比亚战争，美军也是凭借强大的网络攻击能力，利用“舒特”系统对利比亚军队的指挥控制系统和防空预警系统发起网络攻击，导致利军各级指挥机构难以有效指挥控制部队，国家整个防空体系门户洞开，利军刚一开战就难逃失败的结局。由此可见，夺取重点领域军事优势已经成为决定战争走向、确保军事领域有效制胜的关键。

（三）重点领域军事能力建设日益决定军队战斗力建设水平

世界战争史表明，重点领域军事能力建设能够改变战争制胜机理，重塑军队组织形态和军事力量体系，引发战争形态和作战样式变化，成为决定军队战斗力建设水平的关键。2022 年爆发的乌克兰危机表明，网络攻防能力是隐蔽、快速达成作战目标的关键支撑；太空攻防能力是决定战争走向的关键要素；无人作战能力是夺取智能化战场主动权的关键抓手。随着智能化战争时代的来临，未来大国之间爆发高端战争，极有可能首先在太空、网络等新型领域打响。为此，世界各国都高度重视太空、网络、人工智能等新质新域作战能力建设，不断推动军队战斗力建设向新质新域作战能力建设聚焦。持续推进以新质新域作战能力建设为核心的重点领域军事能力建设，对于稳步提升军队战斗力、深化重点领域军事斗争准备、赢得重点领域军事竞争战略主动权具有重大意义。

二、主要特点

重点领域军事安全的主要特点包括新质新域性、保底支撑性、跨域融合性和体系威慑性。

（一）新质新域性

新质新域性，指的是同其他领域军事安全相比，重点领域军事安全更加强调以核、太空、网络、人工智能等新质新域作战能力为依托，把维护核、太空、网络、人工智能等新型领域军事安全，作为维护国家军事安全的重要抓手。当今世界军事强国普遍认为，核、太空、网络、人工智能等新质新域作战力量建设成效，与维护重点领域军事安全能力强弱密切相关。美军认为，绝对的军事优势来自对网络空间的主导，必须大力推进网络空间军事化，加快发展先发制人的作战能力。美军于 2009 年率先成立网络空间司令部，并不断扩大规模，相继组建 133 支网络任务小队。2021 年，美国网络空间司令部公布其军事力量扩编计划，宣布在 2022 财年至 2024 财年分阶段新建 14 支网络任务小队。此外，美军建有 15000 多个信息网络，在 88 个国家部署 700 万台计算机，涵盖全球 4000 多个军事设施，运行着成千上万种作战和支援应用系统，以确保其网络作战体系的高效运转，进一步强化其网络威慑效果。

（二）保底支撑性

保底支撑性，指的是核、太空、网络等重点领域军事力量是捍卫国家利益、维护国家安全的保底手段和基础支撑。一旦上述重点领域的军事斗争无法取得胜利，就极易引发多米诺骨牌效应，使得国家军事安全乃至各个领域安全均受到影响，甚至颠覆国家安全的根基。正是由于重点领域军事力量的建设和运用将直接决定未来战争的胜负和走向，事关国家安全工作全局，世界主要国家都将加强重点领域军事力量建设，确保赢得重点领域军事斗争胜利作为推进军事斗争准备的重点方向。例如，美国将太空视为未来高端战争的主战场和多域战的重要一域，积极推进太空作战力量转型升级。2019 年 8 月，美国正式成立太空司令部，在保留原战略司令部下负责全球天基信息支援作战的联盟联合部队太空组成司令部（CFSCC）和全球太空协调权机制基础上，新成立太空防御联合特遣部队（JTF－SD）司令部，负责夺取制天权，执行从竞争、灰色地带斗争到武装冲突全频谱太空攻防作战。新组建太空电子战、轨道战、太空指挥控制部队，将太空域感知部队与地基导弹预警部队分离，天基太空目标侦察监视与地基太空目标监视部队分离，天基太空目标侦察监视与天基攻防对抗部队合并，以加速闭合天对天作战链条，增强对抗条件下天基信息支援能力。

（三）跨域融合性

跨域融合性，指的是核、太空、网络等重点领域的军事斗争不受传统陆地、海洋、空中等物理边界的约束，具有天然的跨域性和交融性。例如，1 颗运行在地球同步轨道①的通信卫星，其卫星信号能够覆盖大约 1/3 的地球表面。因此，3 颗这样的地球同步轨道通信卫星就能覆盖除南、北极之外的整个地球表面。各种航天器可以通过太空实施侦察预警，各类作战平台可以通过太空实施威慑打击，携带核常弹头的高超音速武器能在临近空间高速机动，根据作战任务需要，1—2 小时即可实现对全球任一位置关键目标的“即时打击”。除了太空，网络空间更是物理域、逻辑域和认知域的统一体。网络虽然是无形空间，却能够贯穿、渗透、融合并影响陆地、海洋、空中等有形空间作用的发挥，是物理空间的黏合器、人与武器装备的连接器、综合战场空间的控制器。具有太空和网络作战能力优势的国家和军队，能够充分发挥核、天、网跨域融合特点，将陆、海、空、天、电、网等各个物理域联成一个有机整体，快速感知战场威胁，实时获取战场情报信息，有效缩短“侦察监视—精确定位—指挥决策—作战行动”（OODA 环）时间周期。

（四）体系威慑性

体系威慑性，指的是核、太空、网络等重点领域军事力量本身就是国

① 地球同步轨道是指距离地球海平面约 36000 千米的轨道。

家战略威慑体系的重要组成部分。核、太空、网络等重点领域军事力量不断跨域融合、集成应用和聚优释能，将产生更加强大的体系威慑效果。长期以来，对手的核威慑对于很多国家的国家安全构成了最大、最直接的安全威胁和战略威慑。但是自核武器诞生以来，只有美国于二战末期在日本广岛和长崎投下了 2 颗原子弹，之后就再也没有国家运用过。现代战争出于“道义”和阻止战争升级扩大、避免殃及无辜平民的考虑，运用核武器的可能性相对较小。太空威慑、网络威慑则是以强大的太空、网络综合能力为基础，尽管敏感度高，但仍属于常规威慑范畴，具有较好的可用性、可控性和威慑效果。更为重要的是太空、网络综合能力能够全面增强各类武器系统、平台的作战效能，引导战略核武器实施精确打击，实现作战空间、时间与信息的精确同步，从而进一步凸显核威慑的效果。进入智能化战争时代，战争门槛降低，世界主要国家都在大力研究探索构建核、天、网深度融合的跨域威慑体系，通过充分发挥重点领域军事力量的体系化威慑效果，不断增强国家战略威慑能力，以遏制战争爆发、避免战争升级。

第二节 维护重点领域军事安全的指导要求

所谓维护重点领域军事安全的指导要求，是指从战略层次上对维护重点领域军事安全的指示和引导，是对重点领域军事安全维护进行战略决策、制定和实施战略规划的灵魂，对确定战略目标、战略任务，树立指导原则，明确战略措施等具有十分重要的指导意义。随着国家利益向重点领域日益拓展，以及军事安全面临的风险挑战与日俱增，维护重点领域军事安全成为重大而紧迫的现实任务，需要不断加强重点领域军事安全的指导要求。

一、战略目标及任务

战略目标是战略指导者在战略全局上所要达到的最终结果，既是制定战略的出发点，也是战略实施的归宿点。维护重点领域军事安全的战略目标，是对新时代运用军事手段塑造和维护重点领域军事安全的总体战略要求，是从维护国家重要领域安全利益出发，对于不同历史阶段军事力量建设和运用所需达到的能力标准的总体概括。

就中国而言，重点领域军事安全战略目标应该是为实现国家军事安全、构建重点领域人类命运共同体提供战略支撑。这符合中国和平发展的国家战略，与中国防御性国防政策相协调。同时，战略目标的确立应当是客观的、适度的、有重点的，必须与国家的综合国力相适应。确立重点领域军事安全战略目标，只有经过深入研究、反复评估和慎重决策，才能确保军事力量在维护国家重点领域安全过程中的合法性、可行性和权威性，才能使维护重点领域军事安全战略行动，在战略环境判断、战略阶段划分、战略重点选择与战略力量运用之间达成相对平衡，防止无谓的冒险，并在实践运用中有效规避战略风险。

依据中国国家安全战略目标，结合国家重点领域军事实力基础，中国重点领域军事安全的战略目标可概括为：通过必要的重点领域军事活动能力建设，塑造有利的重点领域军事安全战略态势和安全环境，维护国家在核、网络、太空、人工智能等重点领域的军事安全，为维护国家总体安全提供重点领域军事支撑。该战略目标从根本上规定了当前及今后一个时期，中国军队维护国家重点领域利益的主要内容和基本途径，规范了使用军事手段保护国家重点领域利益的目的、要求和标准，明确了重点领域军事活动能力建设的目标和方向。

从一般意义上讲，实现战略目标所需要的“重点领域军事活动能力”是一个宏观的、广义的概念，是指军队为有效履行维护重点领域军事安全使命任务，而开展一切行动和工作时所应当具备的能力水平。按照遂行任务的阶段划分，重点领域军事活动能力可以分为重点领域军事筹划能力和重点领域军事行动能力。重点领域军事筹划能力的核心就是重点领域作战（对抗）筹划能力。重点领域军事行动能力的核心就是重点领域危机应对与处置能力，即有效应对重点领域军事危机，确保打赢不同规模、不同强度、不同样式的重点领域战争的能力。为实现这一战略目标，需要重点完成以下三大战略任务：

（一）推进重点领域军事力量建设

无论世界形势如何变化发展，军事实力始终都是赢得对手尊重、保障军事安全的基础。推进重点领域军事力量建设，是有效提升重点领域军事实力的基础，也是维护重点领域军事安全的根本途径。从力量属性角度看，重点领域军事力量主要包括重点领域非军事部门的军事力量和重点领域军事部门的军事力量两部分。重点领域非军事部门的军事力量，主要是以重点领域民用工业体系为依托，根据作战需求担负一定军事行动职能的非军事部门力量。在建设过程中，要通过加强重点领域民用技术开发创新，增强重点领域民用技术交流合作，做大、做强重点领域民用工业部门，从而为构建一体化重点领域战略能力和军事力量提供强大技术支撑。重点领域军事部门的军事力量，主要是指在重点领域执行战备、作战、训练等军事任务的专业化机构和骨干力量，其作用是为维护国家重点领域军事安全提供主要能力支撑和关键力量保证。

（二）完善重点领域军事安全体系

重点领域军事安全体系通常包括重点领域军事安全领导管理指挥体系、重点领域军事安全力量体系、重点领域军事安全装备体系、重点领域军事安全科技工业体系、重点领域军事安全政策法规体系等。重点领域军事安全体系是国家重点领域军事力量发挥功能作用的重要载体。保障重点领域军事安全体系平稳运行是将重点领域军事安全实力转化为重点领域军事安全能力的基本途径，其目的是将重点领域军事力量的基本效能最大化地发挥出来。维护重点领域军事安全的一个重要任务，就是通过重点领域军事安全体系的有效运行塑造有利的重点领域军事安全态势，集中表现为重点领域军事安全体系的有效运行对战备以及重点领域军事行动的有力支持。

（三）深化重点领域军事力量运用

随着中国国家利益向深海、极地、网络、太空等有形和无形疆域不断拓展，海洋权益、海外利益、能源资源、战略通道等安全问题日益凸显。面对不断增多的各种安全风险和发展挑战，必须深化重点领域军事力量运用，充分发挥重点领域军事力量能够全天候、全维度遂行作战任务和信息支援保障任务的优势，与国家其他战略力量联合行动、相互配合，从而有效维护国家重点领域安全利益不受侵害，并为国家利益向重点领域不断拓展提供战略支撑。

二、指导原则

维护重点领域军事安全的指导原则是指从全局着手，有效塑造重点领域军事安全态势，提升重点领域军事安全能力的纲领性要求和行动指南，属于方法论范畴。指导原则具有普遍性与特殊性相结合的特点。普遍性是指维护重点领域军事安全的指导原则应当体现全局性，从属于维护国家军事安全的基本原则，并与维护国家军事安全的基本原则相适应、相协调。特殊性是指维护重点领域军事安全的指导原则应当突出针对性，在遵循军事安全能力建设发展客观规律的基础上，充分体现自身特点和内在属性。

（一）军民融合、统筹发展

重点领域军事安全力量建设与运用具有高度的政治敏感性。为维护重点领域军事安全，需要国家在政治、经济、外交等多个领域进行密切配合、长久经营，尤其要牢固树立军民融合深度发展理念，扎实推进重点领域一体化战略体系和能力建设。通过军民融合、统筹发展的方式，一方面加强同世界各国的对话协商与战略合作，积极参与双边、多边等多种形式的重点领域军事安全战略合作机制，不断扩大中国在世界范围内重点领域军事安全力量建设的影响力；另一方面，加强重点领域民用项目军民融合顶层设计，民用项目建设要坚决贯彻落实国防要求，确保重点领域民用基础设施具备较强的平战转换能力，以便快速为重点领域军事行动提供相关保障和支援。同时，进一步摸清重点领域民商力量蕴藏的国防动员潜力，充分发挥重点领域民商力量军事应用效应，将其统一纳入国家重点领域军事行动潜力数据库，平时注意培养重点领域民商部门的国防观念和战备意识，确保一经动员就能迅速转化为重点领域军事行动的战略支援与保障力量。

（二）灵活应对、争取主动

维护国家重点领域军事安全，首先要牢固树立“合于利而动，不合于利而止”的思想，以确保国家重点领域军事安全利益不受损害。具体来说，一旦出现严重危害中国重点领域军事安全的事件且运用非军事手段已无法挽回局面的时候，必须毫不犹豫地运用军事手段，以确保国家重点领域军事安全不受侵害。其次，要坚持多谋善断，把握好运用军事手段维护重点领域军事安全的尺度。具体来说，在战略态势判断上，要具有足够的“预见性”，能够洞察一段时间内在重点领域可能出现的风险与威胁，并预判危机升级的可能性和发展趋势；在军事力量使用范围和程度上，要具有良好的“伸缩度”和“包容度”，能够不拘一格地运用各种显性或隐性军事手段；在战略筹划上，要有足够的“谋略性”，能够在与潜在战略竞争对手的“角力”中软硬结合、正奇相彰，达成最佳的战略效果。

（三）军事保底、多措并举

在维护重点领域军事安全时，要注重军事手段和非军事手段的综合运用，形成整体合力，确保行动高效管用。首先，外交先行。由于太空、网络等重点领域属于没有划界的国际公共疆域，单方面实施未经联合国等权威机构授权的军事行动，势必招致国际社会的广泛谴责。因此，当军事危机爆发时，应坚持“外交先行”原则，提前采取积极有效的外交行动，努力拓展和丰富外交攻关渠道，努力维护传统友好的双边或多边关系，竭力塑造特殊时刻新型大国关系，为运用军事手段维护重点领域军事安全塑造良好的国际环境和外部条件。其次，法理支撑。注重运用各种国际法、国际公约等双边或多边协议等，坚持依“法”依“约”行动，确保己方采取重点领域军事行动时拥有足够的法理依据，做到“师出有名”。同时，要建立健全维护重点领域军事安全法律法规及其配套政策，纵向对接《国家安全法》《反分裂国家法》等国家基本法律，横向覆盖军地维护重点领域军事安全各部门、各要素的本级法规制度，确保采取任何维护重点领域军事安全行动都有法可循、有据可依。最后，舆论配合。维护重点领域军事安全不仅需要加强对舆论的管控力度，也必须增强应对新闻媒体和引导舆论宣传的能力，以适当的军事行动“透明度”争取最大的舆论“支持度”与“认可度”，从而为实现重点领域军事安全利益最大化奠定良好的舆论基础。

（四）竞合并用、张弛有度

竞合是指竞争与合作并存，竞中有合，合中有争。一方面，随着中国综合国力和国际地位的稳步提升，国际社会普遍希望中国能在维护重点领域军事安全过程中承担更大责任、作出更大贡献。维护重点领域军事安全不能“损人利己”，进而损害中国大国形象，而是必须注重遵循“合作”理念，将维护本国重点领域军事安全利益同彰显大国责任紧密结合，在推动构建重点领域人类命运共同体方面，承担更多的责任与义务。同时，随着国家利益向太空、网络、人工智能等重点领域不断拓展，中国重点领域军事安全面临的威胁来源和类型也更加复杂多元。其中，应对恐怖主义、环境变化等非传统安全威胁，仅依靠中国自身力量是难以妥善解决的。为有效化解军事安全需求扩大与战略能力有限之间的矛盾，与他国深度合作共同应对重点领域军事安全威胁已成为必然选择。唯有将维护自身利益同为世界提供重点领域公共军事安全进行统筹考虑，才能进一步赢得国际社会的理解、支持和信任。另一方面，注重运用“竞争”理念，使维护重点领域军事安全采取的军事行动能够张弛有度、收放自如。在倡导合作意识的同时，还必须树立很强的竞争观念。随着未来运用军事手段维护重点领域军事安全的可能性和必要性不断增强，必须着眼形成重点领域军事安全竞争和博弈的战略优势，明确威胁来源和敌我属性判断，注重对主动权、参与权和话语权的争夺，坚持合作与竞争并重，善于把握军事安全传统领域竞争博弈尺度，有效配合重点领域军事安全行动达到既定战略目的。

第三节　维护重点领域军事安全的主要举措

网络、太空、深海、极地等是未来可能爆发战争的新疆域，也是维护国家军事安全需要关注的重点领域。这些领域蕴藏着巨大战略价值，不仅资源丰富，而且带动经济发展的效应显著。当今世界强国为抢占网络、太空、深海、极地等重点领域迅猛发展所带来的战略红利，都在积极强化重点领域军事安全战略布势，加快推动重点领域军事力量建设。在此背景下，重点领域军事安全形势日趋复杂严峻。新形势下，维护国家重点领域军事安全需要着重关注以下几个问题。

一、丰富完善重点领域军事安全战略

战略是对军事力量运用与建设全局的筹划与指导。[①] 当今世界主要国家都高度重视网络、太空、深海、极地等重点领域军事安全战略，纷纷出台了一系列事关重点领域军事安全的战略文件。美国为巩固太空霸权，加速推进太空高端战争准备，力求在太空领域掌握战略摊牌与战略决战主导权，在国防部和军种层面，相继出台《国防太空战略》《太空司令官战略愿景》《国防太空政策》《商业卫星整合战略》等系列顶层战略文件，不断加强对太空力量建设和运用的战略筹划和指导。除了太空领域，美国还出台《国家网络战略》，在威胁判断中认为大国竞争是美国面临的主要挑战，中国和俄罗斯是美国的主要战略对手，并提出通过“靠前防御”应对“恶意网络活动”，争取在威胁到达之前予以阻止，网络空间攻势主义的本质进一步凸显。中国应以美为鉴，从自身国情军情出发，围绕战略基本要素，不断丰富完善重点领域军事安全战略。

---

① 肖天亮主编：《战略学》，国防大学出版社 2015 年版，第 10 页。

（一）加强重点领域军事安全威胁研判

科学准确的威胁研判是进行战略判断的基础，也是制定重点领域军事安全战略的前提。核、太空、网络、人工智能等重点领域核心技术军民两用特征明显，技术更新交替迅速。在军事需求牵引下，许多重点领域民用技术可以迅速用于尖端武器装备研发制造，具有极强的军事应用属性。世界军事强国高度重视核、太空、网络、人工智能等重点领域军事布局塑势，以民掩军隐蔽推进重点领域军事能力建设。比如，由美国太空探索公司（SpaceX 公司）建设和运营的“星链”卫星互联网系统就具有强大军事应用能力，可帮助美军构建新型太空作战体系，提升美军整体太空攻防作战能力，为美军赢得跨域联合制权提供强大能力支撑。因此，应密切跟踪核、太空、网络、人工智能等重点领域军事安全形势发展变化，着力加强对重点领域民商项目军事应用能力分析，判明军事威胁程度、预测危机发展走向、分析战争爆发风险，为重点领域军事安全战略决策与指导提供可靠、客观的依据。

（二）确立科学明确的重点领域军事安全战略目标

战略目标是国家为了实现总的政治目的而对军事斗争提出的基本要求，是在一定时期内军事斗争的基本指向和全局上所要达到的最终结果，主要是解决“做什么”的问题。[①] 战略目标是战略的灵魂。制定科学合理、与时俱进的重点领域军事安全战略的首要环节，就是要确定正确合理的战略目标。近年来，中国相继出台了重点领域军事安全战略文本，形成了较为完备的重点领域军事安全战略体系。随着重点领域军事安全形势发展变化，国家利益正加速向核、太空、网络、人工智能等重点领域拓展，重点领域军事安全力量所担负的职能使命也在不断丰富发展。应将维护重点领域军事安全放在国家安全与发展战略全局中去衡量和把握，审时度势、慎重调整重点领域军事安全战略目标，确保任何时候重点领域军事安全战略目标都能达成安全需求与战略能力的一致、战略力量与战略手段的一致。

（三）丰富完善维护重点领域军事安全战略手段

战略手段是实现战略目标的力量及其作用方式。战略手段主要解决“用什么做”的问题，即用什么进行军事斗争和怎样进行军事斗争。[②] 应区

---

① 肖天亮主编：《战略学》，国防大学出版社 2015 年版，第 14 页。

② 肖天亮主编：《战略学》，国防大学出版社 2015 年版，第 15 页。

分平时和战时两个阶段，按照危机、冲突和战争三个层次，分别制定涵盖陆、海、空、天、电、网等不同领域，烈度逐步升级的维护重点领域军事安全的策略与方法，形成实用管用、体系完备的维护重点领域军事安全战略手段“工具箱”。要时刻关注重点领域军事安全形势发展变化、重点领域军事安全综合态势，及时修订完善维护重点领域军事安全战略手段“工具箱”，确保战略手段类型丰富、游刃有余，能够有效应对大国高端战争威胁。

二、加强重点领域军事安全力量建设

当前，国际经济、科技、文化、安全、政治等格局正在经历深刻调整，世界进入动荡变革期。国家总体安全形势复杂严峻，重点领域军事安全面临内部风险与外部风险相互重叠、传统安全威胁与非传统安全威胁相互交织等诸多挑战。但无论形势如何发展、环境如何凶险，加强重点领域军事安全力量建设都是有效维护重点领域军事安全的关键举措。

（一）以军事斗争准备为龙头牵引重点领域军事安全力量建设发展

军事斗争准备是指为满足军事斗争需要而进行的准备，核心是战争准备。[①] 军事斗争准备关系国家生死存亡，在维护国家军事安全活动中始终处于引领位置。重点领域军事安全力量建设是指核、网络、太空等重点领域军事力量，为提高战斗力、增强遂行多样化军事行动能力，重点围绕军事理论、军事治理、组织形态、武器装备和军事人员等要素所开展的建设活动。随着军事智能化的深入发展，基于网络信息体系的联合作战成为战争主要样式，扎实推进军事斗争准备，不仅对重点领域军事安全力量建设提出更加迫切要求，也极大地促进了重点领域军事安全力量建设质量。军事斗争准备作为军队基本实践活动，也是检验重点领域军事安全力量建设成效的基本实践平台。通过军事斗争准备这个实践平台检验，可以及时发现重点领域军事安全力量建设存在的矛盾问题和短板弱项，牵引重点领域军事安全力量建设高效快速发展。

（二）加速推进重点领域新型作战力量和手段建设

着眼信息化智能化条件下战斗力生成模式新特点、新规律，大胆淘汰对战斗力生成贡献率不大的武器装备和兵力人员，发展颠覆性武器装备，

---

① 全军军事学术管理委员会：《中国人民解放军军语》，军事科学出版社 2011 年版，第 5 页。

推进新机理、新技术在重点领域军事斗争准备中的武器化实战化运用，大幅提高重点领域新质新域战斗力比重。通过“以新促建”，加快重点领域军事力量建设转型发展步伐，确保重点领域军事安全力量建设向战斗力标准对标对表。

（三）高度重视重点领域军事安全人才建设

人才是决定事业兴衰的重要因素，培养大批具备高智能素养的重点领域军事安全人才是适应军事智能化发展潮流，抢占未来大国军事竞争制高点的关键举措。习近平总书记指出：“必须坚持科技是第一生产力、人才是第一资源、创新是第一动力，深入实施科教兴国战略、人才强国战略、创新驱动发展战略，开辟发展新领域新赛道，不断塑造发展新动能新优势。”① 一方面，要以深化国防和军队改革为契机，推动重点领域军事安全人才发展体制改革和政策创新，最大限度地吸引和集聚优秀人才为维护重点领域军事安全服务，切实把高端人才资源转化为可以量化的战斗力；另一方面，要构建重点领域军事安全人才培养体系，充分发挥军队院校、军队单位、训练基地三方合力育人功能，深入开展智能化背景下的联教联训，全面推进重点领域军事安全培养向智能化实战化聚焦，合力锻造通晓重点领域军事斗争制胜机理，时刻思打赢、谋打赢的新型高端人才方阵。

三、增强重点领域备战打仗能力

习近平总书记指出：“能战方能止战，全面提高新时代备战打仗能力。军队是要准备打仗的，一切工作都必须坚持战斗力标准，向能打仗、打胜仗聚焦。准备打才可能不必打，越不能打越可能挨打，这就是战争与和平的辩证法。”② 当前，世界新军事革命加速演进，武器装备无人化、智能化、精确化趋势明显，战场正由陆地、海洋、天空等传统疆域向网络、太空、深海等新型领域拓展，战斗力生成模式也在同步发生深刻变化。世界军事强国为抢占军事竞争优势，都在积极寻求可改变战争胜负天平的“颠

① 习近平：《高举中国特色社会主义伟大旗帜 为全面建设社会主义现代化国家而团结奋斗——在中国共产党第二十次全国代表大会上的报告》，人民出版社 2022 年版，第 33 页。

② 中共中央宣传部、中央国家安全委员会办公室：《总体国家安全观学习纲要》，学习出版社、人民出版社 2022 年版，第 109 页。

覆性技术”，谋求具备快速打破双方军力平衡的新手段。面对复杂严峻的军事安全形势，有效维护重点领域军事安全必须以持续增强重点领域备战打仗能力为核心，大抓重点领域实战化军事训练，加强重点领域军事力量联合训练、联合保障、联合运用，提高基于网络信息体系的联合作战能力、全域作战能力，确保一旦有事上得去、打得赢，坚决完成党和人民赋予的各项任务。①

（一）高标准做好重点领域日常战备工作

重点领域日常战备水平关系军事安全全局。具有智能化特征的信息化局部战争偶发性强，作战进程缩短，往往发现即摧毁，战争样式已步入“秒杀”时代。由于战争预警时间不断压缩，战争胜负与日常战备水平密切相关。对于网络、太空等重点领域而言，技术突袭特征明显，日常战备水平成为决定战场主动权的关键。战争是敌我双方面对面的较量，日常战备则是不同国家军事力量“背靠背”的竞争。增强重点领域备战打仗能力，必须从国家军事安全战略全局着眼，全面提升重点领域战备综合治理水平。牢固树立首战即决战的思想，坚持平战一体，扭住平战转换这个关节点，提高快速反应能力。全体系规范备战内容，全要素明确量化指标，全岗位推广实战化训练，全过程完善战备流程，扎实做好重点领域日常战备工作。不能让重点领域军事斗争准备成为空谈，不能让能打仗、打胜仗成为一句空话。

（二）统筹推进重点领域军事力量机械化信息化智能化融合发展

2020 年 7 月，习近平总书记在主持中共中央政治局第二十二次集体学习时首次提出“加快机械化信息化智能化融合发展”战略思想。同年 10 月 26 日，党的十九届五中全会对此作了进一步强调部署，并纳入“十四五”规划和 2035 年远景目标中加以落实。这一战略要求对于提高中国军队维护国家重点领域军事安全战略能力，确保 2027 年实现建军百年奋斗目标具有重要意义；同时规划了中国军队未来发展的路线图，指明了增强重点领域备战打仗能力的重要发力点和突破口。随着战争形态的深刻演变，联合作战组织形式和对抗方式发生深刻变化，智能优势成为战争制胜的主导因素，全域联合成为制胜的基本形式，体系支撑、精确释能、以快吃慢

---

① 钟新：《确保实现建军百年奋斗目标》，《人民日报》2021 年 1 月 25 日。

成为战争制胜的基本途径。在新一轮科技革命的推动之下，人工智能、量子技术、大数据、云计算等战略前沿技术的快速发展，极大地加速了军事智能化发展步伐。各种无人作战平台、智能化武器装备大量涌现并投入实战，给各国军队建设发展都带来新的严峻挑战。从技术发展对于战斗力生成模式转变的贡献率看，机械技术主要增强人的体力，信息技术主要强化人的感知力，而人工智能技术则主要拓展人的认知力，同时通过认知力的提升，进一步对人的体力和感知力进行再提升和再放大。为此，统筹推进重点领域军事力量机械化信息化智能化融合发展，既要扭住智能化建设这个“龙头”，谋取重点领域军事力量建设的快速迭代发展；也要重视信息化建设这个“载体”，发挥好信息化建设在“三化”融合发展中桥梁纽带作用；还要关注机械化建设这个“基础”，夯实“三化”融合发展的物质基础。

（三）提高重点领域军事训练实战化水平

习近平总书记指出：“军事训练是部队经常性中心工作，是生成和提高战斗力的基本途径。要围绕实战抓训练，坚持仗怎么打兵就怎么练，打仗需要什么就苦练什么，什么问题突出就解决什么问题，全面提高军事训练实战化水平。”[①] 这一论述，深刻揭示了军事训练与战争实践的关系本质。军事训练与战争实践是相辅相成的，不经历几近苛刻的实战化军事训练，就不可能赢得最终的战争胜利。同样，没有战争实践需求的牵引，军事训练就会没有抓手，一旦打起仗来，后果不堪设想。因此，增强重点领域备战打仗能力，必须坚持重点领域实战化军事训练方向，以实战要求和标准作为重点领域军事训练的最终落脚点和根本出发点，持续推动重点领域军事训练转型发展，时刻保证重点领域军事训练与战争实践需求高度一致。具体来说，提高重点领域军事训练实战化水平，一方面要牢固树立实战化军事训练理念。坚持战训一致、平战一体，按照打赢标准，立足复杂困难局面，确立训练目标、训练方法、训练内容、训练要求和训练评估检等基本问题，使重点领域军事训练能够满足未来智能化战争本质要求。另一方面，要着力构设实战化军事训练环境。加强重点领域专业化蓝军建设，抓好联合训练智能导调系统、新质新域模拟仿真手段和作战仿真数据

---

① 中共中央宣传部、中央国家安全委员会办公室：《总体国家安全观学习纲要》，学习出版社、人民出版社 2022 年版，第 110 页。

建设，构建新型作战力量训练手段，覆盖核、天、网、无人等新型作战领域。无数战争实践证明，作战与训练一直以来是有机融合的整体，训是战的前提，战是训的方向，只有一体化推进军事训练与战争准备，把战斗力标准、军事斗争需求融入到实战化军事训练全过程、全要素，聚焦实战需求抓训练，瞄准主要对手抓训练，才能有效提升军事力量维护重点领域军事安全的能力。

四、构建重点领域军民融合深度发展格局

构建军民融合深度发展格局是新时代走中国特色富国强军之路的内在要求，也是实现国防建设经济效益最大化和经济建设国防效益最大化的根本保证。为了有效维护重点领域军事安全，就必须坚持走军民融合发展道路，坚持把重点领域军事安全力量建设与发展纳入国家战略力量建设与发展全局当中，把重点领域军事安全力量建设规划与国家经济社会发展总体规划相对接、相协调、相融合。充分认识军民融合推进重点领域军事安全力量建设的重大意义，厘清融合思路、发挥融合优势、创新融合模式，积极推进重点领域军事安全力量建设跨越式发展。

（一）厘清融合思路，明确重点领域军民融合发展的战略重心

尽快确立重点领域军事安全力量建设的军民融合发展战略，以“提升重点领域军事安全力量建设水平，强化重点领域军事安全力量建设效益”为战略重心。应统一配置军地力量，凝聚军地优势，不断加大重点领域军民融合发展在体制机制、标准规范、关键技术、服务保障和产业化建设等方面的融合力度，在为重点领域军事安全力量建设注入新鲜活力的同时，也为重点领域军事安全技术向民用市场转化营造良好环境、建立有效机制。

首先，重点领域军民融合发展应着力提升军事智能化水平。深入推进重点领域军民融合发展，在兼顾发挥智能化技术支撑国民经济建设作用的基础上，始终把提升军事智能化水平作为基本着眼点。在人才培养、关键技术攻关、军事智能化装备研发等方面充分依托民用领域特有的市场优势和机制优势，进一步加大和提升民用智能化技术的军用转化力度与能力。引入良性、公平的竞争机制，不断提升军用智能化装备的研发水平。在全面贯彻落实智能化力量军民融合发展战略的过程中，一切规划计划和行为手段，最终都要向提升军事智能化能力水平聚焦。

其次，重点领域军民融合发展应不断强化军事智能化建设效益。重点领域军事安全力量建设效能能否有效发挥，进而满足军队维护国家利益，加快推进军队信息化智能化建设，确保打赢智能化战争以及圆满完成多样化军事任务的战略需求，一方面取决于军事智能化的实际水平，另一方面与军事智能化建设的质量效益紧密相关。深入推进重点领域军民融合发展，必须牢固树立质量意识，狠抓质量建设与监管，以强化军事智能化建设质量效益作为重点领域军民融合发展的根本着力点。必须紧紧抓住社会经济结构战略性调整尤其是国家高度重视与加强战略前沿技术创新发展的契机，不断提高重点领域军民安全应用理论、应用技术、应用组织和应用管理等综合创新能力。通过创新驱动发展，通过发展深化质量效益，最大限度地聚集民用科技、人力、财力等资源，集中释放出去，真正达成重点领域军事安全力量建设重心向军事智能化建设聚焦。

（二）创新融合模式，保持重点领域军事安全力量建设不竭动力

解决制约重点领域军事安全力量建设水平和效益的重点难点问题，加速推进重点领域军民融合发展。为此，要建立重点领域军事安全力量建设统筹管理机制、定期对话机制、资源共享机制、需求对接机制和监管评估机制，为构建重点领域军民融合深度发展格局奠定无缝衔接的体制机制基础；同时，要积极研究重点领域军民融合发展的新模式、新办法、新路子，通过创新融合模式，来实现重点领域军民融合由初步融合向深度融合转变，使军民融合深度发展成为重点领域军事安全力量建设的不竭动力。

一方面，要以科技融合为动力，实现重点领域军事安全技术完全自主可控。科学技术既是生产力，更是战斗力。如果涉及重点领域军事安全力量的核心技术需要依靠国外引进或者合作研发，势必存在较大的使用风险，也极易在受到战争威胁时被人“拿住七寸”。美国就曾明确把 2500 多项可能应用于军事领域的技术，全部列为禁止对华输出的技术。要实现重点领域军事安全技术完全自主可控，首先要依靠国家整体科技实力，全力推进科学技术创新与可持续发展，加快军民两用技术替换重点领域军事安全专有技术的步伐，通过重点领域军事安全专有技术和民用技术的双向流动，实现重点领域军民两用技术应用共享一个技术资源平台的融合目标，进而实现军民技术优势互补、相互促进，合力解决重点领域军事安全力量建设中核心技术无法共享共用的短板弱项。同时，要坚持“以点带面、分步突破”的原则，借助民用市场易于开展国际交流与技术合作的独特优

势，通过技术借鉴、技术模仿、技术自研再到技术创新的方式，努力突破重点领域军事安全力量建设中核心技术屡遭封锁和限制的困境。

另一方面，要以保障融合为根本，实现服务保障效益最大化。长期以来，军民两用战略前沿技术应用与成果转换都是遵循自成体系、各自建设的传统模式，资源浪费现象比较严重，保障效率比较低下。深入推进重点领域军民融合深度发展，其本质就是要打破不同领域、不同部门之间自我封闭、自成体系、自我保障的发展格局，最大程度集中军地力量综合保障体系的优质资源和特色优势，既不乱铺摊子，也不轻易另起灶炉。坚持以保障需求为牵引，以提高保障效益为目标，以优化保障力量为核心，以创新保障机制为根本，以完善监管体系为保证，通过全面整合军民两用重点领域军事安全技术服务保障体系，顺畅组织领导关系、优化保障力量结构、科学划分保障任务、规范管理保障流程，实现重点领域军事安全综合服务保障力量的充分利用和最优配置，进而实现服务保障效益的最大化。

（三）发挥融合优势，优化重点领域军事安全力量建设发展路径

通过深入贯彻军民融合发展战略，坚定不移地走中国特色军民融合发展道路，促进资源整合与利益调整，将这一战略构想转化为推进国防和军队现代化建设快速发展的根本力量。对于重点领域军事安全力量建设，就是要加强军地双方能力要素和传统优势的相互融合。

一方面，依托国民教育体系，培养重点领域军事安全“研、管、建”复合型高素质人才。当前，依托国民教育体系培养已成为军队专业技术干部和部分指挥军官的重要来源，初步满足了国防和军队现代化建设对于人才的需求。但是，依托国民教育体系培养军队干部也在一定程度上存在着培养对象比较单一，培养对象的专业结构、实际能力与部队需求差距较大，培养对象缺少“爱军精武、献身国防”的思想根基，到了部队后难以很快转变角色、适应第一任职需要等突出问题。为了解决上述问题，在依托国民教育体系培养重点领域军事安全专门人才的过程中应做好两个方面的工作：首先，既要重视专业知识学习，也要加强政治素质、军事素质和奉献意识的培养，使学员懂得什么是合格的军人，并懂得如何以军人的作风、军人的标准来规范自己的思想和行为。其次，从培养模式看，一方面，要加强重点领域军事安全指挥管理人才进入国民教育体系参加轮训，充分发挥地方院校基础理论教学经验丰富、师资力量强大、教学硬件条件好等优势，增强指挥管理人才的专业技术理论功底和能力素质；另一方

面，要全面启动重点领域军事安全专业技术人才进入军队初中级指挥院校接受任职教育的培养模式，提升专业技术干部的军政素质，强化第一任职能力，帮助他们尽快适应部队的环境。总之，要转变培养观念，优化人才培养方案，明确培养目标，整合军地教育资源优势，加大重点领域研究型、管理型和建设型“三型合一”高素质军事安全人才的培养力度。

另一方面，加快建立军地信息和资源共享机制，推动军民两用重点领域军事安全技术双向流动。当前，核、网、天等重点领域的信息和资源共享平台和机制仍需进一步完善，重点领域武器装备采购需求信息、科研生产与配套保障信息、民用高新技术企业及产品信息发布渠道还不够通畅。现有的《军转民高新技术推广目录》虽在一定程度上促进了优秀重点领域军事安全技术成果的推广转化，但双向交流平台仍有待建立完善，很多地方企业涉及重点领域军事安全的创新成果和生产能力不为人所知，共享和转移进程较慢，造成技术资源闲置，军地资源未能顺畅流动。当前重点领域军事安全装备研发平台、设备、技术、数据等资源主要集中在科研院所和大企业手中，很多由国家投入建设的生产、测试、研发、检测等基础设施和平台资源没有得到充分利用，且缺乏统一的监管机制、评价指标来引导和规范军事安全科研设施的开放共享，造成资源浪费，很大程度上制约了重点领域军事安全创新能力和保障能力。建立军地信息和资源共享机制，应以自主可控、信息安全为前提，统筹军地优势能力转换，构建军地信息和资源共享平台和机制，引导和规范基础设施等资源开放共享，整合应用、服务等多种资源，全面推动重点领域军事安全信息军地互联互通，从而实现资源最大化利用，保障重点领域军事安全战略资源科学有效配置，切实加快重点领域军民两用安全技术双向流动。

五、推进重点领域国际军事安全合作

国际军事合作是国际社会普遍采用的一种军事外交形式，是国家总体外交的重要组成部分，对于促进世界和平、维护国家主权、建设、落实国家军事战略方针具有十分重要的现实意义。[①] 网络、太空等重点领域作为全球公域，从疆域物理属性上看，世界各国从自身安全和发展角度考虑，均有着不同的利益诉求。比如，近年来太空领域因为卫星碰撞、反卫试验

① 俞存华、付明华：《国际军事合作研究》，军事科学出版社 2011 年版，第 39 页。

等各种因素导致太空碎片数量急剧攀升，极易引发凯斯勒综合征①，进一步增加卫星碰撞风险。当太空碎片积累到一定程度，将引发链式反应导致多个优质太空轨道不可用，不仅造成太空轨道资源的严重浪费，还使各国安全进出和利用太空的权益受到严峻挑战。此外，太空、网络等领域军事化、武器化、战场化进程加速，部分国家相继组建太空及网络联合作战司令部，成立太空及网络空间作战部队，高、精、尖太空及网络攻防武器装备问世，使太空、网络等重点领域爆发军事危机甚至高端战争的风险攀升。为有效应对重点领域军事安全风险挑战，推进重点领域国际军事安全合作成为重要的战略选项。习近平总书记深刻指出："互联网发展是无国界的、无边界的，利用好、发展好、治理好互联网，必须深化网络空间国际合作，携手构建网络空间命运共同体。"②

（一）推动构建重点领域人类命运共同体

人类命运共同体思想的提出是以习近平同志为核心的党中央站在时代发展制高点，以前瞻的视野、宏大的气度、开阔的胸襟，在深刻洞察世界发展大势和国际安全形势基础上提出的宏伟战略规划，充分体现了中国共产党作为马克思主义政党对维护全人类共同利益，实现全人类共同安全的高度关注，也体现了中国作为负责任大国对全人类前途命运的高度重视。2017 年 1 月 18 日，习近平总书记在联合国日内瓦总部召开的"共商共筑人类命运共同体"高级别会议上发表题为《共同构建人类命运共同体》的主旨演讲，明确提出："要把深海、极地、外空、互联网领域打造成各方合作的新疆域。"③ 以网络空间为例，网络空间是典型的扁平结构，具有共同目的、共同兴趣、共同价值观的个人可以依托这个结构迅速集结为一个庞大的群体，产生巨大作用。网络空间数以亿计的节点和高密度的信息构成了复杂的级联结构，这种级联结构决定了网络空间中任何局部系统的小故障，都有可能像多米诺骨牌一样，不断地扩大、传播，最终造成灾难性

---

① 凯斯勒综合征由美国科学家唐纳德·凯斯勒于 1978 年提出，该理论指出当太空物体过于密集时，一颗卫星脱离轨道或被另一颗卫星撞击时会产生碰撞连锁反应，连带造成其他卫星相继被毁，变成太空垃圾，对各国航天器安全运行构成严重威胁。

② 摘自 2016 年 11 月 16 日，习近平总书记在第三届世界互联网大会开幕式上的视频讲话。

③ 习近平：《习近平出席"共商共筑人类命运共同体"高级别会议并发表主旨演讲》，《科技日报》2017 年 12 月 20 日。

的后果。在网络空间的“蝴蝶效应”面前，任何国家都不是旁观者，这就要求世界各国一方面要秉持网络空间命运共同体的价值准则，共同禁止和防范任何危害网络安全的行为；另一方面要着眼网络空间的脆弱性，针对可能发生的网络空间重大安全事件拓展国际合作与对话，共同加强网络安全问题研究，建立网络空间威胁监测的信息共享渠道，巩固危机应对的合作机制，打造国际规则完善的长效平台，努力确保全球范围内网络空间的安全和发展。2017 年，习近平主席在致第四届世界互联网大会的贺信中提出“大家的事由大家商量着办”的网络共治理念，做到“发展共同推进、安全共同维护、治理共同参与、成果共同分享”①，为构建网络空间命运共同体指明了路径。

一是共同推进发展。伴随着物联网、人工智能的发展，核、航天、互联网技术对传统领域的改革正在加速。从移动支付、电子商务，到共享单车、快递送餐，可以看到核、太空、互联网和实体经济深度融合不仅为中国人民的生活带来更多便利，也让传统行业焕发出新活力。而新时代中国数字经济发展的宝贵经验，为世界经济发展注入了新的动力，提供了有益的借鉴。中国的发展离不开世界，中国愿同世界各国一道，顺应核、太空、网络等重点领域快速发展带来的历史机遇，以智能科技和数字经济为重要驱动力，推动核、太空、网络等重点领域开放、合作、交流、共享，携手共建核、太空、网络等重点领域人类命运共同体。

二是共同维护安全。习近平总书记指出：“中国坚持对话协商，推动建设一个持久和平的世界；坚持共建共享，推动建设一个普遍安全的世界；坚持合作共赢，推动建设一个共同繁荣的世界；坚持交流互鉴，推动建设一个开放包容的世界；坚持绿色低碳，推动建设一个清洁美丽的世界。”② 中国在推动国际治理上先后提出的周边命运共同体、亚洲命运共同体、网络空间命运共同体等倡议日益成为国际社会的广泛共识。在万物互联的世界里，没有国家可以单打独斗、独善其身。在信息化智能化日新月异的今天，面对风起云涌的全球化浪潮，没有哪个国家可以仅凭一己之力

---

① 习近平：《大家的事由大家商量着办》，《解放军报》2017 年 12 月 4 日。

② 习近平：《高举中国特色社会主义伟大旗帜 为全面建设社会主义现代化国家而团结奋斗——在中国共产党第二十次全国代表大会上的报告》，人民出版社 2022 年版，第 62 页。

就能有效维护核、太空、网络和人工智能等重点领域军事安全。各国应强化协同协作、深化互利互信、凝聚广泛共识，携手应对重点领域军事安全威胁和挑战。

三是共同参与治理。太空、互联网、人工智能等战略前沿技术的普及和发展给世界各国带来机遇的同时，也带来了难以预测的安全风险和巨大的风险管控责任。在权力逐步分散的世界政治舞台上，核、太空、网络等重点领域的全球治理进入关键期。世界各国只有顺应大势，主动参与其中，才能实现共同利益，才能更加安全、有效和公平地分享战略前沿技术军事应用所带来的重大成果。只有牢固树立人类命运共同体理念，主动沟通、平等协商，努力寻找实现共赢的途径，才能一同进入共赢、普惠、和谐的新时代，人类社会在重点领域维护军事安全的诉求才能得以真正实现。

四是共同分享成果。近年来，航天经济、数字经济快速发展，已经成为全球经济新的增长点。中国发展航天经济、数字经济和共享经济的坚定决心，不仅鼓励了中国航天、互联网及数字经济相关行业和企业的积极创新，也增强了境外企业在华投资的信心，为世界经济发展注入了一剂强心针，也将中国经济发展成果同世界经济发展紧密联系到了一起。今后，中国将继续以“发展航天经济、数字经济和共享经济”为牵引，以新安全格局保障新发展格局，通过在经济、科技层面与世界各国广泛交流和深度合作，为构建重点领域人类命运共同体奠定坚实基础。

（二）将重点领域打造成为国际军事安全合作新疆域

基于对核、太空、网络、人工智能等重点领域战略地位与作用的清醒认识，世界主要国家普遍十分关注重点领域军事安全问题。同时，人们也逐步认识到太空、网络等重点领域的基础环境具有天然的脆弱性，一旦遭受破坏，将产生不可逆的灾难性后果。以太空为例，人类进出、控制和利用太空活动的增加正给太空环境带来大量污染。这种污染不仅包括常态化开展航天发射活动引起的生物、化学和放射性污染，而且包括人造太空垃圾等生态污染，比如失效失控的航天器、不同体积和质量的太空碎片等，且这种太空生态污染状况正在日益恶化。根据联合国外空科技小组委员会的报告，目前外层太空碎片正以每年10%的速度增加，这些太空碎片给世界各国的军用卫星在轨安全运行带来了严重隐患。习近平总书记提出：“要秉持和平、主权、普惠、共治原则，把深海、极地、外空、互联网等领域打造成各方合作的新疆域，而不是相互博弈的竞技场。”① 为了维护世界各国在重点领域的军事安全利益，就需要将重点领域打造成为国际军事安全合作的新疆域。为此，需尽力做到“三个坚持”：

一是坚持和平发展，即太空、网络、深海等重点领域的一切开发互动都要以和平利用为目的，坚持通过非暴力方式消除分歧、解决争端。在太空领域，《2021 中国的航天》白皮书指出：我国始终坚持和平利用外层空间，反对外空武器化、战场化和外空军备竞赛，合理开发和利用空间资源，切实保护空间环境，维护一个和平、清洁的外层空间，使航天活动造福全人类。在第三次世界互联网大会上，习近平总书记提出“互联互通 · 共享共治——构建网络空间命运共同体”的倡议，倡议中明确提出，各国应在确保网络安全的前提下，深化网络空间国际交流与合作，寻找实现合作共赢的途径。近年来，中国在联合国、二十国集团、金砖国家、亚太经济合作组织、上海合作组织等国际组织和多边机制内，大力推动建立信息化领域国际互信对话机制，积极发展全球伙伴关系，扩大同各国的利益交汇点，这些有益尝试可为推进重点领域军事安全国际合作提供重要参考和借鉴。

二是坚持普惠互信，即在平等互利、和平利用、包容发展的基础上，加强重点领域军事安全国际交流与合作，寻求各方合作利益最大化。在太空领域，中国认为，外空属于全人类，所有国家无论大小都应该平等地参与太空开发，并从太空和平利用中受益。目前，中国已与俄罗斯、欧洲空间局、法国、巴西等数十个国家和机构建立双边或多边航天合作机制，并主导构建亚太空间合作组织等地区性空间组织，同时在上海合作组织、金砖国家等国际和地区性合作框架内增设共同维护太空安全等议题。中国正通过自身努力，不断加强太空领域军事安全国际合作，力争让某些航天强国放弃以太空军事化手段维持太空霸权，独享太空战略资源的念头。在网络空间领域，习近平总书记提出：“当前，以互联网、大数据、人工智能为代表的新一代信息技术日新月异，给各国经济社会发展、国家管理、社会治理、人民生活带来重大而深远的影响。把握好大数据发展的重要机遇，促进大数据产业健康发展，处理好数据安全、网络空间治理等方面的

---

① 习近平：《共同构建人类命运共同体》，《人民日报》2017 年 1 月 20 日。

挑战，需要各国加强交流互鉴、深化沟通合作。”① 网络空间和太空类似，建立在普惠互信基础上的军事安全国际合作，也是有效化解网络空间军事安全威胁的重要途径。

三是坚持共商共治，即重点领域军事安全国际合作需要由国际社会共同确立合作目标、共同制定合作规则、共同参与治理。核、太空、网络等重点领域蕴含的很多技术都是军民两用技术，一方面可以造福社会、造福人类，另一方面却可以被别有用心的人用来研发颠覆性大规模杀伤性武器，从而损害全人类共同安全利益。同时，核、太空、网络等重点领域具有全球性和跨域性的特点，任何一个国家都难以独自应对重点领域安全挑战，必须开展有效的军事安全国际合作，加强对重点领域的共商共治。例如，网络领域军事安全威胁是全球性挑战，没有哪个国家可以置身事外、独善其身，维护网络领域军事安全是国际社会的共同责任。习近平主席向第六届世界互联网大会致贺词时强调，“当前，新一轮科技革命和产业变革加速演进，人工智能、大数据、物联网等新技术新应用新业态方兴未艾，互联网迎来了更加强劲的发展动能和更加广阔的发展空间。发展好、运用好、治理好互联网，让互联网更好造福人类，是国际社会的共同责任。各国应顺应时代潮流，勇担发展责任，共迎风险挑战，共同推进网络空间全球治理，努力推动构建网络空间命运共同体”②。这一论述高屋建瓴地指出了以共商共治方式加强包括网络空间在内的重点领域军事安全国际合作的极端重要性。

（三）加强重点领域军事安全国际规则建构

目前，重点领域军事安全竞争激烈，但治理制度特别是规则制定相对滞后。重点领域军事安全治理主要有两种思路：一种思路是“只顾自己，不管别人”，即追求自身的绝对安全，不惜牺牲他国安全，将本国的重点领域军事安全建立在其他国家重点领域军事不安全的基础上，其结果将是不可避免地使重点领域成为大国军事较量乃至冲突与战争的主战场。另一种思路是追求重点领域共同军事安全，依靠国际社会的通力合作制定“最大公约数”的国际规则，建立国际规则约束下的重点领域

① 习近平：《致二〇一八中国国际大数据产业博览会的贺信》，《人民日报》2018年5月27日。

② 习近平：《致第六届世界互联网大会的贺信》，《人民日报》2019年10月21日。

军事安全新疆域。中国倡导的就是第二种思路，也正在按照第二种思路不断努力探索。

在太空领域，中国面对日益升级的太空竞争和太空军事化、武器化、战场化风险，积极推动制定太空领域国际规则。2008 年中国和俄罗斯共同向联合国裁军谈判委员会提交了《防止在外空放置武器和对外空物体使用或威胁使用武力条约》（PPWT）草案，提出应尽早就太空非武器化展开谈判。但美国以“无法核查”为由拒绝了中俄草案，导致太空军备控制进程受挫。此外，中国在联合国裁军谈判委员会等机构积极倡导建立共同安全的太空安全观，提出航天强国应起带头作用，摒弃冷战思维，防止太空武器化和军备竞赛，共同创造和平安全的空间环境，让所有国家共享太空技术的发展成果，确保太空的持续和平利用。

在网络空间领域，中国深切意识到随着人类社会信息化程度的不断提高，现代社会的正常运行前所未有地依赖网络。国家关键基础设施网络承担着越来越多的社会功能，一旦遭受网络攻击破坏，虽然不至于直接造成流血伤亡，但如果短时间内不能恢复，则将造成巨大的社会恐慌，从而可能胁迫国家和政府改变意志。国际网络空间军事安全治理必须坚持多边参与、多方参与，发挥政府、国际组织、互联网企业、技术社群、民间机构、公民个人等各种主体的作用。既要推动联合国框架内的网络治理，也要更好地发挥各类非国家行为体的积极作用，积极参与网络空间国际规则制定，倡导加强网络空间的互联互通、共享共治，积极推动构建网络空间命运共同体。习近平主席指出：“互联网让世界变成了地球村，推动国际社会越来越成为你中有我、我中有你的命运共同体。”“国际网络空间治理，应该坚持多边参与、多方参与，由大家商量着办，发挥政府、国际组织、互联网企业、技术社群、民间机构、公民个人等各个主体作用，不搞一方主导或几方凑在一起说了算。各国应该加强沟通交流，完善网络空间对话协商机制，研究制定全球互联网治理规则，使全球互联网治理体系更加公正合理，更加平衡地反映大多数国家意愿和利益。”①

---

① 习近平：《在第二届互联网大会开幕式上的讲话》，《人民日报》2015 年 12 月 17 日。

小　结

综上所述，国家安全离不开重点领域军事安全，重点领域军事安全与总体国家安全息息相关。为赢得主动、赢得未来，当今世界主要国家在重点领域的战略竞争愈演愈烈。维护重点领域军事安全，必须确立合理的战略目标，遵循科学的战略指导，不断完善军事安全战略，加强相关力量建设，增强备战打仗能力，构建军民融合深度发展格局，推进国际军事安全合作，争取赢得重点领域军事竞争的战略主动权，坚决捍卫国家安全和发展利益。

思考题

1. 如何理解重点领域军事安全在国家安全和发展全局中的地位和作用？

2. 如何理解和把握重点领域军事安全与重点领域军事力量建设之间的关系？

3. 维护重点领域军事安全应如何坚持底线思维？

4. 加强重点领域军民融合需要重点关注哪些问题？

5. 维护重点领域军事安全的方法途径主要有哪些？

第九章　世界其他主要力量的军事安全

美国、俄罗斯、欧盟、日本和印度等世界其他主要力量，因其不同的地理环境、历史经历、文化传统和实力地位，在维护军事安全上形成了独具特色的军事安全思想和实践。总的来看，这些国家或力量的军事安全思想具有显著的进取性，强调军事安全实力的发展，注重军事安全的体制机制建设和能力生成，在军事安全维护方式上强调军事自助模式等，为中国军事安全的维护提供了镜鉴和参照。

第一节　美国军事安全思想与实践

美国凭借不断壮大的军事力量一步步在北美大陆、亚太以及欧洲和中东开疆拓土，争夺势力范围，其军事力量运用表现出鲜明的进攻性和扩张主义特征。在保障军事安全的能力建设上，经过不同历史时期的实践探索，在一系列具有时代特色的军事安全思想指引下，美国逐步建立起完善的军事安全体制机制，一步步成长为世界头号军事大国。

一、美国军事安全思想

美国习惯于以武力维护和拓展国家利益。在丰富的战争历程中，美国发展形成了一系列具有鲜明特色的军事安全思想，并以此为指导不断完善军事安全建设与维护的体制机制。

第一，美国军事思想的萌芽时期（17 世纪初至 1776 年独立建国）。这一时期，美国军事安全思想的形成深受殖民地历史的影响，主要萌发出“公民军队”“经济国防”“文官治军”“军事联盟”“武力反抗暴政”等一系列军事安全理念。

17 世纪初，英国人踏上北美大陆，开启了殖民征程，历时 100 多年在大西洋沿岸建立了 13 个殖民地。这一期间，北美大陆战乱频仍，英国、法国、西班牙、荷兰等殖民者为了争夺北美大陆霸权经常开战，同时殖民者不断以武力驱赶和剿灭本土印第安人以获取更多殖民地，各殖民地内部也屡屡爆发反抗殖民当局的起义暴动。受限于人口、距离和后勤供应，英国无法派遣大批军队驻守殖民地，各殖民地为了保证自身军事安全，建立了颇具特色的民兵军事制度。由于当时经济现状的制约，北美各殖民地无力供养一支职业军队，同时受宗教斗争和欧洲启蒙思想的影响，殖民地人民认为常备军是对民主自由的威胁。为了军事安全，各殖民地当局“尽可能把更多的自由民武装起来”[①]，“创建了一个武装的公民阶层”[②]，形成了全民皆兵的准军事社会。

在以民兵为主的军事制度下逐渐产生了经济国防的思想观念，即以对经济最小的负担来满足国防的最大需求，避免国家耗费大量财富维护军事安全。同时，出于对英国革命中克伦威尔军事独裁的厌恶，北美各殖民地陆续建立起文官治军的军事体制，由殖民地议会中民选的文官掌控军队、制定军事政策，以防止军人干政，确保政体稳定。

由于英国距离北美大陆遥远，其对殖民地的管辖比较松散，各殖民地相对比较独立，基本处于自治状态，每个殖民地都相当于一个小国家。因为相互之间来往不多，在同印第安人和法国人的战争中，各殖民地民兵往往孤军奋战，屡屡受挫。1754 年，在奥尔巴尼会议上，富兰克林提出建立联盟、共同抗击印第安人军事威胁的具体方案。这是美国最早的建立联盟计划，对于美国军事联盟思想的形成发展具有重要的历史意义。

随着英国不断加大殖民剥削和压迫，在武力反抗暴政的思想指引下，北美殖民地爆发了独立战争。在战争中，美国“国父”乔治·华盛顿领导改革民兵制度弊端，创建了正规军队，经过 8 年艰苦卓绝的战争击败了英国，建立起全新的国家。

第二，美国军事安全思想的形成时期（1776 年建国至 1865 年美国内

---

① ［美］丹尼尔·布尔斯廷著，中国对外翻译出版公司译：《美国人——开拓历程》，美国驻华大使馆新闻文化处 1987 年版，第 40 页。

② R. F. Weigley, “Towards An American Army”, New York, 1962, p. 8.

战）。独立建国后，乔治·华盛顿、托马斯·杰弗逊、亚历山大·汉密尔顿等几位开国元勋将他们的军事安全思想付诸实践，设计构建了美国初步的军事安全体制框架，并在《美国联邦宪法》中予以确立。随着 1812—1814 年第二次美英战争、西进运动以及南北战争等重大事件发生，美国军事安全体制进一步完善，军事安全思想在深度和广度上进一步发展。这期间形成了“孤立主义”军事外交思想、国防建设与军队职业化思想、“海军第一”思想、领土扩张思想等一系列军事安全思想。

建国初期，乔治·华盛顿和托马斯·杰弗逊基于对当时国际战略环境的分析判断，提出了“孤立主义”军事外交思想。当时英法两个大国不仅在欧洲不断交战，而且在北美大陆对新成立的美国虎视眈眈，经常侵犯美国利益，并企图将美国拉入欧洲的战争。美国将英国视为军事安全上面临的最大敌对威胁，认为应当避免与英国发生冲突，避免卷入动荡复杂的欧洲事务。“孤立主义”军事外交思想强调美国不介入欧洲事务的立场，对欧洲各国之间的战争保持中立，同时呼吁欧洲各国不要介入美洲事务，以保证自身国土安全。

美国刚刚成立时，百废待兴，经济遭遇严重创伤，同时面临来自英法西等欧洲列强的严重军事威胁。当时的美国领导层既要筹划建设强大国防，又要考虑尽量减轻经济负担，仍然延续殖民地时期“经济国防”的原则理念开展军队建设。鉴于以民兵为主的军事体制在独立战争中暴露出的各种弊端，美国决定建立一支职业军队，认为“只有职业军队才能使美国获得真正的军事安全”①。为了不增加过多的经济负担，美国重视走精兵之路，注重通过军事教育培养较大比例的军官，以备战时扩军。美国从初始就十分重视建立国防工业，认为强大的国防依赖于独立的军事工业体系，只有军事工业发展起来了，才能为国防提供充分的军事装备。事实上，美国的军事工业很快就有了较大发展，为军事安全提供了武器装备上的能力保障。

独立战争中同英军作战，美国的开国元勋们就领教了英国海军封锁的威力，感受到掌握制海权的重要性。华盛顿提出海军是美国和平时期需建立的第一支军事力量，在保卫美国商业的同时维护美国的国际地位。② 18

① R. F. Weigley, “Towards An American Army”, New York, 1962, p. 22.

② ［美］乔治·华盛顿著，聂崇信、吕德本、熊希龄译：《华盛顿选集》，商务印书馆 1983 年版，第 328 页。

世纪末拿破仑战争中，英法互相进行海上封锁，美国商船深受其害；1812—1814 年第二次英法战争中美国进攻加拿大遭遇惨败的原因主要在于英国的制海权优势。这些惨痛教训令美国进一步认识到海军的重要性。美国首任海军部长本杰明·斯托德特提出了用技术和地理优势来抵消英国海军优势，用海军御敌于国门之外的军事思想，成为日后美国海军建设的指导思想。

刚独立的美国只是北美大陆东部的一个小国，广阔的中西部仍然是法国、西班牙等欧洲大国的殖民地，当时的美国领导层认为只要这些土地在欧洲列强控制下，美国的国家安全就始终面临严重威胁，从长远考虑应将北美大陆尽可能多的土地划入美国的版图。在领土扩张的战略思想指引下，美国 1803 年购买了路易斯安纳，1819 年吞并了佛罗里达，1848 年吞并了墨西哥的大片土地，吞并加拿大的目标因为第二次美英战争战局不佳而没能实现。

第三，美国军事安全思想的拓展时期（1866 年内战结束至 1945 年二战结束）。南北战争北方获得完全胜利后，美国在军事安全上彻底解决了来自内部的敌对威胁。在完成了西进运动后，美国由领土扩张走向海外经济扩张，在美西战争中击败曾经的美洲霸主西班牙，成功在西半球称霸，随后又在两次世界大战中战胜德国和日本，伴随英法等老牌强国在战争中被消耗得一蹶不振，美国成为世界头号超级大国。随着美国海外扩张中开展的一系列军事活动，其军事安全思想进一步深入发展，形成了海外扩张思想、扩军备战思想、总体战思想等一系列军事安全思想。

19 世纪末至 20 世纪初，世界资本主义发展进入帝国主义阶段，主要的资本主义大国在全世界范围内展开霸权争夺。经济逐步强大起来的美国积极参与其中，大力开展海外扩张以谋取经济利益。第 26 任总统西奥多·罗斯福是海外扩张思想与实践的重要奠基人，他从白人“种族优越论”的基础上提出扩张思想，认为“通过扩张夺取落后民族的自治权是执行上帝的使命”①。罗斯福在任总统期间积极推行“门罗主义”，将拉美地区变成了美国的后院；在国际上积极参与欧亚强国争端，不断扩大美国的国际影响力。

随着海外扩张不断推进，美国与英、法、德等欧洲列强以及日本展开

---

① 黄枝连：《美国 203 年》，香港中流出版社 1980 年版，第 498 页。

了殖民地争夺。美国意识到冲突和战争早晚会发生，必须大力开展扩军备战以应对激烈竞争的世界。为此美国积极制造舆论，使民众逐步接受建立一支大规模的常备军，同时在编制体制、后勤保障、国防动员等方面开展了一系列扩军备战的改革，为两次世界大战做好了充足准备。

早在南北战争期间，美国总统林肯就提出了“总体战”的战略思想，对整个国民经济实行总动员，建立了空前庞大的后勤供应体系，为前线源源不断地输送人力、物资及武器装备。南北双方在物质力量上的巨大差距决定了最终的战争结果。林肯的“总体战”思想在美国得到了很好的传承，美国在后来的海外扩张和扩军备战中，积极贯彻“总体战”思想，不仅组织人力动员，而且大力进行工业、财政和国家资源的准备，在两次世界大战期间更是将单纯的军事战略发展为政治、外交、经济和军事领域的全方位总体战略。

第四，美国军事安全思想的深化时期（1946 年至 1991 年冷战期间）。这期间美国建立了战略核力量、常规军事力量、预备役力量“三位一体”的军事安全体制，形成了威慑遏制思想、质量建军思想、低烈度战争思想等一系列军事安全思想。

二战结束后，在雅尔塔体系下世界很快分化为以美国为首的西方阵营和以苏联为首的社会主义阵营。美国同另一个超级大国苏联展开了全方位的激烈竞争，世界进入长达半个世纪的冷战阶段。核武器的诞生对军事安全产生了广泛而深远的影响，美苏均拥有足够毁灭地球的核力量，双方均严格控制发生热战的风险。这期间，美国将威慑遏制苏联作为确保军事安全的指导思想，每个时期的军事战略基本都围绕这一思想展开，比如杜鲁门时期的“遏制战略”、艾森豪威尔时期的“大规模报复战略”、肯尼迪时期的“灵活反应战略”、尼克松时期的“现实威慑战略”、卡特时期的“有限核威慑战略”、里根时期的新“新灵活反应战略”等。

在同苏联长达半个世纪的对抗中，扩军备战始终是美国加强军事能力的重要内容。美国始终坚持质量建军的指导思想，一方面重视科学技术在军事领域的应用，生产配备相对于苏联较为领先的高技术武器装备，另一方面坚持走精兵道路，不断提高美军的人员素质、部队机动性、作战能力及效率。经过半个世纪的建设，美军成为世界上指挥程度最高、装备最好、火力最强、素质最高的军队，具有强大的战斗能力。[①]

低烈度战争是美国军方 20 世纪 80 年代提出的概念，1986 年版的美军《作战纲要》提出，低烈度战争是为达到政治、经济、社会或心理的目的开展的有限度的政治及军事斗争。这一概念成为冷战后期美国维护军事安全的重要指导思想。这一思想认为战争作为政治的延续，其所能实现的目标是特定和有限的，大国之间的对抗应将使用武力作为最后的手段，尽量避免冲突升级。一旦发生冲突，应当严格限制规模、范围和强度，力求以最低风险和最小的代价，在最短的时间内达成政治目的。这一思想在后冷战时期进一步深入发展，衍生出非正规战争、混合战争、灰色地带等一系列力求以最小的武力甚至不动用武力达成既定目标的军事安全思想。

第五，美国军事安全思想的延续发展时期（1991 年至今）。冷战随着苏联解体和东欧剧变而告终，美国成为全球唯一的超级大国，世界进入“一超多强”的时代。虽然美国实现了称霸世界的梦想，但其面临的敌对军事威胁并未减少。美国在后冷战时期的国际体系中自封为主导者，其对军事安全面临敌对威胁的判断扩大至全球范围，同时其霸权作风在全球树立了越来越多的敌人。这期间，美国更加频繁地开展军事活动，发动了海湾战争、科索沃战争、阿富汗战争和伊拉克战争等。这一时期，美国形成了“先发制人”打击思想、“慎用武力”思想等一系列军事安全思想。

2001 年“9·11”事件极大地震动了美国，令其认识到虽然美国已称霸世界，没有能与其正面对抗的国家，但却面临来自非国家行为体的巨大军事威胁。为了应对恐怖主义，美国宣布将采取“先发制人”的思路，必要时果断采取军事行动，以行使自卫权利，对恐怖分子实施先发制人的打击。[②] 时任美国总统小布什声明，“美国将对我国国家安全面临的最大威胁给予反击，……为抢先阻止敌人的敌对行动，美国将在必要时先发制人”[③]。随后美国以反恐名义发动了阿富汗和伊拉克两场战争。

美国在两百多年历史上一直崇尚使用武力，尤其是进入新世纪以来，美国作为世界霸主穷兵黩武，过于滥用武力。美国在战略上的过度扩张造成了在维护军事安全能力上的力有不逮，在以反恐为名义的两场战争中深

---

① 陈海宏：《美国军事思想史》，人民出版社 2014 年版，第 341 页。

② Public Affairs Section, Embassy of USA, Backgrounder, October 29, 2002, p. 8.

③ Public Affairs Section, Embassy of USA, Backgrounder, October 29, 2002, p. 14.

陷泥潭。同时，随着 2008 年全球金融危机爆发，美国在综合国力上不断呈现衰落趋势，与此同时中国的不断崛起与之形成鲜明对比，这引起美国战略界的深刻反思。美国战略界认为进入 21 世纪以来，中国有效利用了美国精力聚焦于全球反恐的“战略机遇期”，全力发展经济，实现了快速崛起。同时，美国反思自身在阿富汗、伊拉克两场战争中战役上的胜利、战略上的失败，认为运用武力能够赢得战争但却很难解决问题。随着中国不断崛起，美国逐步将中国确立为主要威胁，开始拿着放大镜审视中国的战略发展路径。美国战略界对中国在南海地区开展的填海造岛和防御性军事力量部署、在东海地区采取非军事手段逐步取得钓鱼岛控制主动权等行动极为震惊，认为中国在不动用武力的情况下就实现了发动战争都不一定取得的战略目标。近年来美国也开始转变思路，确立了“慎用武力”的原则，力求以最小的武力甚至不动用武力达成战略目标，先后提出了非正规战争、混合战争、灰色地带等一系列理论概念。实践中，美国将“慎用武力”思想应用于 2022 年发生的乌克兰危机中，在坚决不直接下场同俄罗斯发生正面冲突的前提下，综合运用政治、经济、外交、情报等全领域优势资源，以乌克兰为代理人与俄罗斯开展消耗战，对俄罗斯综合国力和国际影响力造成了全方位的大幅削弱。

综合分析，美国军事安全思想具有以下四个突出特征：

一是扩张性。从早期的北美领土扩张，到走向世界的海外扩张，再到强调“先发制人”的全球反恐行动，美国均强调以攻势行动应对可能面临的安全威胁。美国军事安全思想的进攻性和扩张主义特征具有深刻的政治、经济和思想文化根源。从政治和经济角度分析，美国从自由资本主义逐步发展为垄断资本主义，必然经历全球范围内的竞争和扩张过程。同时随着资本主义体制逐步暴露出社会不平等、贫富分化等一系列必然出现的经济社会矛盾，美国统治阶层习惯于塑造共同的外部敌人来转嫁危机，通过主动出击的行动应对所谓的外部安全威胁。从思想文化角度分析，美国军事安全思想深受欧洲宗教斗争和殖民历史影响，无论是清教徒的“使命观”，还是“门罗主义”“社会达尔文主义”，以及“美式民主”普世价值推广，均表现出强烈的对外扩张精神。在实践中，美国以这些思想文化的理想主义色彩为伪装，极力谋取自身利益最大化，用以维护和巩固美国军事安全状态。

二是联盟性。美国自殖民地时期就将建立联盟体现在军事安全思想与实践中。建立联盟的传统既有应对形势需要的考虑，又受文化思想中“使命观”的深刻影响。无论是殖民地时期北美各殖民地建立军事联盟共同对付印第安人和法国，还是在两次世界大战中加入协约国阵营和反法西斯国家同盟，再到战后在全球建立起以北约为主的广泛联盟体系，美国主要是基于对当时形势的分析和面临威胁的判断而作出的战略选择。同时，冷战结束后，“民主和平论”的思想盛极一时，在世界上建立广泛的民主国家联盟体系，被美国认为是行之有效的“守卫自由世界”的方式。

三是技术性。在军事安全能力建设上，美国始终注重建设一支具有技术优势的军事力量。自独立建国起，美国军事统帅始终将工程技术建军作为提高军事能力的重要原则，将其贯彻于人员素质提升、武器装备发展和军事理论革新等军事能力建设的各个方面。在军队人员素质上，美国注重抓好军事教育，早在建国时就创办了西点军校，初衷是不断提高美军人员的工程技术修养，以满足完成军事任务的需要。在武器装备发展上，美国十分重视将先进科技应用于军事领域，生产出具有技术优势的武器装备。自两次世界大战以来，美军在武器装备上一直保持着世界领先地位，为美国取得制海权、制空权、制信息权提供了强大的力量支撑。在军事理论革新上，美国注重以具有断代性技术创新和前瞻性研发的作战理论引领军事改革，同时重视吸取历史经验教训，避免军事改革的盲目性和走弯路。特别是进入 21 世纪以来，美国军事理论革新进入快车道，从“空海一体战”到“网络中心战”再到“决策中心战”，美国对科技进步影响军事改革的趋势具有极高的敏感性，美军在军事改革中始终保持着全球领先的战斗力。

四是从属性。美国奉行文官治军原则，其军事安全思想强调军事服从政治、军官服从文官。美国军事安全思想中的从属性，根源于美国开国元勋、民主思想奠基人托马斯·杰弗逊提出的军事民主原则。他把文官指挥军队作为六项军事民主原则之一，坚持主张必须由政府和议会领导军队。[①]美国军事民主原则的提出主要是对欧洲国家如英国克伦威尔、法国拿破仑时期独裁暴政的反思，认为出现独裁暴政的原因是军权高于民政。[②] 文官治军由公民选举产生的政府和国会掌控军事力量，总统为美军总司令，这

① 刘祚昌：《杰弗逊传》，中国社会科学出版社 1990 年版，第 86 页。

② 刘祚昌：《杰弗逊传》，中国社会科学出版社 1990 年版，第 78 页。

样的运行机制有效避免了军人干政。文官治军原则深深根植于美国民众心中，成为美国军事制度的基石。美国自成立起政党斗争此起彼伏，但从未发生过军事政变，未出现过军事独裁政府，应当归功于文官治军机制。

二、美国军事安全建设

美国经过不同历史时期军事安全建设与变革的实践探索，逐步构建起完善的军事安全体制机制，维护国家安全、拓展国家利益的军事能力不断提升，一步步成长为世界上最强大的国家。

（一）体制机制

美国军事安全建设经过建国以来一系列重大战争及非战争军事活动的实践检验，特别是经历了二战的洗礼，进入冷战后逐步形成了一整套完整成熟的体制机制，包括军事安全立法、军事组织架构以及军事安全运行机制。作为当今世界军事能力最强的国家，美国运用这一套体制机制实现军事安全的预警、决策、执行及评估，确保军事效能有效发挥。

首先是军事安全立法。美国开始重视军事安全立法问题是在二战期间，其在战争中暴露出情报支撑不够、指挥关系不畅、军兵种配合不协调等一系列问题，认为应当通过立法的形式确立一套适应形势需要的军事安全体制。美国海军部于 1945 年 9 月发布著名的《埃伯斯塔特报告》（Eberstadt Report），提出了初步解决美国军事组织问题的方案，建议成立国家安全委员会协助总统更好地领导指挥军队。1947 年 7 月，时任美国总统杜鲁门签署以该报告为基础的《国家安全法》（National Security Act of 1947），依据此法成立了国家军事部来统领陆军、海军和空军，同时规定了其他国家安全机构的设置及职责，为美国的军事安全活动提供了重要的法律依据。针对《国家安全法》在实践中暴露出的不足之处，美国通过 1949 年《国家安全法修正案》、1953 年《第 6 号国防改组计划》、1958 年《国防部改组法》、1986 年《戈德华特—尼克尔斯国防重构法案》等一系列法案，对军事机构设置和职权划分进行了调整，比如将国家军事部改组为国防部并纳入内阁，设立参谋长联席会议主席一职作为总统、国家安全委员会和国防部长的首席军事顾问，实行军政军令“双指挥链”以区分作战指挥和行政管理等。“9 · 11” 事件爆发后，美国于 2002 年通过《国土安全法》，依据此法成立了国土安全部，专门负责美国本土的军事安全。经过这一系列的修正与调整，美国形成了较为完善的军事安全法律体系，为美国军事安全体制架构、军事安全决策、安全决策执行以及军事安全评估奠定了良好的法律基础。[①]

其次是军事组织架构，包括军事安全决策机构、军事指挥链自上而下的各级军事部门以及作战部队。国家安全委员会是美国主要的军事安全决策机构，在国家安全委员会框架下，国务院、国防部、国土安全部、情报体系等部门共同参与军事安全决策。国家安全委员会由总统领导，核心成员包括副总统、国家安全事务顾问、国务卿、国防部长、国土安全部部长、情报总监等，美国总统与这些核心成员共同对军事安全领域的重大问题进行研究商讨并作出决策。

国务院涉及军事安全的部门包括国际安全与防核扩散局、军事外交事务局以及确认、承诺及履行局，主要职责是在国际核安全、军事外交、军事协议谈判等方面提供政策指导；国防部则是将最高军事安全决策传达给美国军队的重要纽带，还向总统提供军事咨询，负责情报监督、作战试验与评估等；国土安全部是“9·11”事件后美国针对国内反恐力量不足而成立的部门，主要担负整合各方面力量保护美国本土安全的职责；美国情报总监领导由中央情报局（CIA）、联邦调查局（FBI）、国防情报局（DIA）等16个情报机构组成的情报体系，有效整合情报资源，为美国军事安全决策提供情报支撑；此外，美国国会作为立法机构为军事安全决策提供法律依据，兰德公司、新美国安全中心、战略与国际问题研究中心等美国智库为美国军事安全决策提供理论、策略、方法和思想等方面的咨询建议。

美国在军事领导指挥体制上拥有两条自上而下的指挥链：一个是作战指挥链，即军令系统；另一个是行政指挥链，即军政系统。美国军令系统以“总统、国防部长（通过参谋长联席会议主席）—联合作战司令部—作战部队”为基本链条，主要负责对美军的作战指挥、控制、协调和联合训练；美国军政系统以“总统、国防部长—军种部长（军种参谋长）—军种部队”为基本链条，主要负责对美军领导、管理、军种训练、军种联合基础训练和后勤保障等。

最后是军事安全运行机制，包括危机预警机制、军事安全决策机制、决策执行机制以及军事安全反馈与评估机制。美国军事安全的危机预警机

① 刘胜湘：《世界主要国家安全体制机制研究》，经济科学出版社2018年版，第69页。

制依赖于全球性战略预警系统的有效运行。当前美国建立了一套包括陆基、海上、空中和天基的全方位、立体式预警系统，主要对可能遭受的现实军事威胁及时发现并报警，为美国本土安全提供保障。①

美国军事安全决策机制就是美国军事安全决策机构研究制定确保美国军事安全相关政策，以及领导指挥军事安全重大行动（包括战争）的运行流程，一般包括日常事务决策和危机（战争）决策。日常事务决策主要体现在各级定期发布的重要战略文件中。美国总统上任后一般会向国会提交《国家安全战略》，阐述其国家安全思路方针及政策举措；国防部一般会在《国家安全战略》发布后，向国会提交《国防战略》，阐述美国国防和军队建设发展方针政策；参谋长联席会议一般会在《国防战略》发布后，向国会提交《国家军事战略》，明确美国面临的现实军事威胁，确定美军的基本任务及战略部署；此外，国防部一般每4年发布一份《四年防务评估报告》，审查评估国防战略目标和潜在威胁，参谋长联席会议也会不定期发布《联合作战构想》，对可能发生的战争作出前瞻性预测及应对。危机（战争）决策主要是研究制定应对军事安全面临的重大危机乃至战争的方案，一般在国家安全委员会框架下召开会议，总统、副总统、国家安全事务顾问、国务卿、国防部长、国土安全部部长、情报总监、参谋长联席会议主席等参加决策讨论，总统最后作出决策，报国会批准后执行。根据美国1973年《战争授权法》，总统也可以在未经国会允许的情况下作出战争决定，但必须在48小时内向国会提交书面报告，且总统决定的战争时间不得超过60天。

美军作为美国军事安全事务的主要执行机构，其领导指挥体制机制也就是美国军事安全决策的执行机制。美国军政系统负责美军行政管理、战备训练、武器装备采购，制定战略政策、国防预算、部署规划等，其运行机制主要包括战略规划机制、人力资源管理机制、国防预算机制和装备采购机制。② 美国军令系统负责领导指挥作战行动，由总统和国防部长通过参谋长联席会议或者是直接对联合司令部进行指挥，国家安全委员会就重

---

① 韩骏：《美国战略预警系统现状与发展动向》，《外国军事学术》2005年第12期，第63页。

② 胡文秀、刘振霞：《中美军事安全体制比较及启示》，《国际安全研究》2013年第2期，第116页。

大安全问题向最高指挥层提供决策咨询，参谋长联席会议向最高指挥层提供军事咨询。

美国军事安全反馈与评估机制主要包括战略评估机制、军事行动评估总结机制、军事法规评估审查机制、国会及社会监督机制。战略评估一般由参谋长联席会议定期进行，主要对战略形势、作战能力和战略状况进行评估，战略评估的结果是美国制定《国家安全战略》《国防战略》《国家军事战略》《四年防务评估报告》等战略文件的重要依据。军事行动评估总结机制的执行机构包括美国国防部最佳实例数据库、各军种部及联合司令部下属的经验教训研究中心。美军每次开展联演联训等重大军事行动后，相关机构都要通过多种途径及时搜集数据材料，对刚刚完成的军事行动认真分析总结，提出进一步改进军事行动效能的意见建议。军事法规评估审查机制由参谋长联席会议牵头开展，一般每两年对重要的军事法规性文件进行审查，评估其是否适应形势任务需要，在听取美军相关部门的建议后，提出相应的修改意见。国会及社会监督是美国军事安全反馈与评估机制的重要内容，其中国会是最主要的监督部门，最主要的监督方式是对美军军费预算及开支进行严格审查。

（二）能力建设

美国长期致力于建立并维持具有全球领先地位的军事力量，积极谋求转型发展以适应形势需要。当前美国军事力量包括现役部队和预备役部队，其中现役部队由五个军种组成，分别为陆军、海军、空军、海军陆战队和海岸警卫队。陆军包括步兵、装甲部队和特种部队等；海军由水面舰艇部队、海军潜艇部队、海军航空兵、军事运输部队和海军军区部队组成；空军在各个作战司令部下编有不同职能的航空队，负责空中作战和空中力量投送；海军陆战队则是美军实施海外作战的诸兵种合成部队，有独立的组织系统；海岸警卫队是隶属于美国国土安全部的武装部队，负责沿海水域、航道的执法、水上安全、遇难船只及飞机的救助、污染控制等任务。预备役部队分为国民警卫队和联邦后备役部队两个部分，其中国民警卫队由各州政府指挥，主要任务是维持国内社会稳定、参加抢险救灾等；联邦后备队包括陆军后备队、海军后备队、空军后备队和海军陆战队后备队。

经过长期实践探索，美国建立了一套以军事概念和作战构想为牵引的军事能力生成模式——在对当前及未来面临的军事安全威胁进行充分评估的基础上，美军定期发布从联合到军种的军事概念体系，依据军事概念和作战构想提出各个层级的军事能力需求，再根据需求制定各领域军事能力生成方案，最后以方案指导军事能力建设。

美国的军事能力生成模式可以概括为 3 个步骤：首先是提出军事概念和作战构想以应对当前及未来可能面临的军事安全威胁。军事概念和作战构想是美国应对军事安全威胁、打赢未来战争的一种设想，基于这种设想对军事力量建设与运用进行规划设计。正如美军《联合概念的发展与运用指南》中明确指出："联合概念从战略层面指导军事能力建设与运用，是军事建设转型的发动机，从根本上指引条令、编制、训练、装备、人员等一系列军事能力要素的发展与变革。"①

其次是基于军事概念和作战构想设定军事能力框架。这一步骤主要是将军事概念和作战构想中描绘的军事能力需求具体细化到军事力量建设涉及的条令、编制、训练、装备、人员等各个领域。美国国防部于 2003 年开始着手研究建立美军联合能力域体系。2004 年 1 月，美国国防部时任副部长奥尔德里奇牵头研究发布的《联合防务能力研究》提出依据功能构建联合能力体系，将美军军事能力分解为便于管理的不同能力领域。2005 年，美国参谋长联席会议《联合部队能力评估分报告》提出建立由 21 项一级能力构成的联合能力体系。2005 年 5 月，时任国防部长拉姆斯菲尔德正式采纳联合能力体系确定的能力框架。之后几经调整，2010 年 1 月，美国国防部与参谋长联席会议联合发布《"联合能力体系"管理计划》，标志着美军能力体系框架基本形成。② 美国在此后的各类军事概念和作战构想中均以联合能力域为基本框架提出军事能力需求。

最后是在军事能力框架下制定能力生成方案。能力生成方案基于对军事能力的精确评估，主要是分析现实军事能力与军事概念和作战构想中提出的能力需求之间的差距，提出弥补差距的解决方案。美国国防部 2003 年 8 月建立的联合能力集成与开发系统（JCIDS），是美国的军事能力需求分析与能力生成系统。该系统基于新开发的军事概念和作战构想，在联合能

① 美国参谋长联席会议：《联合概念的发展与运用指南（CJCSI3010.02D）》，http://www.dtic.mil/cjcs_directives/cdata/unlimit/3010_02.pdf，p. 1。

② 顾伟、顾俊、刘曙光：《战略、概念、能力——空海一体战概念与美军能力建设》，航空工业出版社 2017 年版，第 108 页。

力域体系框架下，自上而下开展能力需求分析，提出装备解决方案和非装备解决方案。装备解决方案主要是提出装备研制和装备生产需要达到的具体指标要求。非装备解决方案主要是对现有军事资源分配的调整建议，提出对条令、编制、训练、装备、人员等一系列军事能力要素的变革措施。

依据美军联合能力域体系，美国军事能力按照职能区分为指挥控制、情报、火力、机动、防护、后勤保障六个主要领域。其中，指挥控制领域的能力建设主要体现在指挥方式的不断优化、指挥关系的适应调整以及指挥手段的不断革新。随着时代发展，现代战争空间领域不断扩大、战争节奏不断加快，指挥机构准确掌握战场态势、实施精确指挥的难度不断加大，美军在作战实践中逐步将任务式指挥确立为联合作战指挥的基本原则，指挥机构只向下级明确需要完成的任务，不规定完成任务的具体方法；下级依据上级意图和战场态势，采取灵活的方法独立自主地完成任务。美国参谋长联席会议 2012 年发布的《联合作战介入概念》指出，任务式指挥是应对未来复杂多变的作战环境的最合适方法，它使下级指挥员能根据上级意图独立行动，能够对所需层级的跨域整合提出建议并根据授权进行组织。[①] 基于任务式指挥方式，美军在人才培养、团队建设以及体制机制等方面建设中不断优化调整，强调构建上下信任度高、有凝聚力的团队，要求各级指挥官同步提高战略、战役和战术素养，上下级之间增进互相理解，充分发挥下级指挥官的主观能动性。在指挥手段革新上，美军不断改进指挥信息系统，力争让各领域、各层级作战单元全面、及时、准确地掌握战场态势信息、任务需求信息和相互协同信息，不断加强跨域协同能力。

情报领域的能力建设主要体现在持续推进情报机构一体化，提高全源情报获取、融合和处理能力，加强情报共享及注重保密防护等。美国于 2001 年"9·11"事件后开始着手进行情报体系改革，不断加强情报领域顶层战略设计，促进各情报机构的一体化建设。美国先后于 2005 年、2009 年、2014 年、2019 年 4 次颁布《国家情报战略》，最新版明确了美国情报机构担负的 7 项任务：战略情报、预见情报、当前行动情报、网络空间情报、反恐情报、反扩散情报和反情报。《国家情报战略》指出，要成功完成上述任务，美

---

① 美国参谋长联席会议：《联合作战介入概念》，http：//www. dtic. mil/doctrine/concepts/joint_concepts/joac_2012. pdf。

国情报机构必须加强自身建设，实现任务管理一体化和机构管理一体化，各情报机构应当有效整合以实现能力最大化并提高资源利用效率。[①] 美国认为，随着安全环境的变化以及技术的发展进步，陆海空天网等各个领域都存在广泛的安全威胁，必须提高跨领域全源情报获取、融合及处理能力，其重要举措就是实施联合信息环境（JIE）战略。2013 年，美国先后发布《联合信息环境白皮书》《联合信息环境实施战略》《联合信息环境实施指导》等一系列文件，从概念、战略到实施逐步推进构建联合信息环境，通过建立核心数据中心和联合信息环境云来提高情报信息层面的跨域协同，同时利用云计算、移动互联网等新技术对联合情报信息系统进行改造升级，建立一体化情报处理环境，提高联合情报保障效率。[②] 美国推进情报体系改革的另一项重要主题就是加强情报共享。美国 2005 年版《国家情报战略》提出要消除单个情报机构对所属情报的“专属所有权”，实现各情报机构之间的情报共享[③]；2014 年版《国家情报战略》则提出要在继续推进情报信息共享的同时注重信息防护[④]；2019 年版《国家情报战略》中再次强调信息防护，努力实现保密安全的情报共享。[⑤]

火力打击能力是美军击败对手、维护军事安全的核心能力。美国在火力领域的能力建设主要体现在围绕应对主要对手“反介入/区域拒止”环境下，全方位强化陆海空天等各领域近中远程核常打击能力以及电子战、网络战能力。近年来，美国将中国、俄罗斯等主要对手对美军在全球公域行动自由带来的挑战归纳为“反介入/区域拒止”能力，将其作为美国军事安全面临的重要威胁，将发展成熟的火力以威慑和击败这种威胁作为军事力量建设的优先事项。美军强调以纵深打击的方式破坏、摧毁和击败对手“反介入/区域拒止”系统，基于此发展各种火力打击能力，重点是陆

---

① 美国国家情报总监：《2019 国家情报战略》，http：//www. dni. gov/files/documents/2019_NIS_Publi – cation. pdf。

② 顾伟、顾俊、刘曙光：《战略、概念、能力——空海一体战概念与美军能力建设》，航空工业出版社 2017 年版，第 123 页。

③ 美国国家情报总监：《2005 国家情报战略》，http：//www. dni. gov/files/documents/2005_NIS_Publi – cation. pdf。

④ 美国国家情报总监：《2014 国家情报战略》，http：//www. dni. gov/files/documents/2014_NIS_Publi – cation. pdf。

⑤ 美国国家情报总监：《2019 国家情报战略》，http：//www. dni. gov/files/documents/2019_NIS_Publi – cation. pdf。

基、空基、天基、水面舰艇及潜艇等各种平台的中远程精确制导武器，近年来尤其重视高超音速导弹、空天飞机等高技术武器及平台发展。此外，美军越来越重视电子战、网络战等非致命打击能力，将其与传统火力打击能力相融合，将跨域协同从实体空间拓展到虚拟空间。

部队机动是美军突破对手“反介入/区域拒止”环境、实现远程力量投送的重要环节。《联合作战介入概念》明确了美军机动能力建设方向，包括在战略距离以外通过空中和海上推进路线实施机动或提供支援的能力；在网络空间实施机动以进入对手数字网络的能力；在机动行进途中开展指挥与控制、制订任务计划、开展演习以及部署部队的能力；开展强行进入行动的能力，从空袭到其他有限性目标行动到可持续的陆地行动；开展隐蔽机动，掩盖行进路线的能力，协助任务部队渗透对手复杂的拒止系统，在确保风险可控的前提下缩短打击距离。①

部队防护能力是美军筹划建设的重要能力领域。美国参谋长联席会议《联合作战顶层概念：2020 年联合部队》指出，美军联合部队要重点建设三种防护能力：一是提高网络空间防御能力，有效保护关键网络系统，确保关键网络功能持续发挥效应；二是提高空间防御能力，有效应对对手快速增长的反空间系统技术；三是加强一体化导弹防御系统建设。②《联合作战介入概念》具体指出，部队防护能力包括以下：破坏敌人目标搜寻系统的能力，包括对方的精确火力能力；提供远程导弹防御的能力；保护和在必要情况下重新设立基地和其他兵力投送所需的设施；保护通过空运与海运部署的兵力与供应；保护己方太空部队，同时破坏敌人的太空行动；在反介入活动中执行网络防御的能力。③

后勤保障领域的能力建设体现在不断提高海基后勤保障能力、提高战略运输能力、加强后勤保障商业化等。海基后勤保障是在远离本土的海上作战区域不依靠陆上基地，为联合远征部队提供持续支援保障和物资供应。2015 年 3 月，美国海军、海军陆战队和海岸警卫队联合发布《21 世

---

① 美国参谋长联席会议：《联合作战介入概念》，http：//www. dtic. mil/doctrine/concepts/joint_concepts/joac_2012. pdf。

② 美国参谋长联席会议：《联合作战顶层概念：2020 年联合部队》，http：//www. jcs. mil/content/files/2012 －09/092812122654_CCJO_JF2020_FINAL. pdf。

③ 美国参谋长联席会议：《联合作战介入概念》，http：//www. dtic. mil/doctrine/concepts/joint_concepts/joac_2012. pdf。

纪海上力量联合战略》，重申在当前和未来一个时期内，美国将加大海上基地建设力度，以海上预置船队、大型中速滚装海运船队、机动登陆平台舰、前沿补给基地舰、高速运输船、大型两栖运输舰等装备为主，辅以改进型的海军驳运系统、新型近岸油料卸载系统等由海到岸卸运装备，形成不依赖于陆地和港口的强大海基后勤能力。美军的战略运输能力是其远距离后勤保障的重要载体，近年来美国不断提高战略海运和空运的容量，用以承载美军全球行动所需的庞大后勤资源。此外，运用合同商来提供后勤保障支援是美军后勤保障体系的重要组成部分。合同商保障力量为直升机、导弹系统、坦克、无人机以及其他作战装备和作战保障系统提供了全方位的技术服务，为部队作战效能的发挥起到了重要作用。外包保障相较于部队自身保障具有保障能力强且保障成本低的优点，但也存在战时可靠性不够、合同商安全防护能力不足等问题，对此美国重视加强对合同商的管理，不断提高合同商的战备水平和战时保障能力。

三、美国军事安全维护

美国军事安全维护是历史以来，特别是冷战时期以来的重要方面。美国国会 1986 年发布的《戈德华特—尼科尔斯国防部重构法案》规定总统要定期向国会提交国家安全战略报告。此后历任总统都会遵循此法在任内发布国家安全战略，美国国防部和参谋长联席会议一般依据国家安全战略制定发布国防战略报告和国家军事战略报告，这一系列战略报告里包含了美国维护军事安全的原则、方式、途径等。

（一）主要原则

综合分析美国历届国家安全战略、国防战略及国家军事战略报告，美国在军事安全维护上总体遵循以下原则：

一是基于“美国优先”原则，即从维护全球霸权的角度判定军事安全威胁。美国维护全球霸权的自我表述一般为“保持美国的全球领导地位，维护美国主导的基于规则的国际秩序”。从历史上看，凡是别的国家国力崛起可能对美国的全球领导地位造成影响，或者别的国家行为不符合美国价值观、对美国主导制定的国际规则发起挑战的，均被美国视为国家安全威胁。简言之，一切可能影响美国全球霸权的因素都归结为对美国的安全威胁。关于威胁来源的认知，美国强调国家与国家之间的对立，历史上每个阶段都塑造了一个或几个国家为威胁来源。2022 年 10 月拜登政府发布最新版《国家安全战略》，认为俄罗斯对自由开放的国际体系构成直接威胁，中国则是美国主导全球秩序的最大挑战。具体到军事安全威胁上，美国往往以零和博弈思维界定军事安全威胁，采取军事联盟、集团对抗、挑起冲突等方式应对威胁，并常以牺牲他国安全为代价来消除对美国自身的威胁。

二是维护美国重大利益原则，即区分不同层级国家利益，重在维护生死攸关利益。国家间的利益冲突是产生安全威胁的主要根源，维护国家利益是国际社会最现实的普世价值。美国在军事安全维护上同样以维护其国家利益为最高准则，按照重要程度区分生死攸关利益、重要利益、边缘利益等不同层次的国家利益，将维护生死攸关利益作为开展军事安全相关行动的重要原则。小布什时期，美国将国土安全、地区盟友安全承诺和防止地区霸权、全球推广美式民主、经济繁荣作为生死攸关利益；奥巴马时期将美国与盟友的安全、经济繁荣、民主价值观、国际秩序作为生死攸关利益；特朗普时期将国土安全、经济繁荣、以实力维持和平、提高美国影响力作为国家利益四大支柱；拜登时期则将遏制中国、俄罗斯和其他国家攻势及实现印太地区开放、互联、繁荣、安全与有韧性界定为美国生死攸关的利益。[①] 总的来看，美国的国家利益不限于国内，而是立足全球，世界任何地区的事务都关系到美国国家利益，威胁美国全球霸权就是威胁美国安全，致力于以国际安全问题的解决确保美国国内安全。

三是服从服务国家大战略原则，即美国的军事安全行动服从于国家安全战略总体部署。自 2017 年特朗普上任后，美国将国家安全战略的主基调由全球反恐转变为大国竞争，将中国确立为主要竞争对手。2022 年版美国《国家安全战略》指出，美国的战略目标是努力维持自由、开放、繁荣、安全的国际秩序，而中国是唯一既有意愿又有能力重塑国际秩序的竞争者，是美国面临最严重的地缘政治挑战。很显然，当前美国国家安全战略致力于在全球范围内各个领域与中国展开大国竞争，本质上就是维护美国霸权。在军事领域，美国以印太地区为重点，与政治、外交、经济、科技等领域行动密切配合，全方位构建针对中国的军事布局，在整合国内各方面资源基础上，积极与日、韩、印、澳等外部盟友加强协同，力图以强大一体化军事威慑能力震慑中国，维持其全球霸权。

---

① 美国各时期对生死攸关利益的描述详见其各个版本的《国家安全战略》报告。

四是以灵活手段追求效益最大化原则。美国在国际政治中常常打着自由理想主义的旗号开展充满现实主义色彩的行动。美国的现实主义理论将经济学中的“成本—收益”概念拓展到安全研究领域。在国际政治实践中美国常常采取“软硬兼施”的手段，“硬手段”以军事行动获取利益，“软手段”则是以外交及经济制裁、认知战、政治战等手段实现战略目标。在军事领域，美国同样擅长以“软硬兼施”的手段追求最大军事安全效益。“硬手段”是以直接军事打击战胜敌对军事威胁；“软手段”则是以军事威慑、代理人行动、声势行动等手段，在不与对手发生直接冲突的情况下，使对手承受巨大损失，从而谋取军事安全效益。2022 年美国国防部发布的最新版《国防战略》明确了美军实现其优先目标的三种方式，即一体化威慑、声势行动以及构建持久优势，而采取直接军事打击是最后的手段。[①]

（二）基本方式

从战略实践看，美国维护军事安全的基本方式分为四种：直接战争方式、代理人战争方式、军事接触与安全合作以及混合方式。

一是战争方式。首先是直接战争方式，在美军《联合作战纲要》中对应的军事行动为“大规模作战行动”。战争期间，美军各军兵种联合开展大规模长期性作战行动，旨在既定的时间和空间内实现战略和作战目标，其中作战目标是尽快击败敌人、结束战斗，建立有利的停战条件。[②] 海湾战争、阿富汗战争、伊拉克战争是近几十年来美国政府发动、美军联合部队（包括部分美国盟友国家军事力量）开展的几场典型的大规模作战行动。得益于绝对实力优势，美军在这几场战争中均较快实现了作战目标，但战略目标和政治目的的实现效果却是一次不如一次，这促使美国战略界不断反思，对开展“大规模作战行动”的态度越来越慎重。

二是代理人战争方式。代理人战争是当事国与目标国之间的间接冲突，当事国并不直接参战，而是援助支持第三方行为体（国家行为体或非国家行为体）与目标国发生战争，在不承担直接参战代价的前提下，谋求

---

① 美国驻华大使馆，国防部发布 2022 年战略评估——《国防战略》《核态势评估》以及《导弹防御评估》，https：//china. usembassy - china. org. cn/zh/2022 - national - defense - strategy/。

② “Joint Chief of Staff of US：Joint Publication3 - 0：Joint Operations”，p. 15.

实现针对目标国的战略目标。美国是世界上研究和实践运用代理人战争最多的国家之一。冷战期间，代理人战争就是美苏全球战略博弈的重要工具，第三方行为体遍布亚洲、非洲、拉丁美洲等地区。冷战后，在乌克兰冲突、叙利亚内战、全球反恐等国际事务中，美国仍多次运用代理人战争方式。英国雷丁大学学者弗拉基米尔·劳塔分析指出，美国发动代理人战争往往对一系列要素进行动态权衡，包括潜在代理人的可用性、向代理人的投入与可能的收益、针对目标行为体的战争议程与战略目标、对代理人野心的掌控等，根据分析出的代理人能动性确定不同的介入程度。①

三是军事接触与安全合作。根据美军《联合作战纲要》，美军军事接触与安全合作的具体行动样式包括：（1）军事接触行动，比如军事交流、安全援助与培训等；（2）军备控制、预防扩散与裁军；（3）反毒品与禁毒行动；（4）平息暴乱，指美军协助其他国家政府开展的反颠覆、叛乱、恐怖主义及其他安全威胁的行动；（5）航运保护，指在国际水域中为美国商船、公民及财产提供保护，包括国际公海行动、沿海海洋控制、港口安全防御、反水雷行动等；（6）非战斗人员撤离行动，类似于我国的海外撤侨行动；（7）维和行动，是美军配合美国政府、国际组织及其他民事机构开展的维和行动，包括外交上的和平建设、构建和平进程与冲突预防；（8）人道主义救援行动；（9）搜救行动，指搜索、定位、识别、解救被隔离的美国人员、敏感设备以及对国家安全至关重要的物品或遗骸等；（10）国土防御与民事支援行动。

四是混合方式。近年来，美军高度以灰色地带方式维护军事安全。②灰色地带方式指大国竞争中国家行为体立足于战争门槛以下，利用战争与和平之间的模糊地带，综合运用政治、经济、外交、军事、信息舆论等各领域手段，通过有限试探、渐进蚕食、隐蔽侵略等方式改变现状、塑造态势、谋取利益。美国国防部2022年版《国防战略》报告强调了与对手的灰色地带竞争，指出美军要开展日常性的灰色地带行动，对竞争对手的胁迫行为加强威慑，同时谋求建立并维持美国的长久军事优势。该报告具体

① Vladimir Rauta, "Proxy Warfare and the Future of Conflict: Take Two", The RUSI Journal, Vol. 165, No. 2, p. 42.

② "灰色地带"是亨利·基辛格1952年提出的概念，指美苏在边缘地带开展的博弈斗争。近年来美战略界重提"灰色地带"，指责中俄等竞争对手在战争门槛以下对美发起挑战。

针对中国则明确提出阻止中国在关键区域（印太地区）取得主导地位，迟滞中国的军事现代化和战争准备，避免与中国发生直接冲突。[①] 美军《联合作战纲要》明确灰色地带方式的军事行动包括威慑行动、危机应对与有限应急行动等，具体行动样式包括：（1）应急准备，指为应对可能出现的威胁美国安全利益的紧急情况而采取的准备、缓解、响应等活动；（2）制裁行动，指美军为配合美国或国际组织授权开展的制裁活动而采取的强制措施，比如海上拦截、海域封锁、审查商船等；（3）强行禁飞行动，指设立禁飞区并以军事手段迫使其他国家执行的行动；（4）航行与飞越自由行动；（5）武力展示，指通过显示美军军事实力以威慑对手，防止对手轻举妄动；（6）支持反对派，指美国将某个国家政权认定为压迫者，派遣美军采取行动支持反对派，以推翻现行政权；（7）打击与突袭行动，主要针对威胁美国安全、违反国际法的国家或集团组织，开展惩戒性火力打击、目标占领或摧毁行动。

（三）途径选择

冷战结束以来，美国在重大危机、潜在冲突、军事对抗等各种军事态势下开展军事行动超过百次，给世人留下了“穷兵黩武”的印象。[②] 综合分析，美国在军事安全维护上主要采取以下途径：

一是军事自助。美国认为自身的绝对军事优势是其在当前国际体系保持领导地位的核心支柱，维护军事安全的基石在于自身军事能力的不断创新发展。美国 2023 年版《国家军事战略》指出，当前军事安全环境在大国竞争背景下进一步向大国间激烈对抗方向发展，战争的风险不断加剧，美国必须依靠自身强大的武装力量来管控危机。美军要不断提升战备水平，不断更新作战构想、概念、条令，不断整合先进技术，以保持自身的优势作战能力，确保有能力单独击败任何对手。[③]

二是军事霸权。美国建立霸权的历史起点是提出“门罗主义”，首先推行霸权的区域是美洲大陆。在“美洲是美洲人的美洲”口号下，美国将

---

① U. S. , Department of Defense, “National Defense Strategy”, 2022, p. 12.

② 关于美国开展对外军事行动，美国国会研究局曾经做过相关统计：Instances of Use of United States Armed Force Abroad, 1978 – 2010, CRS Report for Congress: R41677, March 10, 2011, http: //www. fas. org/sgp/crs/natsec/R41677. pdf。

③ U. S. , “The National Military Strategy of the United States of America”, 2023, p. 14.

英、法、西等域外大国排斥出美洲，随后演变为“美洲是美国人的美洲”，以消除国土安全威胁的名义吞并得克萨斯、俄勒冈等地区，将领土扩张成如今的版图。对拉美地区实施干涉主义政策，以消除存在的或者可能的安全威胁。冷战后，在确立了全球唯一超级大国地位后，美国一度将“门罗主义”演变为“世界是美国人的世界”，认为全球事务都可能影响美国军事安全，到处实施霸权主义干涉。近年来，随着国际格局演变，国际不同力量此消彼长，美国在自身实力呈现衰落态势下，逐步开展战略收缩，但在美洲地区仍然以区域军事霸权确保军事安全。美国总统拜登提出，“墨西哥边境以南的一切都是美国的前院”①，在对拉美政策上也是延续以往政府的基本做法，排斥域外大国的影响，采取区域霸权政策。

三是军事联盟与伙伴关系。与盟友伙伴开展联合行动是美国一贯的传统。拜登政府上台后，进一步强调重振美国的联盟和伙伴关系网络，与盟友伙伴合作的领域包括加强区域安全架构建设、部队联合演习与演练、情报信息共享、推动发展新的联合作战概念、在全球范围内开展联合作战行动等。美国的盟友伙伴网络既包括以协议、条约等形式正式缔结盟友关系，比如美日同盟、美韩同盟、美日印澳“四边机制”等，也包括未结盟但开展军事交流合作的伙伴国家、非正式组织，比如2022年美英日澳新五国组成的“蓝太平洋伙伴”，还包括针对解决某一具体事务而组成的临时性联盟，比如2003年伊拉克战争中美国联合英国、澳大利亚等国家组成“意愿联盟”。

四是集体安全。二战结束后，联合国应运而生。《联合国宪章》是战后国际社会最重要的国际法之一，对国家使用武力作出了严格的限制，反对国家开展单边军事行动，倡导开展集体安全行动。作为联合国创始成员国，美国积极参与联合国框架下的集体安全行动。冷战结束后，美国基于其主导地位，在联合国框架下拓展出合理利用国际规则与机制实现国家利益的广阔空间，积极推动联合国开展对国际冲突地区和动荡国家的干涉行动，比如在索马里、柬埔寨、利比里亚等国家和地区开展的国际维和行动，在落实集体安全机制的同时，也在一定程度上谋求美国自身的国家利益。此外，美国还重视北约等区域性集体安全组织作用。依据《联合国宪

---

① “Joe Biden Says that Latin America Is Not the Backyard of the US but the Front”, in American Post, January 20, 2022.

章》，区域组织不是对联合国机制的代替，而是对其的有益补充，区域组织行动的合法性依据联合国安理会授权获得。冷战期间，美国将北约作为与苏联对抗的主要安全机制，冷战结束后，北约成为美国主导欧洲事务的重要工具，科索沃战争就是美国主导北约在欧洲开展军事行动的典型案例。近年来，随着国家实力呈现衰落趋势，美国更加重视北约，一方面通过让北约盟友承担更多义务来减轻美国自身压力，另一方面将北约的作用发挥延伸到亚洲地区，特别是应对中国崛起的挑战。

第二节　俄罗斯军事安全思想与实践

俄罗斯是欧亚大国，也是世界级的军事安全大国。俄罗斯居于亚欧大陆北部且横贯东西的独特地理位置、民族国家建立与发展的独特历史，决定了其独特的军事安全特色。俄罗斯国家军事安全思想丰富，实践性强，在世界和地区大国中极具代表性。熟悉俄罗斯军事安全理论，了解俄罗斯军事安全建设及军事安全维护，对于推动军事安全研究具有重要参考价值。

一、俄罗斯军事安全思想

冷战结束以来，俄罗斯国家安全由偏重传统安全主要是军事安全，转而日渐重视综合安全，但传统军事安全依然是国家安全最重要的内容之一。与传统军事安全相比，新时代的军事安全综合性强、内涵丰富，远大于传统的国防安全概念。

军事安全属于典型的传统安全，俄罗斯国家历来重视军事安全。丰富的军事实践为俄国军事理论发展提供了基本条件。13—19 世纪俄国不仅形成了深厚的军国主义传统，而且诞生了以彼得一世为代表的俄国军事学派。苏联时期也高度重视武装力量和国防建设，战争和军事理论发达。无论列宁、斯大林的军事思想，还是苏联不同时期制定的军事战略和提出的作战理论，都具有明显的苏联特点。

自冷战后期以来，俄罗斯军事安全理论开始发生转型。特别是冷战结束、苏联解体和俄罗斯联邦独立建国后，俄罗斯的军事安全理论发展进入新的阶段。在非传统安全因素与传统安全因素交织的影响下，国家面对新的安全挑战，学界提出新的安全研究与应对思路，国家安全理论大发展，军事安全理论也得到了大幅度提升。

21 世纪的俄罗斯，军事安全的地位不断提升，对军事安全问题的研究极为重视。对军事安全存在不同的理解，既可能被理解为保障国家主权、领土完整、保护国家利益的制度，也可能被解释为保证排除军事暴力的状态，或者被认为是事关国家防御能力的内外部军事政治关系状态，抑或排除了通过武装暴力对个人、社会、国家、国际社会造成损害可能性的国内和国际生活条件。[①] 根据《俄罗斯联邦军事学说》，军事安全是通过消除、阻止破坏性势力通过军事手段损害个人、社会、国家、国际社会利益，进而确保国家主权、稳定和可持续发展的状态。俄罗斯联邦高度重视军事安全，政策上主要通过一系列旨在解决国际和国内矛盾并防止其升级为军事力量对抗的经济、政治、外交和其他非军事措施来确保军事安全。军事安全保障的核心是根据实际和潜在的军事威胁来维持国家的军事力量，具体包括武装力量、其他部队、警察和其他安全机构。2021 年，俄罗斯通过了最新版的《俄罗斯联邦国家安全战略》，确定了确保军事安全的主要方向。[②]《俄罗斯联邦军事学说》明确国家军事安全的主要目标包括军事威胁的预防、本地化和消除，以及预测的有效性和应对各种军事危险的充分性。[③]

俄罗斯军事安全理论以国家军事实践为对象，注重研究国家军事安全的综合条件和理论基础，兼重传统和非传统军事安全因素，内涵丰富，富于本国特色。从概念看，军事安全理论涉及广泛，主要研究内容包括国内

---

① Н. А. Баранов, Политические основы национальной бзопасности России: Геополитика и безопасность. Аналитический и научно – практический журнал. СПб., 2010. №2. С. 93 – 99, https://www.nicbar.ru/nauka/stati/376 – politicheskie – osnovy – natsionalnoj – bezopasnosti – rossii.（巴拉诺夫：《俄罗斯国家安全的政治基础：政治与安全》，载于《分析与科学实践》2010 年第 2 期，第 93—99 页。）

② Президент России, Указ Президента Российской Федерации от 02.07.2021 г. №400: О Стратегии национальной безопасности Российской Федерации, http://www.kremlin.ru/acts/bank/47046.（俄罗斯总统官网，俄罗斯联邦总统令 2021 年 7 月 2 日第 400 号：《俄罗斯联邦国家安全战略》。）

③ Министерство иностранных дел Российской Федерации, Военная доктрина Российской Федерации（в редакции от 25 декабря 2014 г.）, https://www.mid.ru/ru/foreign_policy/official_documents/1584621/.（俄罗斯联邦外交部官网，《俄罗斯联邦军事学说》，2014 年 12 月 25 日修订。）

和外交政策；加强国家国防的经济措施；社会和国家政策，人民的精神潜力；信息环境；地缘政治条件，国家的军事战略地位，军事行动战区的准备；建立武装部队，为保卫祖国做好准备；发展教育、科学和技术；非军事动员训练、民防、国防和群众工作等。从理论研究的成果看，俄罗斯军事安全思想主要涉及以下几方面。

一是认识当代军事危险与军事威胁的新内涵。新时期的俄罗斯军事安全理论，较之以往国家防御与维护安全的概念，具有了超越传统战争方式的新的特点和内容，认为军事安全受到政治、经济、社会、精神、信息和其他社会生活领域形势的影响巨大。研究国家军事安全问题、切实解决其武装防御问题的条件是分析现有国际和国内关系的性质、查明军事危险和国家利益威胁的来源。根据俄罗斯《国防法》和《军事百科词典》的定义，军事安全，即保护个人、社会和国家重大切身利益免受与使用或威胁使用武力有关的外部和内部军事威胁的状态，其特点是没有军事威胁或具有抵御这种威胁的能力。为保证“能够抵御军事威胁”，必须实行国家防御，即采取政治、经济、军事、社会、法律和其他措施准备武装防御，确保国家主权和领土完整与不可侵犯。

军事危险和军事威胁都是实际存在或可预见的未来军事政治局势、国家联盟、单个国家以及其中各种政治力量之间关系的特有属性。其中，军事危险是指国家间或国家内部关系的一种状态，其特征是一系列因素在一定条件下可能导致军事威胁。军事危险的主体（载体、来源）及其追求目标都不具有明确针对性。它可能有不同来源，并针对许多目标——不同国家及其团体采取行动。军事危险的表现具有不稳定性，随着危险加剧，开始具有军事威胁的具体特征。从表现范围看，军事危险可以是一个国家或一个社会群体的危险，也可以是地区危险或全球危险。对国家而言，军事危险可能是恐怖主义。核武器及其运输手段在世界上的扩散构成了全球危险。军事危险来源既可以是外部的，也可以是内部的，两者密切交织在一起。其中外部危险主要来自坚持使用武力解决政治、经济、社会、领土、宗教、民族及其他矛盾的国家（国家联盟）。内部危险主要来自使用武装暴力和其他非法斗争形式的分离主义、民族主义和宗教、政治意义上的极端主义势力。军事危险的表现程度相当不确定，随着危险加剧和目标确定，其便具有军事威胁的具体特征，而且随着损害可能性的降低，军事危险可能会消失。军事威胁是指国家间或国家内部关系的一种状态，其特征是敌对双方之间发生军事冲突的现实可能性，某个国家（国家群体）、分离主义（恐怖主义）组织准备使用军事力量（武装暴力）的高度可能。与军事危险不同，军事威胁表明的不是潜在的可能性，而是一方使用军事力量的真实意图。军事威胁是一种更高程度的紧张局势，其特点是各方公开对抗，意图通过军事力量手段解决现有矛盾。推理得出的逻辑判断，与实践具有直接联系。在没有军事威胁而存在军事危险的情况下，国家军事安全保障体系应评估危险来源的可能性，预测其发展，确定这些军事危险可能演变成军事威胁的条件和因素。在军事威胁已经确定的情况下，军事安全保障体系主要力量必须转入高度战备状态，并集中在预期威胁的方向。确定军事危险和军事威胁的来源、程度以及军事冲突的直接原因，是确保国家军事安全所必需的主要问题之一。军事安全作为国家安全的主要形式意义特殊，没有军事安全保障，国家就可能丧失主权和领土完整。

二是从国家安全高度保障军事安全。从军事政治层面看，军事安全保障是指国家机构及其各部门和社会机构，发现、预防和对抗军事威胁的有针对性的活动，这是保护个人、社会和国家重大切身利益的必要和不可或缺的条件。军事安全首先是通过有针对性的国防政策得到保障，这是一个涉及国际、经济、军事、社会等方面理性观点和实际措施的体系，旨在防止军事进攻，使国家和军队做好防御准备，并直接对军事侵略组织反击。对抗军事威胁、保障军事安全的手段包括遏制军事侵略和反击军事侵略。遏制军事侵略的作用通过准备武装保卫国家和威胁使用军事力量得以实现。而反击军事侵略的作用则通过武装保卫国家（军事行动）得以实现。遏制和反击国内军事威胁通过保障国内安全实现。

三是制定和推行面向国家安全的军事安全政策。国家组织和实施国防和保障国家安全的活动通常称为军事政策。国家军事政策具有一定方向性，可采取政治、经济、信息、军事等各种手段以不同形式进行。21 世纪初，在各种外部因素的影响下，俄罗斯的军事政策正在发生一定的变化，重点是遏制和预防军事冲突，改进武装力量和其他部队的军事组织及其使用形式和手段，增强国家的国防动员能力。

四是毫不动摇坚持发展国家军事实力。军事政策的目的和宗旨是建立和加强国家军事实力，即国家一切物质与精神力量和手段的总和，必要时应能迅速调动这些力量和手段，以实现军事冲突中的政治目标或其他目标。军事实力是由国家经济、社会、科技、技术、信息、道德政治及其他能力而决定的，是对构成国家军事实力的各种力量和手段的总称，也可指用来建立和完善国家军事组织及保障其顺利运作的各个要素。武装力量作为国家军事组织的一个组成部分，是其军事实力的核心。正是军事实力影响着国家对保障军事安全方法的选择。俄罗斯考虑当代世界政治的现实，坚持维持具有足够防御能力的军事力量结构。一方面坚决保护个人、社会和国家的重大切身利益；另一方面尽量减轻对国家经济的负担。国家的军事改革和武装力量建设都与维持国家军事实力的实际需要相联系。俄罗斯军事安全理论有传统军事大国的底蕴，有转型期大国的安全实践牵引，表现在一般理论探讨、学说条令规范和院校教学实践中，具有学术思想活跃、政策体现明显和影响国家军事战略环境直接的特点。从学术的角度看，军事安全理论成果丰富，以《军事思想》《国防》《军队集体》等杂志和《红星报》《独立军事评论》等报刊为平台，学术氛围深厚，产生了课题广泛的军事理论成果，涌现出一批具有时代特点的军事理论家。军事安全的基本课题和实践课题得到充分的研究和探讨，产生了大量具有创新概念的军事理论著作。从政策体现看，俄罗斯联邦时期，国家军事学说和国家安全战略版本迭出，国家战略文件及时进入条令教令，体现了军事安全理论持续性的政策转化，对于国家安全和军事安全实践发挥了有力的指导作用。从军事战略角度，俄罗斯持续的军事行动实施，包括多次战争实践，以及大量的非战争军事行动，体现了军事安全和军事战略理论对战争准备与实施的实践支撑。

二、俄罗斯军事安全建设

作为军事安全大国和战斗民族，俄罗斯继承和发展了苏联的遗产，其军事安全体制具有鲜明的民族特点。俄罗斯将武装力量作为军事安全体制的核心组成部分，认为其是俄罗斯军事安全能力的支柱，并将军事改革视作军事能力形成的有力抓手。

（一）体制机制

为了完成保障国家军事安全的任务，俄罗斯建立了特别的安全机构和力量，并采取一定的领导和指挥体制。其中，武装力量、国民近卫军、联邦安全局下属的边防军等强力部门所属队伍是俄罗斯保障军事安全的基本力量，其职责是作为直接的暴力工具执行国家军事安全任务。最重要的军事安全事务由俄联邦安全会议议决，联邦安全会议下常设的国家军事安全委员会负责具体的军事安全战略设计。外交部、司法部、能源部等政府行政部门，负责制定相关领域的政策，并通过自身职能发挥，为保障军事安全创造各种条件。

总统是俄罗斯国家最高领导人，也是国家安全与国防问题的最高决策者，俄联邦武装力量的最高统帅，对国家安全保障机关实施总体领导；负责与联邦会议共同确定对外安全保障战略；监督和协调国家安全保障机关的活动；在法律范围内做出保障安全的决定。在俄联邦遭受侵略或面临直接侵略威胁时，俄联邦总统有权宣布俄联邦全境或其部分地区进入战争状态，并立即通知联邦委员会和国家杜马。俄联邦总统负责组成并领导俄联邦安全会议，领导俄联邦武装力量、其他部队、军事单位和机构。2013 年 4 月修订的《俄联邦国防法》对总统在国防领域的权力做出了明确的规定，主要集中在战略决策、军事建设、战争动员和力量运用等方面。

国防部是俄联邦总统直接领导下的联邦执行权力机关和武装力量指挥机关，负责制定和落实国家国防政策，对国防领域的各种关系进行调节，履行联邦宪法法律、联邦法律、联邦总统令和联邦政府法令规定的其他职能。根据 2014 年修订的《俄罗斯联邦国防部条例》，国防部的基本任务是：制定和落实国防政策；对国防领域的各种关系进行法律调节；运用法律规范武装力量和国防部下属联邦执行机关的国防活动；协调联邦执行权力机关和联邦主体执行权力机关的国防活动；根据法律和国际条约组织武装力量运用；使武装力量保持规定的战略水平等。国防部的活动由总统直接领导。俄国防部设有部务会议，用于审议国防部活动中最重要的问题。国防部长直接隶属总统，而在法律规定属于联邦政府职权范围的问题上隶属于联邦政府总理。国防部长按一长制原则履行其职责，并对国防部和武装力量完成其所担负任务的情况承担个人责任。具体职权包括通过国防部对武装力量实施指挥。

俄罗斯联邦会议，作为国家最高权力机关，在国家安全与国防领域享受一定的立法、调节和最高批准权。联邦会议含国家杜马和联邦委员会，均设有相关军事安全和国防安全的委员会，负责军事安全立法，以及对国家军事安全政策及军事安全工作进行监督。具体职能包括负责保障重大安全利益的轻重顺序，制定依法调节安全领域关系的制度，规定安全保障机关的组织形式和活动程序，确定安全保障机关和安全领域的财政预算，批准和废止国家就安全保障签署的国际条约等。

俄联邦政府，作为国家的执行权力机关，负责落实总统和议会批准的有关国家安全与国防问题的命令、纲要和计划。俄联邦国防法规定，联邦政府在法律规定的范围内对国家安全保障机关实施领导，对联邦执行权力机关、联邦主体执行权力机关制定和实施安全保障措施进行监督。

俄联邦安全会议是解决国家重大安全问题的最高决策机构，辅助总统进行安全与国防决策。安全会议主席由总统兼任，常委由总理、安全会议秘书、外交部长、国防部长、联邦安全总局局长等人兼任，委员由总统任命。2020 年 1 月 15 日，普京提出增设联邦安全会议副主席一职，并任命梅德韦杰夫担任此职务。

（二）能力建设

军事力量是俄罗斯军事安全保障的支柱。俄罗斯将国家的所有军事力量统称为“国家军事组织”。根据《俄罗斯联邦军事学说》，俄罗斯的国家军事组织包括：作为军事组织核心和军事安全保障基础的俄联邦武装力量；以军事手段遂行维护军事安全任务的其他部队、军事单位和机构；武装力量及其他部队、军事单位和机构的指挥机关。武装力量专指国防部所属的军队，是构成俄联邦国防基础的国家军事组织，其使命是抵御外部侵略，武装保卫俄联邦领土完整和不受侵犯，捍卫国家主权并根据俄联邦签订的国际条约完成相关任务，以及抗击对部署在境外的俄联邦武装力量或其他军队的袭击，保护境外俄联邦公民，打击海盗和保障航行安全。从作战使命看，俄联邦武装力量由战略遏制力量和一般任务力量（部队）两部分组成，具体包括陆、海、空天军三大军种和战略火箭兵、空降兵两个独立兵种。乌克兰危机爆发后，根据“特别军事行动”的需要，俄罗斯将武装力量和员额扩充至 150 万。

“其他部队、军事单位和机构”指俄联邦政府的内务部、紧急情况部、安全总局等强力部门及其所属的部队，他们担负特定的国防任务，并与武装力量共同构成俄联邦的国防体系，在战时接受俄联邦武装力量总参谋部的统一指挥。俄其他军队（部队）和强力机构共拥有员额约 100 万。俄联邦总统作为武装力量及国家所有军事力量的最高统帅，对国家的所有军事组织实施直接领导。

俄罗斯作为欧亚强国，其主要强在军事，而其军事上的强大得益于不同时期的军事改革。始自 2008 年的俄罗斯“新面貌”军事改革及之后的整改措施，成就了俄罗斯联邦武装力量的现状，一支规模适度和编制结构合理的常备军已整体建成，不断更新的武器装备标志着武装力量的新质发展，完善的军事教育训练体制则推动武装力量战力的迅速提升。收复克里米亚的军事行动，参与乌克兰东部武装冲突，在叙利亚发起进攻性军事行动，继而于2022年2月发起“特别军事行动”，军事实践及军事行动决心显示出改革后俄罗斯的军事安全和军事战略自信。

三、俄罗斯军事安全维护

国家军事安全实践面向国家军事安全的维护。《俄罗斯联邦国家安全战略》和《俄罗斯联邦军事学说》确定国家军事安全的基本原则，维护国家军事安全的基本方式以及相应的途径选择。维护国家军事安全的战略和政策制定及施行，均依据一定的原则，接受主流安全思想和安全理论的指导。

（一）主要原则

从为保障国家安全创造条件的角度，军事安全理论提出和论述了保障国家安全的基本原则。根据《俄罗斯联邦国家安全战略》和《俄罗斯联邦军事学说》，俄罗斯维护国家军事安全的主要原则可概括为以下几方面：

1. 注重合法性基础

俄罗斯军事安全实践服从国内和国际法，必须建立在联邦法律和在国际法的基础上，并严格按照法律实施保障国家安全的行动，包括使用军事力量。尊重和保护个人与公民权利和自由，不损害国际安全和其他国家的国家安全也是俄罗斯安全法明文规定的内容。

2. 注重综合手段运用

俄罗斯维护国家军事安全强调政策和手段的综合性，强调“采取政治、组织、社会经济、信息、法律和其他安全保障措施的系统性和综合性”。根据国家军事学说，军事安全保障活动内容主要包括：预测、发现、分析和评估军事危险和军事威胁；确定安全领域国家基本方针和战略规划；军事安全领域法律调整；制定和实施一整套有效、长期措施，发现、防范和消除安全威胁，限制并削弱其后果；为保障军事安全采取特别经济措施；为保障安全，研发、生产和应用现代化武器、军事和特种技术装备；组织保障军事安全的科学活动；协调国家权力机关和地方自治机关的安全保障活动；安全费用的筹措，专款专用的监督；为保障安全进行国际合作；依照国家法律采取其他保障军事安全的措施。“国家权力机关、联邦主体国家权力机关、其他国家机关与社会团体、国际组织和公民为保障安全进行合作。”与政治、经济、信息等领域安全相比，军事安全是国家安全的最重要组成部分和基本要素之一，与其他安全领域要素密切相关。在保障军事安全问题的框架内解决任何问题，都应通过在政治、军事、经济、社会和其他国家活动领域采取的措施的综合应用，系统地进行。

3. 注重采取预防性措施

《俄罗斯联邦安全法》和《俄罗斯联邦军事学说》强调，国家优先采取预防措施以保障安全，并明确预防措施涉及政治、经济、信息和其他非军事手段。预防性原则基于两点考虑：一是限制各类危险和威胁的升级，能够更好地实现安全目标；二是经济上有利，采取预防性措施通常比直接应对威胁和挑战要有利得多。

4. 强调军事安全的防御性

俄罗斯将本国的军事安全保障定义在防御性质上，军事安全政策和实践面向现实的国家安全威胁，特别强调维护国家主权和领土完整，维护切身国家利益，维护俄罗斯国家生存和发展的内部和外部条件。

5. 合理性

军事安全主要通过发展和完善国家军事组织和国防能力以及为此目的拨出财政、物资和其他资源来实现。2014 年版《俄罗斯联邦军事学说》要求国家“拥有充足的必要力量、资金和资源以保障军事安全及其合理运用”[①]。鉴于国家综合实力的限制，俄罗斯联邦强调充分发挥非军事反应方法和手段、公共外交和维和机制以及国际军事合作的作用，根据国防开支合理充足和有效的原则，保障自身军事安全。

（二）基本方式

维护国家军事安全可能采取不同的方式。俄罗斯联邦一般采取的方式包括军事方式、非军事方式和混合方式。

首先，军事方式。军事方式又可区分为战争方式和非战争的军事方式。俄罗斯地处欧亚之间，领土广袤、资源丰富。历史上与周边国家领土

① Министерство иностранных дел Российской Федерации, Военная доктрина Российской Федерации（в редакции от 25 декабря 2014 г.）, https://www.mid.ru/ru/foreign_policy/official_documents/1584621/.（俄罗斯联邦外交部官网，《俄罗斯联邦军事学说》，2014 年 12 月 25 日修订。）

争端和武装冲突不断，造就了俄罗斯以军事立国和优先保障国家军事安全的特点。根据俄罗斯学者的统计，“从公元 1055—1462 年，俄罗斯遭受了 245 次入侵，而从公元 1365—1893 年的 500 多年间，俄罗斯就有 305 年处于战争之中”[①]。苏俄和苏联存续的 70 余年间，同样战争不断，苏联后期的内忧外困乃至最终解体的命运，均与持续时间近 10 年的阿富汗战争密切相关。苏联解体和俄罗斯联邦独立建国至今，30 余年间，俄罗斯经历的内外战争已达七次。[②] 事实证明，俄罗斯维护传统军事安全的基本方式是军事力量的战争运用，即采取军事措施。以非战争的军事方式维护国家安全，主要是指采取非战争军事行动。对于俄罗斯，比较有代表性的是具有军事威慑意义的军事演习、海军和空天军的战略巡航、海上护航、地区维和行动，以及国际军事合作等等。俄罗斯在集体安全条约组织框架内采取的非战争军事行动占主导地位，与中国、印度等战略伙伴国家之间的军事合作也具有重要意义。

其次，非军事方式。维护国家安全的非军事方式多种多样。苏联解体、俄罗斯联邦独立后，俄罗斯国家处于发展的低俗，面对内外军事威胁，虽然也经常诉诸军事手段，但与此同时，非军事手段的地位也在不断上升，俄罗斯国家采取了大量的“非军事措施。20 世纪后期的军事实践证明，军事力量对于处理经济、信息、意识形态、情报以及针对军事力量自身的秘密破坏活动收效甚微，几于无能为力。将军事成分绝对化的国家军事安全保障体系，无论其规模有多大，都无法完全保障国家安全的需要。而不受限制的军事实力增长不仅会打破国家间（国家联盟间）的力量平衡，还会严重影响经济，对人民的物质和精神生活水平造成负面影响。正因为如此，后冷战时期和新世纪，俄罗斯国家安全理论重视以“非军事措施”维护国家军事安全。

“非军事措施”是指为保障国家军事安全而采取的、对内对外政策中相互协调与相互作用的措施与活动的总称。《俄罗斯联邦军事学说》对保障军事安全的非军事措施的范围进行了界定：即“政治—外交措施、国际

---

① ［俄］沙瓦耶夫著，魏世举等译：《国家安全新论》，军事谊文出版社 2002 年版，第 81 页。

② 分别是第一车臣战争（1994—1996）、第二次车臣战争（1998—2000），俄格冲突（2008）、收复克里米亚军事行动（2014）、乌克兰危机（2014—2015）、军事介入叙利亚（2015—2018）、“特别军事行动”2022。

—法律措施、经济及其他措施”。“其他措施”具体包括信息手段、意识形态手段、心理手段、人权手段、情报手段（主要是政治、经济与科技情报）、非暴力的社会防护手段。使用政治外交其他非军事手段化解可能的军事风险与军事威胁，在《俄罗斯联邦军事学说》第二十一条中，被列为“遏制与防止军事冲突”，是保障俄罗斯军事安全的基本任务之一。

政治外交措施是最为常见的非军事措施。保障安全的非军事措施丰富多样，居于领导地位的是政治措施与手段，政治措施与手段具有特殊作用。对外政策的基本使命是使用政治手段保障国家军事安全以达到保卫国家主权与领土完整，加强周边、附近地区与世界稳定的目标。

对外政治的基本任务包括：减少可能的对手的数量并获得新的盟友；与邻国在国际关系的各个领域建立信任、伙伴与合作关系；预防与限制军事冲突；参加防御性的军事—政治同盟与军事同盟以集体对抗可能的侵略；参加对各种规模的军事行动的监督机制的建立及后续工作；参加削减与限制武器与武装力量的谈判进程；参加互动基础上的降低武器水平区、裁军区、核安全与开放天空区的建立；参加互动基础上的对包括陆上、海上与空中军事行动的限制。

落实对外政治任务强调在以下几个方面采取行动：确定在保障军事安全问题上的国家政策的目标与任务，制定实现目标的综合性措施与方法；确定包括武装力量在内的保障国家军事安全的国家机关的角色、地位、任务与要求；进行化解各种层次分歧与冲突的双边与多边谈判，并在保障军事安全领域达成相应的协定与条约；加入国家的联合（组织、集团、同盟）或这样的联合的组织以在保障军事安全领域保卫本国的国家利益与盟国的利益。政治外交措施主要用于避免军事行动的释放，即便战争开始后这些措施也并没有失去自己的意义，它们为成功地进行战争创造了必要的条件。加强国家军事安全的外交行动的一个单独方面是与外国进行的军事合作。国际军事合作是各国为加强自身安全、预防战争、裁军、加强战备与增强武装力量军事—技术力量而采取的联合行动。《俄罗斯联邦军事学说》明确了军事—政治合作的任务与优先方向。

维护国家军事安全也经常需要采取法律措施。法律措施旨在使保障军事安全领域的法律法规制定符合国际法律规范和国家政策要求。国家与非国家机构，作为准备法律、规定、条约、协定及其他法律文书的主体，在这一基础上开展自己的行动，理顺国际与国内关系以达到有效预防可能的侵略与坚决捍卫国家利益的目标。法律性质的措施可以分为国际法性质的措施和国内法性质的措施。

经济手段与措施在保障国家军事安全中同样发挥着重要作用。军事安全不仅由国家经济实力和国防军工生产保障，还取决于国家与世界经济的一体化及其与其他国家经济的相互联系的程度。这可能会降低或完全消除对一国进行攻击的意愿，因为任何冲突都会破坏经济合作与经济往来。国家经济状况对其在解决国际与国内问题中的地位与作用有着决定性的影响。在大多数情况下，复杂的内部经济形势往往伴随着政治、社会、民族及其他矛盾的尖锐化，经济措施可以成为对世界和地区军事政治与战略态势发展施加影响的有效工具。军事安全的经济保障与社会和军事政治局势密切相关，经济保障是国家军事潜力与军事实力的基础。经济措施包括威胁时期的经济措施，以及军事冲突时期的经济措施。

信息心理措施不可忽视。对抗的信息形式（信息措施）得到了越来越积极与巧妙的运用，它是所有活动领域和斗争形式的补充，从外交的、经济的到军事的，同时其还具有相对独立性。此外，与其他活动领域不同，该领域没有国家边界，易于瓦解敌国意志和麻痹对手，这也导致信息与信息技术成为越来越有效的武器。保障军事安全的信息措施包括信息技术措施与信息心理措施。

借助非军事措施与手段完成的主要任务分别是：增强在世界与地区的国际地位、威望与影响力，增加朋友与伙伴，为了和平和共同安全利益发展与其他国家的全面联系和关系；改善军事—政治态势，弱化和消除军事风险和国家内外部威胁，预防和消除战争和武装冲突，并消灭其根源、原因与条件；促进在发生武装进攻时决定性地、成功地反击侵略，促进实施有效的武装斗争以迫使敌方无法在冲突尽可能早的阶段实现其目的；弱化和消除对国家国防潜力、武装力量作战准备与作战能力的非军事威胁；反击他国使用非军事手段对内政的干涉；揭露、审判侵略战争主谋、战犯和恐怖分子并追究其刑责。非军事措施与手段可以被积极地用于破坏和削弱对手的军事实力，实践中也确实能影响军事安全形势、武装冲突的性质、过程与结果，但非军事措施与手段在大多数情况下仅被视为保护性行动，对客体、目标和任务的影响与军事措施是不同的。二者相互为用，相辅相成，缺一不可。

最后，混合方式。混合方式是指军事方式与非军事方式的复合运用。

应对军事安全威胁，不仅需要采取频繁的军事措施和非军事措施，而且特别强调现代条件下军事措施本身与非军事措施的密切结合，实践中已经显示出军事措施与非军事措施相互融合和难以分割的趋势。

（三）途径选择

途径是为达成目标而采取的具体方法，是对一般方式方法或既有手段的具体运用。冷战结束以来，俄罗斯在面对重大危机、潜在冲突、直接军事对抗等各种军事威胁态势下，经常采取军事行动，包括非战争军事行动；同时也注重采取包括政治外交、经济等方式在内的非军事措施。不同时期和针对不同的威胁情况，相应行动的方式组合也不尽相同，体现对不同方式和手段的偏重。

首先，军事自助。军事自助是主要依靠自身军事力量消除化解威胁和达成军事安全目标。俄罗斯将本国定义为世界级军事强国，有信心主要依靠自身力量解决与国家主权和领土完整相关的军事安全挑战。无论针对本国的民族分裂主义，还是针对外部势力的侵略或扩张，俄罗斯都会采取断然的军事措施。

其次，军事政治联盟。通过军事政治联盟保障集体安全是俄罗斯应对军事威胁的一贯选择。建立和通过联盟保障国家军事安全，既是扩张自身力量的途径，也是运用多种方式和手段维护国家军事安全的条件。冷战时期，苏联曾依托庞大的华沙条约组织维护自身和整个苏联阵营的军事安全。冷战结束后，俄罗斯从维护自身和原苏联加盟共和国的地区军事安全需要出发，倡导和建立独联体集体安全条约组织，实现了次地区范围内不同层次的军事安全合作。集体安全条约组织具有统一的防空；有以俄罗斯武装力量为基干的集体快速反应力量；有成员国在地区范围内采取统一行动的协调机制。集体安全条约组织内部，有些国家，如俄罗斯与白俄罗斯之间有更加紧密的军事一体化联系。俄罗斯在哈萨克斯坦、塔吉克斯坦等国有军事基地甚至长期驻留维和力量，保障俄罗斯在当地和地区能够采取军事行动。由于集体安全条约的存在，俄罗斯有效地拓展了国家的防御战略纵深，并在一定程度上提升了应对地区军事威胁的主动性。

再次，势力范围。建立势力范围和通过军事方式拓展地区影响是俄罗斯在更大范围内维护国家军事安全的重要途径。俄罗斯是地缘政治大国，其地缘政治利益遍布世界的多个地区。在国家安全利益攸关的重要地区，俄罗斯致力于建立、保持和拓展自己的军事存在，确保自己的国家安全利益和话语权。中东是俄罗斯全球战略的重点方向，在这一地区经营盟友和保持军事存在具有历史传统。为保持在这一地区的利益，俄罗斯需要有坚实的地区战略支点。“阿拉伯之春”爆发后，俄罗斯采取多种军事和非军事措施，积极介入，确保地区反恐形势、能源合作和政局走向对自己有利。2015 年 9 月，俄罗斯军事介入叙利亚，挽救岌岌可危的阿萨德政权，阻止了地区形势的进一步恶化。俄罗斯在中东地区的存在和作为，成为后来影响巴以冲突局势的重要条件，有利于俄罗斯尽快摆脱与乌克兰冲突久拖不决的不利局面。

最后，构建伙伴关系。为保障军事安全创造更广泛的国际政治和世界经济条件，俄罗斯还积极构建和发展伙伴关系。在这方面，俄罗斯与中国、印度以及伊朗等国的关系具有代表性。俄罗斯将建设“多极世界”视为保障国家军事安全的国际政治条件，在全球范围内寻求和构建战略协作伙伴关系，直接服务于国家军事安全的重要外交目标。俄罗斯与中国的全面战略协作伙伴关系已历经二十多年的发展，新时代两国的全面战略协作伙伴关系具有政治高度互信和多领域密切合作的特点，军事安全合作始终是两国全面战略协作的亮点。共同参与上海合作组织给两国战略协作和拓展国际影响提供了更大的平台，为俄罗斯采取各种非军事和军事安全措施维护国家军事安全开辟了更广阔的空间。

第三节　欧盟军事安全思想与实践

欧盟军事安全思想是欧洲长期以来战略文化与军事思想的沿袭和发展。它源于欧盟各成员国军事安全思想，但又不等同于各成员国军事安全思想的简单集合，而是在欧盟国家共同防务合作与竞争中，以及外部安全威胁的压力下，不断演化发展出来的，具有其内在的地缘、历史和时代逻辑。

一、欧盟军事安全思想

二战后，西欧国家签署《欧洲防务共同体条约》、尝试建立统一的欧洲军队，虽然没有取得成功，但却为欧盟军事安全思想的孕育和发展起到了催化作用。20 世纪 90 年代欧盟成立后，欧盟军事安全思想在其“共同外交与安全政策”和“共同安全与防务政策”的框架基础上开始逐渐生长。

欧盟军事安全思想是其安全战略思想的重要组成部分，集中体现于一系列欧盟条约、宣言和战略报告中，概括起来主要有四个方面：

一是从全球安全格局审视军事安全环境。综合安全的大安全观和致力于成为全球安全行为体的目标使欧盟的军事安全观念从一开始就建立在全球安全层面。一方面，欧盟认为，全球化使安全的内在层面与外在层面已经难以分割，欧盟对外部世界的依赖给自身带来了脆弱性，全球范围内的恐怖主义、大规模杀伤性武器扩散、地区冲突、失败国家、有组织犯罪等是欧盟面临的重要威胁；① 另一方面，欧盟将周边安全与稳定视为影响军事安全的重要问题，而随着美国战略重心移向亚太地区，对中东和非洲的关注和投入将更趋减少，可能导致这些地区的权力真空，欧盟将不得不单独面对其周边问题。②

二是强调通过伙伴关系维护军事安全。欧盟长期以来依靠美国和北约保障军事安全，在其军事安全思想上对盟友与伙伴有着特殊的定位。一方面，欧盟将与北约的合作作为参与国际安全的重要依托，先后三次与北约签订联合宣言，多次表示北约是集体防御的基石，与北约的战略伙伴关系对欧洲安全和全球安全至关重要，将继续完全致力于提升这一关键性伙伴关系；另一方面，欧盟始终认为与美国的伙伴关系具有战略意义，屡次在安全战略中突出美国的作用，强调跨大西洋关系不可替代、美国仍将是核心伙伴、必须强化与美国的安全和防务领域合作，并将美欧“安全与防务战略对话”看作巩固跨大西洋伙伴关系的里程碑。

三是注重军事和民事手段并重。欧盟反对在实现安全目标的过程中单纯使用军事手段，而主张综合使用政治、外交、经济、军事等手段，开展军事和民事能力相结合的行动，以多维度、多阶段、多层次和多向度的方式应对冲突和危机。一方面，欧盟认为安全机制的选择首先应采取外交和预防性措施，而不是先发制人的军事手段；军事行动主要服务于民事行

① Council of the European Union, “European Security Strategy, A Secure Europeina Better World”, Brussels, December 8, 2003, 15895/03.

② Council of the European Union, “A Strategic Compass for Security and Defence”, Brussels, March 21, 2022, 7371/22.

动，是为了保护民事行动，例如 2011 年欧盟在利比亚开展军事行动的主要目标是确保国际人道主义救援行动的安全。另一方面，欧盟也不排斥使用军事手段，但更倾向于预防性使用，而非最终使用，例如对于“失败国家”必须用军事行动恢复秩序，尔后使民事问题得到解决。

四是追求建立共同防务和战略自主。欧盟自成立起就一直在追求建立欧洲共同防务和实现战略自主，并将战略自主确定为核心目标，将发展独立防务作为实现该目标的关键。尽管在科索沃战争、伊拉克战争、乌克兰危机等问题上遭受挫折，但欧盟对实现欧洲共同防务和战略自主始终念念不忘。一方面，欧盟多次通过首脑峰会宣言和安全战略文件重申发展欧洲自主防务能力的决心；另一方面，欧盟通过“永久结构性合作”① 等机制从防务支出、军备研制等方面提升军事安全能力。

欧盟军事安全思想随着其军事安全理论和实践的发展而发展，受不同时期军事安全环境、目标和能力变化的影响，但与此同时又有其稳定的一面，并在延续和积淀中形成其基本特征。

一是依附性。冷战时期，欧洲的军事安全完全依赖北约特别是美国提供的保护，这种长期的依存关系也使冷战后欧盟的军事安全思想受到强烈影响。一方面，在军事安全建设上，欧盟虽然追求建立自己的防务力量，但目标是建立与美国平衡的伙伴关系，而不脱离北约、不重复发展与北约相同的军事能力，欧盟的安全仍在跨大西洋安全框架内，欧洲的军事安全仍需要美国的保护，欧盟只在危机管理方面发展自己的军事力量；另一方面，在军事力量运用上，欧盟强调与美国配合行动，欧盟军事力量主要用于应对非传统安全威胁，在军事任务上与北约形成衔接和补充。

二是进取性。欧盟军事安全思想中具有较浓的英、法等欧洲大国的战略文化思想，反映着打造“全球力量的欧洲模式”理念。一方面，欧盟主张成为重要的国际力量，把自身视为维护国际安全的可靠和有效的行为

---

① 2017 年 12 月，欧盟理事会通过《关于建立“永久结构性合作”的决定》，该机制被正式激活，参与其中的成员国承诺：定期实质性地提高防务预算以达到既定目标，将全部防务支出的 20% 进行防务投资，增加联合与合作的战略防务能力项目，将约 2% 的防务支出用于共同防务研究与技术，并建立对上述承诺的审查机制。作为欧盟《里斯本条约》中唯一的实质性军事合作倡议，该机制寄托着欧盟的雄心，旨在通过整合成员国军事资源增强欧盟整体防务能力，更有效地维护自身战略利益，并推动欧盟防务一体化发展。

者，注重在世界安全事务中发挥积极作用，分担全球安全责任；另一方面，欧盟强调积极干预，注重在危机开始前就采取防御，通过危机管理、对外干预和海外行动处理地区冲突，使危机的第一道防线尽早在海外展开。

三是有限性。战后和平主义与中立文化对欧盟军事安全思想也产生了深刻影响。一方面，欧盟对武力使用的目的有明确限制，武力使用授权要求高，强调维持世界和平的首要机构是联合国安理会，欧盟只是一种补充，动用武力必须得到联合国、成员国、欧盟的授权；另一方面，欧盟强调自主独立性、减少对美国的依赖，注重与世界主要行为体建立广泛的伙伴关系，而不主动与大国敌对和进行军事对抗。

二、欧盟军事安全建设

1993 年 11 月生效的《欧洲联盟条约》,[①] 以及之后的《阿姆斯特丹条约》《尼斯条约》《里斯本条约》作为欧盟的基础性法律，从体制机制和能力建设等方面对欧盟的军事安全建设提供了法律依据。

（一）体制机制

欧盟军事安全的体制机制是欧洲一体化的重要内容和支撑，是欧盟军事安全保障的中枢，其构成和运行主要包括决策和执行两个部分。

首先，决策机构和机制。一是欧洲理事会，负责欧盟军事安全问题的最高决策机构，每半年至少举行两次会议，由成员国政府首脑或国家元首及欧洲理事会主席、欧盟委员会主席组成，通常按照一致通过的方式就理事会的建议进行决策。欧洲理事会主席由欧洲理事会以有效多数的方式选举产生，任期两年半，可连任一次，负责主持欧洲理事会会议。二是欧盟理事会，又称部长理事会，是拥有立法权力及部分行政权力的决策机构，每次理事会会议都有不同的政策议题，各国根据议题派遣相关部长出席，处理军事安全问题的安全与防务理事会主要由成员国外长或防长参与，每月至少举行一次会议，同样以一致通过的方式决策。

其次，执行机构和机制。一是欧盟理事会中的常设委员会，包括：政治与安全委员会，负责欧盟安全与防务领域的日常工作，由成员国大使级

---

① 《欧洲联盟条约》又称《马斯特里赫特条约》，由欧共体成员国外交部长和财政部部长于 1992 年 2 月 7 日在荷兰马斯特里赫特签署，1993 年 11 月 1 日正式生效。

代表组成，负责监控国际形势、提供战略性建议和政策选择、拟定外长理事会议程、监督决策落实、为对外军事和民事行动提供政治和战略指导；欧盟军事委员会，由成员国参谋总长组成，负责向政治与安全委员会提供军事意见和建议、为欧盟共同外交与安全政策高级代表提供军事咨询、参加理事会涉及防务问题的会议；欧盟军事参谋部，由成员国军事代表组成，主要任务是为欧盟行动提供早期预警、情况分析和战略筹划，以及防务能力建设和与北约的联系协调；政治—军事小组，由成员国派驻代表组成，负责审查欧盟共同外交和防务政策框架内所有建议的政治军事方面的问题。二是欧盟共同外交与安全政策高级代表，该职位在欧盟机构设置中具有独特的地位，一方面高级代表兼任欧盟委员会副主席，另一方面主持欧盟外长理事会和领导欧盟对外行动署、欧洲防务署的工作，主要负责向理事会提出建议、设置理事会议程、调动各方资源执行理事会决定、在国际上代表欧盟、处理欧盟共同外交与安全政策框架下的日常工作等。三是欧盟委员会，它是欧盟的超国家机构，不直接参与欧盟军事安全事务，但由于其副主席兼任欧盟外交与安全政策高级代表，且欧盟委员会负责欧盟预算执行，因此对军事安全事务有一定影响力。

（二）能力建设

欧盟军事安全能力建设的目标是建立统一的、独立于北约之外的欧盟共同防务力量。但由于存在多种历史和现实障碍，欧盟共同防务力量建设步伐缓慢，其军事安全能力主要依赖于三个方面的有限建设。

一是成员国提供军事力量。欧盟没有自己的常备军事力量，但为了能够实施欧盟领导的军事行动，各成员国按照欧盟提出的军事能力需求向欧盟承诺和提供军事力量，组成受欧洲理事会领导的欧盟军事部队，其是否动用需要各成员国在理事会达成一致意见。换言之，成员国对欧盟军事行动的政治意愿和部队提供是基础性条件。欧盟先后组建了 60000 人的快速反应部队、3000 人的战斗群、3000 人的宪兵部队，并计划在 2025 年之前再建成一支 5000 人的模块化快速部署联合部队，主要用于救援和撤离行动，以及作为维稳行动的先遣部队。

二是发展成员国共同军备。为了保障欧盟在开展军事行动时能够获得更好的武器装备，欧盟于 2003 年出台《走向共同军备》政策文件，推动欧盟国家集约化发展军事装备，解决各成员国军备建设中重复发展、互不兼容等问题。在这一政策指导下，欧盟成立了直接对欧盟理事会负责的欧洲防务局，专门负责欧盟自主军事能力的军备建设，并通过建立欧洲军事工业和技术基地、打造统一的欧洲军事装备采购市场、提升欧盟的战略性军事技术优势等方式，从机制上加强成员国军备建设的协调与合作，促进欧洲军事工业发展。

三是借用北约军事资源。为取得美国和北约对欧盟发展自主防务力量的支持，欧盟承认北约在欧洲安全中的基石地位，并承诺不发展与北约重复的军事安全能力。同时，北约也对欧盟使用其军事资源做出安排，并通过 1996 年和 1999 年的北约峰会形成“柏林附加协定”，从法律层面保障欧盟能够使用北约的军事资源，并在北约不作为整体实施军事行动时，允许欧盟依托北约的军事资源开展自主军事行动。根据该协定，欧盟在“北约盟军作战司令部”内设立了“欧盟中心”，并派遣指挥和参谋人员，以此使用北约的指挥系统组织指挥欧盟的行动；同时，欧盟在危机管理行动中还可以与北约共享情报信息，并使用北约的后勤保障资源。

三、欧盟军事安全维护

军事安全维护是欧盟创建其预防性全球集体安全体制的重要方式，反映着欧盟共同安全与防务政策建设发展的成效，也是其输出欧洲制度和全球治理理念、扩大国际话语权和政治分量的战略体现。

（一）主要原则

欧盟在军事安全战略决策、能力建设和行动实施等方面形成了一套适合自身特点和具有指导性的基本原则，主要体现为以下三项：

一是协商一致原则。欧盟军事安全事务遵循政府间主义，而非超国家主义，军事问题从决策到行动都需要经过成员国一致同意。《欧洲联盟条约》及相关补充条约规定，代表各成员国的欧洲理事会和欧盟理事会对涉及军事防务的问题拥有决策权，军事政策的制定和行动的实施，其决策过程都严格保留在政府间协商的层面上。尽管欧盟条约保留了成员国的否决权，但在实践中，成员国并不愿意真正使用否决权来强行阻止决议通过。自欧盟成立起，涉及军事安全的相关决策都是全体一致协商通过，虽然有时因为集体妥协而只能达成最低共识，但这正是联盟存在和联合行动的合法性基础。

二是非强制原则。欧盟军事安全能力的基础来源于成员国的协调合作和集体贡献，但欧盟允许成员国在自愿的基础上参与欧盟共同防务建设和军事行动。一方面，各成员国可以根据自己的利益、实力和意愿，有选择地参与欧盟的各种防务机制安排，包括欧洲防务局、欧洲联合军工项目等，具有明显的“菜单式”特征；另一方面，成员国在所有情况下都有权决定是否参与欧盟领导的军事行动，以及何时提供和部署本国军队。如此，既保证能够在欧盟名义下由部分成员国实施共同军事行动和维护共同安全利益，又不损害各成员国的主权。

三是非排他原则。由于与北约在成员国和伙伴国方面高度重叠、在安全利益和功能方面相互交叠，欧盟在军事安全维护中采取了高度开放的态度和做法，基于非排他原则纳入非欧盟力量参与其领导的联合军事行动，为其提供军事贡献。一方面，如果行动不涉及北约，欧盟愿意邀请欧洲地区的非欧盟北约国家以及其他与欧盟建立政治对话机制的第三方国家加入其军事行动，例如2008 年欧盟在亚丁湾实施的“阿塔兰塔行动”，挪威、乌克兰、黑山等非欧盟国家也加入军舰或军事人员；另一方面，如果军事行动需要使用北约军事资源，欧盟将按照北约的程序制定计划和开展行动，例如2003 年欧盟在马其顿开展的“协和行动”。

（二）基本方式

从欧盟军事安全维护的任务①和实践来看，主要包括维和行动、海上护航行动、人道主义救援行动，其军事力量运用并没有大规模、高烈度的战争方式，而是以低烈度、远程投送、快速反应、长期部署为特征的军事危机管理和冲突预防方式。

一是军事危机管理。欧盟认为，地区性冲突或国家内部战争如果不能被及时制止，就可能蔓延至全球并上升为国际危机。因此，欧盟把危机管理作为其军事安全政策的核心，并主张在联合国框架内，通过合法的军事干预和介入，采取必要的军事行动，对危机地区或国家进行调停和管理，从而制止战争和冲突，维护当地政局稳定，恢复经济和社会秩序。欧盟军事危机管理的主要手段是直接向冲突地区派遣欧盟维和部队，在调解和制

---

① 人道主义与救援、维持和平、为缔造和平而进行的战斗，即“彼得斯堡任务”，是1992 年西欧联盟在德国彼得斯堡召开的会议中所确定安全防务使命。随着西欧联盟并入欧盟，1997 年欧盟《阿姆斯特丹条约》纳入“彼得斯堡任务”，使之成为“欧盟共同安全与防务政策”的主要内容。

止冲突的同时，向冲突地区提供人道主义援助。

二是冲突预防。冲突预防是欧盟运用政治、经济、军事相结合的手段介入和参与国际危机解决的基本方式，体现其化解国际冲突的战略能力。围绕冲突预防，欧盟不仅建立起一套冲突预防机制，还制定了长期和短期目标。长期目标是保持与邻国的高水平伙伴关系，通过加强包括军事安全在内的多领域合作维护欧盟边界的繁荣与稳定；短期目标是对在冲突征候显现或冲突早期做出迅速反应，使用包括军事力量在内的综合手段重建冲突地区的政治和社会秩序。

（三）途径选择

作为一个地区组织和国际行为体，欧盟总体上是一个政治经济联盟，各成员国的军事安全和集体安全依赖于欧盟在地区和全球构建的安全关系网络。在这个安全网络的交织和作用下，欧盟主要通过内部和外部两种途径实现军事安全。

一是通过内部互助维护联盟集体安全。欧盟《里斯本条约》明确："根据《联合国宪章》第 51 条，如果某一成员国在其领土内遭到武装入侵，其他成员国应该尽其所能给予帮助和救助。在该领域的义务和合作应该与北约的责任相一致，北约成员国保留其集体防御的基础。"这一律法性文件阐明了欧盟军事安全维护的特殊互助方式。一方面，各成员国共同维护集体安全，对彼此军事安全负有责任，但鉴于欧盟在共同防务方面的合作还很有限，这种互助仍然是一种目标；另一方面，基于多数成员国同属欧盟和北约的现实，以及北约对这些成员国集体防卫的基石作用，欧盟在军事安全方面的内部互助实际上是通过北约来实现的，且这种互助仍将长期存在。

二是通过外部架构维护地区和全球安全。在国际战略格局持续演进和自身成功扩大的背景下，欧盟积极构建地区和全球伙伴关系的软合作架构，以此作为加强军事安全的重要基础。其一，欧盟相继出台"欧洲睦邻政策"和"东部伙伴关系计划"，将东部的非欧盟候选国作为强化安全稳定的对象，通过政治、安全和经济领域的深入合作对其进行"欧盟化改造"，防止与东部邻国出现新的分界线，确保欧盟东部边界稳定、安全和繁荣。其二，欧盟建立和升级与地中海沿岸国家的"全面伙伴关系"，加强与南部的伊斯兰、阿拉伯国家的合作，以此应对恐怖主义威胁和伊斯兰极端主义蔓延，保障北非、地中海沿岸、中东等"后院地区"的稳定。其三，欧盟提出和推动“战略伙伴关系计划”，视美国为“核心伙伴”，加拿大、日本、韩国为“天然盟友”，中国、印度、巴西和俄罗斯为“关键战略伙伴”，南非、墨西哥为区域伙伴，通过与这些全球关键国家发展战略伙伴关系，实现其有效多边主义国际秩序的战略目标。

第四节　日本军事安全思想与实践

当代日本军事安全理论与实践的起点是对其二战前军国主义思想的否定。明治维新后，日本国家目标是“富国强兵”，无论是政治、经济还是教育、思想、文化都服务于这一目标，成为世界上唯一的军国主义国家[①]，军事安全在国家安全中处于最突出、最优先的地位。1945 年战败投降后，迫于内外压力，日本制定“和平宪法”，宣告与军国主义诀别，军事安全在国家安全中的地位一度明显下降。然而，冷战爆发后，日本旋即开始重整军备，军事安全的地位逐步得到恢复。冷战结束后，日本积极推动军事力量走向海外、强化外向型军事特征，军事手段成为政治大国化的重要工具，军事安全的地位进一步上升。2013 年以来尤其 2022 年乌克兰危机全面爆发后，日本通过制修订出台“新安保法”“日美防卫合作指针”“安保三文件”等，大步迈向“慑敌能战”的军事大国，“和平宪法”精神和“专守防卫”原则被架空殆尽。[②] 伴随这一过程，军事安全再次成为日本国家安全的最核心领域，且军事威胁明确化、军事目标扩大化、军事手段激进化的趋势越来越突出，成为其主导亚太安全秩序的重要抓手。

一、日本军事安全思想

二战战败前，日本军事安全的指导思想是军国主义。这一思想的核心特征是：军事至上，谋求霸权。具体而言，“日本军国主义以富国强兵、

---

① ［日］藤原彰著，张冬等译：《日本军事史》，解放军出版社 2015 年版，序第 1 页。

② 杨久成：《“历史性转折关头”的日本军事大国化转型——日本新安保战略的背景、特点与影响》，《国家安全论坛》2023 年第 1 期，第 47—61 页。

发展军事为立国之本，以保留浓厚封建因素的近代天皇制为政治依托，以大和民族优越论和近代合理主义为理论指导，以效忠天皇、崇尚杀伐的封建武士道为精神支柱，以对内镇压和对外扩张为基本国策，对日本人民的生存权利、民主权利进行了彻底剥夺，对其他民族推行了双倍的帝国主义政策，因此比一般帝国主义更疯狂野蛮，危害更大”①。在这一思想指导下，日本近代以来穷兵黩武，发动一场又一场侵略战争，给东亚各国人民带来沉重灾难，也使日本的普通人民蒙受深重的战争创伤。

中美英三国1945年在敦促日本无条件投降的《波茨坦公告》中明确要求：“欺骗及错误领导日本人民使其妄欲征服世界者之权威及势力必须永久铲除，盖吾人坚持非将负责之穷兵黩武主义驱出世界，则和平安全及正义之新秩序势不可能建立。”迫于国内外的强烈和平主义压力，在驻日联合国军司令部的监督下，日本1946年公布、1947年实施了延续至今的“和平宪法”，彻底否定了军国主义。其中第9条规定：“日本国民衷心谋求基于正义与秩序的国际和平，永远放弃以国权发动的战争、武力威胁或者武力行使作为解决国际纷争的手段。为达成前项目的，不保持陆海空军及其他战争力量。不承认国家交战权。”② 尽管二战后日本存在非武装中立、自主防卫、集体防卫等各种军事安全思想争鸣，但是日本历届政府则必须在“和平宪法”框架下筹划军事安全。因此，“和平宪法”体现的“和平主义”思想对日本的军事安全政策产生深远影响。以“放弃战争”“不保持军力”为前提，日本在冷战期间曾经陆续形成一系列具有“自我限制”色彩的军事安全政策原则，如“文官治军”“专守防卫”“无核三原则”“武器出口三原则”“武力行使三原则”，以及“不做军事大国”“禁止海外派兵”“军费不超过国内生产总值百分之一”“禁止与外国军队军事一体化”等。

与此同时，冷战开始尤其是朝鲜战争爆发后，日本谋求突破“和平宪法”限制的一面逐渐显现。日本于1951年捆绑签订《旧金山和约》与《日美安保条约》，开始重整军备。1954年，防卫二法（即“自卫队法”和“防卫厅设置法”）制定后，日本正式组建自卫队。不过，鉴于战败教

① 蒋立峰、汤重南：《日本军国论》，河北人民出版社2005年版，序第3页。

② ［日］防卫大学校安全保障学研究会：《安全保障学入门》（第5版），亚纪书房2018年版，第440—441页。

训，同时迫于国内革新派护宪主张以及巨大的经济民生压力，日本在军事安全上选择了一条比较温和的“轻军备、安全靠美”的吉田路线。这一路线的基本理念突出体现为 1957 年“国防基本方针”的两大原则：适应国力国情，在自卫必要限度内，渐进发展有效的防卫力量；在联合国尚不足以发挥阻止侵略作用前，以日美安保体制为基础应对外部侵略。在冷战缓和的背景下，日本战后首个防卫计划大纲——“76 大纲”则提出“基础防卫力量构想”，强调作为独立国家仅保留所需最小限度的基础防卫力量，以便既不对别国产生威胁也不为别国所轻视。成为经济大国后，日本又提出“综合安全保障”概念，强调无论国家安全的目标、手段还是威胁，都需要综合考虑军事和非军事因素，虽然军事手段是维护安全的最终手段，但也应该最大限度地使用经济、外交、文化等非军事手段来促进军事安全。①

冷战结束后，日本大国主义思潮抬头，“和平宪法”所体现的“和平主义”思想日益被执政的保守势力视作实现政治大国的障碍，被矮化为“消极和平主义”思想。具体而言，保守势力认为这种“消极性”主要体现在两个方面：一是将和平主义等同于否定军国主义的一国和平主义，缺乏在日本领土之外维护和平的意识；二是将军事力量视作破坏和平的工具，缺乏主动运用军事力量维护和平的意识。对于第一种“消极性”，日本力图通过推动自卫队参与联合国维和、国际反恐、人道主义援助等作国际贡献的方式加以克服。对于第二种“消极性”，日本力图通过“释宪”、制修订安保法制、扩大“制服组”权限等松绑军力的方式加以克服。② 安倍 2012 年二次上台后，更是大刀阔斧地废止了执行 56 年之久的“国防基本方针”，正式提出基于“国际协调主义”的“积极和平主义”思想。其实质是打着日本和平与世界和平密不可分、积极维护本国和世界和平的幌子，全方位松绑军力，大步迈向军事大国化，以维护、拓展战略利益。在这一思想的指导下，日本效仿美国设立“国家安全保障会议”，制定《国家安全保障战略》；修改宪法解释，出台“新安保法”，解禁“集体自卫权”，放弃“武器出口三原则”；修改“日美防卫合作指针”，打造多层次

---

① 吴怀中：《战后日本安全政策的演变》，参见日本战后 70 年编委会：《日本战后 70 年轨迹与走向》，中国社会科学出版社 2015 年版，第 92—106 页。

② ［日］防卫大学校安全保障学研究会：《安全保障学入门》（第 5 版），亚纪书房 2018 年版，第 429—430 页。

军事合作伙伴网络，出台“印太战略”。这标志着“和平宪法”精神被架空殆尽，比较温和的“轻军备、安全靠美”吉田路线被“重军备、安全协美”的安倍路线所取代，日本占据主导地位的军事安全思想也从具有一定“自我限制”色彩的“和平主义”偷梁换柱为扩军备战色彩浓厚的“积极和平主义”。

菅义伟政府、岸田文雄政府上台后，继续奉行“积极和平主义”思想，推进基于安倍路线的军事安全政策。2022 年年底，在乌克兰危机爆发后大国博弈进一步加剧的大背景下，日本又趁机出台了以中国为“前所未有的最大战略挑战”、着力发展攻势化“反击能力”、全面强化“慑敌能战”态势、加速打造“日美 +”型联盟体系的“安保三文件”，其军事安全政策的冒险性、对外干预性、集团对抗性等特征空前凸显。① 可见，从确立“和平主义”，到渐进式突破“和平宪法”限制，再到以“积极和平主义”取代“和平主义”，二战后的日本军事安全思想呈现出明显的渐进式复古回归特征，增大走向激进军事大国化的风险，令人对其战略走向产生深刻担忧。

二、日本军事安全建设

出于对战前军人干政的反省，日本二战后形成一套具有鲜明“文官治军”特征的军事安全体制机制，即军事安全的最高指挥监督权属于首相，中枢决策机构是国家安全保障会议，主管机构是防卫省，核心执行组织是自卫队，其他相关主体予以密切协同。经过规模优先、质量优先、效率优先和运用优先四个阶段的发展，日本建成了一只数量规模较小，但质量能力处于世界领先水平的自卫队，正在以解禁“反击能力”（对敌纵深目标的防区外打击能力）为主要抓手，着力将自身打造成一个“慑敌能战”的军事大国。②

（一）体制机制

战前，日本的军事大权隶属于天皇统帅权，内阁无权过问。相反，现役军人的陆海军大臣等却可以利用帷幄上奏权等干预内阁决策。战后，为

---

① 杨久成：《“历史性转折关头”的日本军事大国化转型——日本新安保战略的背景、特点与影响》，《国家安全论坛》2023 年第 1 期，第 47—61 页。

② 杨久成：《“历史性转折关头”的日本军事大国化转型——日本新安保战略的背景、特点与影响》，《国家安全论坛》2023 年第 1 期，第 47—61 页。

防止军人像战前那样干政，确保政治统御军事、保障国民对军事的民主监督，日本确立了与其议会内阁制政体相匹配的严格的军事安全“文官治军（文官控制）”原则，主要体现在三个层面：一是国会拥有审查批准权。自卫队的员额、主要组织等需由国会以法律、预算案的形式予以表决，自卫队“防卫出动”等需由国会予以批准。二是内阁总理大臣拥有最高指挥监督权。防卫事务属于一般行政事务，完全隶属于内阁行政权。内阁总理大臣代表内阁对自卫队行使最高指挥监督权且内阁总理大臣及其他大臣必须是非军人身份。三是防卫省拥有具体管理权。非军人的防卫大臣是军事安全事务的主管大臣，同样是非军人身份的防卫副大臣、政务官及辅佐官及各厅局长予以辅佐。

基于上述“文官治军”原则，日本构筑了一套首相指挥监督、安全职能部门集体协商、防卫省主责管理、自卫队贯彻执行、其他相关主体密切协同的军事安全体制机制。主要参与主体、要素及组织运行特点如下：

1. 首相在军事安全体制机制中处于主导地位

首相作为内阁首长，主宰内阁会议，拥有重要政策动议权，代表内阁向国会报告重要政策。国防及其他部门的主管大臣、副大臣、政务官，国家安全保障会议的干事、各事态处置专门委员会委员等重要职位均由首相任命，受首相指挥监督。有关法律和政令也须首相联署后方可生效。

2. 国家安全保障会议是军事安全中枢决策机构

国家安全保障会议审议事项包括：国防基本方针、重大政策制修订，“武力攻击事态”“存立危机事态”“重要影响事态”“国际联合维和事态”等各种法定事态的处置，常规危机管理机制难以应对的重大紧急事态的处置等。国家安全保障战略、国家防卫战略、防卫力量整备计划等均须经过国家安全保障会议和内阁会议审议批准后才能公布实施。其他事项是否提交审议由首相视情定夺。会议通常一到两周召开一次，由首相主持，以全体一致方式作出决定。具体组织形态分为三种：一是由首相、外务大臣、防卫大臣、内阁官房长官参加的“四相会议”，审议“国防基本方针等重要事项”，重在“集中高效”。二是由四相加上总务大臣、财务大臣、经济产业大臣、国土交通大臣、国家公安委员会委员长参加的“九相会议”，审议“四相会议”和“紧急事态大臣会议”审议事项以外的各种事项，重在确保“文官控制”。三是由首相、内阁官房长官和首相指定的相关大臣参加的“紧急事态大臣会议”，专门审议重大紧急事态处置措施，重在

“灵敏机动”①。

3. 内阁官房是军事安全主要策划协调机构

内阁官房长官拥有综合策划协调权。首相直属的国家安全保障事务助理主要从政策层面协助策划协调重要政策，可根据首相要求出席国家安全保障会议。国家安全保障局设局长一人（由内阁国家安全保障特别顾问兼任）、副局长二人（分别由内阁官房长官外交政策助理和危机管理助理兼任），与内阁危机管理监配合，主要从事务层面策划协调重要政策。上述人事的任免均由首相提议或直接指定。

4. 防卫省是军事安全主管机构

防卫大臣是“四相会议”“九相会议”的核心成员，是军事安全主管大臣。相关法律和政令须获得防卫大臣的签名才能生效。防卫大臣主持、防卫副大臣、政务官、辅佐官、参政、事务次官、防卫大臣官房长及各厅局长以及统合幕僚长、陆海空各幕僚长、情报本部长参加的防卫会议是军事施策审议机构。副大臣、政务官、厅局长等负责从政策立场辅佐防卫大臣管理自卫队。统合幕僚长全权负责从军事立场辅佐防卫大臣运用自卫队。陆海空各幕僚长负责辅佐防卫大臣管理各自卫队作战运用以外的各种业务。

5. 自卫队是军事安全核心执行组织

自卫队采取战建分离、联合作战运用的体制。统合幕僚监部和陆海空各幕僚监部是防卫大臣的参谋机构。统合幕僚监部担负自卫队联合作战运用职能。统合幕僚长负责拟定联合作战构想，并从军事专业立场全权辅佐防卫大臣指挥自卫队遂行任务。无论编不编成联合任务部队，防卫大臣都须通过统合幕僚长指挥自卫队作战，相关作战命令由统合幕僚长负责执行下发。陆海空各幕僚监部担负各自卫队的人事、装备、教育训练等建设职能。陆海空各幕僚长全权负责辅佐防卫大臣领导各自卫队建设。统合幕僚长与陆海空各幕僚长相互之间必须密切配合。统合幕僚长应向陆海空幕僚长明确后勤补给统一方针，陆海空幕僚长则应在统合幕僚长运用自卫队遂行任务时给予后勤补给等方面保障。

6. 内阁情报调查室等在军事安全中发挥重要协同作用

内阁情报调查室及下属卫星情报中心、外务省国际情报统括官、公安

---

① ［日］防卫大学校安全保障学研究会：《安全保障学入门》（第 5 版），亚纪书房 2018 年版，第 490—491 页。

调查厅等协同自卫队情报本部为军事安全提供必要情报保障。宇宙航空研究开发机构、内阁网络安全中心、经济产业省等协同自卫队太空作战部队、网络作战部队、电子战部队等为太空、网络、电磁等新质新域军事安全提供必要技术支持。各都道府县、国家公安委员会等在自卫队执行维护国内公共秩序任务时，国土交通省海上保安厅在自卫队执行海上警备行动时，外务省等机构在自卫队遂行海外撤侨、维和、人道主义援助等任务时均需予以协同。此外，自卫队的人员招募、紧急通行、土地或物资征用等，都广泛需要政府各部门、各都道府县、各共同团体的配合和支持。

7. 执政党和国会对军事安全具有一定的审查监督权

执政党政策调查会尤其是下辖国防部会对涉及军事外交政策的内阁决议具有事前审查权。非经事前审查通过，相关动议不能作为法案提交国会审查。动议提交国会后，在野党议员等可通过质询等对军事安全实施监督。

（二）能力建设

在“和平宪法”制约、日美安保体制束缚、经济实力驱动、大国化目标牵引等多重因素作用下，日本军事安全能力建设的主要特点是倚重美国、渐进发展、海空优先、突出质效，二战后大致经历了四个发展阶段。一是规模优先型建设阶段（1950—1975）。朝鲜战争爆发后，日本开始租借美军武器装备重整军力，并于 1954 年正式组建自卫队。1957 年制定“国防基本方针”后，日本从 1958 年起实施了 4 次“防卫力量整备计划”（“一次防”到“四次防”）。这一阶段的能力建设目标是“有效应对常规兵力局部战争以下规模的侵略”。自卫队员额和武器装备迅速得到扩充，军费规模增长近 10 倍。

二是质量优先型建设阶段（1976—1994）。1976 年制定的“防卫计划大纲”确立了平时保持最低限度兵力，战时可以迅速扩充的“基础防卫力量构想”。基于这一构想，自卫队的能力建设目标调整为有效应对“有限小规模侵略”，发展重点转为军力质量的提升，并为军费规模设置了国内生产总值 1% 的上限。

三是效率优先型建设阶段（1995—2009）。冷战结束后，国际局势大幅改善，日本试图在国际舞台上发挥更大作用，1995 年、2004 年修订的“防卫计划大纲”分别提出了“合理、高效、精干”和“多能、弹性、有效”的建军方针，能力建设目标调整为有效应对“多元化威胁”。自卫队规模有所压减，军费规模也基本处于停滞状态。

四是运用优先型建设阶段（2010 年以来）。2008 年以来，日本与邻国龃龉不断，加之中日国力逆转后差距越来越大，日本对军事安全环境的判断日趋严峻。2010 年、2013 年、2018 年修订的“防卫计划大纲”彻底放弃了 1976 年以来的“基础防卫力量构想”，提出“机动防卫力量构想”“联合机动防卫力量构想”“多域联合机动防卫力量构想”，能力建设目标调整为：平战无缝对接地威慑和处置各种威胁、创造有利的安全环境。军费规模进入连年上涨阶段。

经过以上四个阶段的建设，日本建成了一支虽然数量、规模较小，但武器装备质量、作战能力均处于世界领先水平的自卫队。截至 2023 年 3 月，自卫队编制总员额 24.7 万人（实有 22.8 万人）。其中，陆上自卫队编制 15 万人，下辖陆上总队和北部、东北、东部、中部、西部五个方面队，编设 9 师 6 旅共计 15 个基本作战部队，拥有各型火炮 4260 门、坦克 450 辆、装甲车等 1140 辆。海上自卫队编制 4.5 万人，下辖自卫舰队和横须贺、吴、佐世保、舞鹤、大凑五个地方队，编设 8 支水面舰艇部队、6 支潜艇部队、9 支航空队，拥有大型水面舰艇 50 艘、潜艇 22 艘、运输舰 10 艘、其他舰艇 56 艘，总吨位约 52 万吨，固定翼反潜巡逻机 69 架、旋转翼巡逻机 83 架。航空自卫队编制 4.7 万人，下辖航空总队和北部、中部、西部、西南五个方面队，编设 7 个航空团 13 个飞行队、4 个高射（防空反导）群 24 个高射队，拥有各型战斗机 324 架、预警机 17 架、固定翼运输机 35 架、空中加油机 9 架。此外，日本具有雄厚军工科研和生产基础，其核力量、航天发射、导弹运载等军事潜力也不容小觑，是当今世界举足轻重的军事强国之一。①

乌克兰危机爆发后，日本判断国际秩序进入“历史性转折关头”，为冲刺“慑敌能战”的军事大国目标，于 2022 年仓促出台了“安保三文件”（“国家安全保障战略”“国家防卫战略”“防卫力量整备计划”）。“安保三文件”以发展攻势化“反击能力”为主要抓手，提出 10 年两阶段的大规模扩军备战计划：一是 2027 年前形成“能够以日本为主、在盟国帮助下阻止击退外部侵略”的态势；二是 2032 年前形成“在更早阶段、从更远

---

① 防衛省、『令和 5 年版防衛白書について』、2023 - 5 - 7、https://www.mod.go.jp/j/press/wp/wp2023/pdf。

处阻止击退外部侵略”的态势。2023年军费预算较2022年激增27.4%，约6.8万亿日元，到2027年将增至11万亿日元，届时日本军费规模将从目前世界第9位跃升为第3位。[①] 这标志着日本的军事安全能力建设已摆脱“和平宪法”限制，跨入急速扩军备战的新阶段。

三、日本军事安全维护

在“和平宪法”“日美安保体制”等多重因素制约下，日本曾经出台过“专守防卫”“不做军事大国”等重要原则，在军事安全维护上一度具有一定的“自我限制”色彩。然而，冷战结束后，随着军事大国化的不断推进，日本的军事安全原则与实践的脱节越来越明显，军事安全的维护方式从以内向型静态防守为主变为以外向型动态威慑为主，军事安全维护途径也从自助努力、日美同盟拓展为自助努力、日美同盟、国际协作。日本这样做，远远超越“自卫”需要，实际上是试图以军事手段争做“一流大国”，联手美国，主导亚太乃至国际安全秩序，以巩固、拓展自身的战略利益，越来越成为亚太地区安全稳定的扰动、破坏因素。

（一）主要原则

受“和平宪法”束缚，日本出台过一系列具有“自我限制”色彩的军事安全原则，如“专守防卫”“无核三原则”“不做军事大国”“禁止海外派兵”“禁止与外国军队军事一体化”等。然而，随着军事大国化的推进，一些原则被逐步突破、架空，一些新原则被刻意创造出来，导致原则与实践日益脱节。依据2022年版《国家安全保障战略》，日本军事安全利益包括：主权独立、领土完整，国民生命、身体和财产安全，自由民主制度存续，基于“普遍价值”及国际法的国际秩序存续。为维护这些利益，日本宣示的军事安全原则及实际意涵如下：

一是以“国际协调”为宗旨，推行“积极和平主义”。实际上是主张守卫国家的第一责任在于日本自身，强调强化自主维护军事安全的能力和作用。

二是以维护自由、民主、人权、法治等“普遍价值”为掩护推行安全政策。实际上是主张与共享“普遍价值”的国家强化军事安全合作，以主

---

① 首相官邸、国家防衛戦略について、2022-12-16、https://www.kantei.go.jp/jp.content/000119646.pdf。

导“印太”乃至世界秩序。

三是高举“和平国家”旗号。日本宣称贯彻“专守防卫”，“不做军事大国”，坚持“非核三原则”。实际上，“专守防卫”“不做军事大国”等原则早已被架空殆尽，“非核三原则”之一的不运进核武器原则，也因为“日美核密约”的存在而名存实亡。日本强调相关原则恰恰是为了降低国内外反对压力，掩护自身的军事大国化。

四是将日美同盟作为安全政策的基石。实际上是主张强化日美同盟，推进日美军事一体化，通过“活用”美国、提升对美贡献、提升日美对等性，促进自身军事大国化，在“印太”乃至世界安全格局谋求有利地位。

五是国际协作。实际上是强调以日美为双轴心构筑美日澳、美日韩、美日澳印等各种小多边安全合作机制，拉拢域内外强国或者战略支点国家打造多层次安全伙伴网络体系，同时稳住与中国、朝鲜、俄罗斯等国的安全关系。①

（二）基本方式

二战后尤其是冷战结束以来，日本军事安全维护方式经历了从内向型静态防守为主到外向型动态威慑为主的转换。依据 2022 年制定的“国家防卫战略”，日本军事安全目标包括：塑造不允许单方面武力改变现状的安全环境；联合同盟国和志同道合国家威慑、处置有可能危害日本和平安全的单方面武力改变现状企图；以自身为主，在盟国等支援下，阻止、排除针对日本的侵略。为实现上述目标，日本主要采取以下方式维护军事安全：

一是预防危机。这一方式以外交手段为主。主要举措包括：强化日美同盟、打造多层次盟友伙伴网络；推动解决与周边国家的安全矛盾及本地区其他安全问题、积极参与军控裁军、国际反恐合作；灵活运用“政府开发援助（ODA）”等合作项目打造“自由开放的印太地区”，以塑造于其有利的地区环境，强化“自由开放”的国际秩序。

二是威慑对手。这一方式以军事手段为主，辅以外交等其他手段。主要举措包括：强化日美延伸核威慑磋商，与同盟国及志同道合国家加强合作，以全政府方式实施训练、演习等各种“灵活威慑（FDO）”行动、战

---

① 首相官邸、国家防衛戦略について、2022 - 12 - 16、https：//www. kantei. go. jp/jp. content/000119646. pdf。

略传播行动；常态化地在日本领土、领海、领空及周边海空域实施高密度情报收集·警戒监视·侦察（ISR）等行动，尽早发现各种风险征兆；加强对争议岛屿、海域巡逻警戒、对核电站等重要设施防护，强化对外国军机侵犯领空、外国潜艇在领海内水潜航以及外国间谍船只搜集情报等行为的紧急处置。

三是遏阻侵略。这一方式以军事手段为主。主要举措包括：融合陆海空等传统领域和天网电等新领域实施跨域联合作战行动，确保陆海空制权和天网电制权；利用“一体化防空反导系统”，在公海或者日本上空拦截敌弹道导弹等攻击，必要时利用“反击能力”对敌纵深基地实施防区外打击，强加对手以高昂行动成本与代价，遏制对手利用弹道导弹、高超声速武器等手段对日本实施饱和打击；常态警戒、快速机动、重层拦截、持久缠斗，防止敌侵占日本岛屿；综合实施防空作战、海上作战、陆上作战、海上护交战等，尽远拦截敌空中攻击、层层拦阻敌海上攻击、尽早击败敌登陆、空降作战行动，阻止敌侵占日本本土。

四是保护国民。这一方式需要军事手段与其他手段相互配合，强调自卫队、警察、海上保安厅、消防、地方公共团体等密切合作。主要举措包括：针对大规模恐怖袭击，加强警戒巡逻和重要设施防护，搜捕游击队员或者特战人员，防止各种破坏、袭击和暗杀行动；针对核生化袭击，做好污染清除、伤病人员搜救、武装分子镇压等；针对各种武力攻击事态，利用“J－AlERT”全国瞬时警报系统，组织民众疏散避难、降低人员财产损失、维持公共秩序；针对外敌煽动的“间接侵略”或者其他紧急事态，必要时实施“治安出动”；针对海上人员财产安全风险或者治安风险，必要时实施“海上警备行动”；针对境外发生的紧急事态，必要时实施日侨撤离保护行动；针对地震、核电站事故等大规模灾害，实施救灾救援。

五是对外贡献。这一方式以军事手段为主，其他手段配合。主要举措包括：参加联合国维和行动或者联合国相关机构以及其他地区机构组织实施的维和行动，执行监督停战、监督选举、灾民救援、保护居民、警戒巡逻、驰援护卫等任务；参加旨在维持“国际和平稳定”的多国军事行动，执行后勤保障（弹药、加油、补给、医疗、基地、训练等，但不包括提供武器）、搜救、船舶临检等任务；针对境外尤其是发展中国家发生大规模灾害等，派遣国际紧急救援队，执行救灾、医疗、减灾、灾后重建等任务。①

（三）途径选择

1957 年制定的“国防基本方针”规定日本维护军事安全的两大途径是自助努力与日美同盟②。冷战结束后，由于日美同盟的“地区警察化”特征、自卫队外向型特征不断增强，自 2004 年“防卫计划大纲”起，日本将军事安全的维护途径拓展为三大途径，即自助努力、日美同盟、国际协作。2022 年制定的“国家防卫战略”强调，以乌克兰危机爆发为标志，世界迈入“新危机时代”，日本面临“战后最复杂严峻的安全环境”，阐述新条件下维护军事安全三大途径的基本内涵和主要思路：

一是自助努力。基本内涵是主张国家安全主要系于自身军事能力，强调以自身为主体，强化自助努力，以维护主权和独立、促进与同盟国之间的互助。主要思路包括：强化多域联合防卫力量，确保可以自身为主阻止对日本的侵略、协同盟国遏制对手在印太地区单方面改变现状；整合外交、情报、经济、技术等所有能力，综合各种政策手段，形成国家总体的军事安全体制，政府各部门一体联动、中央和地方无缝衔接、官民密切配合，主动创造和平稳定且可预测性强的国际环境，系统性威慑应对各种军事安全风险。

二是日美同盟。基本内涵是主张以“延伸核威慑”为基础的美国的保护对日本不可或缺，强调推进日美军事一体化、增大对美贡献，以强化美国的“保护伞”。主要思路包括：整合双方军事安全战略，优化各自功能和任务分工，加强延伸核威慑磋商，提高同盟快反能力和互操作性，做好威慑应对各种军事安全风险的共同规划；完善同盟协调机制（ACM），提升日美联合作战的一体化指挥控制水平；加大情报、保密、网络安全、军工研发生产、供应链等方面合作，夯实日美遂行联合作战的各项基础条件；加大对驻日美军的支持，为其提高快反性、增强抗打击能力提供各种支援保障，确保美军稳定驻留日本。

---

① 首相官邸、国家防衛戦略について、2022 - 12 - 16、https：//www. kantei. go. jp/jp. content/000119646. pdf。

② 日美同盟是指日美安保体制，日本曾一度避讳将其定义为“同盟”，但 20 世纪 80 年代后开始称之为“同盟”。

三是国际协作。基本内涵是主张在大国博弈加剧的形势下，尽可能团结更多国家尤其是共享“普遍价值”和战略利益的国家，确保国际秩序主导权和既得利益。主要思路包括：以日美同盟为基础，推进与澳大利亚、印度、北约及其成员国、欧盟及其成员国、韩国、加拿大等域内外强国之间的军事安全合作，打造多层次盟友伙伴网络；推进与东盟国家、蒙古、中亚国家、太平洋岛国、印度洋沿岸国家、中东国家等中小国家之间的能力援建、装备技术、海上安全等方面合作，强化海上交通线安全，塑造有利地缘战略态势；与中国、俄罗斯等开展对话交流，管控冲突，防止发生不测事态或者冲突。①

第五节　印度军事安全思想与实践

印度是四大文明古国之一，拥有悠久的历史和灿烂的文化，形成了独具特色的政治思想和战略理论。近代以来，印度陷入英国殖民统治之下，其政治制度、国防体制、战略理念和军事战略都深受英国影响，带有明显的英国印记。独立之后，在维护国家安全、争夺并巩固南亚主导地位，以及推进实现“有声有色大国”战略目标的过程中，印度频繁使用军事力量，积累了丰富的军事实践经验，也形成了一套具有印度特色的国家军事安全观念和理论。

一、印度军事安全思想

印度军事安全思想，是印度官方和军事理论界关于战争、国防和国家安全等问题的系统理性认识，是印度军事和国家安全实践的经验总结和理论概括，是印度指导战争和维护国家军事安全的理论依据。印度军事安全思想，根植于印度的国情，并随着其政治、经济、军事、文化等的发展而不断发展，深受印度历史传统、战略文化、战争实践和国际环境的影响与制约。印度军事安全思想丰富多样，比较有代表性的思想有以下几种。

一是“以实力求安全”。长期以来，印度一直将军事力量视为国家安

---

① 首相官邸、国家防衛戦略について、2022 - 12 - 16、https：//www. kantei. go. jp/jp. content/000119646. pdf。

全的主要支柱，强调以强大的军事力量为基础并不惜使用军事力量来谋求国家安全，这是一种典型的现实主义军事安全思想。印度是一个具有悠久现实主义传统的国家。最具代表性且对印度影响最深的现实主义大师就是考底利耶。考底利耶是印度古代孔雀王朝的著名战略家，他强调国家之间的关系应遵循“鱼的法则”，即“大鱼吃小鱼的法则”，一个国家要想不被吃掉，就必须利用一切机会迅速壮大自己，其中最重要的就是增强军事力量并以此为手段抵抗入侵、开疆拓土。深厚的现实主义战略取向，是印度文明能够在频繁的外敌入侵中生存、繁衍和发展的重要原因。印度寻求独立的过程中，以及独立之初，甘地的非暴力思想具有明显的理想主义色彩，尼赫鲁的国家安全战略与对外战略也具有突出的理想主义特征。但1962年中印边境战争失败后，印度国家安全理念和战略思想发生了根本性变化，现实主义取代强调政治和道义作用的理想主义成为印度对外战略和国家安全战略的指导方针。印度的现实主义代表人物是先后两次担任印度人民党联盟政府外长的贾斯万特·辛格和印度前国防部长 K. C. 潘特。他们谴责尼赫鲁的“和平主义”政策，将战争失败归咎于尼赫鲁，指责他低估了武力在国际政治中的作用，尼赫鲁对外政策和国家安全政策过于理想主义化和不切实际。他们认为，实力尤其是军事实力，来自于经济实力。冷战结束后，以印度人民党为代表的激进势力迅速崛起。1998年，印度人民党首次上台执政，强调以“实力对实力”的现实主义政策，将实力作为维护国家安全和实现国家战略目标的主要途径，在实力手段中，又特别强调军事实力等硬实力的重要作用。

二是“曼荼罗”理论。作为印度古代最著名的现实主义战略家，考底利耶还提出了著名的“曼荼罗”理论。该理论认为，世界上一系列王国共同组成了类似“曼荼罗”形状的国际体系。征服者王国居于中心位置，与其直接相邻的是天然的敌人，与主要敌人紧紧相邻的国家则是盟友，与盟友相邻的国家又是敌人的盟友，依此类推。同时，位于征服者王国后方的邻国也是其敌人，而且很可能在当面敌人发动进攻之后也发动攻击。除此之外，“曼荼罗”体系之中还有两类国家需要高度关注，分别是“居间的王国”和“中立的王国”。“居间的王国”与征服者王国及其主要敌人都接壤，“中立的王国”则与征服者王国及其主要敌人都不接壤，但非常强大。无论“居间的王国”还是“中立的王国”，都可能在争斗中帮助任何一方，从而对局势造成重大影响，因此是需要积极争取的力量。[①]“曼荼罗”理论对印度战略观影响很深，正是基于这样的认识，印度习惯于将邻国设想为敌人，是印度军事安全威胁的主要来源。印度许多战略家都喜欢用“曼荼罗体系”来理解和阐释印度的安全理念和军事战略，经常援引“曼荼罗”理论来支持对邻居采取更加强硬的政策，包括使用武力。例如，一位印度外长直接用“曼荼罗”来阐释印度的外交政策：“就像考底利耶谈论的‘国王圈’一样，思考印度外交政策的一个有益的概念框架，就是将印度的外交政策视为围绕着一个轴心展开的三个连续的中心圈——第一圈是我们直接生活的南亚地区，第二圈是更大的世界，而第三圈包括的则是全球议题。”[②]印度莫迪政府外长苏杰生在其著作《印度之道：不确定世界中的印度战略》明确提出：“地缘政治与均势是国际关系的基础。对此，印度考底利耶政治传统高度重视。”[③]

三是“印度中心论”。印度地处亚欧大陆南缘的南亚次大陆，是欧洲、亚洲和大洋洲的海上要冲，战略地位十分重要。独特的自然地理，使印度军事安全思想存在浓厚的地缘情结。印度一直从地缘政治的角度来谋划国家安全、制定军事战略，地缘政治因素是印度运筹国家安全战略、维护国家军事安全的基础性因素。诸多地理因素当中，印度居于南亚次大陆中心的地理特征，对印度国家安全战略具有重要的影响。兴都库什、喀拉昆仑、喜马拉雅三大山脉将南亚从亚洲大陆分隔出来形成了相对封闭的次大陆，同时，从南亚地区看，印度地处次大陆的中心，无论是国土面积还是人口数量，都在南亚地区首屈一指；南亚其他国家实力较弱，且呈散射状与印度相邻，形成了“众星捧月”之势。如此优越的地理环境使印度自认为是“地区核心国家”，构成“印度中心论”的现实条件。此外，英国殖民统治时期，英国以印度为中心在南亚建立起殖民体系，为“印度中心论”提供了历史依据。印度独立之后，“印度中心论”逐步形成，强调要继承英国在南亚所有殖民遗产，并将在南亚次大陆确立“印度的中心地

---

① Rashed Uz Zaman, “Kautilya: The Indian Strategic Thinker and Indian Strategic Culture”, Comparative Strategy, Vol. 25, Issue 3, pp. 236 – 237.

② Address by Yashwant Sing at the International Institute for Strategic Studies, London, October 30, 2002.

③ S. Jaishankar, “The India Way: Strategies for an Uncertain World”, Harper Collins Publishers, 2020.

位”作为重要的国家战略目标和安全战略的基本指导。尼赫鲁政府将次大陆看作一个统一的战略实体，希望建立一个包括次大陆所有国家以及中国的西藏地区和缅甸等在内的“大印度联邦”。尽管尼赫鲁的设想随着“印巴分治”而化为泡影，但印度精英们仍将主导南亚地区事务、阻止大国势力染指南亚事务作为国家安全的重要目标。基于“印度中心论”，冷战期间，印度在南亚推行“英迪拉主义”，肢解巴基斯坦，吞并锡金王国，出兵斯里兰卡和马尔代夫，慑服周边中小国家，最终取得了南亚地区的主导地位。冷战结束后，印度政府先后提出“古杰拉尔主义”及“新邻国外交”等，虽然策略和手段上有所差异，但背后的理论核心仍然是“印度中心论”。

二、印度军事安全建设

军事力量是印度维护国家军事安全的主体力量。强大的军事力量，是印度有效维护国家军事安全，推进实现国家战略目标的重要力量。自独立以来，印度高度重视军事力量建设，持续提升军事实力。为有效发挥军事力量在维护国家安全中的作用，印度在继承英国殖民期间国防体制的同时，根据自身战争和军事活动实践不断改革国防体制，逐步形成了较为成熟的国防体制机制。

（一）体制机制

印度独立之后，国防体制经过多次改革，逐步形成了以“文官治军、三军分立”为主要特色的现行体制。印度宪法规定，总统为武装力量最高统帅，但需要通过内阁总理对全国武装部队实施领导。实际上，总统并不掌握实权，国防政策的确定、军事战略的制定以及武装部队控制和指挥等重大权力都归属总理和内阁。政府从权力结构、决策程序和军事预算等各方面对军队实施控制。

1. 国防领导体制

印度实行“文官治军”的国防领导体制。所谓“文官治军”，就是建立由文官主导型的国防领导体制。以文官为主的国防部是最高国防领导管理机构，是实体性国防部，负责协助总理统一领导全国国防事务，拥有全面的军政权和军令权。军种司令部为国防执行机构，处于国防决策体系的下层，各军种的计划、建议只能先呈交国防部文官等候裁决。印度的国防领导体制主要由三级构成，分别是内阁安全委员会、国防部和各军种总部。其中，内阁安全委员会为最高国防决策机构，国防部为国防最高领导机构，国防部下属机构和军种总部为执行机构。此外，印度还设有国家安全委员会、国防部长委员会、参谋长委员会、联合计划委员会和联合情报委员会等非常设机构，主要起咨询和辅助作用。

内阁安全委员会为印度最高安全和国防决策机构，负责制定国家安全战略、国防政策和研究决定有关国家安全与国防的一切重大问题。该委员会由总理任主席，成员有国防、外交、内政、财政等主要内阁部长，列席会议的有国防秘书和陆、海、空三军参谋长等，必要时其他内阁部长也可参加。内阁安全委员会下设一些咨询机构，主要有国家安全委员会、国防计划委员会和联合情报委员会等。其中，国家安全委员会为国防和安全事务咨询、协调机构，主要负责研究分析国外与国内政治、军事和经济形势之间的关系，对国内和地缘战略环境做出中长期评估，为政府制定长期军事战略和国家安全战略服务。该委员会由总理任主席，成员有国防、财政、内政、外交和国家计划委员会副主席。该委员会主要通过国家安全顾问对下辖的战略政策小组、联合情报委员会和国家安全顾问委员会进行协调与领导。

国防部为政府的国防管理机构和最高国防领导机构，全面负责国防事务，是国家国防行政权力机关和国防职能机构，具有全面的国防执行权，即军政权与军令权。印度国防部的主要职责有：负责国防事务，提高战略动员程度，包括进行国防准备及有利于战时战争动员和战后遣散军队员额的一切行动；统一管理陆海空三军及后备力量，并通过三个军种司令部对军队的作战指挥、装备发展、军工生产和国防科研实行统一领导，协调三军种间的发展和活动等事务，并与中央政府其他各部门保持联系；管理有关地方军和国防学兵团等相关组织的事务；受领中央政府的指示，并通过三军司令部贯彻执行政策和决定；申领、分配和管理国防经费，分配和调拨军队所需的武器装备及物资。

国防部设国防部长、国务部长、国防秘书各 1 人。国防部长是最高军事行政长官，由文职官员担任。国防部长是内阁和三军参谋长的主要联系人，通过国防部和三军种总部对武装力量实施行政领导和作战指挥。作为国防部的首脑，他主要履行以下职责：批准与分配资金；同意、不同意或修改军方的各种提案；准备与这些提案有关的经济方面的情况；控制、指导国防生产和国防科研的政策；发布有关国家安全问题的政策讲话，回答议会提出的有关国防方面的问题，以及其他与印度武装力量有关的一切事项。国防秘书和国务部长为国防部长助理，都由文职担任，他们是国防部的高级文职官员和国防部长的首席顾问，负责监管防务部和军际组织，并协调国防部其他四个部门的工作。

参谋长委员会是印度的最高军事咨询机构，由陆、海、空军参谋长组成，主席由在该委员会任职时间最长者担任。主要职责包括：就整个国防（军事）战略、国防建设问题集体向政府提出建议；或就政府指定的国防问题进行研究；向国防部长委员会提出需请政府考虑决定的有关军事问题；作出战略评估和制订军事计划提交国防部长委员会；在力所能及的范围内处理军种间协作的问题；等等。参谋长委员会下设军事司和国防计划局，以及作战计划、战斗训练、后勤保障、军种协同、武器装备研制与发展、电子战、情报、通信和医务保障 9 个专门机构，分别设立了联合训练委员会、联合通信电子委员会、联合电子战理事会、联合海空作战委员会、三军装备政策委员会、联合电磁兼容管理委员会、联合行政计划委员会、联合计划委员会等。

2. 军队指挥体制

印军实行内阁安全委员会和国防部领导下的“三军分立”指挥体制。1948 年，印度废除了象征英国军事权威的陆军总司令统辖海、空军的制度，开始实行“三军分立”。三军总司令（1955 年改称参谋长）向国防部长负责，是政府的职业军事顾问。所谓“三军分立”，就是建立陆海空三军平行的作战指挥体制。军队不设统一的领率机构，三军平等独立，三军司令部隶属于文官掌管的国防部。军种参谋长作为军种最高指挥官，向上对国防部长负责，向下通过军种司令部对本军种行使作战指挥职能。

印军的指挥体制是印度军事体制的核心和灵魂，由各职能分系统和若干层次构成。其职能分系统有：作战指挥分系统、训练组织分系统、军械和物资分系统、供应勤务分系统、情报和侦察分系统、人事管理分系统等。印军指挥层次分为最高决策机构、军种司令部、军区（地区）司令部以及各级部队。各层次的主官是该层次所辖诸职能分系统的领导指挥核心。

印军最高指挥权由内阁安全委员会掌握。内阁安全委员会通过国防部对陆海空三军和海岸警卫队建设、管理和作战行使最高指挥权。三军参谋长委员会负责军种间行政事务和联合作战、训练等方面事务的协调。三个军种按建制独立指挥、管理。实施联合作战时成立相应的联合指挥机构，负责作战协调；具体作战行动主要由各军种指挥机构指挥本军种部队实施；两栖作战部分行动由海军统一指挥，空降、空运部分行动由空军统一指挥。海岸警卫队战时由海军指挥。

印军的作战指挥体制分决策与执行两大部分。决策层面，战争决策层包括三军最高统帅（总统）及决策机构（以总理为主席的内阁安全委员会）。该委员会有关战争方面的决议，呈总统核准后通过国防部监督三军执行。执行层面，军队不设统一的领率机构，只有一个起咨询协调作用的参谋长委员会，平时陆海空三军分别建立各自的作战指挥体制，战时通常授权主要军种参谋长实施统一指挥。印军作战指挥的执行程序又有平时和战时之分。平时，作战指挥由陆海空三军按建制自成体系，独立遂行任务。战时，在战区之内实施三军协同作战。其指挥原则是“统一协调、分头实施”，即在战区内成立参战军种间的联合作战司令部（军区或集团军级）和联合作战中心（军或师级）。联合作战司令部和联合作战中心的组成原则是：以主要参战军种为主，各参战军种联合组成。实际上一般均以陆军为主，空、海军参加。联合作战指挥机构的任务不是全权指挥参战部队，而是组织各参战军种的作战协同，各军种作战行动本身仍由各军种建制指挥体制实施。印度三军联合作战司令部和联合作战中心只负责组织部队的作战协调，无权指挥参战部队。这种临时组建的联合作战指挥机构实际上只能对军种的使用提出建议和请示，却不能对军种的兵力和建制外单位实施直接指挥和控制，导致联合作战效率不高。为解决现行作战指挥体制不畅的问题，印度主要从两方面采取了措施：一是成立类似总参谋部的国防参谋部作为三军领率机构；二是以现有陆军军区、空军军区和海军军区为基础，按地域编成若干个战区联合司令部，指挥权由战区居支配地位部队的指挥官负责，统一指挥战区内三军种部队。三军分立的传统根深蒂固，陆海空军都企图借联合指挥之名行壮大本军种之实，导致三军联合改革基本处于试点阶段，尚未从根本上改变现行体制。

联合国防参谋部是参谋长委员会的常设办事机构。印巴卡吉尔冲突结束后，根据部长委员会的建议，印度政府于 2001 年 11 月 23 日发布命令，成立联合国防参谋部。为使该部迅速运转，国防计划局和军事司一道并入新成立的联合国防参谋部，其他参谋人员 2002 年 1 月后相继调入。随后，印军虽然多次宣布要设立国防参谋长一职，但都没有实现。2019 年 12 月，陆军参谋长比平·拉瓦特被正式任命为印度史上首位三军国防参谋长。国防参谋长是内阁和国防部长的首席军事顾问，负责协调三军的发展规划、预算编制、装备采购、人员培训和后勤保障，但没有军事指挥权，也不能对三军参谋长下达直接命令。

联合国防参谋部负责对三军事务进行联合与协调。联合国防参谋部由三军国防参谋长领导，军衔为上将。联合国防参谋部下设有联合作战、联合训练、联合计划、国防情报、医务等职能部门，以及军队核心技术小组、净评估室、对外军事合作等部门。其中，联合计划部门负责政策、规划与部队发展事务，由联合国防参谋部副参谋长领导，兼任国防采办委员会的秘书，具体业务包括制订军队长期综合远景规划和三军五年计划，以及国家安全战略（草案）、国防计划指导原则、国防能力战略与国防能力计划等；作战部门负责制订区外应急计划、灾难管理、建立 C4ISR 系统、核力量管理等，由联合国防参谋部负责作战的副联合国防参谋长担任；训练部门负责条令、编制与训练，具体包括总务管理，编制标准作业程序，协调三军种联合训练，制订三军联合作战条令和长期综合联合训练计划，统一领导国防学院、国防参谋学院和国防管理学院，筹办国防大学等；情报部门负责协调三军种情报局的情报，以及同研究与分析局、国家技术研究组织、情报局等其他情报单位的协调与合作。

（二）能力建设

进入 21 世纪以来，随着国家利益的不断拓展，印度军事安全形势日趋复杂，除了吓阻外部侵略、打赢侵略战争等传统军事任务外，印度军队还要求能够保护国家海外利益、协助地方政府维护国内安全，以及维护地区和世界和平与稳定。为完成不断增加的使命任务，印军进一步加快了军队建设与改革，“提出要以应对多样化任务为目标，以发展高技术武器装备为核心，全面加强军队的现代化建设，力争到 2020 年前后建成一支‘灵活、机动、网络化，并具有强大力量投送能力的军队’，实现由‘工业化军队’向‘信息化军队’转型”①。

1. 军事实力

近年来，印度加大国防投入，大量采购国外先进武器装备，军事实力取得了较快增长。印武装力量由现役部队、后备役部队以及文职人员三大部分组成。印度陆、海、空三军实有总兵力约 145.07 万人。其中，陆军

---

① 丁皓：《印度军情解析》，解放军出版社 2016 年版，第 121 页。

123.7 万人，编成 6 个司令部、14 个军（含第 17 山地打击军）、42 个师、234 个旅。海军 7.385 万人，编成 3 个地区海军司令部、2 个舰队、15 个水面舰艇中队、5 个潜艇中队、24 个海军航空兵中队，1 个海军陆战突击队。空军 13.85 万人，编成 5 个地区空军司令部、47 个联队、8 个前方基地支援队、61 个导弹中队/分队、154 个雷达中队/分队。准军事部队约 160.8 万人，主要负责内卫治安、边境管控等任务，是印度国防力量的重要组成部分，其中海岸警卫队、印藏边境警察部队、武装边境部队等准军事部队，战时将直接划归海军、陆军指挥。此外，印度还有 115.5 万人的后备役力量。陆军主战装备：坦克 4700 余辆、装甲车 2300 余辆、各型火炮 6000 余门、高炮 5000 余门、地空导弹 3000 余枚、短程和中程地对地导弹近 800 枚、直升机 300 余架、无人机 200 余架。海军主战装备：舰艇 160 艘，飞机和直升机 261 架。其中，主战舰艇有航母 1 艘、驱护舰 45 艘、常规潜艇 15 艘、核潜艇 2 艘、米格 –29 战斗机 36 架、P –8I 反潜巡逻机 12 架、伊尔 –38 反潜巡逻机 5 架、无人侦察机 30 架。空军主战装备：各型飞机 1442 架（不含训练机构所属 442 架飞机），其中作战飞机 677 架、侦察机 5 架、电子干扰飞机 14 架、无人机 74 架、运输机 183 架、空中加油机 6 架、预警机 5 架、要员专机 32 架、直升机 446 架。具体包括 267 架苏 –30MKI、61 架米格 –29、48 架“幻影” –2000H 战斗机，18 架米格 –21M、98 架“美洲虎”战斗轰炸机、3 架“费尔康”和 2 架印度之眼预警机、6 架伊尔 –78 加油机、99 架安 –32 运输机、11 架 C –130J 运输机、17 架伊尔 –76 运输机、11 架 C –17 运输机、5 架侦察机、74 架无人侦察机等。[①] 尽管印度军队规模较大，且近年来大幅采购美、俄、法等国的先进武器装备，但“由于后勤保障和维护能力的不足，以及弹药、零部件和维护人员的欠缺，印度大规模常规部队整体能力受限”[②]。

2. 军队建设

印度政府奉行实力至上的原则，认为建立和维持一支强大的国防力量是保障国家安全、维护国家利益、实现总体战略目标的重要支柱。其军队

① The International Institute for Strategic Studies, “The Military Balance 2023”, February 2023, p. 248.

② The International Institute for Strategic Studies, “The Military Balance 2023”, February 2023, p. 247.

建设的基本方针为：稳定数量、提高质量，不断增强军队战斗力和威慑力；在南亚和印度洋地区保持军事优势，对周边国家保持战略威慑，立足于打赢信息化条件下的有限局部战争；做好世界核战争条件下的战备能力，抗衡域外大国威胁。为此，印度以建设信息化军队为目标，以新军事变革为动力，以装备建设为重点，加快军事理论创新和军事体制改革，强化军事教育与训练，提高联合作战能力，积极开展与世界大国和地区国家的军事交流与合作，努力建立一支能够同其战略目标相适应、保持地区军事优势、具备攻防兼备联合作战能力、满足维护国家安全需要、为实现世界大国战略目标提供有力的支撑的现代化军队。近年来，印度持续推进军队建设的各项举措，涵盖国防管理、作战指挥、情报侦察、作战训练、战略力量、国防采购、科研生产等几乎所有军队建设领域，重点突出以下几方面：一是聚焦新型领域作战能力建设。随着信息技术的不断发展演进，印度政府迫切希望拥有与世界其他大国在国家安全新兴领域进行战略博弈的能力，因此不断加强以太空、网络和特种作战为代表的新型力量建设，加大对高科技和特种作战领域的投入，突破防空反导核心技术，借此抢占未来大国竞争的制高点。作为军事力量改革的重大举措，印度正式成立隶属联合国防参谋部的国防空间局、国防网络局、特种作战师，旨在统筹推进各军种相关力量建设。二是以海空军为重点优化军兵种力量结构。根据南下印度洋的海洋战略需要，印度确定了“优先发展海军，持续提高空军，全面改编陆军”的军队发展方针，保持陆军兵力，适当增强海空军力量。扩充 10 万人的陆军山地打击军、2 个独立步兵旅和 2 个独立装甲旅。海军计划从 6 万人扩充至 10 万人，空军计划从 14 万人扩充至 20 万人。改编普通兵种，增强技术兵种，精简机关冗余，压缩陆、海、空三个军种总部参谋人员和后勤人员比重，将员额转移至作战部队。加强特种部队和快速反应力量建设，全面提高综合作战能力。三是优化防御和作战力量编成。印度持续增加快反部队和进攻部队比重，重点建设战略打击部队。为提升陆军集成作战能力，印军正加紧在印巴、中印边境地区验证建设“集成战斗群”。四是加快推进联合作战机构和力量建设。长期以来，印度陆、海、空三军分立的指挥体制严重制约了军队的建设与综合作战能力。为了打破僵化的机制，适应形势发展需要，印度政府近年来积极调整军队建设政策，引领国防和军队建设发展，进行了一系列大刀阔斧的改革，为应对未来复杂安全威胁和信息化战争预做准备。一些重要举措包括，强化顶层设计，提升战略规划和统筹能力，为此先后设立国防规划委员会和国防参谋长；更新完善军事学说和作战条令，首次公布三军联合条令，基于新威胁新挑战完善陆军作战条令，进一步突出军事战略的进攻性，对巴基斯坦坚持“惩戒威慑”，对中国则谋求实现“可信威慑”；启动陆军改革，着力裁汰冗员、提升集成作战能力；推动设立联合战区司令部，强化联合作战能力。

3. 军事装备发展

由于印度工业基础相对薄弱，长期以来国防生产能力不足，严重制约了军队现代化的进程，为了适应国家安全的各项需求，印度军队不断以外购和自主制造相结合的方式，提升武器装备国产化、现代化水平。一方面，持续大量采购国外先进武器装备。印度长年以来投入大量国防经费用于采购国外先进武器装备。2006—2010 年，印度武器进口额在全球占比为 8.5%，排名第一。2011—2015 年，印度武器进口额全球占比增加至 14%，高居榜首位置。2015—2019 年，印度武器进口规模有所下降，但仍然占全球武器进口总额的 9.2%，居全球第二。印度主要从俄罗斯、以色列、法国及美国等国家进口先进武器装备。俄罗斯仍然是印度最大武器供应国，但占比明显下降，在其武器进口总额中的占比从 72% 下降至 56%。从以色列和法国的进口规模分别大幅增加了 175% 和 715%。近年来，随着美印关系的持续升级，印度从美国的武器进口规模也呈明显上升趋势。另一方面，加快推进实施“印度制造”计划。印度国防部的军事研发水平和国防工业能力较为落后，先进武器装备严重依赖进口，现有武器装备当中超过 60% 来自国外。为改变这种状况，降低对国外武器装备的依赖程度，莫迪政府将上台之后提出的“印度制造”计划引入国防工业领域，企图从内外两个方面推进“印度制造”，提升国防自主能力。国内层面，降低国防工业的准入标准，鼓励和吸引国内私有企业进入国防工业领域，促进国防工业的创新与技术进步。对外层面，莫迪政府将对外资开放国防工业，印度政府承诺增加军工产业的透明度和友善度。国防部出台新修订的国防采购流程，明确为国外资本亮绿灯，将外资在印度国防工业生产企业的最高股份从 26% 提升至 49%。同时，印度利用其作为最大武器进口国的身份，要求国外军工企业向印度转移技术和产能。

三、印度军事安全维护

自独立以来，为维护国家安全、保护和拓展国家利益、称霸南亚，印度军队开展了形式多样的军事活动。

第一，多次发动大规模战争，企图确立和巩固南亚地区霸权。印度军队脱胎于英印殖民军。在摆脱英国殖民统治之后，这支军队迅速成为印度维护国家安全、推行地区霸权政策的重要支撑力量。自独立之后，为确立和巩固南亚霸权，印度先后发动了多次大规模战争。虽然印度与巴基斯坦同时脱胎于英国在南亚的殖民体系，但英国政府故意在克什米尔归属等问题上制造矛盾，给印巴两国埋下祸端。为争夺克什米尔地区、确立和巩固南亚地区霸权，印度先后与巴基斯坦爆发了四次大规模冲突，分别为 1947 年第一次印巴战争、1965 年第二次印巴战争、1971 年第三次印巴战争、1999 年卡吉尔冲突。前两次印巴战争，虽然印度总体占优，但两国互有攻守。但第三次印巴战争，印度利用东巴基斯坦内部动乱的机会，发动了对巴基斯坦的战争，将东巴基斯坦强行从巴基斯坦分裂出来，建立了孟加拉国。卡吉尔冲突虽然总体规模都不及前三次战争，但也是冷战结束以来印巴两国爆发的最大规模的冲突。印度独立之后，葡萄牙仍然占据着果阿地区，该地区属于印度传统领土，但 1560 年被葡萄牙占领。为收复该地区，1961 年 12 月，印度出动 3 万余人（其中直接参战部队 1 万余人），对果阿地区的葡萄牙军队发起了猛烈攻击，经 48 小时战斗，成功收复果阿，结束了葡萄牙在该地区长达 400 年的殖民统治。果阿之战虽然规模很小，却是印度军队首次击败原殖民地国家。获胜之后，印度自我感觉良好，野心急剧膨胀。不再满足于前期对中国领土的蚕食和侵占，对中国的挑衅愈演愈烈。面对中国的忍让与和谈诚意，印度错误地认为中国软弱可欺，加大力度推行“前进政策”，企图进一步蚕食中国领土，加紧在西段、东段建立大量的侵略据点和新哨所。1962 年 7 月 20 日，盘踞在扯冬地区的印军发动突然攻击，造成中方 20 余人伤亡。10 月 12 日，印度总理尼赫鲁悍然下达要将中国边防军从中国领土上“清除掉”的命令。1962 年 10 月 20 日清晨，印军以 10 个旅的兵力在中印边界的西段和东段同时发起大规模进攻。中国军队忍无可忍，奋起反击，在顶住印军进攻之后，于当日清晨展开全面边境反击作战。对印边境反击作战历时 31 天，中国军队共毙伤印军第 62 旅旅长霍希尔·辛格准将以下官兵 4800 人，俘敌第 7 旅旅长季·普·达维尔准将以下官兵 3900 人，在东段地区收复了非法的“麦克马洪线”以南靠近传统习惯线附近地区，清除了西段地区全部印军入侵据点。1962 年 11 月 21 日，中国政府发表声明，宣布中国边防部队在中印边境全线主动停火、主动后撤。遵照政府声明，中国边防部队于 11 月 22 日 0 时全线停火，从 12 月 1 日起开始全线后撤，至 1963 年 3 月 1 日，全部撤至 1959 年 11 月 7 日中印双方实际控制线中国一侧 20 公里以内的区域。对印边境自卫反击作战，挫败了印度尼赫鲁政府推进“前进政策”侵占更多中国领土的企图，也沉重打击了印度使用战争手段称霸南亚的野心。

第二，奉行以威慑为核心的军事战略，强调通过威慑来维护国家军事安全。冷战期间，印度军事战略突出实战、强调进攻。但冷战结束之后，印度对其进攻型的军事战略进行了反思，日益重视发挥军事力量的“威慑”作用。1998 年印度连续进行 5 次核试验，正式宣告拥有核武器。之后，“威慑”日益成为印度军事战略的核心。在印度看来，有效而强大的威慑能力是维护其国家军事安全，进而主导南亚地区、谋求世界大国地位的现实基础。印军强调“威慑是军事战略”的核心，印度必须“采取以威慑为支柱的战略，建立强大的军事力量以慑止战争，并在一旦慑止失效时，有能力通过发动先发制人的打击，以最小的代价和在最短的时间内打赢战争”。为此，印军突出强调威慑的“针对性”“全面性”和“可靠性”。一是突出威慑的针对性。印度强调，实施以“威慑”为核心的军事战略，除了建立强大的威慑力量和拥有坚定的政治决心，还要针对不同的对象，在不同的战略方向，实行不同类型和性质的威慑，确保威慑的有效性。对巴基斯坦要实行“惩戒式”威慑，即对巴保持强大核力量和常规力量优势，确保对巴基斯坦的任何挑衅行为实施“惩罚式”打击能力，以慑止其军事冒险。对中国实行“劝阻威慑”，并日益强调对华建立“可靠的威慑能力”，即在中印边境地区保持相对的常规力量优势，形成可靠威慑，吓阻中国对其发动战争，同时加快发展核威慑力量，对中国达成“核均势”；对区外大国实行“拒止威慑”，即大力发展海上力量，威慑进入印度洋的区外势力，拒止其进入印度海上核心利益区。二是强调“陆海空威慑并举”形成全面威慑。印度认为，一支强大的“蓝水海军”可以通过“海上控制”“力量投送”“显示存在”和“炮艇外交”等方式，有效慑止他国从海上对印度的威胁。因此，除继续在陆上保持对巴、中的强大威慑之外，必须加快“由陆上防务向海上防务转变，实现由陆上威慑与海上威慑并重的战略”；空军具有天然的战略属性，具有较强的威慑力，尤其“在核条件下是实现有限政治军事战略目标的最佳军种”，一旦威胁使用，能有效慑止对方采取敌对行动。因此，印军强调要充分考虑三军种在威慑战略中的优劣势，实施“陆海空联合威慑”，确保威慑的全面性。三是采取“核常威慑并重”确保实现可靠威慑。印度认为，核威慑与常规威慑相结合是维护国家安全最有效的手段。拥有核力量，可以遏制邻国使用核武器，将战争控制为“有限常规战争”。为保持足够的威慑力，印度将“获得可靠威慑能力”作为国家安全战略和军事战略的首要任务，优先发展与军事有关的科学研究和国防工业建设，大力采购、生产和换装武器装备和网络中心战系统，确保军队“拥有足够的常规部队和高技术武器装备”，建立“可靠的二次核打击能力”，不断展现印度的可靠威慑能力，以有效应对“来自中国和巴基斯坦的威慑”。

第三，强调以地区安全为依托实现国家安全，频繁使用军事力量来强化南亚主导地位和控制印度洋。基于自身地缘特点，印度认为维护国家军事安全的关键在于主导南亚、控制印度洋。早在建国之初，印度前总理尼赫鲁基于南亚次大陆相对封闭的地缘特点及印度作为南亚地区首要大国的地位，提出了印度版的“门罗主义”，强调南亚次大陆各个小国的安全与印度安全密切相关，印度对南亚地区的安全负有主要责任，反对任何大国势力进入南亚。为此，印度通过军事援助等方式，向锡金、尼泊尔、不丹等国派出军事人员，借以强化对这些国家安全事务的影响，构筑维护印度国家安全的“安全圈”“缓冲带”。此后历任印度政府都高度重视使用军事力量维持地区总体稳定、维护印度的南亚主导地位。同时，印度高度重视印度洋在维护国家安全中的地位。印度是印度洋沿岸最大的国家。独立以来，印度政府逐渐意识到，要重振印度民族的雄威，必须依靠其所濒临的印度洋这一得天独厚的有利条件。印度的安危系于印度洋，民族的利益在于印度洋，来日的伟大也靠印度洋。对此，印度首任驻华大使潘尼迦明确提出，“考察一下印度防务的各种因素，我们就会知道，从 16 世纪起，印度洋就成为争夺制海权的战场，印度的前途不取决于陆地的边境，而取决于从三面环绕印度的广阔海洋”，“印度有两千英里以上开阔的海岸线，如果印度洋不再是一个受保护的海洋，那么，印度的安全显然极为可虑”①。进入 21 世纪之后，印度主导印度洋的战略步伐明显加快。2004 年，印度颁布《海军学说》，摒弃了早期印海军的沿海防御思想，明确表示要发展

① ［印］K. M. 潘尼迦著，德隆、望蜀译：《印度和印度洋——论海权对印度历史的影响》，世界知识出版社 1965 年版，第 2、9 页。

应对“与区外大国冲突”的能力，并赋予海军常规威慑和战略威慑的双重使命，是印度海军战略由区域威慑与控制向远海攻势战略转变的起点。2015 年 10 月，印度推出《确保安全的海洋：印度海洋安全战略》，强调积极发挥海军作用，力求扮演印度洋地区“净安全提供者”的角色，加强对出入印度洋重要咽喉要道的管控，强化对印度洋的控制。为了通过主导南亚、控制印度洋来维护国家军事安全，印度频繁以“维和”“维稳”为名出兵南亚小国，其中最具代表性的是 20 世纪 80 年代末至 90 年代初，印度先后出兵斯里兰卡和马尔代夫。1987 年 7 月，利用斯里兰卡国内爆发种族骚乱的机会，印度政府强迫与斯里兰卡政府签署《关于在斯里兰卡建立和平与正常状态的协议》。协议规定，印度可以在斯里兰卡政府的“邀请”下向斯派出“维和部队”以监督泰米尔武装停火和交出武器。7 月 30 日，印度首先以空降方式向斯里兰卡派遣规模达到 3000 余人的军队，随后陆续向斯里兰卡增兵，最多时印军部队达 7 万余人。印度在斯里兰卡的“维和”行动共持续将近 4 年，直至 1991 年 3 月底印军全部撤出斯里兰卡。1988 年 11 月 3 日，斯里兰卡泰米尔游击队突然袭击马尔代夫，占领总统府并扣押了包括议员、文职人员和警察在内的近 2000 名人质。面对紧急事态，马尔代夫总统向印度、美国和英国寻求援助。印度迅速作出响应，立即派遣 3 艘战舰装载 1600 名伞兵部队于当天下午抵达马尔代夫。印度军队很快帮助马尔代夫平息了叛乱。印军通过平息马尔代夫未遂政变，显示了较强的快速机动能力和远程奔袭作战能力，维护了印度的地区主导地位。

第四，灵活运用武装力量，积极遂行多样化军事任务。印度军队肩负着抵御侵略、维护国内安全和海外利益安全的多重任务。在安全威胁日趋多元化的情况下，印军的职能逐步由过去单一的防敌入侵向“御外安内、核常并重”的多样化方向转变。军队不仅要能够抵御外敌入侵，还承担打击日益猖獗的恐怖活动、叛乱活动和海盗活动，保卫海外侨民和印度国家海外利益等多种任务。进入 20 世纪 90 年代以来，印度民族和宗教矛盾进一步激化，恐怖主义、左翼极端主义运动及东北各邦分裂主义运动此起彼伏。为稳定社会，印度政府打破军队不参与内卫治安的禁令，赋予军队“维护社会治安”的任务，经常派遣军队参与“镇压民族暴乱”行动。为适应新时期新任务的需要，印军加快了转型步伐，力争打造一支能遂行多样化任务的跨区作战力量。早在 2004 年，印军公布的《陆军学说》明确提出要建设一支快速反应部队，以便在接到命令后，立即通过空中和海上途径快速部署到印度邻近地区。印度海军 2004 年的《海军学说》就提出，海军的任务不应只限于“控制海上交通线和进行海战”，还要有能力“到达敌方海域，控制敌方滨海地区”。为此，海军提出力争将印度海军打造成一支以三支航母作战群为核心，核常兼备，胜任印度洋及以外海域作战任务的力量。空军 2007 年公布的《空军学说》，提出空军要具有“从波斯湾到马六甲海峡”广大区域的“强大战略延伸能力”。为此，空军加快了从本土防御型向航空航天部队转型的步伐，力图建设成一支能打陆海空及太空“四维”战争、必要时能独立进行作战的战略型空军力量。为有效应对“来自中国和巴基斯坦的军事威胁”，提升完成多样化任务的能力，印军特别强调实施联合作战和非对称作战。一方面，强调三军联合作战。印军认为，“一旦与中国发生边境战争，必将实施诸军兵种的联合作战，需要协调地面和空中力量实施陆空一体化作战”。为打赢未来战争，国防力量要从根本上改变作战方式，逐步向联合方向发展；构建战略和战役层次的联合作战指挥体系，加强军内及与外军的联合演训，努力在多领域、多层面实现真正意义上的多军种、多兵种联合作战。另一方面，强调实施非对称作战。印军强调，“使用非常规手段应对面临的各种威胁”。通过非传统手段给中国、巴基斯坦内部制造更多的麻烦，必要时可通过“代理人战争”，在中国的西藏、新疆和巴控克什米尔地区进行“非对称作战”。战争爆发后，整合协调电子战、信息战、特种战以及战术导弹和空中打击等作战力量，对敌敏感薄弱区实施打击。

第五，开展多种国际合作，提升军事影响力、维护军事安全。国际军事合作是世界各国以和平与合作方式使用军事力量来实现国家利益的重要方式。自独立以来，印度一直重视开展国际军事合作，将其作为提升军事能力、扩大军事影响力和维护国家安全的重要手段。印度认为，开展国际军事合作既是维护和拓展国家利益的重要方式，也是提升其军事能力的重要途径。印度高度重视军事外交，注重通过开展国际军事合作来维护国家安全，实现国家和军队的战略目标。随着大国野心的膨胀和军事实力的增强，印度国际军事合作更加积极，与俄罗斯、以色列、法国等保持传统合作关系的同时，进一步加大了与美国及其联盟体系的军事合作力度。冷战时期，印度军事外交经历了从最开始的“不结盟”到与苏联结成“事实联盟”的转变。以“不结盟”为主要内涵的国际军事合作，使得印度可以在美苏之间左右逢源，游刃有余，获取最大利益；

与苏结成“事实联盟”，使得印度采取重大军事行动时有了相对可靠的支持，同时获得了苏联大量军事援助，提升了印度的军事实力。冷战结束之后，印度积极开展多方位的防务外交，积极发展与俄罗斯的军事关系，扩展双边军贸领域合作；积极改善与美国关系，恢复并增加与美国多领域的军事合作，推进两国、两军关系不断升温。同时，印度还实行“向东看”政策，加强与东盟的军事交流与合作，实现了在确保南亚军事主导地位的基础上，扩大了对东南亚地区的影响力。“9·11”事件之后，印度抓住全球和南亚战略格局和军事形势转变之机，开展积极务实的军事外交，加强同世界各主要国家、尤其是印度洋周边国家的军事交流与合作，较好地扩大了印度的地区影响力、增强了印度的军事能力，塑造了相对较好的国际安全环境。

印度高度重视开展各种形式的国际军事合作，旨在达成以下战略目标：一是服从服务于国家总体外交。成为世界大国是印度一直以来的追求，印度开展国际军事合作也积极服从服务于印度世界大国的战略目标。为此，印度积极参加多边和双边军事合作，为谋求世界大国地位展示强大军事实力、树立良好军事大国形象。积极参加国际维和与国际人道主义救援行动，意图展示良好的国际形象；积极组织和参加双边和多边联合军事演习，借以学习外国军队的先进经验，用以指导印度的军事理论和实践。二是提高自身军事实力。印度武器装备自主化能力较弱，其开展广泛国际军事合作的一个重要目的就是，通过采购和引进国外先进武器装备，进行双边或多边联合军事演习，不断提升自身的军事实力，提高自主研发能力和水平。从军购来看，自 2011 年以来，印度一直高居世界武器进口国首位，进口武器的规模、范围乃至质量都居世界前列。印度从国外进口先进的武器装备、引进先进军事技术可以实现多重利益：提高印度的军事实力，同时，利用军购来源多元化，在各大国间纵横捭阖、左右逢源，为自己在外交中实现国家利益增加筹码。从引进国外先进技术来看，印度通过加强与世界军事强国的合作，获取了大批先进武器装备和尖端技术，在导弹研制、飞机制造、航母建造，以及核力量和侦察预警系统建设等方面与发达国家的差距不断缩短，大幅提升了其核攻击能力、空中远程攻击能力、远洋作战能力、侦察预警能力和防空作战能力。三是威慑巴基斯坦和中国。削弱巴基斯坦、主导南亚一直是印度重要的国家安全战略目标。同时，印度一直将中国视为其重要的战略竞争对手和作战对象。印度开展国际军事合作时，以中国和巴基斯坦为主要针对对象，利用各种国际军事合作来打压巴基斯坦、遏制和对冲中国。印度高度重视发展与塔吉克斯坦等中亚国家及伊朗等中东国家的军事合作，并不断加大对阿富汗的军事与安全援助，除了扩大对这些国家的影响力外，另一个重要的目标就是利用这些国家的力量来削弱和打压巴基斯坦，遏阻巴基斯坦影响力的扩大。印度同样十分重视通过国际军事合作与交流，借助和利用域外力量来缓解来自中国的战略压力，并加强对中国的对冲与遏阻。近年来，印度持续升级与美国的防务与安全合作关系，就是想借助美国的力量来制约中国。四是在大国间玩弄平衡。印度在国际上奉行大国平衡外交，既积极发展与美、日、欧盟等西方国家的关系，也积极发展与中国、俄罗斯、东盟等国家的关系。作为国家总体外交的一部分，印度的国际军事合作也带有明显的大国平衡色彩。进入21世纪以来，印度在不断强化与美国军事合作关系的同时，持续深化与俄罗斯的军事合作关系，注意在美俄两个军事大国之间保持平衡。同时，印度还积极发展与日本、东盟等国家和地区的军事合作关系。

小　结

综上所述，世界主要其他力量都高度重视军事安全的维护，对内毫不动摇加强军事实力建设，注重军事安全体制机制化建设，对外注重强化联盟维护与塑造军事安全态势，并根据自身战略传统和实力地位灵活选择维护军事安全的方式和途径。美国作为一个战争国家，在二战后更是迅速转变为“国家安全国家”，其军事安全的体制机制建设比较完善成熟，更加重视以强大的美军实力和联盟力量护持美国全球霸权。俄罗斯作为欧亚强国和战斗民族，将维护军事安全奉为圭臬。冷战结束后，俄罗斯对军事安全的认知更趋综合性，强调必须采取政治、经济、信息、军事等各种手段以不同形式维护军事安全，坚持以强大军事实力为后盾采取混合战争方式维护国家安全，必要时采取预防性军事行动维护国家核心利益。欧盟军事安全维护强调共同防务和战略自主，但由于军事实力不济，其实践中基本上走的是依附型道路，依赖美国盟友通过北约的形式来提供军事安全上的保障，这导致其在军事安全途径选择上更注重冲突预防和危机管理。二战后日本作为战败国，其军事安全维护从法理上讲不具有国家属性，而属于美国豢养的冷战“打手”与“爪牙”。冷战后，日本借助《日美安保条约》的幌子，以应对所谓“周边事态”为借口，不断突破“专守防卫”“不做军事大国”“非核三原则”等政策，坚定谋求国家正常化和军事大国化，其军事安全动向的冒险性和危险性值得高度警惕。印度为实现“有声有色大国”目标，坚定奉行“以实力求安全”原则，坚持以威慑、军事力量使用甚至战争来塑造和维护军事安全，并以此谋求地区主导权。总之，世界其他力量均高度重视军事安全维护，并以此作为自身生存与发展的底线选择。

思考题

1. 美国不同时期维护军事安全的思想有哪些？
2. 俄罗斯维护军事安全的途径选择有哪些？
3. 欧盟相对于美国在维护军事安全上有哪些特点？
4. 日本维护军事安全基本方式有哪些？
5. 印度代表性军事安全思想有哪些？

第十章　中国的军事安全

军事安全是国家安全的关键领域，中国的军事安全在中国总体国家安全中历来地位突出、作用重大。当前，随着国际战略格局深刻演变、亚太安全形势更加复杂严峻以及国际军事竞争日趋激烈，中国军事安全面临的风险挑战明显上升。有效维护中国军事安全，必须坚持党对人民军队的绝对领导，贯彻落实总体国家安全观，坚持积极防御战略思想，坚持走中国特色强军之路，服务构建人类命运共同体。为有效应对风险挑战，必须加强国防和军队现代化建设，深化国防和军队改革，提升军事治理水平，全面加强练兵备战，巩固提高一体化国家战略体系和能力。同时，采取一系列有力举措捍卫军事安全，包括维护国家领土主权和海洋权益、遂行反恐维稳、维护海外利益、参加抢险救灾、开展国际军事安全合作等。

第一节　中国军事安全面临的形势

当前，国际形势持续发生深刻复杂变化，百年变局和世纪疫情相互交织，经济全球化遭遇逆流，大国博弈日趋激烈，世界进入新的动荡变革期，不稳定性不确定性显著上升，危和机同生共存。中国军事安全面临的形势更趋复杂严峻，传统安全和非传统安全问题交织互动，各种风险挑战接踵而至，应对难度明显提升。

一、国际战略格局深刻演变

世界百年未有之大变局加速演进，世界之变、时代之变、历史之变正以前所未有的方式展开，国际力量对比深刻调整，国际战略竞争日趋激烈，安全问题持续增多，国际战略格局正在经历深刻复杂的演变。

一是国际力量对比深刻调整。新兴市场国家和发展中国家力量持续上升，国际战略力量对比此消彼长、更趋均衡，促和平、求稳定、谋发展已成为国际社会的普遍诉求。但与此同时，民粹主义、排外主义抬头，单边主义、保护主义、霸权主义对世界和平与发展构成了更大的威胁，国际经济、科技、文化、安全、政治等格局都在发生深刻复杂的变化。

二是国际战略竞争日趋激烈。美国调整国家安全战略和国防战略，奉行单边主义政策，挑起和加剧大国竞争，大幅增加军费投入，强化盟伴体系，升级对中俄的遏制打压，损害全球战略稳定。北约持续扩员，不断加强在中东欧地区军事部署，援乌抗俄力度空前，并呈现东进亚太的战略趋势。俄罗斯因乌克兰危机受到西方空前严厉制裁，持续推进俄白联盟国家一体化，加速“战略东移”，努力维护战略安全空间和自身利益。欧盟着力增强自我防卫能力和集体军事行动能力，加快推进安全和防务一体化建设，多个成员国防务政策发生历史性转变。日本将“强军”作为新安全战略的重点，全面配合美国维持在亚太地区霸权的企图，大力协助美国干预国际和地区事务。

三是全球和地区性安全问题持续增多。新一轮军备竞赛加速展开，国际军控和裁军遭遇挫折。防止大规模杀伤性武器扩散形势错综复杂，国际防扩散机制受到实用主义和双重标准危害，核不扩散形势进一步恶化。极端主义、恐怖主义不断蔓延，网络安全、生物安全等非传统安全威胁日益凸显。乌克兰危机将欧洲安全再次推到关键的十字路口，一连串的战争“禁忌”不断被打破，大战乃至核战阴影重现。伊朗核问题解决进程出现波折；叙利亚问题政治解决仍面临诸多困难；新一轮巴以冲突加剧中东局势动荡，导致严重人道主义灾难。各国安全的交融性、关联性、互动性不断增强，没有哪一个国家能够独立应对或独善其身。

四是国际变局和乱局继续加重。国际形势变乱交织，冲突战乱此伏彼起，和平赤字、发展赤字、安全赤字、治理赤字加重，新冠疫情、乌克兰危机等加剧了国际乱局，同时加速了世界格局变革进程。世界变局乱局的表象背后，深层次是霸权主义和强权政治阴魂不散，地缘政治博弈加剧；根源上是作为世界最大发达国家的美国，为维护其单极霸权不择手段、无所不用其极；本质上是国际力量对比在发生变化，是旧秩序的根基在发生动摇、新秩序在萌芽生长。从全局和长远看，国际力量对比“东治西乱”

“南升北降”是大局大势，世界多极化、国际关系民主化是大局大势，经济全球化、贸易和投资自由化便利化是大局大势，共同安全、综合安全、合作安全、可持续安全是大局大势。①

二、亚太安全形势复杂严峻

目前，亚太地区局势总体稳定，区域合作不断取得进展，和平发展、合作共赢是主流。同时，世界进入新的动荡变革期，地缘政治紧张与经济格局演变叠加，冲击亚太地区发展环境和合作架构。新冠疫情影响深远，世界经济下行压力增大、衰退风险上升，粮食、能源、债务多重危机同步显现，不少国家经济社会发展遇到较大困难，各种不稳定不确定因素增多，冷战思维、霸权主义、单边主义、保护主义上升，扭曲国际准则、冲击经济联系、助长地区冲突、阻碍发展合作的行为屡见不鲜，对亚太和平与发展构成严重挑战。②

一是亚太地区大国战略博弈加剧。随着世界经济和战略重心持续向亚太地区转移，亚太地区成为大国博弈的焦点，给地区安全带来更大不确定性。美国强化亚太军事联盟，加大军事部署和干预力度，给亚太安全增添复杂因素。美国在韩国部署“萨德”反导系统等战略武器，严重破坏地区战略平衡，严重损害地区国家安全利益。日本深度调整安全战略，大幅增加国防开支，执意突破“专守防卫”框架，谋求摆脱“战后体制”，军事外向性不断增强。同时，日本强化与英、法、德等欧洲大国在亚太的军事合作；美日韩三边军事安全合作呈快速升温态势。澳大利亚持续巩固与美国的军事联盟，在美英澳三边安全伙伴关系框架下与美英开展核潜艇合作，加大在亚太军事参与力度，试图在地区安全事务中发挥更大作用。菲律宾与美国军事联盟关系快速强化，在美国唆使下，日、澳、菲不断升级防务合作。诸如此类的一系列动向导致亚太地区阵营化态势增强，海上方向的地缘战略较量更趋激烈。

二是亚太地区安全合作持续发展。亚太各国命运共同体意识增强，通

① 本书编写组编著：《党的二十大报告学习辅导百问》，学习出版社、党建读物出版社 2022 年版，第 198—199 页。

② 《〈坚守初心 共促发展 开启亚太合作新篇章〉（习近平主席 2022 年 11 月 17 日在亚太经合组织工商领导人峰会上的书面演讲）》，《人民日报》2022 年 11 月 18 日，第 2 版。

过对话协商处理分歧和争端成为主要政策取向，努力推动本地区成为全球格局中的稳定板块。上海合作组织构建不结盟、不对抗、不针对第三方的建设性伙伴关系，拓展防务安全领域合作，开创区域安全合作新模式。中国—东盟防长非正式会晤、东盟防长扩大会发挥积极作用，通过加强军事交流合作等途径促进相互信任。南海形势总体上趋稳向好，域内国家大多致力于妥善管控风险和分歧。南海对话与合作稳步提升，中国和东盟国家积极推进“南海行为准则”磋商。地区国家军队反恐协调机制等合作不断深化。均衡稳定、开放包容的亚洲特色安全架构不断发展。

三是亚太地区热点和争议问题依然存在。朝鲜半岛局势有所缓和但仍存在不确定因素，南北双方对立严重，武装冲突风险上升。台海局势暗流涌动，美加大“以台制华”力度，以众议长佩洛西为首的美国会议员和欧洲多国议员代表团接连窜访台湾地区，极力煽动台海危机，美日围绕干预台海制订作战计划、开展相关推演，岛内“台独”势力挟洋自重，加剧地区紧张局势。南亚形势总体稳定，但印巴冲突不时发生，阿富汗国内重建艰难推进，恐怖活动更加猖獗，并外溢至地区邻国。部分国家之间的领土和海洋权益争端、民族宗教矛盾等问题仍然存在，地区安全热点问题时起时伏。

三、国际军事竞争日趋激烈

军事领域是竞争和对抗最为激烈的领域。当前，新一轮科技革命和军事革命迅猛发展，战略高新技术群体迸发，智能化无人作战系统大量投入实战，新域新质战斗力已经成为改变战争规则的关键变量，战争制胜观念、制胜要素、制胜方式都在发生重大变化，推动国家安全斗争手段、方式发生革命性变化。

一是世界主要国家加大国际军事竞争力度。近期，世界各主要国家纷纷调整国家安全战略、国防战略、军事战略，优化军队组织形态，发展新型作战力量，力图抢占国际军事竞争的战略制高点。美国持续进行军事技术和体制创新，加快提升核、太空、网络、导弹防御等领域能力，谋求绝对军事优势。俄罗斯大规模扩军，强化核、非核战略遏制能力。多国扭转长期以来相对较低的军费开支态势，借乌克兰危机等地区局势动荡走上扩军备战之路。日本大力发展进攻性武力、无人装备等，增强持续作战能力。德国、英国、法国、意大利、西班牙、波兰等欧洲主要国家纷纷宣布大幅增加国防预算，向北约标准看齐。瑞典、芬兰、瑞士、奥地利等长期在国际关系中保持中立的国家，安全政策和防务立场也出现明显转变，更多地卷入国际军事竞争。

二是科技革命推动国际军事竞争发展。在新一轮科技革命和产业变革推动下，人工智能、量子信息、大数据、云计算、物联网等前沿科技加速应用于军事领域，国际军事竞争格局正在发生历史性变化。以信息技术为核心的军事高新技术日新月异，武器装备远程精确化、智能化、隐身化、无人化趋势更加明显，战争形态加速向信息化战争演变，智能化战争初现端倪。

三是军事技术和战争形态的革命性变化给我国军事安全带来严峻挑战。中国特色军事变革取得重大进展，人民军队基本实现机械化，但信息化水平亟待提高，军事安全面临技术突袭和技术代差被拉大的风险，军队现代化水平与国家安全需求相比还有不少差距，与世界先进军事水平相比还有不少差距。对此，必须紧盯科技之变、战争之变、对手之变，深入研究掌握信息化智能化战争特点规律，不断提高打赢信息化智能化战争的能力。

四、军事安全风险和挑战明显上升

随着国际和地区战略形势发生深刻复杂变化，中国的军事安全面临前所未有的风险和挑战。中国是世界上唯一尚未实现完全统一的大国，是世界上周边安全形势最复杂的国家之一，维护国家主权、领土完整、海洋权益等面临复杂严峻的挑战。在对外开放日益深化的大背景下，中华民族伟大复兴受到世界格局动荡调整变革的深刻影响，我国国家安全和社会安定面临的威胁和挑战增多，特别是影响国家安全的国内外因素相互交织、相互渗透、相互作用、相互加强，各种威胁和挑战联动效应明显。习近平总书记在党的二十大报告中指出，“我国发展进入战略机遇和风险挑战并存、不确定难预料因素增多的时期”①。

一是反分裂斗争形势更加严峻。“台独”分裂势力及其活动始终是台海和平稳定的最大现实威胁，是祖国和平统一的最大障碍。近年，台湾地

---

① 本书编写组编著:《党的二十大报告学习辅导百问》，学习出版社、党建读物出版社 2022 年版，第 49 页。

区民进党当局顽固坚持“台独”分裂立场，拒不承认体现一个中国原则的“九二共识”，加紧推行“去中国化”“渐进台独”，图谋推动“法理台独”，强化敌意对抗，挟洋自重，在分裂道路上越走越远。此外，境外“藏独”“东突”等分裂势力活动频繁，对我国国家安全和社会稳定构成威胁。①

二是国土安全依然面临威胁。我国陆地边境部分地段尚未与相关国家正式划定，保持边境地区稳定和领土不受蚕食面临较大压力。岛屿领土问题和海洋划界争端依然存在。我国主张的300多万平方千米管辖海域中，有一半以上与有关国家存在争议。日本拒不承认我国拥有钓鱼岛主权，在东海大陆架划界上与我国存在大面积的争议海域，以我国为假想敌加强武备，不断挑起事端。南海周边有关国家非法侵占南沙岛礁，南沙和西沙大面积海域被分割，油气和渔业资源被掠夺。个别国家频繁挑起事端，企图联手他国对我国发难，给我国维护岛礁主权权利和海洋权益带来新的复杂因素。个别域外国家舰机对我国频繁实施抵近侦察，多次非法闯入我国领海及有关岛礁邻近海空域，危害我国国家安全。

三是美国持续加强对华围堵遏制。美国仍不放弃霸权主义、强权政治，积极谋求绝对军事优势，把我国作为其首要战略竞争对手，不择手段进行围堵、遏制、打压，实施经济制裁、科技封锁和文化渗透，怂恿部分周边国家“阻华遏华”，成为当前和今后一个时期我国发展外部环境中最大的威胁和风险因素。习近平总书记2023年3月看望参加政协会议的委员时强调：“我国发展的外部环境急剧变化，不确定难预料因素显著增多，尤其是以美国为首的西方国家对我实施了全方位的遏制、围堵、打压，给我国发展带来前所未有的严峻挑战。”②

四是中国维护军事安全任重道远。今天，中国军队处于向信息化转型阶段，顺应世界新军事革命发展趋势、推进中国特色军事变革的任务艰巨繁重。而中国国防开支与维护国家主权、安全、发展利益的保障需求相比，与履行大国国际责任义务的保障需求相比，与自身建设发展的保障需

---

① 中华人民共和国国务院新闻办公室：《新时代的中国国防》，人民出版社2019年版，第5页。部分内容在文中稍作调整。

② 《〈正确引导民营经济健康发展高质量发展〉（习近平2023年3月6日在看望参加政协会议的民建工商联界委员时的讲话）》，《人民日报》2023年3月7日，第1版。

求相比，还有较大差距。随着中国日益走近世界舞台中央，国际社会对中国军队提供国际公共安全产品的期待也不断增大。①

综上所述，国际形势波谲云诡，周边环境复杂敏感，改革发展任务艰巨繁重，中国军事安全面临的风险挑战明显增多，战略压力明显加大。我们要打好防范和抵御风险的有准备之战，打好化险为夷、转危为机的战略主动战，准确识变、科学应变、主动求变，坚持底线思维，坚定斗争意志，增强斗争本领，准备经受风高浪急甚至惊涛骇浪的重大考验，坚决有效防范化解各类风险挑战，依靠顽强斗争打开事业发展新天地。

第二节　中国维护军事安全的战略指导

面对安全环境的深刻变化，面对强国强军的时代要求，有效维护中国军事安全，必须遵循一系列战略指导，为实现中华民族伟大复兴的中国梦提供坚强战略支撑。

一、坚持党对人民军队的绝对领导

党对军队的绝对领导是中国特色社会主义的本质特征，是党和国家的重要政治优势。我军是党的军队、人民的军队、社会主义国家的军队，要不要坚持党对军队的绝对领导，始终是我们同各种敌对势力斗争的一个焦点。西方敌对势力从来没有放弃在我国策动“颜色革命”的图谋，加紧实施“政治转基因”工程，极力鼓吹“军队非党化、非政治化”和“军队国家化”，妄图对我军官兵拔根去魂，目的是搞乱我们的思想、搞垮我们的制度、动摇党对军队绝对领导的根基，对此必须保持高度警觉。

党对军队绝对领导是人民军队建军之本、强军之魂。我军是党缔造的，始终在党的绝对领导下行动和战斗。习近平总书记指出：“坚持党指挥枪、建设自己的人民军队，是党在血与火的斗争中得出的颠扑不破的真理。”建军以来，我军之所以能始终保持强大的凝聚力、向心力、战斗力，经受住各种考验，不断从胜利走向胜利，最根本的就是靠党的坚强领导。

① 中华人民共和国国务院新闻办公室：《新时代的中国国防》，人民出版社 2019 年版，第 42 页。

正是因为枪杆子始终掌握在党的手里，才保证了我军在长期复杂斗争中没有迷失方向，才保证了国家的长治久安。[①]

党对军队绝对领导是有一整套制度作保证的。党对军队绝对领导的根本原则和制度，发端于南昌起义，奠基于三湾改编，定型于古田会议。经过长期发展，形成了包括坚持军队最高领导权和指挥权属于党中央、中央军委，中央军委实行主席负责制，实行党委制、政治委员制、政治机关制，实行党委统一的集体领导下的首长分工负责制，实行支部建在连上等在内的一整套制度体系。[②]

军委主席负责制是坚持党对军队绝对领导的根本制度，解决的是我军最高领导权和指挥权问题。“国家大柄，莫重于兵。”中央军委实行主席负责制，就是中央军委主席负责中央军委全面工作，领导指挥全国武装力量，决定国防和军队建设一切重大问题。[③] 新时代新征程，维护中国军事安全，必须毫不动摇坚持党对人民军队的绝对领导，坚持军委主席负责制，确保沿着正确政治方向前进。

二、贯彻落实总体国家安全观[④]

在新的时代条件下，中国国家安全的内涵和外延比历史上任何时候都要丰富，时空领域比历史上任何时候都要宽广，内外因素比历史上任何时候都要复杂，必须坚持总体国家安全观。贯彻落实总体国家安全观，坚决维护中国军事安全，要围绕实现党在新形势下的强军目标，坚持积极防御方针，加快推进国防和军队现代化建设，整体运筹和平时期军事力量运用，使军队始终成为维护国家安全的可靠力量。

一要更加注重运用军事力量和手段营造有利战略态势。强化和平时期军事力量和手段运用，要统筹应对威胁和挑战，保持战略全局平衡和稳

---

① 中共中央宣传部编：《习近平新时代中国特色社会主义思想学习纲要》，学习出版社、人民出版社 2023 年版，第 243 页。

② 中共中央宣传部编：《习近平新时代中国特色社会主义思想学习纲要》，学习出版社、人民出版社 2023 年版，第 244 页。

③ 中共中央宣传部编：《习近平新时代中国特色社会主义思想学习纲要》，学习出版社、人民出版社 2023 年版，第 245 页。

④ 《总体国家安全观干部读本》编委会编著：《总体国家安全观干部读本》，人民出版社 2016 年版，第 101—105 页。

定。适应武器装备更新换代和作战样式发展变化，进一步优化战场布局，加强战略预置，全面提高日常战备水平，塑造能慑能战的有利态势。加强情报侦察预警，及早发现危机征候。针对突发情况，快速反应，有效处置，防止事态升级、局势失控。针对蓄意挑衅，做好有理、有利、有节的军事斗争准备。针对战争威胁，适时调整军事部署，组织军事行动，慑止敌方军事冒险企图，以确保有效管控危机、遏制战争，营造有利于国家和平发展的安全环境。

二要高度关注应对新型安全领域风险和挑战。太空和网络空间等领域是军事竞争新的制高点，竞争日趋激烈，现实威胁严峻，很容易成为国家安全的“阿喀琉斯之踵”。世界主要国家围绕进出、利用和控制太空，纷纷制定太空战略，发展太空军事力量。我国一贯主张和平利用太空，为应对新的竞争，亟须密切跟踪掌握太空态势，保卫太空资产安全，服务国家经济建设和社会发展，维护太空安全。有关国家相继出台网络空间安全战略，加紧建设网络战部队，加紧研发网络空间武器装备，利用网络优势挑战我国网络安全。面对日益增多的网络攻击，只有加快网络空间力量建设，提高网络空间态势感知、网络防御能力，才能支援国家网络空间斗争和参与国际合作，遏控网络空间重大危机，保障国家网络与信息安全，掌握新型安全领域军事竞争战略主动权。

三要积极开展地区和国际安全合作。全方位发展对外军事关系，深化中俄两军交流合作，推动两军关系向更广领域、更深层次发展；构建与中美大国关系相适应的军事关系，增进互信、防范风险、管控危机；巩固和发展与周边国家军事关系；提升与欧洲国家军事关系水平；发展与非洲、拉美、南太平洋地区国家的传统友好军事关系。推进务实性军事合作，通过积极参加多边对话与合作机制，不断探索合作的新领域、新内容、新模式；加强与有关国家军队在人员培训、军事物资援助、装备技术等领域的合作；开展多层次、多领域、多军兵种的双边多边联演联训。履行国际责任和义务，参与联合国维和行动，积极参加国际灾难救援和人道主义援助，参与维护国际海上通道安全；广泛参与地区和国际安全事务，在力所能及的范围内承担更多国际责任和义务，提供更多公共安全产品。

四要坚持走军民融合式发展道路。推动经济建设和国防建设融合发展，坚持发展和安全兼顾、富国和强军统一，实施军民融合发展战略，形成全要素、多领域、高效益的军民深度融合发展格局。加大政策扶持力度，全面推进基础领域、重点技术领域和主要行业标准军民通用，探索完善依托国家教育体系培养军队人才，依托国防工业体系发展武器装备，依托社会保障体系推进后勤社会化保障的方法路子；广泛开展军民合建共用基础设施，合理开发、合作使用军地资源；建立完善军地联合应对重大危机和突发事件行动机制，健全国防动员体制机制，增强全民国防观念；加强后备力量建设，优化预备役部队结构，创新后备力量编组运用模式；增强国防动员科技含量，强化专业保障队伍建设，建成与打赢信息化战争相适应、应急应战一体的国防动员体系。

三、坚持积极防御战略思想

积极防御战略思想是我们党军事战略思想的基本点，必须毫不动摇坚持，同时要丰富和完善其内涵。在长期革命战争实践中，人民军队形成了一整套积极防御战略思想，坚持战略上防御与战役战斗上进攻的统一，坚持防御、自卫、后发制人的原则，坚持“人不犯我，我不犯人；人若犯我，我必犯人”①。

根据国家安全和发展战略，适应新的形势任务要求，必须不断丰富和发展积极防御战略思想。一是与时俱进加强军事战略指导。拓宽战略视野、更新战略思维、前移指导重心，整体运筹备战与止战、维权与维稳、威慑与实战，加强军事力量常态化多样化运用，坚定灵活开展军事斗争，塑造安全态势，遏控危机冲突，打赢局部战争。② 二是不断创新基本作战思想。根据安全威胁和军队能力，坚持灵活机动、自主作战的原则，你打你的、我打我的，运用诸军兵种一体化作战力量，实施信息主导、精打要害、联合制胜的体系作战。三是调整军事斗争准备基点。根据战争形态演变和国家安全形势，将军事斗争准备基点放在打赢信息化局部战争上，突出海上军事斗争和军事斗争准备，有效控制重大危机，妥善应对连锁反应，坚决捍卫国家领土主权、统一和安全。四是优化军事战略布局。根据我国地缘战略环境、面临安全威胁和军队战略任务，构建全局统筹、分区

---

① 《总体国家安全观干部读本》编委会编著：《总体国家安全观干部读本》，人民出版社 2016 年版，第 102 页。

② 中共中央宣传部编：《习近平新时代中国特色社会主义思想学习纲要》，学习出版社、人民出版社 2023 年版，第 248 页。

负责，相互策应、互为一体的战略部署和军事布势；应对太空、网络空间等新型安全领域威胁，维护共同安全；加强海外利益攸关区国际安全合作，维护海外利益安全。①

实行新形势下积极防御军事战略方针，应坚持以下原则：服从服务于国家战略目标，贯彻总体国家安全观，加强军事斗争准备，预防危机、遏制战争、打赢战争；营造有利于国家和平发展的战略态势，坚持防御性国防政策，坚持政治、军事、经济、外交等领域斗争密切配合，积极应对国家可能面临的综合安全威胁；保持维权维稳平衡，统筹维权和维稳两个大局，维护国家领土主权和海洋权益，维护周边安全；努力争取军事斗争战略主动，积极运筹谋划各方向各领域军事斗争，抓住机遇加快推进军队建设、改革和发展；运用灵活机动的战略战术，发挥联合作战整体效能，集中优势力量，综合运用战法手段；立足应对最复杂最困难情况，坚持底线思维，扎实做好各项准备工作，确保妥善应对、措置裕如；充分发挥人民军队特有的政治优势，坚持党对军队的绝对领导，重视战斗精神培育，严格部队组织纪律性，纯洁巩固部队，密切军政军民关系，鼓舞军心士气；发挥人民战争的整体威力，坚持把人民战争作为克敌制胜的重要法宝，拓展人民战争的内容和方式方法，推动战争动员以人力动员为主向以科技动员为主转变；积极拓展军事安全合作空间，深化与大国、周边、发展中国家的军事关系，促进建立地区安全和合作架构。②

中国坚持自卫防御核战略。中国始终奉行在任何时候和任何情况下都不首先使用核武器、无条件不对无核武器国家和无核武器区使用或威胁使用核武器的核政策，主张最终全面禁止和彻底销毁核武器，不会与任何国家进行核军备竞赛，始终把自身核力量维持在国家安全需要的最低水平。中国坚持自卫防御核战略，目的是遏制他国对中国使用或威胁使用核武器，确保国家战略安全。③

在积极防御战略思想下，中国军事斗争准备的基点放在打赢信息化智

---

① 中华人民共和国国务院新闻办公室：《中国的军事战略》，人民出版社 2015 年版，第 10—11 页。

② 中华人民共和国国务院新闻办公室：《中国的军事战略》，人民出版社 2015 年版，第 11 页。

③ 中华人民共和国国务院新闻办公室：《新时代的中国国防》，人民出版社 2019 年版，第 10—11 页。

能化条件下的局部战争上，突出海上军事斗争。同时，中国不断创新基本作战思想，根据安全威胁和军队能力，坚持灵活机动、自主作战的原则，实施你打你的、我打我的，运用诸兵种一体化作战力量，实施信息主导、精打要害、联合制胜的体系作战。根据我国地缘战略环境、面临安全威胁和军队战略任务，构建全局统筹、分区负责、相互策应、互为一体的战略部署和军事布势。①

四、坚持走中国特色强军之路

强国必须强军，军强才能国安。坚持走中国特色强军之路，建设同我国国际地位相称、同国家安全和发展利益相适应的巩固国防和强大军队，是中国社会主义现代化建设的战略任务，是坚持走和平发展道路的安全保障，也是总结历史经验的必然选择。②

首先，建设强大的人民军队是我们党的不懈追求。在各个历史时期，我们党都根据形势任务的变化，及时提出明确的目标要求，引领我军建设不断向前发展。习近平总书记指出："党在新时代的强军目标是建设一支听党指挥、能打胜仗、作风优良的人民军队，把人民军队建设成为世界一流军队。"这是总结我们党建军治军成功经验、适应国际战略形势和国家安全环境发展变化、着眼于解决军队建设所面临的突出矛盾和问题提出的。听党指挥是灵魂，决定军队建设的政治方向；能打胜仗是核心，反映军队的根本职能和军队建设的根本指向；作风优良是保证，关系军队的性质、宗旨、本色。这三条明确了加强军队建设的聚焦点和着力点，决定着军队发展方向，也决定着军队生死存亡。③

其次，巩固国防和强大人民军队是新时代坚持和发展中国特色社会主义、实现中华民族伟大复兴的战略支撑。当前，我国国家安全形势不稳定性不确定性增大。我们捍卫和平、维护安全、慑止战争的手段和选择有多种多样，但军事手段始终是保底手段。只有把军队建设得更强大，我们的

---

① 《总体国家安全观干部读本》编委会编著：《总体国家安全观干部读本》，人民出版社 2016 年版，第 102—103 页。

② 中华人民共和国国务院新闻办公室：《新时代的中国国防》，人民出版社 2019 年版，第 11 页。

③ 中共中央宣传部编：《习近平新时代中国特色社会主义思想学习纲要》，学习出版社、人民出版社 2023 年版，第 246 页。

底气才足、腰杆才硬。人民军队必须服从服务于党的历史使命，把握新时代国家安全战略需求，为巩固中国共产党领导和我国社会主义制度提供战略支撑，为捍卫国家主权、统一、领土完整提供战略支撑，为维护我国海外利益提供战略支撑，为促进世界和平与发展提供战略支撑，担当起党和人民赋予的新时代使命任务。[①]

最后，中国特色强军之路是党领导建设强大人民军队的历史结晶，是习近平总书记领航新时代强国强军伟大事业开辟出来的。党的十八大以来，人民军队在奋斗中进一步增强了走中国特色强军之路的坚定性自觉性。新时代新征程上，要深入贯彻习近平强军思想，贯彻新时代军事战略方针，坚持党对人民军队的绝对领导，坚持政治建军、改革强军、科技强军、人才强军、依法治军，坚持边斗争、边备战、边建设，坚持机械化信息化智能化融合发展，以更强大的能力、更可靠的手段捍卫国家主权、安全、发展利益。[②] 新时代的中国国防，在习近平强军思想指引下，将沿着中国特色强军之路，向着全面建成世界一流军队的宏伟目标奋勇前进。

五、服务构建人类命运共同体

服务构建人类命运共同体是中国维护军事安全的世界意义。安全问题早已超越国界，任何一个国家的安全短板都会导致外部风险大量涌入，形成安全风险洼地；任何一个国家的安全问题积累到一定程度又会外溢成为区域性甚至全球性安全问题。一个和平稳定繁荣的中国，是世界的机遇和福祉；一支强大的中国军队，是维护世界和平稳定、服务构建人类命运共同体的坚定力量。新冠疫情的发生再次表明，人类是一个休戚与共的命运共同体。实现各国共同安全，是构建人类命运共同体的题中应有之义。[③]

首先，推动构建人类命运共同体是建设美好世界的必由之路。世界上的问题错综复杂，解决问题的出路是维护和践行多边主义，推动构建人类命运共同体。中国坚持走多边主义之路，始终做国际秩序的维护者，推动

① 中共中央宣传部编：《习近平新时代中国特色社会主义思想学习纲要》，学习出版社、人民出版社2023年版，第246—247页。

② 本书编写组编著：《党的二十大报告学习辅导百问》，学习出版社、党建读物出版社2022年版，第185页。

③ 中共中央宣传部、中央国家安全委员会办公室编：《总体国家安全观学习纲要》，学习出版社、人民出版社2022年版，第135、142—143页。

建设持久和平、普遍安全、共同繁荣、开放包容、清洁美丽的世界。推动构建人类命运共同体，不是以一种制度代替另一种制度，不是以一种文明代替另一种文明，而是不同社会制度、不同意识形态、不同历史文化、不同发展水平的国家在国际事务中利益共生、权利共享、责任共担，形成共建美好世界的最大公约数。①

其次，中国政府和中国军队扎实践行人类命运共同体理念。中方提出构建全球发展共同体、安全共同体、网络空间命运共同体、核安全命运共同体、人类卫生健康共同体、人与自然生命共同体、海洋命运共同体等倡议。中国在办好自己事情的同时，始终认真履行自己的责任，遵守国际规则，履行国际义务，积极参与并倡导国际安全合作和全球安全治理，为世界和平与发展不断贡献中国智慧、中国方案、中国力量。②

最后，中国政府顺应时代需求提出全球安全倡议。全球安全倡议倡导以团结精神适应深刻调整的国际格局，以共赢思维应对复杂交织的安全挑战，旨在消弭国际冲突根源、完善全球安全治理，推动国际社会携手为动荡变化的时代注入更多稳定性和确定性，实现世界持久和平与发展。全球安全倡议体系完整，内涵丰富，以“六个坚持”为核心要义，包括：坚持共同、综合、合作、可持续的安全观；坚持尊重各国主权、领土完整；坚持遵守《联合国宪章》宗旨和原则；坚持重视各国合理安全关切；坚持通过对话协商以和平方式解决国家间的分歧和争端；坚持统筹维护传统领域和非传统领域安全。这六个方面彼此联系，相互呼应，既有顶层设计的宏观思维，又有解决实际问题的方法路径，是辩证统一的有机整体。③

中国军队坚持共同、综合、合作、可持续的安全观，秉持正确义利观，积极参与全球安全治理体系改革，深化双边和多边安全合作，促进不同安全机制间协调包容、互补合作，营造平等互信、公平正义、共建共享的安全格局。中国军队坚持履行国际责任和义务，始终高举合作共赢的旗

---

① 中共中央宣传部、中央国家安全委员会办公室编：《总体国家安全观学习纲要》，学习出版社、人民出版社 2022 年版，第 143 页。

② 中共中央宣传部、中央国家安全委员会办公室编：《总体国家安全观学习纲要》，学习出版社、人民出版社 2022 年版，第 143 页。

③ 新华社：《全球安全倡议概念文件（全文）》，中国政府网，2023 年 2 月 21 日，https：//www. gov. cn/xinwen/2023 -02/21/content_5742481. htm。

帜，在力所能及的范围内向国际社会提供更多公共安全产品，积极参加国际维和、海上护航、人道主义救援等行动，加强国际军控和防扩散合作，建设性参与热点问题的政治解决，共同维护国际通道安全，合力应对恐怖主义、网络安全、重大自然灾害等全球性挑战，积极为构建人类命运共同体贡献力量。[①] 中国军队有决心有信心有能力战胜一切威胁挑战，为实现中华民族伟大复兴的中国梦提供坚强战略支撑，为服务构建人类命运共同体作出新的更大贡献。

第三节　中国军事安全能力建设

随着世界进入新的动荡变革期，我国国家安全形势不稳定性不确定性增大，各方向各领域都面临不少安全挑战。只有具备过硬的军事能力，才能做到平时稳控局势、战时决战决胜，才能兜住国家安全的底，才能在国际风云变幻中保持战略主动。

一、加强国防和军队现代化建设

国防和军队建设是国家安全的坚强后盾。没有一个巩固的国防，没有一支强大的军队，和平发展就没有保障。新中国成立以来，正是因为我们高度重视国防建设，敢于在关键时刻亮剑，才顶住了来自外部的各种压力，维护了国家的独立、自主、安全、尊严。[②]《中华人民共和国国家安全法》第十八条规定，“国家加强武装力量革命化、现代化、正规化建设，建设与保卫国家安全和发展利益需要相适应的武装力量……”。

首先，党的十八大以来，我国国防和军队现代化步伐显著加快。我们取得的进展主要包括：全面推进军事理论现代化、军队组织形态现代化、军事人员现代化、武器装备现代化，着力建设一切为了打仗的后勤，构建武器装备现代化管理体系，提高国防科技自主创新能力，人民军队基本实

① 中华人民共和国国务院新闻办公室：《新时代的中国国防》，人民出版社 2019 年版，第 12—13 页。

② 中共中央党史和文献研究院编：《习近平关于总体国家安全观论述摘编》，中央文献出版社 2018 年版，第 52 页。

现机械化，信息化建设取得重大进展，战略能力有了大的提升。[①] 一是持续推进国防科技和军事理论创新发展。加快实施科技兴军战略，巩固和加强优势领域，加大新兴领域创新力度，一些战略性、前沿性、颠覆性技术自主创新取得重要进展，成功研制“天河二号”超级计算机等一批高技术成果。聚焦战争和作战问题推进军事理论创新，推出战略、联合作战、信息化建设等一系列理论成果，为国防和军队建设提供理论支撑。二是加快构建现代化武器装备体系。完善优化武器装备体系结构，统筹推进各军兵种武器装备发展，统筹主战装备、信息系统、保障装备发展，全面提升标准化、系列化、通用化水平。加大淘汰老旧装备力度，逐步形成以高新技术装备为骨干的武器装备体系。国产航母、新型核潜艇、歼－20 战斗机、东风系列导弹等大国重器列装部队，我军现代化水平和实战能力显著提升。三是着力建设一切为了打仗的现代化后勤。建立以联勤部队为主干、军种为补充，统分结合、通专两线的保障体制，构建以战略战役力量为主干、队属力量为补充、社会保障为依托，联合、精干、高效的后勤力量体系，推动后勤力量融入战区联合训练、军兵种跨区训练和中外联演联训，推进前后方一体训练，初步形成快速响应、全维参战、精确保障能力。四是不断推进国防动员现代化。理顺国防动员组织领导体制，加强后备力量建设，精简全国基干民兵规模，深化民兵预备役部队规模结构、力量编成改革，推进预备役部队与现役部队一体建设和运用，加快实现由保障陆军为主向保障多军兵种转变。[②]

其次，国防和军队现代化进程必须同国家现代化进程相适应，军事能力必须同国家战略需求相适应。在新时代，我们党制定国防和军队现代化新“三步走”战略安排，强调到 2027 年实现建军一百年奋斗目标，确保掌握捍卫国家主权、安全、发展利益的战略主动；到 2035 年基本实现国防和军队现代化，机械化高度发达，信息化基本实现，智能化取得重大进展，基于网络信息体系的联合作战能力、全域作战能力全面提高；到本世纪中叶全面实现国防和军队现代化，把人民军队全面建成同我国强国地位

---

① 本书编写组编著：《党的二十大报告学习辅导百问》，学习出版社、党建读物出版社 2022 年版，第 184 页。

② 中华人民共和国国务院新闻办公室：《新时代的中国国防》，人民出版社 2019 年版，第 32—34 页。

相称、能够全面有效维护国家安全、具备强大国际影响力的世界一流军队。[①]

最后，我军建设正处在提质增效的关键阶段，加快国防和军队现代化，必须把高质量发展放在首位。其中，政治建军是我军的立军之本，工作中要充分发挥政治工作生命线作用，培养有灵魂、有本事、有血性、有品德的新一代革命军人，锻造铁一般信仰、铁一般信念、铁一般纪律、铁一般担当的过硬部队[②]；科技是核心战斗力，必须坚持自主创新战略基点，推进高水平科技自立自强，加快关键核心技术攻关，加快战略性、前沿性、颠覆性技术发展，推动我军建设模式向创新驱动发展转变；人才是赢得军事竞争和未来战争主动的关键因素，要锻造德才兼备的高素质、专业化新型军事人才，创新军事人力资源管理，提高备战打仗人才供给能力和水平。[③] 以加快先进战斗力有效供给为指向，努力实现国防和军队建设更高质量、更高效益、更可持续发展。

二、深化国防和军队改革

深化国防和军队改革是实现中国梦、强军梦的时代要求。当前，世界主要国家都在加快推进军队改革，谋求军事优势地位的国际竞争加剧。因为军事上的落后一旦形成，对国家安全的影响将是致命的。[④] 我们这支军队，靠改革创新走到现在，也要靠改革创新赢得未来。

进入新时代，适应世界新军事革命发展趋势和国家安全需求，我国全面深化国防和军队改革，着力解决体制性障碍、结构性矛盾、政策性问题，坚持全面实施改革强军战略，完善和发展中国特色社会主义军事制度，加快构建能够打赢信息化智能化战争、有效履行使命任务的中国特色现代军事力量体系。

---

① 中共中央宣传部编：《习近平新时代中国特色社会主义思想学习纲要》，学习出版社、人民出版社 2023 年版，第 250—251 页。

② 中共中央宣传部、中央国家安全委员会办公室编：《总体国家安全观学习纲要》，学习出版社、人民出版社 2022 年版，第 111 页。

③ 中共中央宣传部编：《习近平新时代中国特色社会主义思想学习纲要》，学习出版社、人民出版社 2023 年版，第 253—254 页。

④ 中共中央党史和文献研究院编：《习近平关于总体国家安全观论述摘编》，中央文献出版社 2018 年版，第 53—54 页。

一是推进领导指挥体制改革，确立军委管总、战区主战、军种主建总原则，改变长期实行的总部体制、大军区体制、大陆军体制。①

调整组建新的军委机关部门。由过去的总参谋部、总政治部、总后勤部、总装备部四总部调整为军委机关 15 个职能部门，指挥、建设、管理、监督等路径更加清晰，决策、规划、执行、评估等职能配置更加合理。②

表 1　军委机关部门基本情况③

军委机关部门	主要职责
军委办公厅	主要改造综合协调、决策咨询、军事法制、信息服务、督促检查等职能
军委联合参谋部	主要履行作战筹划、指挥控制和作战指挥保障，研究拟制军事战略和军事需求，组织作战能力评估，组织指导联合训练、战备建设和日常战备工作等职能
军委政治工作部	主要履行全军党的建设、组织工作、政治教育和军事人力资源管理等职能
军委后勤保障部	主要履行全军后勤保障规划计划、政策研究、标准制定、检查监督等职能
军委装备发展部	主要履行全军装备发展规划计划、研发试验鉴定、采购管理、信息系统建设等职能
军委训练管理部	主要履行组织指导全军军事训练、训练监察、行政管理及院校教育管理等职能
军委国防动员部	主要履行组织指导国防动员和后备力量建设，领导管理省军区等职能
军委纪律检查委员会	主要履行全军党的纪检监察和巡视等职能
军委政法委员会	主要履行组织指导全军政法、安全保卫工作等职能
军委科学技术委员会	主要履行国防科技战略管理、组织指导前沿科技创新、推动科技军民融合发展等职能

① 中共中央宣传部编：《习近平新时代中国特色社会主义思想学习纲要》，学习出版社、人民出版社 2023 年版，第 252 页。

② 中华人民共和国国务院新闻办公室：《新时代的中国国防》，人民出版社 2019 年版，第 23—24 页。

③ 中华人民共和国国务院新闻办公室：《新时代的中国国防》，人民出版社 2019 年版，第 54 页。

续表

军委机关部门	主要职责
军委战略规划办公室	主要履行国防和军队建设发展战略规划职能，组织制定发展规划，统筹资源配置等
军委改革和编制办公室	主要履行国防和军队改革筹划协调职能，指导推动重大改革实施，负责全军组织编制管理等
军委国际军事合作办公室	主要履行对外军事交流与合作职能，归口管理和协调全军外事工作等
军委审计署	主要履行审计监督职能，组织指导全军审计工作等
军委机关事务管理总局	主要改造军委机关服务保障等职能

建立健全联合作战指挥体制。组建战区联合作战指挥机构，形成平战一体、常态运行、专司主营、精干高效的联合作战指挥体系。撤销沈阳、北京、兰州、济南、南京、广州、成都七大军区，成立东部、南部、西部、北部、中部五大战区。通过改革，构建起“中央军委—战区—部队”的作战指挥体系。①

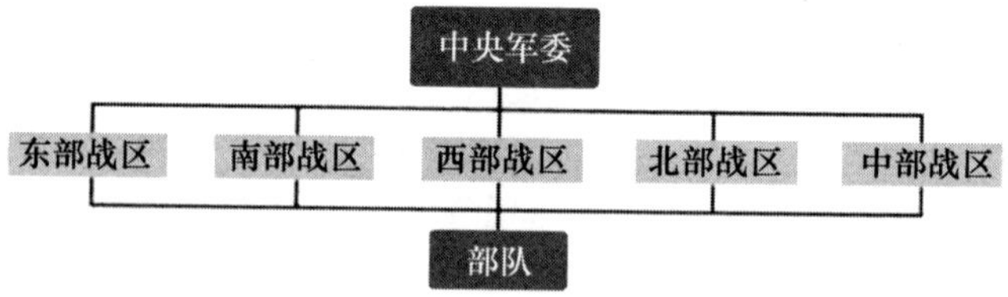

图 1　军队作战指挥体系架构图②

完善军兵种领导管理体制。成立中央军委领导指挥下的陆军、海军、火箭军等军种，军事航天部队、网络空间部队、信息支援部队和联勤保障部队等兵种的新型军兵种结构布局，构建起“中央军委—军兵种—部队”

① 中华人民共和国国务院新闻办公室：《新时代的中国国防》，人民出版社 2019 年版，第 24—25 页。

② 中华人民共和国国务院新闻办公室：《新时代的中国国防》，人民出版社 2019 年版，第 25 页。

的领导管理体系。

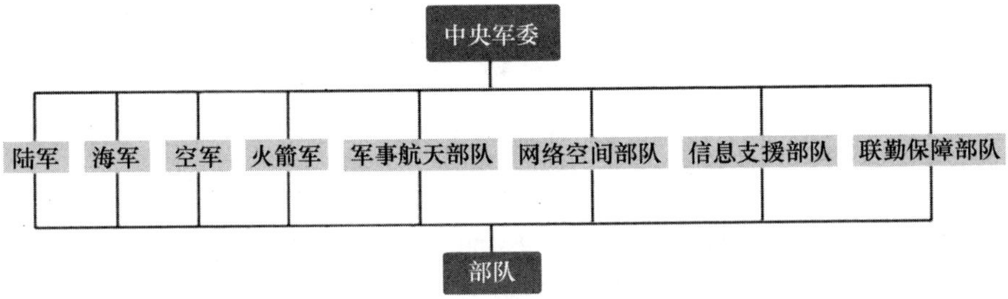

图 2　军队领导管理体系架构图（作者自制）

陆军按照机动作战、立体攻防的战略要求，加快实现区域防卫型向全域作战型转变，提高精确作战、立体作战、全域作战、多能作战、持续作战能力。海军按照近海防御、远海防卫的战略要求，加快推进近海防御型向远海防卫型转变，提高战略威慑与反击、海上机动作战、海上联合作战、综合防御作战和综合保障能力。空军按照空天一体、攻防兼备的战略要求，加快实现国土防空型向攻防兼备型转变，提高战略预警、空中打击、防空反导、信息对抗、空降作战、战略投送和综合保障能力。火箭军按照核常兼备、全域慑战的战略要求，增强可信可靠的核威慑和核反击能力，加强中远程精确打击力量建设，增强战略制衡能力。[①]

建立健全法治监督体系。组建新的军委纪律检查委员会（军委监察委员会）、新的军委政法委员会、军委审计署，形成决策权、执行权、监督权既相互制约又相互协调的权力运行体系。[②]

二是推进军队规模结构和力量编成改革，构建中国特色现代军事力量体系，改变长期以来陆战型、国土防御型的力量结构和兵力布势。[③]按照调整优化结构、发展新型力量、理顺重大比例关系、压减数量规模的要求，推动军队由数量规模型向质量效能型、人力密集型向科技密集

① 中华人民共和国国务院新闻办公室：《新时代的中国国防》，人民出版社 2019 年版，第 29—31 页。

② 中华人民共和国国务院新闻办公室：《新时代的中国国防》，人民出版社 2019 年版，第 25 页。

③ 中共中央宣传部编：《习近平新时代中国特色社会主义思想学习纲要》，学习出版社、人民出版社 2023 年版，第 252 页。

型转变。①

调整军队规模比例，重塑力量结构布局。裁减军队员额30万，现役总员额减至200万。扩大士官和文职人员编配范围，压减各级机关编制，精简文艺体育新闻出版、服务保障和院校、医疗、仓库、科研院所等机构和人员。大幅压减陆军现役员额，保持空军现役员额稳定，适度增加海军、火箭军现役员额，优化各军兵种内部力量结构。调整作战力量部署，形成与维护新时代国家安全需要相适应的战略布局。②

调整作战部队编成，重构新型作战力量。陆军原18个集团军整合重组为13个集团军。在全军主要作战部队实行“军—旅—营”体制，充实兵种作战力量，减少指挥层级，降低合成重心。增加特种作战、立体攻防、两栖作战、远海防卫、战略投送等新型作战力量，推动部队编成向充实、合成、多能、灵活方向发展。③

优化院校力量布局，重构军事科研体系。解放军和武警部队院校进一步整合，重塑国防大学、国防科技大学。成立军委军事科学研究指导委员会，调整组建新的军事科学院、军种研究院，形成以军事科学院为龙头、军兵种科研机构为骨干、院校和部队科研力量为辅助的军事科研力量布局。④

三是推进军事政策制度改革，构建中国特色社会主义军事政策制度体系。坚持战斗力标准，着眼于调动军事人员积极性、主动性、创造性，整体设计和推进军事政策制度改革。

深化军队党的建设制度改革，维护党中央权威和集中统一领导，确保党对军队绝对领导，推进完善军队党的政治建设、思想建设、组织建设、作风建设、纪律建设制度。

创新军事力量运用政策制度，有效保障全面履行新时代军队使命任务。制定《海上护航行动条例（试行）》等法规制度，推进完善军事战略

---

① 中华人民共和国国务院新闻办公室：《新时代的中国国防》，人民出版社2019年版，第25—26页。

② 中华人民共和国国务院新闻办公室：《新时代的中国国防》，人民出版社2019年版，第26页。

③ 中华人民共和国国务院新闻办公室：《新时代的中国国防》，人民出版社2019年版，第26页。

④ 中华人民共和国国务院新闻办公室：《新时代的中国国防》，人民出版社2019年版，第26—27页。

指导制度、战备工作条例、联合作战法规等。

重塑军事力量建设政策制度，更好解放和发展战斗力。颁布实施新军事训练条例和军事训练大纲，完善军事训练、装备发展、后勤建设、军事科研、国防动员等方面政策制度，推进建立军官职业化制度，优化军人待遇保障，健全军人荣誉体系，加快推进军官法、兵役法等立法进程。

改革军事管理政策制度，提升军事系统运行效能，推动军队高质量发展，推进战略管理、军费管理、军事司法等制度创新。①

总之，深化国防和军队改革是一场整体性、革命性变革。针对国防和军队建设长期存在的体制性障碍、结构性矛盾、政策性问题，我国大刀阔斧深化国防和军队改革，重构人民军队领导指挥体制、现代军事力量体系、军事政策制度，人民军队体制一新、结构一新、格局一新、面貌一新。

三、提升军事治理水平

“天下之势不盛则衰，天下之治不进则退。”国家治理体系和治理能力是一个国家制度和制度执行能力的集中体现。军事治理是国家治理的重要组成部分，事关国防和军队现代化建设质量效能。国防和军队现代化不仅包括硬件水平的现代化，也包括治理体系和治理能力的现代化。②

第一，党的十八大以来，我国军事治理水平得到显著提升。党中央和中央军委在领导推进强军事业的进程中，坚持党对军队绝对领导，积极推进军事治理探索实践，特别是通过深化国防和军队改革、推进依法治军、加强和改进军队战略管理等，形成一系列全新的体制机制、法律法规、政策制度，在新时代坚持和发展了中国特色社会主义军事制度，有力促进了国防和军队现代化。③

第二，党的二十大报告对“全面加强军事治理”作出部署，蕴含了建军治军的新理念新创造。一是巩固拓展国防和军队改革成果，总结运用改

① 中华人民共和国国务院新闻办公室：《新时代的中国国防》，人民出版社 2019 年版，第 27—28 页。

② 解放军报评论员：《以军事治理新加强助推强军事业新发展》，《解放军报》2023 年 7 月 26 日，第 1—2 版。

③ 新华社：《习近平在中共中央政治局第七次集体学习时强调：全面加强军事治理以高水平治理推动我军高质量发展》，中国政府网，2023 年 7 月 28 日，https：//www. gov. cn/yaowen/liebiao/202307/content_6894069. htm。

革成功经验，抓好既定改革任务落实，加强后续改革筹划，完善军事力量结构编成，体系优化军事政策制度。二是加强国防和军队建设重大任务战建备统筹，成体系推进相关战略能力和新域新质作战能力建设；加快建设现代化后勤，构建现代军事物流体系和军队现代资产管理体系；实施国防科技和武器装备重大工程，加速科技向战斗力转化，加紧构建武器装备现代化管理体系。三是深化军队院校改革，健全三位一体新型军事人才培养体系，创新军事人力资源管理，延揽各方面优秀人才投身强军事业。四是加强依法治军机制建设和战略规划，完善中国特色军事法治体系，推动治军方式根本性转变，提高国防和军队建设法治化水平。五是改进战略管理，聚力打通堵点卡点，畅通战略管理链路，提高军事系统运行效能和国防资源使用效益。

第三，全面加强军事治理是复杂系统工程，涉及国防和军队建设方方面面。在工作中，一要强化系统观念，坚持问题导向，加强军事治理顶层设计和战略谋划，加强各领域治理、全链路治理、各层级治理，有计划、有重点加以推进；二要加强全局统筹，加强国防和军队建设各项工作协调联动，确保同向发力、综合发力，提高军事治理系统性、整体性、协同性；三要把握新体制下军事系统运行特点要求，坚持用改革创新的思路和办法解决发展中的矛盾问题，不断优化工作运行机制，完善军事法规制度体系；四要加强军费管理和监督，深化重点领域治理，提高资源配置的精准度和集中度，确保军费使用精准、高效、可持续，把有限资源用在刀刃上、用出效益来，以重点突破带动整体推进；五要深入推进战略管理创新，健全完善需求科学生成、快速响应、有效落实机制，构建推动高质量发展的指标体系、标准体系、统计体系、评估体系、监管体系，确保链路顺畅高效，发挥军事系统运行整体效能。①

总之，全面加强军事治理是我们党治军理念和方式的一场深刻变革，是加快国防和军队现代化的战略要求。我们要着力构建现代军事治理体系，提高现代军事治理能力，以高水平治理推动我军高质量发展，为实现建军一百年奋斗目标提供有力保障。

---

① 《习近平在中共中央政治局第七次集体学习时强调：全面加强军事治理以高水平治理推动我军高质量发展》，中国政府网，2023 年 7 月 28 日，https：//www. gov. cn/yaowen/liebiao/202307/content_6894069. htm。

四、全面加强练兵备战

军队保持战备状态，是有效应对安全威胁、履行使命任务的重要保证。全面加强练兵备战，提高人民军队打赢能力，是党对人民军队提出的战略要求。习近平总书记指出，“能战方能止战，准备打才可能不必打，越不能打越可能挨打”①。面对可能强加到我们头上的战争，必须用敌人听得懂的语言同他们对话，用斗争赢得胜利、赢得尊重，必须全面加强练兵备战，以更强大的能力、更可靠的手段捍卫国家主权、安全、发展利益。

人民军队永远是战斗队，人民军队的生命力在于战斗力。要时刻准备打仗，强化战斗队意识，集中精力研究军事、研究战争、研究打仗，真抓实备，常备不懈，确保随时拉得出、上得去、打得赢。要扎实做好各战略方向军事斗争准备，统筹推进传统安全领域和新型安全领域军事斗争准备，加快打造高水平战略威慑和联合作战体系。② 全军把备战打仗作为主责主业，坚持战斗力这个唯一的根本的标准，全部精力向打仗聚焦，全部工作向打仗用劲，确保部队召之即来、来之能战、战之必胜。为此，需要着力从以下几个方面下功夫：

第一，与时俱进创新军事战略指导。紧盯世界之变、时代之变、历史之变，适应国家发展战略、安全战略新要求，深入研究信息化智能化战争特点规律，研究现代战争制胜机理，研究练兵备战重大现实问题，提高军事战略指导水平。整体运筹备战与止战、威慑与实战、战争行动与和平时期军事力量运用，统筹竞争、斗争、战争，统筹各方向各领域，塑造安全态势、遏控危机冲突、打赢局部战争。

第二，打造高水平联合作战指挥和战略威慑体系。军队能不能打仗、能不能打胜仗，指挥是一个决定性因素。现代战争形态和作战方式发生了革命性变化，其中很突出的一个方面就是指挥对抗的作用空前上升，作战指挥战略性、联合性、时效性、专业性、精确性要求越来越高。我军着力

---

① 中共中央宣传部编：《习近平新时代中国特色社会主义思想学习纲要》，学习出版社、人民出版社 2023 年版，第 247 页。

② 中共中央宣传部、中央国家安全委员会办公室编：《总体国家安全观学习纲要》，学习出版社、人民出版社 2022 年版，第 109 页。

加强联合作战指挥体系和能力建设，加快打造坚强高效的联合作战指挥机构，构建平战一体、常态运行、专司主营、精干高效的战略战役指挥体系，推进侦察预警、联合打击、战场支撑、综合保障体系和能力建设。同时，打造强大战略威慑力量体系，增加新域新质作战力量比重，加快无人智能作战力量发展，统筹网络信息体系建设运用，全面提高我军威慑和实战能力。①

第三，深入推进实战化军事训练。打仗硬碰硬，训练必须实打实。军事训练是部队经常性中心工作，是生成和提高战斗力的基本途径，是最直接的军事斗争准备。当前，我军军事训练进入了全方位变革、整体性提升的新阶段，尤其要做好以下四个方面的工作：一要坚持以战领训、以训促战，做到按实战要求训练，实现作战和训练一体化；二要坚持以联为纲，以联合训练引领军兵种训练，以军兵种训练支撑联合训练，发展我军特色联合训练体系；三要坚持不懈改进训练作风，旗帜鲜明向“和平积弊”开刀，坚决破除一切假大空的东西，坚决把全军工作重心归正到备战打仗上来，因为军事训练来不得半点漂浮和虚假，否则就要付出血的代价；② 四要坚持科技练兵，加强新装备、新力量、新领域训练，加强模拟化、网络化、对抗性手段建设，探索“科技＋”“网络＋”等训练方法，提高训练效费比，推动练兵模式转变。

第四，加强新兴领域军事布局。坚持机械化信息化智能化融合发展，增加新域新质作战力量比重，是抢占军事竞争和未来战争主动的重要一手。必须做好系统谋划，加快战略性、前沿性、颠覆性技术发展，加强军事智能核心技术、关键软硬件和基础理论攻关，构建具有我军特色的智能化军事体系。优化军事力量结构编成，加快无人智能作战力量发展，加快推进新型作战力量以“主力”“主角”融入作战体系。此外，要紧盯新型领域安全，做好战略预置，加强新技术、新装备、新战法试验和作战运用探索，加快先进战斗力有效供给。③

---

① 中共中央宣传部编：《习近平新时代中国特色社会主义思想学习纲要》，学习出版社、人民出版社 2023 年版，第 248 页。

② 中共中央宣传部编：《习近平新时代中国特色社会主义思想学习纲要》，学习出版社、人民出版社 2023 年版，第 249 页。

③ 本书编写组编著：《党的二十大报告学习辅导百问》，学习出版社、党建读物出版社 2022 年版，第 59 页。

第五，强化战斗作风和战斗精神培育。战争是物质的较量，也是精神的比拼。习近平总书记指出："我军历来以敢打敢拼闻名于世，过去我们钢少气多，现在钢多了，气要更多，骨头要更硬。"强化战斗作风、培育战斗精神，可以从三个方面入手：一是发扬人民军队光荣传统和优良作风，发扬革命英雄主义和集体主义精神，培养敢于斗争、敢于胜利的血性胆魄；二是始终保持敢打敢拼、赴汤蹈火的顽强战斗意志，大力发扬一不怕苦、二不怕死的顽强战斗精神，敢于战胜一切困难，敢于压倒一切敌人；三是在艰苦严格的训练中、在近似实战的环境中、在严峻复杂的军事斗争中摔打和锻炼部队，坚定理想信念、磨砺战斗意志、锤炼战斗作风。①

第六，立足最复杂最困难情况推进军事斗争准备。宁可备而不战，不可无备而战。对可能发生的战争风险保持战略清醒，随时准备打仗，立足于现有条件打仗，不打无准备无把握之仗，有力慑止战争，坚决打赢战争。统筹抓好各方向各领域军事斗争准备，及时有效处置各种突发情况。深化战争和作战筹划，构建完善联合作战指挥体系，开展作战体系短板弱项攻坚。把反恐军事斗争准备摆到战略位置抓紧抓好，坚决维护社会大局稳定。从政治高度和国家利益全局筹划指导军事行动，善于根据斗争目的选择合理斗争方式，把握好斗争的时度效。② 塑造安全态势，遏控危机冲突，打赢局部战争，以坚定意志品质、灵活战略策略、有力军事行动，坚决维护国家主权、安全、发展利益。

第七，形成战、建、备一体推进的良好局面。坚持边斗争、边备战、边建设，是今后一个时期我军的突出特点和指导原则，必须统筹提高战的能力、建的质量、备的水平。坚定灵活开展军事斗争，在涉及国家主权和领土完整问题上寸土必争、寸步不让，敢于斗争、善于斗争，特别是坚决粉碎"台独"分裂和外来干涉图谋，确保国家核心利益不受损，确保政治和战略主动。坚持以战领建、以备促建，各项工作和建设、各方面力量和资源，始终聚焦军事斗争准备、服务军事斗争准备，着力补齐我军作战体系的短板弱项，把战斗力这个唯一的根本的标准贯穿部队建设全过程和各

---

① 中共中央宣传部编：《习近平新时代中国特色社会主义思想学习纲要》，学习出版社、人民出版社 2023 年版，第 249 页。

② 中共中央宣传部编：《习近平新时代中国特色社会主义思想学习纲要》，学习出版社、人民出版社 2023 年版，第 250 页。

方面。做好战备物资储备和应急建设能力预置，健全平战快速转换机制，把各种可能的情况考虑周全，始终保持箭在弦上、引而待发的高度戒备态势，确保部队全时待战、随时能战。①

进入新时代，人民军队威慑和实战能力明显提升。主要体现在：牢固树立战斗力这个唯一的根本的标准，坚决把工作重心归正到备战打仗上来，与时俱进创新军事战略指导，壮大战略力量和新域新质作战力量，大抓实战化军事训练，打造高水平战略威慑和联合作战体系，统筹加强各方向各领域军事斗争，有效应对外部军事挑衅，震慑“台独”分裂势力，加强边境管控和反蚕食斗争，遂行海上维权、反恐维稳、抢险救灾、抗击疫情、维和护航、人道主义救援和国际军事合作等重大任务，塑造了军事斗争有利态势，捍卫了国家主权、安全、发展利益。②

五、巩固提高一体化国家战略体系和能力

把军民融合发展上升为国家战略，坚持富国和强军相统一，构建一体化的国家战略体系和能力，是我们长期探索经济建设和国防建设协调发展规律的重大成果，是从国家发展和安全全局出发作出的重大决策，是应对复杂安全威胁、赢得国家战略优势的重大举措。③ 要通过国家一体化战略体系重塑，大幅提升国家经济发展、科技创新、军事战略威慑、应急应战动员以及国际格局塑造、国际规则主导等战略能力，实现国家发展和安全统筹谋划、经济建设和国防建设整体推进、经济力量和国防力量一体运用。国防实力要和经济实力相匹配，不然就不能为经济社会发展提供有力安全保障。国防和军队现代化建设要进一步融入国家发展全局，强化战略引领，强化重点突破，强化法治保障，加强军地战略规划统筹、政策制度衔接、资源要素共享，持续推动重点区域、重点领域、新兴领域协调发展，整合和运用好国家整体实力，赢得军事竞争优势。

巩固提高一体化国家战略体系和能力，是党中央把握强国强军面临的

---

① 本书编写组编著：《党的二十大报告学习辅导百问》，学习出版社、党建读物出版社2022年版，第60页。

② 本书编写组编著：《党的二十大报告学习辅导百问》，学习出版社、党建读物出版社2022年版，第184页。

③ 中共中央宣传部、中央国家安全委员会办公室编：《总体国家安全观学习纲要》，学习出版社、人民出版社2022年版，第112页。

新形势新任务新要求，着眼于更好统筹发展和安全、更好统筹经济建设和国防建设作出的战略部署。党的十八大以来，以习近平同志为核心的党中央立足世界发展大势和国家安全大局，就巩固提高一体化国家战略体系和能力作出一系列重大决策，采取一系列重大举措，取得一系列重大成果，推动顶层筹划显著加强，制度机制不断健全，创新实践逐步深入，基础设施建设、国防科技工业、军事人才培养、国防动员等方面协作深化拓展，军政军民团结更加巩固，有力促进了国防实力和经济实力同步提升。①

巩固提高一体化国家战略体系和能力，关键要在一体化上下功夫，实现国家战略能力最大化。新形势下，尤其要做好以下几个方面的工作：第一，坚持党中央集中统一领导，加强军地战略规划统筹、政策制度衔接、资源要素共享，加强各领域战略布局一体融合、战略资源一体整合、战略力量一体运用，系统提升我国应对战略风险、维护战略利益、实现战略目的的整体实力；第二，统筹全局，突出重点，推动重点区域、重点领域、新型领域协调发展，努力打造军民协同的龙头工程、精品工程，以重点突破带动整体推进，更好满足我军战斗力建设和军事斗争需求；第三，着眼谋取战略竞争新优势，推动融合由传统领域向新型领域拓展，提高海洋、太空、网信、生物、新能源等领域核心竞争力，形成多维一体、协同推进、跨越发展的新型领域融合发展布局；第四，深化科技协同创新，加快提升新型领域战略能力，强化国防科技工业服务强军胜战导向，加强重大基础设施统筹建设，加快推动国家科技实力、工业实力向国防实力转化，加快构建大国储备体系；第五，要坚持问题导向，持续优化体制机制，完善政策制度，形成各司其职、紧密协作、规范有序的工作格局；② 第六，创造发展人民战争战略战术，深化全民国防教育，着力增强全民爱党爱国爱社会主义的深厚感情、居安思危的忧患意识、崇军尚武的思想观念、强国强军的责任担当；第七，加强国防动员和后备力量建设，推进现代边海空防建设，发挥党政军警民合力强边固防的独特优势，筑牢边海防铜墙铁壁，坚持人民防空为人民，铸就坚不可摧的护民之盾；第八，加强军人军

① 解放军报评论员：《巩固提高一体化国家战略体系和能力》，《解放军报》2023年8月12日，第1版。

② 中共中央宣传部编：《习近平新时代中国特色社会主义思想学习纲要》，学习出版社、人民出版社2023年版，第256页。

属荣誉激励和权益保障，做好退役军人服务保障工作，在全社会形成尊崇军人、支持强军事业的浓厚氛围；第九，巩固发展新时代军政军民团结，在全社会营造关心国防、建设国防、保卫国防的浓厚氛围，为巩固提高一体化国家战略体系和能力、为推进强国强军汇聚强大力量。

第四节　中国维护军事安全的主要举措

面对国际战略形势加速演变以及周边安全形势更趋复杂严峻，中国坚定不移遵循积极防御战略指导和新时代军事战略方针，在加速发展全方位过硬军事能力的基础上，采取多方面有力举措维护军事安全，坚决捍卫国家主权、安全、发展利益。

一、维护国家领土主权和海洋权益

中国拥有2.2万多千米陆地边界、1.8万多千米大陆海岸线，是世界上邻国最多、陆地边界最长、海上安全环境十分复杂的国家之一，维护领土主权、海洋权益和国家统一的任务艰巨繁重。

中国军队坚定维护国家主权和领土完整。南海诸岛、钓鱼岛及其附属岛屿是中国固有领土。中国在南海岛礁进行基础设施建设，部署必要的防御性力量，在东海钓鱼岛海域进行巡航，是依法行使国家主权。中国坚持同地区国家一道维护和平稳定，坚定维护各国依据国际法所享有的航行和飞越自由，维护海上通道安全。①

中国军队组织空防和对空侦察预警，监视国家领空及周边地区空中动态，组织空中警巡、战斗起飞，有效处置各种空中安全威胁和突发情况，维护空中秩序，维护空防安全。2022年5月26日，澳大利亚一架P－8A反潜巡逻机进入中国西沙附近空域抵近侦察，不顾中方反复警告，连续逼近中国西沙领空。中国人民解放军南部战区组织海空兵力对澳军机进行识别查证，并予以警告驱离。

中国军队组织东海、南海、黄海等重要海区和岛礁警戒防卫，掌握周

① 中华人民共和国国务院新闻办公室：《新时代的中国国防》，人民出版社2019年版，第7—8页。

边海上态势，组织海上联合维权执法，妥善处置海空情况，坚决应对海上安全威胁和侵权挑衅行为。2023 年 6 月 3 日，美国“钟云”号驱逐舰、加拿大“蒙特利尔”号护卫舰过航台湾海峡并公开炒作，中国人民解放军东部战区组织海空兵力全程跟监警戒，依法依规处置。2023 年 8 月 5 日，菲律宾 2 艘运补船和 2 艘海警船未经中国政府批准，非法闯入中国南沙群岛仁爱礁邻近海域。中国海警依法实施必要管控，对菲搭载违规建材的船只进行了拦阻。

中国军队坚决捍卫国家统一。解决台湾问题，实现国家完全统一，是中华民族的根本利益，是实现中华民族伟大复兴的必然要求。中国坚持“和平统一、一国两制”方针，推动两岸关系和平发展，推进中国和平统一进程，坚决反对一切分裂中国的图谋和行径，坚决反对任何外国势力干涉。中国有坚定决心和强大能力维护国家主权和领土完整，决不允许任何人、任何组织、任何政党、在任何时候、以任何形式、把任何一块中国领土从中国分裂出去。我们不承诺放弃使用武力，保留采取一切必要措施的选项。如果有人要把台湾从中国分裂出去，中国军队将不惜一切代价，坚决予以挫败。[①] 着眼捍卫国家统一，中国军队加强以海上方向为重点的军事斗争准备，组织舰机“绕岛巡航”，对“台独”分裂势力发出严正警告。

2022 年 8 月 2 日，美国众议院议长佩洛西窜访中国台湾地区，此举与美方不支持“台独”的承诺背道而驰，是对中方的严重政治挑衅，是对中美两国两军关系的严重破坏，是对台海和平稳定的巨大冲击和威胁。8 月 2 日晚，佩洛西窜访降落台北松山机场后，中国人民解放军东部战区部队迅即听令行动，连夜按计划在台岛周边展开一系列联合军事行动。战区海军、空军、火箭军、战略支援部队、联勤保障部队等兵力，位台岛北部、西南、东南海空域全天候实施实战化联合演训，重点进行了联合封控、对海突击、对陆打击、制空作战等演练，组织精导武器实弹射击，针对美台勾连严正震慑。演训中，多军种、多区域联合行动，检验了体系支撑下战区部队联合感知、联合指控、联合杀伤、联合保障等实战化能力，展现了国防和军队改革的最新成果。隐身战斗机、箱式火箭炮、运油 – 20 等一批新装备成规模、成体系运用，有效支撑战区部队提高打赢能力，遂行使命

---

① 中华人民共和国国务院新闻办公室：《新时代的中国国防》，人民出版社 2019 年版，第 8 页。

任务。陆军“渡江英雄炮”所在旅，空军“王海大队”“杜凤瑞大队”，海军“海上先锋艇”所在支队等英雄部队精锐尽出，展示了敢打必胜、压倒一切敌人的英雄气概和革命精神。①

中国军队严密防范各类蚕食、渗透、破坏和袭扰活动，维护边防安全稳定。中国同周边 9 个国家签订边防合作协议，同 12 个国家建立边防会谈会晤机制，构建起国防部、战区、边防部队三级对外交往机制，常态化开展友好互访、工作会谈和联合巡逻执勤、联合打击跨境犯罪演练等活动。2012 年以来，中国边防部队同邻国军队共进行 3300 余次联合巡逻，举行 8100 余次边防会晤。同哈萨克斯坦、吉尔吉斯斯坦、俄罗斯、塔吉克斯坦开展边境裁军履约工作。② 加强中印方向稳边固防，加快解决边界问题，推动边境局势降温缓局。2020 年 6 月，印军公然违背与我方达成的共识，悍然越线挑衅。中国边防部队果断采取自卫措施，对印方暴力行径予以坚决回击，陈红军、陈祥榕、肖思远、王焯冉四名烈士殒命边疆，为国捐躯。截至 2023 年 8 月，中印两军共举行十九轮军长级会谈，稳步推进中印边界西段有关问题的解决。强化中阿边境管控，严防暴恐分子渗透。加强中缅方向安全管控，维护边境地区安宁和人民安全。

二、遂行反恐维稳

中国坚决反对一切形式的恐怖主义、极端主义。中国武装力量依法参加维护社会秩序行动，防范和打击暴力恐怖活动，维护国家政治安全和社会大局稳定，保障人民群众安居乐业。解放军依法协助地方政府维护社会稳定，参加重大安保行动及处置其他各类突发事件，主要承担防范恐怖活动、核生化检测、医疗救援、运输保障、排除水域安全隐患、保卫重大活动举办地和周边地区空中安全等任务。武警部队执行重要目标守卫警戒、现场警卫、要道设卡和城市武装巡逻等任务，协同国家机关依法参加执法行动，打击违法犯罪团伙和恐怖主义活动，积极参与社会面防控，着力防范和处置各类危害国家政治安全、社会秩序的隐患，为“平安中国”建设

---

① 樊斌、李秉宣：《东部战区全天候位台岛周边海空域组织实战化联合演训》，《解放军报》2022 年 8 月 4 日，第 1 版；刘建伟、钱晓虎：《我军在台岛周边海空域成功举行实战化联合演训》，《解放军报》2022 年 8 月 5 日，第 1 版。

② 中华人民共和国国务院新闻办公室：《新时代的中国国防》，人民出版社 2019 年版，第 14—15 页。

作出重要贡献。[①]

解放军和武警部队每年均动用大量兵力担负执勤安保、反恐处突、海上维权执法等任务，参加二十国集团领导人峰会、亚太经合组织领导人非正式会议、“一带一路”国际合作高峰论坛、金砖国家领导人会晤、上海合作组织青岛峰会等警卫安保任务近万起，参与处置劫持人质事件和严重暴力恐怖事件近千起。我国始终保持对暴力恐怖活动的严打高压态势，加强反恐国际合作，全力打好反恐防恐“组合拳”，截至2022年，连续6年保持暴恐案事件“零发生”。[②]

中国积极开展国际和地区反恐合作。恐怖主义是人类社会的公敌，是国际社会共同打击的对象。中国积极支持联合国安理会通过的一系列反恐决议，大力推动《联合国全球反恐战略》全面实施。在联合国框架下，中国军队在反恐经验交流、情报分享等方面与国际反恐力量密切合作。中国军队加强上海合作组织框架内的国际反恐合作，组织开展反恐联合演习，打击非法贩运武器、弹药和爆炸物品，合作查明和切断人员渗透渠道，推动国际反恐情报交流共享；主办以反恐为主题的“长城”国际论坛，积极参与亚太经合组织反恐工作组、全球反恐论坛等多边反恐机制；推动创建阿富汗、中国、巴基斯坦、塔吉克斯坦四国军队反恐合作协调机制，举行两届军队高级领导人会议；同有关国家举行双边反恐磋商，与俄罗斯、巴基斯坦及中亚多国签署打击恐怖主义双边协定，开展反恐交流合作，积极维护地区安全。[③]

三、维护海外利益

海外利益是中国国家利益的重要组成部分。《中华人民共和国国家安全法》第三十三条规定：“国家依法采取必要措施，保护海外中国公民、

---

① 中华人民共和国国务院新闻办公室：《新时代的中国国防》，人民出版社2019年版，第19—20页。

② 公安部新闻发布：《通报一年来公安机关各项措施落实及成效》，中华人民共和国公安部网站，2023年7月28日，https://www.mps.gov.cn/n2254536/n2254544/n2254552/n8834690/index.html。

③ 中华人民共和国国务院新闻办公室：《新时代的中国国防》，人民出版社2019年版，第52页。

组织和机构的安全和正当权益，保护国家的海外利益不受威胁和侵害。”①《新时代的中国国防》白皮书也明确提出：“有效维护海外中国公民、组织和机构的安全和正当权益，是中国军队担负的任务。”②

中国军队积极完善海外利益保护机制，着眼弥补海外行动和保障能力差距，发展远洋力量，建设海外补给点，增强遂行多样化军事任务能力；实施海上护航，维护海上战略通道安全，遂行海外撤侨、海上维权等行动。③

根据联合国安理会有关决议，中国海军于 2008 年 12 月起派遣海军舰艇编队赴亚丁湾、索马里海域，开启了中国海军亚丁湾护航任务。这是中国海军自组建以来，首次在远离祖国的远海大洋执行海上护航任务。护航编队的主要任务是保护航经亚丁湾、索马里海域的中国船只、人员安全，保护世界粮食计划署等国际组织运送人道主义物资船舶的安全。2017 年 8 月，中国人民解放军驻吉布提保障基地正式投入使用，为我执行护航和人道主义救援等任务提供修整补给保障。自开营以来，基地已为数批次护航编队保障维修器材，为百余名护航官兵提供医疗保障服务。中国海军以轮换方式不间断对亚丁湾海域过往的中国或其他国家船只提供护航服务，截至 2023 年 12 月，已连续派遣 45 批护航编队、150 余艘次舰艇、3.5 万余名官兵执行亚丁湾、索马里海域护航任务，为 1600 多批 7200 余艘中外船舶安全护航，解救、接护各类船舶近百艘，其中外国船舶占 50% 以上，与多国护航力量进行合作，共同维护国际战略通道安全。执行护航任务已经成为中国海军的常态。

2011 年 2 月，利比亚发生暴乱，正执行护航任务的中国海军徐州舰赶赴地中海利比亚附近海域，为我国从利比亚撤离人员的船舶护航警戒，这是新中国第一次动用军事力量参与撤侨。2015 年 3 月，也门安全局势严重恶化，中国海军第 19 批护航编队微山湖舰、临沂舰、潍坊舰赶赴也门亚丁湾海域，首次直接靠泊交战区域港口，安全撤离 621 名中国公民和 279 名来自巴基斯坦、埃塞俄比亚、新加坡、意大利、波兰、德国、加拿大、英国、印度、日本等 15 个国家的公民。2023 年 4 月 26 日，为保护在苏丹的

---

① 《中华人民共和国国家安全法》，中国法制出版社 2015 年版，第 9 页。

② 中华人民共和国国务院新闻办公室：《新时代的中国国防》，人民出版社 2019 年版，第 20 页。

③ 中华人民共和国国务院新闻办公室：《新时代的中国国防》，人民出版社 2019 年版，第 20 页。

中国公民生命财产安全，中国军队奉命执行撤离中国在苏丹人员任务。截止到 4 月 29 日，中国军队圆满完成撤离中国在苏丹人员任务。其间，中国海军不仅从苏丹港撤离出 940 名中国公民，还应有关国家请求，撤离出 231 名外籍人员，中国成为苏丹内部冲突爆发以来有组织撤离人员最多的国家。这次苏丹紧急撤离任务，不仅是中国海军继 2011 年利比亚撤离行动和 2015 年也门撤离行动后，第三次执行海外紧急撤离任务，也是我国第二次动用军舰直接靠泊外国港口执行撤离任务。

四、参加抢险救灾

参加国家建设事业、保卫人民和平劳动，是宪法赋予中国武装力量的使命任务。依据《军队参加抢险救灾条例》，中国武装力量主要担负解救、转移或者疏散受困人员，保护重要目标安全，抢救、运送重要物资，参加道路（桥梁、隧道）抢修、海上搜救、核生化救援、疫情控制、医疗救护等专业抢险，排除或者控制其他危重险情、灾情，协助地方人民政府开展灾后重建工作等任务。①

灾难面前，解放军总是冲在最前方，用坚韧的意志和无畏的勇气，保护着人民的生命财产安全。2008 年 5 月 12 日汶川发生 8 级地震，解放军在 13 日就将 11420 名官兵空运到灾区附近，创下解放军军史和中国航空史上单日出动飞机最多、飞行架次最多、投送兵力最多的航空输送行动纪录；由于灾区通信和交通中断，14 日，空军首次在高原复杂地域、无地面指挥引导、无地面标识、无气象资料条件下，15 名空降兵从 4999 米高空实施伞降，担负通信联络、灾情勘察、情况上报等任务，第三军医大学医疗队冒着不断发生的余震和泥石流滑坡的危险，每人背着 30 多公斤的药品、器材，徒步抵达重灾区展开救治工作；解放军和武警部队三天内集结兵力 95553 人，民兵预备役集结兵力 36174 人参加抗震救灾，中国军队创造了历史上非战争军事行动中快速组织军队奔赴灾区的记录。

2012 年以来，解放军和武警部队先后参加云南鲁甸地震救灾、长江中下游暴雨洪涝灾害抗洪抢险、雅鲁藏布江堰塞湖排险等救灾救援行动，协助地方政府解救、转移安置群众 500 余万人，巡诊救治病员 20 余万人次，

---

① 中华人民共和国国务院新闻办公室：《新时代的中国国防》，人民出版社 2019 年版，第 21 页。

抢运物资 36 万余吨，加固堤坝 3600 余千米。

2019 年武汉新冠疫情暴发后，军队支援湖北医疗队，在疫情防控最紧迫的时刻，闻令而动、勇挑重担、敢打硬仗，人民军医与武汉人民共克时艰。解放军从陆军、海军、空军军医大学抽组 3 支医疗队共 450 人，分别从上海、重庆、西安三地乘军机出发，紧急赶赴武汉抗击新冠疫情。军队支援湖北医疗队抵达武汉后，第一时间批量接收患者，第一时间进入隔离病区，第一时间诊治危重病人，以最快速度接收最危重的患者，接管最危险的病区。截至 2020 年 2 月 17 日，抵达武汉的军队支援湖北医疗队人数已达 4000 余人，来自陆军、海军、空军、火箭军、战略支援部队、联勤保障部队、武警部队多个医疗单位，会聚了全军各大医院的精兵强将。军队支援湖北医疗队整体接管 3 所医院，专门收治重症和危重新冠肺炎患者，对最大限度挽救人民群众生命，起到了关键作用。

2023 年 7 月底至 8 月，受台风"杜苏芮"影响，华北、黄淮、东北等地出现极端降雨过程，引发洪涝和地质灾害，解放军、武警部队官兵和民兵预备役人员闻令而动、连续奋战，在北京、河北、天津、黑龙江、吉林、福建等地全力支援地方抗洪抢险救灾工作。截至 2023 年 8 月 14 日，解放军和武警部队共动用兵力 4.4 万余人，组织民兵 2.9 万余人，出动车辆和工程机械 5400 余台（套）、舟艇 880 余艘次、航空器 200 余架次（含直升机、无人机），配合地方累计搜救转移受灾群众 14.8 万余人次，医疗救治 1 万余人次，封堵管涌溃口 450 余处，装填搬运沙袋 357 万余个，抢筑加固堤坝 81 千米，抢修疏通道路 740 余千米，清理淤泥 40 万余立方米，防疫消杀 423 万平方米，运输物资 9000 余吨，有力有效完成了防汛救灾工作。

五、开展国际军事安全合作

中国军队坚持共同安全、综合安全、合作安全、可持续安全的安全观，发展不结盟、不对抗、不针对第三方的对外军事关系，推动建立公平有效的集体安全机制和军事互信机制，积极拓展军事安全合作空间，营造有利于国家和平发展的安全环境。[①]《中华人民共和国国家安全法》第十八

① 中华人民共和国国务院新闻办公室：《中国的军事战略》，人民出版社 2015 年版，第 23 页。

条规定："开展国际军事安全合作，实施联合国维和、国际救援、海上护航和维护国家海外利益的军事行动，维护国家主权、安全、领土完整、发展利益和世界和平。"①

一是积极开展全方位对外军事交往。全面运筹中国与各方的关系，构建和平共处、总体稳定、均衡发展的大国关系格局。主要包括：不断丰富中俄新时代全面战略协作伙伴关系内涵，深化中俄两军交流合作，深化两军战略沟通，不断开展各领域务实合作，逐渐构建全面多元、可持续的机制架构，为两国关系不断充实新的战略内涵，推动两军关系向更广领域、更深层次发展；坚持以相互尊重、和平共处、合作共赢为根本遵循，推进中美防务领域交流对话、交流与合作，增进互信、防范风险、管控危机，努力推动中美关系实现健康、稳定、可持续发展；坚持亲诚惠容理念，巩固发展与周边国家军事关系，坚定不移走长期睦邻友好、共同发展道路；提升与欧洲国家军事关系水平，发展与非洲、拉美、南太平洋国家的传统军事友好关系。

二是推进务实性军事合作。中国军队坚持互信互惠、合作共赢的原则，同世界各国军队开展务实交流合作。中国迄今已同150多个国家开展军事交往，在驻外使馆（团）设有130个驻外武官机构，116个国家在中国设立武官处，同41个国家和国际组织建立防务磋商对话机制54项。同时，积极开展多层次、多领域、多军兵种的双多边联演联训。2012年以来，中国同30多个国家举行百余次联合演习与训练，演练内容从非传统安全领域发展到传统安全领域，演练地域从中国周边延伸至远海，参演力量从以陆军为主拓展至陆海空多军兵种。此外，中国军队还积极组织人才培养交流合作。2012年以来，向50多个国家派出军事留学生1700余名，20余所军队院校分别同40多个国家的院校建立和保持了校际交流关系，共接纳130多个国家的上万名军事人员到中国军队院校学习。②

三是推动构建地区安全合作架构。2001年6月，中国同哈萨克斯坦、吉尔吉斯斯坦、俄罗斯、塔吉克斯坦、乌兹别克斯坦共同发起成立上海合作组织。该组织形成互信、互利、平等、协商、尊重多样文明、谋求共同

① 《中华人民共和国国家安全法》，中国法制出版社2015年版，第6页。

② 中华人民共和国国务院新闻办公室：《新时代的中国国防》，人民出版社2019年版，第44—47页。

发展的“上海精神”，推动构建上海合作组织命运共同体，推动建设新型国际关系。[①] 中国本着开放包容、务实合作的原则，积极参加东盟防长扩大会、东盟地区论坛、香格里拉对话会、雅加达国际防务对话会、西太平洋海军论坛等多边对话和合作机制，常态化举行中国—东盟防长非正式会晤，建设性提出加强地区防务安全合作的倡议。中国秉持平等、开放、包容、互鉴的精神，搭建北京香山论坛交流平台。2014 年，香山论坛升级为“一轨半”国际安全和防务对话平台；2018 年 10 月，香山论坛更名为北京香山论坛，为促进亚太地区安全对话和互信合作发挥了积极作用。

四是履行国际责任和义务。作为联合国创始成员国和安理会常任理事国，中国坚定维护联合国在国际事务中的核心作用，积极参与国际军控、裁军和防扩散努力，反对军备竞赛，维护全球战略平衡和稳定，签署或加入了《不扩散核武器条约》等数十个多边军控、裁军和防扩散条约。[②] 中国积极支持联合国维和行动，是安理会常任理事国第一大出兵国、联合国第二大维和摊款国，是联合国维和待命部队数量最多、分队种类最齐全的国家，成为联合国维和行动的关键因素和关键力量。中国军队认真践行《联合国宪章》宗旨和原则，先后参加 25 项联合国维和行动，派出维和军事人员 5 万余人次，彰显了和平之师、正义之师、文明之师形象。中国维和官兵的足迹遍布 20 多个国家和地区，在推进和平解决争端、维护地区安全稳定、促进驻在国经济社会发展等方面作出了重要贡献。1990 年 4 月，中国军队向联合国停战监督组织派遣 5 名军事观察员，开启了中国军队参加联合国维和行动的历程。30 多年来，中国军队先后向柬埔寨、刚果（金）、利比里亚、苏丹、黎巴嫩、苏丹达尔富尔、南苏丹、马里 8 个维和任务区派遣 111 支工兵分队，完成大量平整场地、维修机场、搭建板房、构筑防御工事等工程保障任务；先后向利比里亚、苏丹 2 个任务区派遣 27 支运输分队，累计运送物资器材 120 万余吨，运输总里程 1300 万余千米；先后向刚果（金）、利比里亚、苏丹、黎巴嫩、南苏丹、马里 6 个任务区派遣 85 支医疗分队，累计接诊救治病人、抢救伤员 24.6 万余人次。中国

---

① 中华人民共和国国务院新闻办公室：《新时代的中国国防》，人民出版社 2019 年版，第 47—48 页。

② 中华人民共和国国务院新闻办公室：《新时代的中国国防》，人民出版社 2019 年版，第 43—44 页。

军队先后与 90 多个国家、10 多个国际和地区组织开展维和交流与合作，加强战略沟通，分享经验做法，深化联演联训，通过合作提升维和能力。[①]

中国军队积极参加国际灾难救援和人道主义援助，派遣专业救援力量赴受灾国救援减灾，提供救援物资和医疗救助，加强救援减灾国际交流。中国军队先后组织或参加马航 MH370 失联航班搜救、菲律宾“海燕”台风救援、抗击西非埃博拉疫情、马尔代夫水荒救援、尼泊尔抗震救灾、老挝水灾溃坝救援、所罗门群岛抗疫援助、汤加火山灾害救援、阿富汗地震救援、巴基斯坦抗洪救灾等多项行动。2014 年，西非国家暴发埃博拉疫情，在不少外国医疗机构纷纷撤离的情况下，中国军队上演“最美逆行”，先后向塞拉利昂、利比里亚派出 6 批医疗队执行援非抗埃任务，为有效防控埃博拉疫情作出重要贡献。新冠疫情发生以来，中国军队通过提供防疫物资援助、派遣军队抗疫专家组、召开疫情防控经验交流视频会议等方式，与 50 多个国家军队开展抗疫国际合作，向 30 余国军队提供了疫苗援助。2023 年 1 月 26 日，应汤加王国关于火山灾害救援的请求，中国军队克服火山灰等不利条件影响，派遣空军运输机、海军舰艇，于 1 月 27 日和 31 日，分两批次向汤加运送食品、饮用水、净水器、帐篷、移动板房、拖拉机、无线电通讯设备等应急和灾后重建物资。

中国海军“和平方舟”号医院船是中国海军专门为海上医疗救护“量身定做”的专业大型医院船，也是世界上第一艘万吨级制式医院船，为医治而生、为救助而去，肩负中国道义、彰显中国担当。“和平方舟”号医院船 2008 年入列，2010 年首次执行“和谐使命”任务，迈出了中国海军赴海外履行国际人道主义医疗服务的第一步。该船以“和谐使命”任务为主要载体，多次远赴海外开展人道主义医疗服务，先后到访 45 个国家和地区，服务 25 万余人次，实施手术 1500 多例，总航程 26 万余海里。[②] 在 2017 年 10 月“和平方舟”号医院船首访刚果（布）时，总理穆安巴登船参观，盛赞医院船为当地民众提供的免费诊疗服务，称“和平方舟”不仅名字里强调“和平”两字，更以实际行动向世界传递大爱与和平。2023 年

---

① 中华人民共和国国务院新闻办公室：《中国军队参加联合国维和行动 30 年》，人民出版社 2020 年版，第 7、12—13、21—23 页。

② 金正波、徐巍：《中国海军“和平方舟”号医院船起航执行“和谐使命—2023”任务》，《人民日报》2023 年 7 月 4 日，第 11 版。

7 月 3 日至 9 月 10 日，执行“和谐使命—2023”任务的海军“和平方舟”号医院船圆满完成对基里巴斯、汤加、瓦努阿图、所罗门群岛、东帝汶 5 国的访问，分别为各国提供了为期 7 天的免费人道主义医疗服务。这是“和平方舟”号医院船第九次执行“和谐使命”任务，全体官兵用真诚爱心、精湛医术和良好形象，为构建人类命运共同体、海洋命运共同体贡献中国力量。

小　结

综上所述，随着世界进入新的动荡变革期，中国军事安全面临的总体形势复杂严峻，不稳定性不确定性显著上升。这对强国强军提出了新的时代要求，只有具备过硬的军事能力，才能兜住国家安全的底，在国际风云变幻中保持战略主动。中国军队坚持党对人民军队的绝对领导，贯彻落实总体国家安全观，坚持积极防御战略思想，坚持走中国特色强军之路，采取一系列有效举措维护军事安全，坚决捍卫国家主权、安全、发展利益，为实现中华民族伟大复兴的中国梦提供坚强战略支撑。

思考题

1. 当前中国的军事安全面临什么样的形势？
2. 中国维护军事安全应遵循哪些战略指导？
3. 中国军事安全能力建设主要包括哪些方面？
4. 中国维护军事安全的主要举措有哪些？
5. 积极防御战略思想的基本原则是什么？
6. 中国深化国防和军队改革包括哪些方面？
7. 中国开展国际军事合作的主要方式有哪些？

后　记

《军事安全概论》是国防大学国家安全学院在过去十余年研究和教学积累基础上集体攻关的学术成果，力求全面系统反映军事安全的基本概念、核心原理、运作流程与国别情况，为深入理解和认识军事安全重大问题提供理论参考和辅助教材。

本书主编为唐永胜、赵景芳，副主编为张弛、沈志雄。各章撰稿人为：绪论、第三章，唐永胜；第一章，张弛、楼钧；第二章，杨久成、沈志雄；第四章，王强；第五章，段挺；第六章，赵景芳；第七章，李眉颖；第八章，张弛、张健；第九章，李赛华、杨育才、杨久成、段挺、沈志雄；第十章，张弛、杨阳。唐永胜和赵景芳负责全书统稿。

由于本书题材重大，编写时间相对紧迫，加之作者水平有限度，难免存在疏漏和不妥之处，恳请广大读者批评指正。

编写组

2024 年 6 月